भारत में पर्यटन उत्पाद एवं सांस्कृतिक–ऐतिहासिक विरासत

भारत में पर्यटन उत्पाद एवं सांस्कृतिक–ऐतिहासिक विरासत

डॉ. प्रतिभा

प्रवक्ता, इतिहास विभाग
दयानन्द महाविद्यालयण अजमेर

एबीडी पब्लिशर्स

जयपुर ▪ नई दिल्ली

एबीडी पब्लिशर्स

''बोनी रेजिडेन्सी'' गेट नं. 2, तिलक पब्लिक स्कूल के पास,
विश्वैश्वरिया नगर, गोपालपुरा रोड़, जयपुर-302018
(राजस्थान) भारत
फोन : 0141-2761280, 2761381
Email: abdpublishersjpr@gmail.com

दिल्ली कार्यालय : 102, प्रथम मंजिल, 'सत्यम हाउस'
4324/3, अंसारी रोड़, दरियागंज, नई दिल्ली - 110 002
फोन : 011-45652440
website: www.oxfordbookcompany.com

संस्करण 2024

ISBN : 9788183762458

मूल्य : ₹ 1750/-

टाइपसेटिंग : बी.एस. कम्प्यूटर्स, जयपुर
मुद्रक : थॉमसन प्रेस, नई दिल्ली

वर्तमान सभ्यता प्रत्यक्ष रूप से प्राचीन सभ्यता से पोषण प्राप्त करती है। यहाँ के हस्तशिल्प, संगीत एवं नृत्य आदि विदेशी पर्यटकों को आकर्षित करते रहे हैं। स्पष्टतः ऐतिहासिक–सांस्कृतिक पर्यटन भारतीय पर्यटन का अत्यन्त सकारात्मक पहलू है।

प्रस्तुत पुस्तक का लेखन पर्यटन के इसी ऐतिहासिक–सांस्कृतिक स्वरूप के विश्लेषण की दृष्टि से किया गया है। पुस्तक में पर्यटन के परिचयात्मक विश्लेषण के साथ–साथ पर्यटन उत्पाद एवं सेवाओं, विशेष रूप से पर्यटन–उत्पाद के रूप में इतिहास की व्याख्या का प्रयास किया गया है। पर्यटन–उत्पाद के रूप में भारतीय इतिहास की व्याख्या भारतीय स्मारकीय विरासत के विवरण से ही सम्भव है अतः भारतीय स्मारकों का क्रमबद्ध और व्यवस्थित विवरण भी पुस्तक में प्रदान किया गया है।

भारत में जीवन जीने के ढंग के रूप में व्याख्यायित संस्कृति तो मानव–जीवन का प्राणतत्व है। यदि यहाँ की संस्कृति में पर्यटन को पोषित किया है तो पर्यटन के माध्यम से यहाँ की संस्कृति भी पोषित हुई है। पर्यटन की दृष्टि से महत्त्वपूर्ण बन चुके तथा विशेष रूप से पर्यटन को केन्द्रबिन्दु बनाकर प्रारम्भ किए गए और अब पर्याप्त लोकप्रिय हो चुके भारत के पर्व–त्यौहारों का व्यवस्थित विवरण देने का प्रयास पुस्तक में किया गया है। एक प्रकार से पर्यटन मानचित्र पर उपस्थिति दर्ज करा चुके अथवा उपस्थिति दर्ज करा सकने वाले प्रायः सभी महत्त्वपूर्ण पर्व–उत्सवों से पाठकों को एक साथ परिचित कराने का प्रयास पुस्तक में है।

इसी प्रकार विश्व के चार बड़े धर्मों – हिन्दू, बौद्ध, जैन और सिक्ख – की जन्म–स्थली तथा अन्य महान धर्मों की पोषण–स्थली भारत विभिन्न धर्मों के मध्य पारस्परिक समरसता एवं परस्परावलम्बन का जीता–जागता उदाहरण है। यही कारण है कि प्रतिवर्ष वड़ी संख्या में विदेशी सैलानी 'धर्मगुरु' भारत में अध्यात्म एवं शान्ति की खोज में आते हैं। पर्यटकीय दृष्टि से भारत के प्रमुख धर्मों का परिचय और धार्मिक पर्यटन की संभावनाओं पर भी इस पुस्तक में प्रकाश डाला गया है।

वर्तमानकालीन पर्यटन की 'आत्मा' कहे जाने वाले पर्यटन गाइड पर्यटकों को ज्ञानार्जन और आनन्दोपार्जन की सुविधा एक साथ प्रदान कर उनकी यात्रा को सहूलियत भरी तथा स्मरणीय बना देते हैं। पुस्तक में पर्यटक गाइड, गाइडिंग तकनीक तथा पर्यटन–प्रसार में गाइडिंग की भूमिका पर भी विचार किया गया है।

अपनी क्षमताओं तथा सीमाओं के साथ पुस्तक विषय सामग्री तथा प्रस्तुतीकरण विषयक सुझावों हेतु विद्वान पाठकों के समक्ष प्रस्तुत है।

डॉ. प्रतिभा

प्राक्कथन

आदिकाल से परिवर्तनशीलता और जिज्ञासा मानवीय स्वभाव की प्रमुख विशेषता रही है। लम्बे समय तक एक ही स्थल पर रहने से ऊब जाने वाला मनुष्य परिवर्तन की तलाश में एक स्थान से दूसरे स्थान की ओर प्रयाण करता है। इस प्रयाण में उसे दूसरे मनुष्यों, उनकी सभ्यता तथा संस्कृति को भी जानने का अवसर प्राप्त होता है।

विश्व की प्रायः प्रत्येक सभ्यता में आने–जाने वाले यात्रियों की दीर्घ–परम्परा रही है। भारत में भी अत्यन्त प्राचीन काल से तीर्थाटन, देशाटन आदि के रूप में एक स्थल से दूसरे स्थल के भ्रमण की परम्परा रही है।

वर्तमान काल एवं संदर्भ में प्रयुक्त होने वाले 'पर्यटन' शब्द की अवधारणा वस्तुतः आधुनिक युग की देन है, जब बड़ी संख्या में लोग अवकाश व्यतीत करने तथा आनन्द प्राप्त करने के उद्देश्य से एक स्थान से दूसरे स्थान को जाने लगे। आधुनिक समाज में प्रतिष्ठा का प्रतीक बन चुका पर्यटन विश्व का सबसे तेजी से बढ़ता उद्योग है तथा रोजगार का सबसे बड़ा स्त्रोत है। प्रतिवर्ष 70 करोड़ से अधिक पर्यटक एक देश से दूसरे देश को जाते हैं और विश्व अर्थव्यवस्था खरबों डॉलर वार्षिक से अधिक का व्यवसाय सम्बद्ध है।

एक सामान्य यात्री के विपरीत पर्यटन की दृष्टि अनूठेपन की तलाश में रहती है। उसकी यह तलाश पूर्णता प्राप्त करती है। भारत जैसे देश में, जहाँ ऐतिहासिक–सांस्कृतिक विरासत का अथाह भंडार आगन्तुकों की बाट जोह रहा है।

दुनिया के अन्य देशों के मुकाबले कहीं अधिक प्राकृतिक, सांस्कृतिक और धार्मिक वैविध्य से भरा भारत पर्यटकों को सम्मोहित करने की अद्भुत क्षमता रखता है। वर्तमान भारत में यदि घरेलू पर्यटन मुख्यतः धार्मिक पर्यटन पर आश्रित है, तो बाह्य पर्यटन पूर्णतः ऐतिहासिक–सांस्कृतिक रंग में रंगा है। 5000 वर्षों से अधिक की समृद्ध ऐतिहासिक–सांस्कृतिक परम्परा वाला यह देश विश्व का ऐसा दुर्लभ देश है जहाँ की

अनुक्रमणिका

अध्याय–1
पर्यटन : परिचय एवं विशेषताएँ
(Tourism: Introduction and Characteristics)

आदिकाल से मानव स्वभाव में परिवर्तनशीलता एवं जिज्ञासा का समावेश रहा है। मानव ही क्यों, पशु–पक्षी समेत समस्त प्राणी सुस्वादु भोजन एवं सुरक्षित आवास की खोज में एक स्थल से दूसरे स्थल जाते रहते हैं। मनुष्य की तो यह स्वाभाविक वृत्ति होती है कि वह लम्बे समय तक एक ही स्थल पर रहने से ऊब जाता है तथा परिवर्तन की तलाश में एक स्थान से दूसरे स्थान को प्रयाण करता है। प्रयाण के इन प्रयासों में कहीं न कहीं, दूसरे मनुष्यों, उनकी सभ्यता तथा संस्कृति को जानने की इच्छा का भी स्थान है। इस प्रकार यात्रा मानवीय समाज तथा जीवनशैली की एक स्वाभाविक विशिष्टता के रूप में उभर कर सामने आती है। विश्व की प्रायः प्रत्येक सभ्यता में बाहर से आने वाले यात्रियों की महती परम्परा रही है। भले ही इस यात्रा के पीछे का उद्देश्य सामाजिक, धार्मिक, राजनैतिक तथा वाणिज्यिक कुछ भी हो। इस प्रकार यात्रा एक प्राचीन परिघटना है, जिसकी जड़ें आदिकाल में जाती हैं।

ऐतिहासिक युग में भी प्रारम्भिक काल से ही यात्राएँ मनुष्य को उद्वेलित करती रही हैं। सम्पूर्ण प्राचीन युग में यात्राओं के पीछे मुख्यतः स्वतः प्रेरणा हुआ करती थी तथा इनमें जटिलताओं तथा औपचारिकताओं का समावेश नहीं होता था। प्राचीन यात्री प्रमुखतः या तो व्यापारी होता था या धार्मिक व्यक्ति अथवा विद्वान जो प्राचीन पुस्तकों की तलाश में यात्राएँ करता था। परन्तु यदि किसी एक तत्त्व को प्राचीन कालीन यात्राओं के प्रेरक तत्त्व के रूप में चिह्नित करना

हो तो वह निस्संदेह वाणिज्य अथवा व्यापार ही होगा। धीरे–धीरे व्यापारिक मार्गों के विकसित होने से एक दूसरे देश के व्यापारी सहजता से अन्य स्थानों की ओर जाने लगे। परिणामतः वाणिज्य–व्यापार में सहूलियतों के साथ–साथ एक दूसरे की जीवनशैलियों का ज्ञान भी प्राप्त होने लगा।

कालान्तर में व्यापार–वाणिज्य के अतिरिक्त नवीन स्थानों की खोज और सुदूरस्थ प्राचीन स्थलों के संज्ञान की जिज्ञासा ने भी यात्राओं को प्रोत्साहित किया। वास्को–डि–गामा, कोलम्बस, मार्को पोलो जैसे महान अन्वेषकों ने अपने जीवन के बहुमूल्य वर्ष इन खोज–यात्राओं को समर्पित कर दिए।

भारत में भी अति प्राचीनकाल से यात्राओं की आयोजना की जाती रही है। 327–326 ई.पू. में युद्ध विषयक भारतीय यात्रा के समय सिकन्दर ने व्यवस्थित, रख–रखाव युक्त तथा छायादार वृक्षों से घिरी सुन्दर सड़कों को देखा था, जिन पर घोड़े, हाथी तथा ऊँटों से चालित रथों, पालकियों तथा बैलगाड़ियों में लोग यात्राएँ करते थे। प्राचीन काल से लेकर आधुनिक काल तक अनेक विदेशी यात्री ज्ञान–पिपासा तथा अन्य दृष्टिकोणों को लेकर भारत देश की यात्रा करते रहे हैं। इनमें फाह्यान, हवेनसांग इब्नबतूता, फ्रांसिस्को फ्रायर, अल्बुकर्क तथा अन्य यूरोपीय यात्री सम्मिलित हैं।

भारतीय जनता भी एक स्थल से दूसरे स्थल पर तीर्थाटन, देशाटन आदि के रूप में भ्रमण की आयोजना करती रही है। यद्यपि उन यात्राओं को आधुनिक पर्यटन के शब्दशः पर्याय के रूप में व्यवहृत नहीं किया जा सकता, क्योंकि वे यात्राएँ सामान्यतः कठिन होती थीं और आराम अथवा मनोरंजनात्मक उद्देश्य के साथ नहीं की जाती थीं। यातायात तथा संचार के साधनों की कमी के चलते यात्राएँ वर्तमान काल के समान तो सुविधापूर्ण नहीं ही होती थीं हाँ, ज्ञान–पिपासा, शोध, साहस आदि के कारण एक उद्दीपक प्रेरणा अवश्य होती थी, उन यात्रियों में।

वर्तमान काल एवं सन्दर्भ में प्रयुक्त होने वाले 'पर्यटन' शब्द की अवधारणा वस्तुतः आधुनिक युग की देन है, जब बड़ी संख्या में लोग सामूहिक रूप से वार्षिक अवकाश व्यतीत करने एक स्थान से दूसरे स्थान को जाने लगे। इसमें भी अन्तर्राष्ट्रीय पर्यटन पूर्णरूप से विश्वयुद्धोत्तर विकास है।

वर्तमान समाज में तो पर्यटन प्रति ठा का प्रतीक बन गया है। यह भी माना जाने लगा है कि यह स्वास्थ्य के लिए आवश्यक है। विकसित देशों में अवकाश–अवधि का आधा समय यात्रा तथा भ्रमण में बिताया जाता है। आज पर्यटन विश्व का सबसे बड़ा तथा तीव्रता से विस्तीर्ययान उद्योग है और रोजगार का सबसे बड़ा स्रोत है।

प्रतिवर्ष 700 मिलियन पर्यटक एक देश से दूसरे देश को जाते हैं। विश्व अर्थव्यवस्था के सबसे बड़े घटक पर्यटन से कुल 500 बिलियन की आय प्रतिवर्ष विश्व को होती है। जहाँ तक भारत का प्रश्न है, यहाँ प्रतिवर्ष लगभग 30 लाख विदेशी सैलानी आते हैं।

वर्तमान कालीन परिप्रेक्ष्य में पर्यटन का सम्बन्ध छुट्टी, दूसरे स्थलों की यात्रा तथा आनन्द प्राप्ति से है। इनसे प्रेरित होकर लोग अपनी आम दिनचर्या और निवास स्थल को छोड़कर अस्थाई तौर पर दूसरी जगहों पर जाते हैं।

इस प्रकार पर्यटन एक ऐसी सामाजिक परिघटना है, जिसके अन्तर्गत अस्थाई तौर पर सामान्य जीवन से अलग हटकर कुछ करने की आकांक्षा निहित होती है। लगभग सभी प्रकार के भ्रमणार्थियों–खोजी, तीर्थयात्री, साधु, व्यापारी, विद्यार्थी, मिशनरी, तपस्वी, शरणार्थी, विजेता, उपचार हेतु यात्रा करने वाले को आधुनिक पर्यटक के रूप में देखा जा सकता है। पर्यटन में कई प्रकार की सामाजिक प्रथाएँ समाहित हैं, पर इन सभी में कम से कम एक समानता अवश्य है कि वे अलग हैं और सामान्य जीवन से उनमें भिन्नता है।

इस प्रकार पर्यटन वस्तुतः आराम करने का एक प्रयास है, जिसमें आम जीवन के विपरीत कुछ भी नियंत्रित और बँधा बँधाया नहीं होता है। पर्यटन में लोग यात्राएँ करने के लिए निकलते हैं और विभिन्न स्थलों पर ठहरते हैं। इस यात्रा के दौरान यातायात, आवास, भोजन तथा पर्यटन स्थलों की सैर के लिए कई प्रकार की सेवाओं की आवश्यकता पड़ती है। इस यात्रा के मध्य एक स्थान से दूसरे स्थान को जाया जाता है और वहाँ कुछ दिनों तक रुका जाता है। स्पष्टतः इस घूमने जाने में घर लौटने की मानसिकता भी निहित होती है।

पर्यटन : शब्दार्थ तथा पारिभाषिक विकास क्रम

'पर्यटन' के अंग्रेजी रूपान्तरण Tourism का सम्बन्ध लैटिन भाषा से गृहीत Tornos तथा Tour शब्दों से लिया जाता है। Tornos शब्द का अर्थ एक औजार से है जो एक पहिये की भाँति गोलाकार पिन है। इसी Tornos शब्द से आधुनिक पर्यटन के मुख्य आधार यात्राचक्र या पैकेज टूर/एकमुश्त यात्रा का विचार सृजित हुआ है। इसी प्रकार Tour एक हिब्रू शब्द है जो Torah से गृहीत है जिसका शाब्दिक अर्थ है अध्ययन अथवा खोज। Tour का अर्थ है कि यात्री किसी विशेष स्थान पर जाकर खोज करता है।

स्पष्टतः पर्यटक भी विशिष्ट स्थलों पर जाकर वहाँ की सभ्यता–संस्कृति, आर्थिक–सामाजिक–शैक्षणिक संभावनाओं का शोधन करता है।

पर्यटन शब्द संस्कृत की अट् धातु से सृजित है जिसका अर्थ भ्रमण करना है। संस्कृत साहित्य में इससे निर्मित तीन शब्दों का उल्लेख प्राप्त होता है और तीनों में ही अपने निवास स्थल को छोड़कर अन्यत्र जाना होता है। ये शब्द है :

तीर्थाटन : धार्मिक उद्देश्य से यात्रा करना

देशाटन : आर्थिक उद्देश्य से यात्रा करना तथा

पर्यटनः आराम एवं ज्ञान प्राप्ति के उद्देश्य से यात्रा करना।

स्विस प्रोफेसर हुंजीकर एवं क्राफ्ट के अनुसार–

"पर्यटन उन प्रवृत्तियों एवं सम्बन्धों का गठजोड़ है जो यात्रा एवं प्रवासी के ठहराव से उत्पन्न होती है, बशर्ते कि इससे स्थाई निवास की क्रिया का जन्म नहीं होता हो तथा यह किसी धन अर्जन करने की क्रिया से सम्बन्धित नहीं हो।"

इस परिभाषा में भ्रमण और ठहराव पर जोर दिया गया पर दिनभर के भ्रमण, व्यापार–यात्राओं तथा इनसे जुड़ी गतिविधियों को छोड़ दिया गया है।

पर्यटन विषयक विशेषज्ञों के आर्थिक संगठन से मान्यता प्राप्त उपर्युक्त परिभाषा पर्यटन के समस्त पहलुओं; विशेषतः आर्थिक पहलू पर बल देने के कारण आर्थिक दृष्टि से विवेचित किए जाने पर संतोषजनक सिद्ध होती है। परन्तु यात्रा के सामाजिक पहलू को अनदेखा करने के कारण आलोचना का पात्र बनती रही है। निस्संदेह एक समाजशास्त्री यह जानकारी उपलब्ध करना चाहेगा कि यात्रा कहाँ एवं किस कारण की गई तथा कहाँ एवं किस प्रकार ठहरा गया? स्पष्टतः पर्यटन में उपभोक्ता ज्ञान, आराम, विलासिता आदि वस्तुओं एवं सेवाओं का शोधन करता है। इस प्रकार पर्यटन आराम एवं विश्राम की एक ऐसी क्रिया सिद्ध होती है जिसमें स्वदेश में अर्जित धन को पर्यटन–क्षेत्रों में व्यय किया जाता है। और यह व्यय स्वेच्छानुसार होता है।

अर्थशास्त्री श्री नॉर्मल भी पर्यटक की अपनी परिभाषा में पर्यटन के वित्तीय पक्ष पर प्रकाश डालते हैं। उनके अनुसार – "हरेक व्यक्ति जो विदेशों में स्थाई रूप में निवासित होने या रोजगार की दृष्टि के अलावा अन्य कारणों से प्रवेश करता है तथा जो अपने अस्थाई निवास के दौरान इस देश में अर्जित धन को व्यय करना चाहता है–पर्यटक के दायरे में आ सकता है।"

निस्संदेह, पर्यटन–बाजार में पर्यटकों की महत्त्वपूर्ण भूमिका के कारण इसका आर्थिक पक्ष अति महत्त्वपूर्ण है। पर्यटन का आधार पर्यटकों की क्रियाएँ ही हैं। पर्यटक ही उपभोक्ता हैं तथा अर्थव्यवस्था में विदेशी पूँजी लगाते हैं। वे

पर्यटन–देश में स्वयं कोई उत्पादन–क्रिया नहीं करते तथा न ही वे वेतन से सम्बन्धित कोई रोजगार करते हैं। जो धन वे पर्यटन–देश में व्यय करते हैं वह विदेशों में अर्जित किया हुआ होता है।

परन्तु इसका सामाजिक पक्ष भी कम महत्त्वपूर्ण नहीं है। इस दृष्टिकोण से डॉ. **जेभिड्डिन** का कथन है – "पर्यटन एक सामाजिक आन्दोलन है ताकि आराम, विनोद, क्रीड़ा व सांस्कृतिक आवश्यकताओं की संतुष्टि हो सके।"

इसी प्रकार प्रिमाउन्ट के विचारों में पर्यटन का अर्थ "समस्त मानवीय क्रियाओं के क्षेत्र तथा समस्त प्राकृतिक पहलुओं में अनविज्ञता की जिज्ञासा/खोज करना है।"

सच तो यह है कि ऐतिहासिक परिवर्तनों के साथ–साथ पर्यटन भी स्वयं को नवीन सन्दर्भों तथा आयामों में परिभाषित करता रहा है।

'लीग ऑफ नेशन्स ने 1937 में पर्यटन को परिभाषित करते हुए कहा था कि ''पर्यटन ऐसी सामाजिक गतिविधि है जिसमें एक व्यक्ति किसी देश में अपने निर्धारित कार्यक्रम के अलावा 24 घंटे या उससे ज्यादा ठहरता है।''

उपर्युक्त परिभाषा भी एकपक्षीय है क्योंकि इसमें मात्र अंतर्राष्ट्रीय पर्यटन पर बल देते हुए घरेलू पर्यटन को पूर्णतः छोड़ दिया गया। बाद में इस परिभाषा को International Union of Official Travel Organisation (IUOTO)की 1950 में डबलिन में हुई मीटिंग तथा संयुक्त राष्ट्र सांख्यिकीय आयोग (1953) द्वारा संशोधित किया गया।

वर्ष 1963 में रोम में आयोजित **अंतर्राष्ट्रीय यात्रा एवं पर्यटन** विषयक सम्मेलन में पर्यटक (टूरिस्ट) के स्थान पर आगंतुक (विजिटर) शब्द के इस्तेमाल का सुझाव दिया गया और पर्यटन को परिभाषित करते हुए कहा गया कि इसे "अपने देश या कार्यस्थल को छोड़कर दूसरे देश में आगमन के रूप में देखा जाना चाहिए।"

इस परिभाषा में भी 24 घंटे या अधिक के ठहराव पर जोर देते हुए घरेलू पर्यटकों की उपेक्षा कर दी गई है। जहाँ तक यात्रा के उद्देश्य का प्रश्न है वह आराम व्यापार, परिवार, मिशन अथवा बैठक आदि कुछ भी हो सकता था।

इस परिभाषा को विश्लेशित किया गया बाद में 1967 में **अंतर्राष्ट्रीय यात्रा सांख्यिकी** के यू.एन.एक्सपर्ट ग्रुप द्वारा तथा 1968 में यू.एन. सांख्यकीय आयोग

द्वारा। 1976 में ब्रिटेन की **टूरिज्म सोसाइटी** ने पर्यटन की अवधारणा को स्पष्ट करते हुए कहा–

"पर्यटन एक अस्थाई और लघु अवधि गतिविधि है, जिसमें लोग कुछ समय के लिए अपने कार्यस्थलों, घरों, निवास स्थानों से बाहर निकल कर दूसरी जगह जाते हैं, वहाँ रहते हैं और काम करते हैं। इन स्थानों में रुकने के दौरान उनकी गतिविधियों, दिन के आगमन और सैर–सपाटे को भी पर्यटन में सम्मिलित किया जाता है।"

AIEST ने 1981 में इस अवधारणा को और सुधारते हुए कहा – "घर के माहौल के बाहर होने वाली गतिविधियों को पर्यटन के रूप में परिभाषित किया जा सकता है। इन गतिविधियों का चुनाव लोग अपनी रुचि से करेंगे। पर्यटन में घर से बाहर रात्रि ठहराव सम्मिलित हो भी सकता है और नहीं भी हो सकता है।"

1991 में ओटावा (कनाडा) में आयोजित यात्रा एवं पर्यटन विषयक अंतर्राष्ट्रीय सम्मेलन ने पर्यटन आंकड़ों (Statistics) से सम्बन्धित पर्यटन की परिभाषा सहित अनेक पहलुओं को समझा। संयुक्त राष्ट्र सांख्यिकीय आयोग ने फरवरी–मार्च 1993 में हुए अपने 27वें सत्र में इन सुझावों, परिभाषाओं को स्वीकार किया और पर्यटन सम्बन्धी परिभाषाओं और विचारों का नया रूप अस्तित्व में आया। **विश्व पर्यटन संगठन** (WTO) तथा संयुक्त राष्ट्र ने संयुक्त रूप से 1994 में इन परिभाषाओं को प्रकाशित किया।

इस प्रकार से सारगर्भित रूप से पर्यटन को परिभाषित करते हुए कहा गया है –

"Tourism is defined as the activities of persons travelling to and staying in places outside their usual environment for not more than one consecuting year for leisure, business and other purpose."

उपर्युक्त परिभाषाओं से स्पष्ट है कि पर्यटन की सीमा तथा क्षेत्र में विस्तार हुआ है। अब पर्यटन की अवधारणा में सभी प्रकार के खाली समय व्यतीत करने की गतिविधियों को शामिल किया जाता है। इस नवीन दृष्टिकोण से देखने पर पर्यटन को कुछ इस प्रकार से परिभाषित किया जा सकता है–

"पर्यटन उन व्यक्तियों की गतिविधियों को कहा जा सकता है जो अपने परिचित वातावरण से बाहर यात्रा करते हैं तथा ठहरते हैं। एक वर्ष से कम समय का यह ठहराव, आराम, व्यापार तथा अन्य उद्देश्यों के लिए हो सकता है।"

इस परिभाषा में मुख्य पहलू सम्मिलित हैं –

- **दूरी का पहलू** : यात्रा करने वाला व्यक्ति अपने परिचित वातावरण से बाहर जाये।
- **समय का पहलू** : व्यक्ति यात्रा के स्थान पर 1 वर्ष से अधिक न रहे।
- **गतिविधियों का पहलू** : यात्रा का उद्देश्य आराम, मनोरंजन, व्यापार तथा अन्य हो सकता है सिवाय प्रवास तथा रोजगार के।

इस प्रकार कोई यात्रा 'पर्यटन' का स्वरूप प्राप्त कर लेती है। बशर्ते वह यात्रा –

- अस्थाई हो (कम से कम 24 घण्टे तथा अधिक से अधिक 1 वर्ष तक की)
- ऐच्छिक हो
- रोजगार एवं अर्थार्जन हेतु न हो
- आराम, मनोरंजन, धर्मलाभ, क्रीडा, मीटिंग अध्ययनादि के लिए हो।

पर्यटन की श्रेणियाँ अथवा स्वरूप

पर्यटन को गंतव्य स्थान के अनुसार दो प्रमुख श्रेणियों में बाँटा जाता है:

1. आन्तरिक अथवा घरेलू पर्यटन (Domestic Tourism)

जब एक एक पर्यटक अपने निवासित देश के भीतर ही यात्राएँ करता है अर्थात् प्रस्थान स्थल और गंतव्य स्थल एक ही देश में स्थित होते हैं तो यह पर्यटन घरेलू पर्यटन की श्रेणी में आता है।

2. अन्तर्राष्ट्रीय पर्यटन (International Tourism)

जब एक पर्यटक एक देश से दूसरे देश की यात्रा करता है अर्थात् प्रस्थान स्थल और गंतव्य स्थल दो भिन्न–भिन्न देशों में स्थित होते हैं, तो यह पर्यटन अंतर्राष्ट्रीय पर्यटन कहलाता है। अंतर्राष्ट्रीय पर्यटन पर्यटकों के व्यवहार के आधार पर दो प्रकार का हो सकता है–

- आगमनिक पर्यटन : जब पर्यटक अन्य देश से अपने देश में प्रवेश कर रहे हों, वह पर्यटन।
- निर्गमनिक पर्यटन : जब पर्यटक अपने देश से अन्य देश के लिए प्रस्थान कर रहे हों, वह पर्यटन।

पर्यटन की विशेषताएँ

विभिन्न परिभाषाओं, उनके विश्लेषण तथा पर्यटन के व्यावहारिक प्रयोगों से पर्यटन की अनेक विशेषताएँ हमारे समक्ष उभर कर आती हैं। उनको हम निम्नतया वर्णित कर सकते हैं।

1. पर्यटन एक अस्थाई क्रिया

पर्यटन सामान्य यात्रा (प्रवास हेतु एवं कार्य हेतु) से एक बिल्कुल भिन्न क्रिया है। यद्यपि दोनों में ही यात्रा करने एवं ठहरने की क्रियाएँ सामान्य हैं तथापि इनमें स्वाभाविक अन्तर हैं। पर्यटन में यात्रा तथा ठहराव अस्थाई होते हैं और अन्ततः पर्यटक को अपने स्थाई निवास अथवा कार्यस्थल को लौटना होता है। इस प्रकार यह एक अस्थाई क्रिया है।

2. पर्यटन एक पारिश्रमिकहीन क्रिया

पर्यटन किसी भी प्रकार के धन या रोजगार से रहित क्रिया है। पर्यटक की विभिन्न स्थानों की यात्रा तथा ठहराव की क्रियाओं के पीछे अर्थ–प्राप्ति की कोई मंशा नहीं होती। इसमें किसी प्रकार के व्यापार अथवा व्यवसाय की भी इच्छा सम्मिलित नहीं होती।

3. पर्यटन एक मिश्रित प्रवृत्ति

पर्यटन एक व्यक्तिगत प्रवृत्ति न होकर मानव के स्वभावों एवं सम्बन्धों का मिश्रण है। बहुत से लोगों के भिन्न–भिन्न नियत स्थानों पर भ्रमण एवं ठहराव से यह प्रवृत्ति व सम्बन्ध स्थापित होते हैं। इसी प्रकार भ्रमण की क्रिया में यात्रा के कारण लोच (लचकता) का अंश विद्यमान है जबकि ठहरने की क्रिया में (अलचकता) का अंश विद्यमान है। पर्यटन की क्रिया में मानव–स्वभाव (सचल) तथा उपलब्ध संसाधनों (अचल) का भी मिश्रण रहता है।

4. पर्यटन एक सामूहिक प्रवृत्ति

पर्यटन एक व्यक्तिगत प्रवृत्ति न होकर सामूहिक प्रवृत्ति है। व्यक्ति अन्यों के सहयोग के बिना इच्छा होने पर भी पर्यटन को अंजाम नहीं दे सकता।

5. पर्यटन एक बहुआयामी (Multidimensional) तथा अन्योन्याश्रित (Interdependent) प्रवृत्ति

पर्यटन एक बहुआयामी प्रवृत्ति है। पर्यटकों को उनकी मन पसन्द सेवाएँ प्राप्त होना अनेक क्रियाओं के सामूहिक रूप के द्वारा ही संभव हो पाती है। ये

समस्त क्रियाएँ अपना पृथक् अस्तित्व बनाए रखती हैं परन्तु साथ ही एक दूसरे पर आश्रित भी होती हैं। अर्थात् पर्यटन भिन्न–भिन्न क्रियाओं के भिन्न स्वरूप को बनाए रखते हुए उनके सहयोग पूर्ण व्यवहार से ही सफल हो सकता है। इसमें पर्यटन–स्थलों, परिवहन संस्थाओं तथा आवास व्यवस्थापकों के मध्य सहयोगपूर्ण सामंजस्य की आवश्यकता होती है।

6. पर्यटन उत्पादक–उद्योग के स्थान पर सेवा–उद्योग

बाजार के प्रचलित दृष्टिकोण के आधार पर पर्यटन को उद्योग का दर्जा नहीं दिया जा सकता। कारण यह कि इसमें सीधे–सीधे वस्तुओं का उत्पादन नहीं किया जाता। हाँ, मुख्य रूप से सेवाएँ प्रदान करने के कारण पर्यटन को सेवा–उद्योग के रूप में मान्यता अवश्य प्रदान की गई है। रोजगार उपलब्ध कराने के कारण भी यह उद्योग है। इस प्रक्रिया में असंख्य लोग सम्बन्धित होते हैं जो होटल, खान–पान इकाइयों, परिवहन संस्थानों, ट्रैवल एजेन्सियों जैसे इससे जुड़े हुए अलग–अलग व्यवसायों में कार्यरत हैं।

7. अन्य उद्योगों के साथ अन्तर्निर्भरता

पर्यटन उद्योग इससे सम्बन्धित अथवा इसको प्रभावित करने वाले स्थापित उद्योगों और सेवाओं के अच्छे समन्वय के अभाव (या कम होने) में उचित रूप से विकसित नहीं किया जा सकता। उदाहरणार्थ कोई पर्यटन–स्थल तब तक विकसित नहीं हो सकेगा जब तक उसके आसपास यातायात, संचार तथा आतिथ्य इत्यादि के अन्य साधन न हों। इनमें से किसी एक के अभाव में भी उस पर्यटन–स्थल का उचित विकास नहीं हो सकता। पर्यटन के दौरान विभिन्न अन्य वस्तुओं एवं सेवाओं का उपभोग किया जाता है। उदाहरणार्थ यातायात साधनों, आवास–व्यवस्था आदि।

8. सेवाओं–संसाधनों का उद्देश्य सुख प्राप्ति

समस्त पर्यटन के दौरान उपभोग किए जाने वाले सेवाओं–संसाधनों का उद्देश्य सुख प्राप्ति होता है। उदाहरणार्थ विभिन्न दृश्यों और जीवन पद्धतियों को देख–सुन कर सुख–प्राप्ति होती है। लोगों के व्यवहार उनकी भाषा इत्यादि से भी सुख प्राप्त होते हैं।

इन सुखद अनुभवों को प्राप्त करने में पेशेवर लोगों तथा विशेषज्ञों का सहयोग प्राप्त होता है जो यात्राओं को सुखद तथा पर्यटन–स्थलों को मनोरम बनाने का कार्य करते हैं।

9. आवश्यक रूप से गत्यात्मक प्रवृत्ति

पर्यटन आवश्यक रूप से गत्यात्मक (Dynamic) प्रवृत्ति है क्योंकि इसमें आम दिनचर्या और निवास–स्थल को छोड़कर कहीं और जाना होता है। यह ग्राहकों, परिवर्तनशील विचारों तथा प्रवृत्तियों से शासित है। इसके पूर्वापेक्षया अधिक संवेदनशीलता से व्यवहृत होने की जरूरत है ताकि नई परिस्थितियों से अनुकूलन हो सके।

10. दृश्यावली का अस्तित्व आवश्यक

प्राकृतिक पर्यटन में किसी भी दृश्यावली का अस्तित्व उसके लिए आवश्यक है। उदाहरणार्थ उदयपुर की झीलों – फतेहसागर तथा पिछोला आदि में जल की कमी के कारण पर्यटकों की आवक में गुणात्मक कमी हुई। पुनः इस दिशा में प्रयास किए जाने पर पर्यटकों की संख्या में वृद्धि होने लगी। यह दृश्यावली स्थाई अथवा अस्थाई हो सकती है। यथा किसी स्थल पर ज्वालामुखी फट पड़ने पर वहाँ अचानक पर्यटक दिखने लगते हैं, जो प्रक्रिया के समाप्त हो जाने पर गायब हो जाते हैं।

12. आकस्मिक कार्य तथा मौसमी बेरोजगारी

पर्यटन उद्योग मौसमी उतार–चढ़ाव से अत्यधिक प्रभावित होता है। किसी अनुकूल मौसम में इससे जुड़े लोगों को आकस्मिक तथा अत्यधिक कार्य–भार का सामना करना पड़ता है तथा कभी–कभी प्रतिकूल मौसम में बेरोजगारी झेलनी पड़ती है। इस प्रकार की बेरोजगारी अथवा कार्य–हीनता को विशेष प्रयासों के जरिए कुछ हद तक दूर किया जा सकता है। यथा–

- विभिन्न देश छुट्टियों के समय अलग–अलग रखें।
- दूसरी तथा अमौसमी छुट्टियों में विशेष पैकेज अथवा मूल्य कम करने के द्वारा प्रोत्साहित करें जिससे टूरिस्ट सीजन लम्बा हो।

यात्रा (Travel) तथा (Tourism) पर्यटन में अन्तर

एक सामान्य यात्रा से पर्यटन का स्वरूप भिन्न होता है । हम इसे इस प्रकार व्यक्त कर सकते हैं –

1. प्रकृतिगत भिन्नता

(i) यात्रा में सदैव पर्यटन का समावेश नहीं होता, जबकि पर्यटन में यात्रा सदैव समाविष्ट होती है तथा यात्रा पर्यटन के एक अविभाज्य अंग के रूप में जानी जाती है ।

(ii) यात्रा की प्रकृति व्यक्गित तथा एकल होती है, जबकि पर्यटन की प्रकृति सामूहिक तथा मिश्रित होती है ।

2. गन्तव्यगत भिन्नता

(i) यात्रा में सामान्य स्थलों की सैर की जाती है, जबकि पर्यटन में दर्शनीय स्थलों की सैर की जाती है, जिनके विषय में फिल्म टी.वी. उपन्यास, समाचार–पत्र, पत्रिकाओं, दस्तावेजों इत्यादि में जानकारी प्राप्त करने के बाद एक ललक होती है ।

(ii) एक सामान्य यात्री से भिन्न पर्यटक की दृष्टि किसी अनूठेपन की तलाश में रहती है । कुछ ऐसा जो आम जीवन से अलग हटकर हो, कोई मनोरम स्थल, ऐतिहासिक इमारत या कोई घटना, जो उसे अनूठी लगे ।

3. उद्देश्यगत भिन्नता

(i) यात्रा का उद्देश्य दैनन्दिन क्रियाकलाप सम्बन्धी आनन्द की प्राप्ति होता है। इस सुख को प्रदान करने में अनेक व्यक्तियों तथा संस्थाओं का सहयोग होता है ।

(ii) यात्रा में उद्देश्य साधारण होता है जबकि पर्यटन में असाधारण के प्रति आकर्षण होता है।

4. परिप्रेक्ष्यगत भिन्नता

सामान्य यात्रा के विपरीत पर्यटन में व्यक्ति का परिप्रेक्ष्य, दृष्टि और समझ भी सम्मिलित होती है । क्योंकि एक पर्यटक व्यक्तिगत अनुभव के आधार पर स्थलों को देखता और अनुभूत करता है अतः उसी अनुभव, समझ और दृष्टि के अनुसार वह अपने समय और पर्यटन स्थल को आनन्दमय बनाता है । उदाहरणार्थ पहाड़ी प्रदेश के निवासी के लिए ऊँट की सवारी का आनन्द कुछ और ही होता है ।

पर्यटन के आधार (पर्यटन के प्रभावक तत्त्व)

पर्यटन के क्षेत्र में अनेक ऐसे तत्त्व हैं, जो पर्यटकों की संख्या तथा प्रवाह को प्रभावित करने में अपना योगदान देते हैं। उनमें से कुछ तत्त्व निम्न हैं –

1. यात्रा की स्वतंत्रता

यात्रा की स्वतंत्रता पर्यटन के विकास हेतु अत्यन्त आवश्यक है। पर्यटकों के मूल देश यदि अपने निवासियों को कहीं भी आने–जाने की स्वतंत्रता तथा

इससे सम्बद्ध सुविधाएँ प्रदान करते हैं तो निस्संदेह पर्यटन पर इसका अत्यन्त सकारात्मक प्रभाव पड़ता है।

2. राजनैतिक तथा कानूनी वातावरण

किसी भी देश की राजनैतिक स्थिति वहाँ की सरकार का प्रकार, यात्रा सम्बन्धी नियम (जैसे वीसा, पासपोर्ट, विदेशी विनिमय) आदि पर्यटकों के मुक्त आवागमन को प्रभावित करते हैं।

उदाहरणार्थ कुछ समय पूर्व तक चीन एकमात्र आगमनिक पर्यटन को प्रोत्साहित करता था। भारत के भी कुछ क्षेत्र बाहरी पर्यटकों हेतु प्रतिबंधित हैं अथवा उन क्षेत्रों में प्रवेश के लिए परमिट आदि की आवश्यकता होती है। वास्तविकता यह है कि किसी देश की सामान्य राजनैतिक स्थिति तथा सरकार का दृष्टिकोण वहाँ की ओर पर्यटक प्रवाह को पर्याप्त रूप से प्रभावित करता है।

3. सामाजिक एवं सुरक्षात्मक तत्त्व

किसी भी देश में उपलब्ध सामाजिक तथा सुरक्षात्मक तत्त्व वहाँ आने वाले पर्यटकों की मानसिक तथा शारीरिक सुरक्षा से सीधा सम्बन्ध रखते हैं।

कुछ प्रकार की सामाजिक गतिविधियाँ पर्यटकों के लिए आनन्ददायक होती हैं। किसी प्रकार के उत्सव अथवा सम्मेलन का आयोजन उस स्थान के पर्यटन उद्योग के लिए वरदान है। इसी प्रकार किसी राष्ट्र के अथवा उस राष्ट्र के विशिष्ट क्षेत्र के, नागरिकों का व्यवहार आगन्तुकों के प्रति कैसा है, यह अत्यन्त महत्त्वपूर्ण होता है। निस्संदेह मैत्रीपूर्ण व्यवहार पर्यटकों को अतिरिक्त सुकून प्रदान कर उन्हें अपने अवकाश के दिनों को और आराम से व्यतीत करने में मदद करता है।

एवमेव, सुरक्षा भी पर्यटकों को आकर्षित अथवा विकर्षित करने का महत्त्वपूर्ण कारक है। भारत के ही संदर्भ में, काश्मीर घाटी में चल रही दीर्घकालीन आतंकवादी गतिविधियों के कारण पर्यटकों का रुझान वहाँ से कम होकर हिमाचल प्रदेश जैसे अन्य स्थानों की ओर बढ़ा।

4. भौगोलिक तथा मौसमी परिस्थितियाँ

भौगोलिक तथा मौसमी परिस्थितियाँ पर्यटन–प्रवाह के समय को निश्चित करती हैं यथा गर्मियों में पर्यटक गर्म मैदानों की अपेक्षा हिल स्टेशनों की ओर रुख करते हैं। अथवा ठण्डे देशों के पर्यटक सर्दियों में धुपहले समुद्र–तटों की ओर प्रयाण करते हैं।

इसी प्रकार आनन्दपूर्ण जलवायु वाले क्षेत्र पर्यटन के प्रमुख क्षेत्र बन जाते हैं। उचित अवलोकन के द्वारा पर्यटक–आवागमन की भविष्यवाणी की जा सकती है ताकि अतिरिक्त पर्यटक–प्रवाह को नियोजित किया जा सके।

5. सौन्दर्य का आकर्षण

सुन्दरता तो पर्यटन के महत्त्वपूर्ण कारकों में से प्रमुख है। सुन्दर पर्वतीय दृश्य तथा सुनहरे समुद्रतट सभी को लुभाते हैं। इसी प्रकार रेत के धोरों में सूर्यास्त तथा ऊँटों की पंक्तियों का अपना आकर्षण है।

6. ऐतिहासिक व सांस्कृतिक विशिष्टता

किसी भी राष्ट्र की ऐतिहासिक–सांस्कृतिक धरोहर वहाँ आने वाले पर्यटकों की संख्या का निर्धारण करती है। किसी राष्ट्र के पास जितनी समृद्ध ऐतिहासिक–सांस्कृतिक विरासत होगी, पर्यटकों के लिए वह उतने ही आकर्षण का केन्द्र होगा।

7. प्राकृतिक सुविधाएँ

किसी पर्यटन–स्थल की ओर पर्यटकों का आकर्षण दुगुना हो जाता है यदि वहाँ प्रकृति–प्रदत्त सुविधाओं यथा, पर्वतारोहण, नौकायन, मछली पकड़ने की सुविधा, दृश्यावलोकन हेतु विशिष्ट स्थलों की उपस्थिति होगी।

8. मानवकृत सुविधाएँ

पर्यटकों के ज्ञानवर्धन, मनोविनोद एवं आवश्यकताओं की पूर्ति करने वाली कतिपय सुविधाएँ जो संस्थाओं तथा सरकारों आदि की ओर से प्रदान की जाती हैं, पर्यटक–प्रवाह को बढ़ाती हैं। यथा विहारार्थ भ्रमण–स्थल, स्नानघर, हरियाली, नाट्यशाला, सिनेमा हॉल आदि। इसी प्रकार पर्यटकों हेतु विस्तृत सूचना–केन्द्र तथा प्रशिक्षित भाषायी मार्गदर्शकों की व्यवस्था किसी भी देश को पर्यटन–क्षेत्र में अग्रणी बना सकती है।

9. अभिगम्यता तथा सुगमता

अभिगम्यता (पहुँच) के बिना समृद्ध से समृद्ध पर्यटन–संभावनाओं वाले क्षेत्र को भी इस दृष्टि से विकसित नहीं किया जा सकता। अतः यातायात के विभिन्न साधनों की उपलब्धता, उनके आवागमन की बारम्बारता, यात्रा में लिया जाने वाला समय तथा साथ ही यात्रा के दौरान अंतर्राष्ट्रीय मापदण्डों की सुरक्षा तथा सहूलियतें किसी पर्यटन–स्थल का भविष्य निर्धारित करती हैं।

10. आवास, खान–पान तथा अन्य सुविधाएँ

पर्यटन–स्थलों पर आवास तथा खान–पान सुविधाओं की उपलब्धता और मूल्य भी पर्यटक–प्रवाह के निर्धारण में सहायक होते हैं।

11. आर्थिक वातावरण

किसी देश का आर्थिक वातावरण वहाँ के पर्यटक आगमन की प्रवृत्तियों को प्रभावित करता है (विशेषकर पर्यटक–उत्पादक क्षेत्रों से पर्यटकों के आगमन को)। इसी प्रकार दो मुद्राओं के मध्य विनिमय दर पर्यटकों की छुट्टियों को सस्ता अथवा महँगा कर सकती है। (अमेरिका, जर्मनी, इंग्लैण्ड, इटली, जापान, फ्रांस, कनाडा, आस्ट्रेलिया जैसे विकसित देशों में प्रति व्यक्ति आय बहुत अधिक है। फलतः विश्वभर में पर्यटक प्रायः इन्हीं देशों से आते हैं।)

12. नवीन औद्योगिक विकास

नए प्रकार के औद्योगिक विकास यथा नवीन आकर्षणों के रूप में मनोरंजन पार्क अथवा थीम पार्क आदि की स्थापना अधिक पर्यटकों के आगमन को सुनिश्चित करने में सहायक होते हैं। उदाहरणार्थ दक्षिण अफ्रीका में 'सन सिटी' जैसे नए गंतव्यों की स्थापना से भारतीय पर्यटक निस्संदेह आकर्षित हुए हैं।

13. प्रति व्यक्ति आय तथा जीवन स्तर में वृद्धि

विकसित देशों के साथ–साथ वैश्वीकरण के परिणामस्वरूप हुए तीव्र आर्थिक विकास से विकासशील देशों में भी प्रतिव्यक्ति आय में अभूतपूर्व वृद्धि हुई है। रहन–सहन के उच्च स्तर के कारण भी पर्यटन की ओर लोगों का रुझान बढ़ा है। कार्यालयों द्वारा सवैतनिक छुट्टियों तथा भ्रमणार्थ छुट्टियों का प्रावधान भी पर्यटन को बढ़ाने में सहायक हुआ है।

14. शैक्षिक–क्रांति तथा सांस्कृतिक जिज्ञासा

पर्यटक विशेषतः उच्च शिक्षा प्राप्त व्यक्ति होते हैं। द्वितीय विश्वयुद्ध के बाद तो शिक्षा के क्षेत्र में क्रांतिकारी परिवर्तन हुए। साहित्य, इतिहास तथा कला के अध्ययन से यात्रा–सम्बन्धी नवीन विचारों का जन्म हुआ तथा नवीन शैक्षिक–क्रियाओं के फलस्वरूप एक जिज्ञासा का स्वाभाविक उदय हुआ, जिससे पर्यटन जैसे क्षेत्रों में नए मार्ग खुले।

15. संचार–माध्यमों का योगदान

विश्व में संचार के विभिन्न माध्यमों यथा रेडियो, टेलीविजन, समाचार–पत्र,

पत्रिकाओं तथा इंटरनेट के द्वारा विभिन्न पर्यटन–स्थलों, यातायात–संसाधनों तथा अन्य सुविधाओं की उपलब्धता का ज्ञान जन–सामान्य को हो जाता है। अतः पर्यटन को एक स्वाभाविक बढ़ावा प्राप्त हो जाता है।

कभी–कभी अशान्त राजनैतिक, आर्थिक समाचार पर्यटन पर विपरीत प्रभाव भी डालते हैं। तथापि विस्तृत सन्दर्भों में इन माध्यमों से पर्यटन का भला ही हुआ है।

16. पर्यटन के विक्रय की व्यावसायिक क्षमता

निजी क्षेत्र तथा सरकारी पर्यटक संगठन विभिन्न प्रोत्साहन–क्रियाओं के द्वारा राष्ट्र के पर्यटन विकास में सहायक होते हैं। इसके अतिरिक्त पर्यटन–क्षेत्रों को उचित प्रचार–प्रसार, सुविधाओं, पैकेज इत्यादि के माध्यम से आय–आधारित पर्यटन–स्थल बनाया जा सकता है। इस हेतु विभिन्न राज्य–सरकारों, केन्द्र सरकार तथा विभिन्न संगठनों द्वारा इनके अधीन आने वाले पर्यटन–स्थलों को इस दृष्टिकोण से विकसित किया जाए कि वहाँ पर्यटन का विकास हो सके।

पर्यटन की सीमाएँ

पर्यटन के सकारात्मक प्रभावक तत्त्वों के अतिरिक्त कतिपय ऐसे अवरोधक तत्त्व होते हैं तो पर्यटन पर नकारात्मक प्रभाव डालते हैं। ये तत्त्व हैं –

1. मौसम के उतार–चढ़ाव

मौसम के उतार–चढ़ाव पर्यटकों के रुझान को कम करने में सबसे महत्त्वपूर्ण भूमिका निभाते हैं। दूसरे शब्दों में कहें तो पर्यटन पर सबसे अधिक प्रभाव मौसम का ही पड़ता है।

2. ग्राहकों के परिवर्तित होने वाले विचार

पर्यटन के केन्द्र–बिन्दु अर्थात् पर्यटक प्रतिक्षण वैचारिक परिवर्तन के मानवीय स्वभाव से संचालित होते हैं और निस्संदेह पर्यटन की गतिविधियाँ इन पर भी निर्भर होती हैं।

3. धनाभाव (यात्रा पर होने वाले व्यय का अधिक होना)

उपभोक्ता धनाभाव के कारण अपनी क्रियाएँ नियंत्रित करते हैं। अनेक अध्ययनों के अनुसार यात्रा पर होने वाले व्यय के अधिक होने से व्यक्ति अपनी यात्राएँ स्थगित कर देते हैं। स्पष्टतः धन का अभाव यात्राएँ न करने का प्रमुख कारक है।

4. समयाभाव

अत्यधिक व्यस्त व्यवसायियों तथा सेवाकर्मियों के लिए पर्यटन जैसी मनोरंजनात्मक अथवा आरामदायक गतिविधियों के लिए समय निकाल पाना संभव नहीं होता।

5. शारीरिक सीमाएँ

अस्वस्थता तथा वृद्धावस्था जैसी शारीरिक सीमाएँ लोगों को बाहर न निकलने देने तथा घरों तक सीमित रहने को बाध्य करती हैं।

6. पारिवारिक परिस्थितियाँ

विभिन्न पारिवारिक उत्तरदायित्व भी पर्यटन को हतोत्साहित करते हैं। विशेषकर भारत जैसे पारम्परिक देशों में यह कारण पर्यटन के प्रति लोगों में नकारात्मक भाव उत्पन्न करता है।

अध्याय–2

पर्यटन के प्रभाव

(Impacts of Tourism)

पिछले कुछ समय से पर्यटन अन्तर्राष्ट्रीय स्तर पर एक महत्त्वपूर्ण परिघटना के रूप में तेजी से उभरा है। पर्यटन-क्षेत्र के आर्थिक विकास और निर्धनता–उन्मूलन के साथ-साथ मानवीय विकास, स्त्री-सशक्तीकरण जैसे मुद्दों पर भी अपने अमूल्य योगदान के कारण पर्यटन चर्चा में है। एक बहुआयामी गतिविधि होने के कारण पर्यटन के प्रभाव भी बहुआयामी होते हैं। इससे एक ओर जहाँ पर्यटकों को व्यक्तिगत रूप से ज्ञान, सहिष्णुता, दया-भाव में वृद्धि, जिज्ञासा के शमन तथा आत्मावलोकन की प्रवृत्ति का अवसर प्राप्त होता है, वहीं उद्‌गम तथा गन्तव्य दोनों राष्ट्रों पर भी पर्यटन का अपरिमित प्रभाव पड़ता है। इन प्रभावों का मूल्यांकन निम्नवत् किया जा सकता है—

राष्ट्रों पर प्रभाव

पर्यटन से आगन्तुकों के मातृदेश तथा गन्तव्य देश दोनों ही प्रभावित होते हैं। ये प्रभाव अल्पकालीन होने के साथ-साथ दीर्घकालीन भी होते हैं। ये हैं–

1. सामाजिक–सांस्कृतिक प्रभाव

(i) अन्तर्राष्ट्रीय शान्ति, सद्‌भाव तथा सहयोग में वृद्धि—पर्यटन के माध्यम से एक देश के निवासी दूसरे देश की मात्र भौतिक यात्रा ही नहीं करते, अपितु भावनात्मक, वैचारिक तथा सांस्कृतिक आदान-प्रदान को भी मूर्त रूप प्राप्त होता है, जिसके फलस्वरूप वैमनस्य की भावना का लोप होकर सद्‌भाव का

उदय होता है। अन्य देशों के निवासियों के रहन–सहन, जीने के ढंग से परिचित होने से राष्ट्रों की कूप–मंडूकता नष्ट होती है। युद्ध से प्रभावित राष्ट्र भी पर्यटन के माध्यम से एक दूसरे के निकट आ जाते हैं, सामान्य राष्ट्रों का तो कहना ही क्या! इस प्रकार पर्यटन के माध्यम से की गई द्विपक्षीय यात्राएँ शान्ति स्थापित करने की गति में उत्प्रेरक का कार्य करती हैं।

1965 में मैक्सिको शहर में हुए आई.यू.टी.ओ. की साधारण सभा में मैक्सिको के राष्ट्रपति श्री गुस्तामो डाएज ओरडज के उद्‌बोधन के अनुसार–

"विश्व में पर्यटन को केवल व्यापार ही नहीं समझना चाहिए, बल्कि यह एक साधन है, जिसके द्वारा लोग एक दूसरे के विचारों को जानते हैं व एक दूसरे को समझते हैं, जो कि आज के विश्व एवं समय में बहुत ही अनिवार्य है– यह बिल्कुल सत्य है कि अच्छे आर्थिक व राजनैतिक सम्बन्धों से राष्ट्र अपने नागरिकों की जिन्दगी में समृद्धि लाते हैं। यह भी सही है कि सांस्कृतिक सम्बन्धों से शान्ति का वातावरण निर्मित होता है जो कि आपसी सद्‌भावना व हर राष्ट्र की अनोखी आध्यात्मिकता के फलस्वरूप फलीभूत होता है। साथ ही सांस्कृतिक सहयोग के फलस्वरूप आर्थिक व राजनैतिक क्षेत्रों में समझौतों को स्थापित करने की सद्‌भावना होती है।"

(ii) राष्ट्रीय एकता में वृद्धि—यदि अन्तर्राष्ट्रीय पर्यटन से राष्ट्रों के मध्य शान्ति, सद्‌भाव एवं सहयोग में वृद्धि होती है तो घरेलू पर्यटन से किसी राष्ट्र की सामाजिक–राष्ट्रीय एकता में वृद्धि होती है। देश के भिन्न–भिन्न भागों के भिन्न–भिन्न सामाजिक– सांस्कृतिक पृष्ठभूमि के पर्यटक जब एक दूसरे के तथा स्थानीय निवासियों के सम्पर्क में आते हैं तो उनके मध्य एक विशिष्ट सहकार की भावना जन्म लेती है। विशेषकर भारत जैसे बहुधर्मी तथा बहुसांस्कृतिक राष्ट्र हेतु तो पर्यटन एक वरदान सिद्ध हो सकता है।

इसी प्रकार पर्यटन से अन्तर्क्षेत्रीय तथा प्रादेशिक समझ में भी सुधार आता है क्योंकि इसके माध्यम से व्यक्तियों के साथ–साथ विभिन्न प्रदेश भी एक दूसरे के निकट आते हैं।

(iii) राष्ट्रीय अस्मिता की पहचान में वृद्धि—देश के एक भाग के निवासी को पर्यटन के माध्यम से दूसरे भागों के विषय में अब तक अज्ञात तथ्यों की जानकारी प्राप्त होती है, जिससे उसके मानस में अपुष्ट रूप से वर्तमान राष्ट्रीय अस्मिता की भावना और पुष्ट हो जाती है, इससे उत्पन्न राष्ट्रीय गौरव और आत्मविश्वास उसकी विदेशी यात्राओं में उभर कर सामने आते हैं।

(iv) जीवन–शैली में परिवर्तन—पर्यटन के माध्यम से होने वाले अन्तर्क्षेत्रीय तथा अन्तर्राष्ट्रीय सम्पर्क का एक सबसे बड़ा परिणाम यह उभर कर आता है कि एक दूसरे के रहन–सहन के ढंग, जीवन शैली आदि की अनेक बातें जाने–अनजाने, प्रत्यक्ष–अप्रत्यक्ष ढंग से सभी मनुष्यों को प्रभावित और आप्लावित कर उन्हें भी परिवर्तन हेतु प्रेरित करती हैं।

आगन्तुकों का व्यवहार तथा गन्तव्य राष्ट्र में नागरिकों के साथ उनके व्यक्तिगत सम्बन्धों का स्थानीय जनता की जीवन–प्रक्रिया तथा भावना पर अत्यधिक प्रभाव पड़ता है, इसी प्रकार आगन्तुक भी स्थानीय निवासियों, उनके रहन–सहन के ढंग से प्रभावित हुए बिना नहीं रहते हैं।

सम्पर्कों से सोच में खुलापन तथा विस्तार आता है तथा रूढ़ियों की विदाई और नवीन परम्पराओं के स्वागत की मानसिकता स्वतः आकार लेने लगती है।

(v) सामाजिक अवसरों में वृद्धि—पर्यटन का एक अत्यन्त स्वाभाविक परिणाम सामाजिक अवसरों में वृद्धि के रूप में सामने आता है। यह भी पर्यटन के द्वारा होने वाले अन्तर्क्षेत्रीय और अन्तर्राष्ट्रीय सम्पर्क के कारण ही सम्भव हो पाता है।

(vi) कला और संस्कृति का विकास—पर्यटन के माध्यम से विभिन्न देशों की कला और संस्कृति को पर्याप्त पोषण प्राप्त होता है, क्योंकि पर्यटन से वे देश अपनी कलात्मक–सांस्कृतिक परम्पराओं, धरोहरों के प्रति सचेत होते हैं तथा उनके रख–रखाव और सार–सहेज के प्रति और कृत-संकल्प होते हैं।

जैसा कि स्पष्ट है, कला, संस्कृति एवं जीवन्त परम्पराओं से समृद्ध देश पर्यटकों को सदैव आकर्षित करता है। बाहरी समुदाय द्वारा प्रदर्शित रुचि तथा प्रशंसा ही आत्माभिमान से भरे किसी समाज को अपनी कला, शिल्प तथा संस्कृति के संरक्षण तथा प्रोत्साहन के लिए प्रेरणा का कार्य करती है। इस प्रकार की कलाकृतियों के रख–रखाव में आगन्तुकों का मौद्रिक योगदान निस्संदेह आतिथेय वर्ग में इनके प्रति पर्याप्त जागरूकता उत्पन्न करता है। वस्तुतः विश्व के सभी बड़े पर्यटन–स्थलों फ्रांस, इटली आदि में सामाजिक, सांस्कृतिक तथा कलात्मक गतिविधियों में जन–सहभागिता का स्तर अत्यन्त उन्नत है। भारतीय सन्दर्भ में भी खजुराहो का नृत्य–महोत्सव, कुल्लू का दशहरा उत्सव तथा गोवा का कार्निवाल आदि अपने संरक्षण हेतु यहाँ प्रतिवर्ष आने वाले हजारों देशी–विदेशी पर्यटकों द्वारा किए जाने वाले आर्थिक योगदान की अपेक्षा करते हैं। इसी प्रकार राजाओं–महाराजाओं के प्राचीन संरक्षण से वंचित राजस्थान के लोक–नृत्य तथा

अन्य भारतीय शास्त्रीय नृत्य आदि अपने जीवन तथा उन्नयन हेतु पर्यटकों पर निर्भर हैं।

2. आर्थिक प्रभाव

गत कुछ दशकों से पर्यटन विश्व का ध्यान अपनी ओर तेजी से खींचने में सफल हुआ है और यह प्रमुखतः पर्यटन–क्षेत्रों पर पड़ने वाले तीव्र आर्थिक प्रभावों के कारण है। किसी भी स्थल पर पर्यटकों का प्रवाह वहाँ अनेक व्यापारिक उद्यमों को जन्म देकर क्षेत्र के आर्थिक विकास में महत्त्वपूर्ण योगदान करता है।

वर्तमान में सबसे बड़े उद्योग एवं सर्वाधिक तेजी से विस्तीर्यमान उद्योग के रूप में पर्यटन अपना स्थान सुरक्षित कर चुका है। वर्तमान में कुल 70 करोड़ पर्यटक एक देश से दूसरे देश की यात्रा करते हैं। यदि पर्यटन व्यापार पर दृष्टि डाली जाए तो पर्यटन का कुल व्यवसाय 34 खरब डॉलर वार्षिक से अधिक है।

यद्यपि अत्यधिक पर्यटन–प्रवाह के कारण पर्यटन से प्राप्त आय का अधिकांश भाग यूरोप तथा अमेरिका के हिस्से में आता है, तथापि भारत जैसे विकासशील देशों में भी यह एक तेजी से बढ़ते उद्योग का रूप लेता जा रहा है। पर्यटन से पड़ने वाले आर्थिक प्रभावों का विवेचन निम्नवत् किया जा सकता है—

(i) रोजगार का सृजन—पर्यटन एक श्रमिक कृत उद्योग है तथा अन्य साधारण उत्पादक उद्योग की तुलना में कई गुना अधिक रोजगार प्रदान करता है। पर्यटक विभिन्न स्थलों की यात्रा के दौरान विभिन्न सेवाओं तथा वस्तुओं की माँग करते हैं, जिससे व्यापक रूप से आर्थिक गतिविधियों में उछाल आता है और स्थानीय–निवासियों के लिए रोजगार की विस्तृत सम्भावनाएँ जन्म लेती हैं। अनुमान है कि विश्व की प्रत्येक 10 में से एक नौकरी पर्यटन तथा यात्रा उद्योग द्वारा प्रदान की जाती है।

पर्यटन द्वारा उत्पादित रोजगार संभावनाओं की पहुँच पर्याप्त व्यापक होती है और यह उच्च प्रशिक्षित अधिकारियों और कम्प्यूटर–विशेषज्ञों से लेकर वेटर्स, सेवक तथा अप्रशिक्षित कर्मचारियों तक हो सकता है। एक ओर होटल तथा रेस्त्राँ इत्यादि को अपने ग्राहकों की आवश्यकताओं की पूर्ति हेतु रिसेप्शनिस्ट, कम्प्यूटर–दक्ष कर्मियों, गृह व्यवस्था कर्मियों, भोजन पकाने वालों, वेटर, सफाईकर्मी, सुरक्षाकर्मी इत्यादि के साथ–साथ वित्त, मार्केटिंग इत्यादि में प्रशिक्षित प्रबन्धकों की आवश्यकता होती है वहीं ट्रैवल एजेन्सियाँ तथा टूर ऑपरेटर्स गाइड, आरक्षण–सहायक, बुकिंग क्लर्क, ड्राइवर, सेल्स गर्ल तथा सेल्स बॉय इत्यादि को नियुक्त करते हैं।

इसी प्रकार विभिन्न एयरलाइन्स क्रूज तथा अन्य सम्बन्धित उद्योग को विविध योग्यताधारी युवकों तथा युवतियों को रोजगार प्रदान करते हैं।

होटल–रेस्त्राँ, ट्रैवल एजेन्सी, परिवहन आदि के माध्यम से प्रत्यक्ष रोजगार के अतिरिक्त अन्य सहायक कम्पनियों, यथा निर्माण कम्पनियों, लॉन्ड्रीज, विक्रय केन्द्रों, मनोविनोद स्थलों, फोटोग्राफरों, चिकित्सकों आदि के रूप में अप्रत्यक्ष रोजगार–अवसरों का सृजन भी होता है।

स्वरोजगार की अनेक संभावनाएँ भी पर्यटन के माध्यम से सृजित होती हैं। यथा अनुषंगी अथवा सहायक सामान्य सेवाएँ, हस्तशिल्प इत्यादि।

(ii) आय का सृजन तथा आर्थिक विकास—रोजगार की संभावनाएँ जितनी अधिक होंगी, असंदिग्ध रूप से आय का सृजन भी उतना ही अधिक होगा। इस प्रकार पर्यटन–क्षेत्र से स्थानीय अर्थव्यवस्था को एक सुदृढ़ आधार प्राप्त होता है।

(iii) आधारभूत सुख–सुविधाओं में वृद्धि—पर्यटन प्रायः पर्यटन–क्षेत्र में निवास करने वाले लोगों की आधारभूत सुख–सुविधाओं में वृद्धि का कारक होता है। विशेष रूप से विकासशील देशों में पर्यटकों के आगमन के कारण परिवहन आदि मूलभूत आधारित ढाँचे में सुधार होते हैं और खरीदारी तथा मनोरंजन आदि की सुविधाएँ पूर्वापेक्षया उन्नत हो जाती हैं।

रोजगार तथा फलतः आय में वृद्धि वैसे भी समृद्धि तथा सुख–सुविधाएँ लाती है और व्यक्तियों का जीवन–स्तर उन्नत होता है।

(iv) विदेशी मुद्रा का अर्जन तथा भुगतान संतुलन में सहायक—किसी देश की यात्रा पर आए हुए पर्यटक प्रायः स्वदेश वापसी में उस देश विशेष से जुड़ी वस्तुएँ स्मृति–चिन्ह के रूप में ले जाना पसन्द करते हैं। ये वस्तुएँ प्रायः उस देश की सांस्कृतिक पहचान के तौर पर जानी जाती हैं। यथा भारत आने वाले विदेशी पर्यटक यहाँ के हस्तशिल्प, रत्नाभूषण, चमड़े की वस्तुएँ, सूती वस्त्र आदि अपने साथ ले जाते हैं तथा वहाँ अपने सम्बन्धियों और मित्रों को दिखाते हैं जिनसे इनकी और माँग उत्पन्न होती है। इस प्रकार इन वस्तुओं के उत्पादकों के साथ–साथ राष्ट्र को भी विदेशी मुद्रा के रूप में अपरिमित लाभ होता है। सिंगापुर जैसे देश तो प्रमुखतया खरीदारी के प्रयोजन से ही जाने वाले पर्यटकों के लिए ही जाने जाते हैं।

भारत में राजस्थान, उड़ीसा आदि राज्यों में आने वाले पर्यटकों से विशिष्ट वस्तुओं की बिक्री द्वारा पर्याप्त विदेशी मुद्रा प्राप्त होती है। अब तो इसी उद्देश्य

से प्रतिवर्ष आयोजित होने वाले सूरजकुण्ड मेले आदि पर्यटकों के आकर्षण का केन्द्र बन चुके हैं।

(v) अप्रत्यक्ष गुणक (multiplier)—आर्थिक प्रभाव—पर्यटन गन्तव्य देश की अर्थव्यवस्था को प्रत्यक्षतया प्रभावित तो करता ही है, अप्रत्यक्ष रूप से भी देश की अर्थव्यवस्था के अन्य क्षेत्रों यथा कृषि, मुर्गी–पालन, हस्तशिल्प, निर्माण आदि को प्रभावित किए बिना नहीं रहता। खान–पान सेवाओं को अनाज, दूध, सब्जियों, माँस इत्यादि की आवश्यकता पड़ती ही है। इसी प्रकार इन वस्तुओं के उत्पादक पशु–आहार, खाद इत्यादि का क्रय करते हैं। यह क्रम चलता ही रहता है। इस प्रकार पर्यटन–खर्च की प्रत्येक वस्तु एक आर्थिक परिवर्तन का क्रम प्रारम्भ कर देती है। यह परिवर्तन ऐसे अनेक क्षेत्रों में होता है जो सीधे–सीधे पर्यटन से जुड़े नहीं भी होते हैं।

इस प्रकार पर्यटन सेवा से प्रत्यक्ष अथवा अप्रत्यक्ष रोजगार प्राप्त करने वाले व्यक्ति भी आय की अधिकता के कारण कालान्तर में पहले की तुलना में अधिक वस्तुओं तथा सेवाओं की माँग करते हैं, जिससे अतिरिक्त रोजगार तथा आय का सृजन होता है और यह चक्र भी चलता रहता है जिसे अभिप्रेरित गुणक प्रभाव (Induced multiplier effect) कहते हैं।

(vi) क्षेत्रीय विकास—किसी भी राष्ट्र के क्षेत्रीय विकास में पर्यटन एक महत्त्वपूर्ण तत्त्व है। यह राष्ट्र के उन क्षेत्रों के आर्थिक विकास में सहायक होता है जो आर्थिक दृष्टि से पिछड़े और अविकसित होते हैं तथा जहाँ उत्पादन के स्रोत कम होते हैं। इस प्रकार पर्यटन उस राष्ट्र के क्षेत्रीय संतुलन के निर्माण में सहायक होता है।

सुन्दर दृश्यावली, वातावरण की शुद्धता तथा स्वयं की निजता के लिए पर्यटक किसी देश के आन्तरिक भागों की ओर प्रयाण करते हैं। उनकी सुख–सुविधाओं तथा ध्यानाकर्षण हेतु सरकारों तथा संस्थाओं द्वारा उन ग्राम्य तथा अल्पविकसित क्षेत्रों का विविध रूपों में विकास किया जाता है। यथा आधारिक संरचना, रेजॉर्ट, मनोरंजन केन्द्र, खरीदारी केन्द्र आदि विकसित किए जाते हैं। कुछ क्षेत्रों में तो पर्यटन प्रमुख आर्थिक स्रोत सिद्ध होता है जिस पर जनसंख्या के अधिकांश भाग का निर्वाह प्रत्यक्ष अथवा अप्रत्यक्ष रूप में होता है।

पर्यटकों द्वारा व्यय किया गया धन अनेक वर्गों की आर्थिक स्थिति का सुधारक होता है। होटल तथा रेस्त्राँ–मालिक को प्राप्त लाभ के अतिरिक्त कृषकों, व्यापारियों व व्यवसायियों को भी लाभ प्राप्त होता है। सरकार द्वारा प्राप्त धन अच्छे स्कूल, अस्पताल, सड़क सुविधाओं तथा अन्य सार्वजनिक सुविधाओं में

परिणत हो जाता है। इस प्रकार पर्यटन से प्राप्त आय का सदुपयोग पिछड़े और अर्द्धविकसित क्षेत्रों के विकास में किया जाता है।

व्यक्तिगत प्रभाव

पर्यटन के द्वारा पर्यटक तथा स्थानीय निवासी व्यक्तिगत रूप से भी प्रभावित हुए बिना नहीं रहते। उन पर पड़ने वाले प्रभावों को निम्न आलोक में देखा जा सकता है—

1. बौद्धिक प्रभाव—पर्यटन से एक पर्यटक की जिज्ञासा का शमन होकर ज्ञान में वृद्धि होती है। पर्यटन के माध्यम से भिन्न–भिन्न संस्कृतियों के दर्शन तथा भिन्न–भिन्न प्रकृति के लोगों से परिचय के द्वारा पर्यटक के व्यक्तिगत ज्ञान में वृद्धि होती है। एक पर्यटक यात्रा करने वाले देश में अनेक उपयोगी व आधुनिक वस्तुओं को देखता है, नवीनता के साथ–साथ पुरातनता का अवलोकन करता है और एक तुलनात्मक विवेचन की ओर प्रवृत्त होता है। यात्रा की इस पूरी प्रक्रिया में उसकी अनेक जिज्ञासायें शान्त होती हैं तथा सामाजिक विनिमय व ज्ञान–पिपासा को नए आयाम प्राप्त होते हैं।

2. स्वभावगत तथा गुणगत प्रभाव—भिन्न–भिन्न देशों की यात्राएँ करने, वहाँ के निवासियों से मिलने तथा संस्कृतियों के तुलनात्मक अध्ययन से पर्यटकों में सामंजस्य, सहिष्णुता, दया आदि गुणों का विकास होता है और नवीन विश्वास जन्म लेते हैं। सामाजिक वर्गों और मानवीय जातियों की दूरी को समाप्त करके पर्यटन द्वेष व वैमनस्य की भावना का भी अन्त करता है ताकि पारस्परिक सद्भाव और ऐक्य की भावना का ही प्रसार सब तरफ हो।

पर्यटन द्वारा राष्ट्रों और व्यक्तियों पर पड़ने वाले नकारात्मक प्रभाव

कतिपय हानिकारक और नकारात्मक प्रभाव भी पर्यटन के माध्यम से राष्ट्रों को झेलने पड़ते हैं। इन्हें इस प्रकार अभिव्यक्त किया जा सकता है—

1. पर्यावरण को नुकसान—पर्यावरण के क्षेत्र में पर्यटन प्रायः नकारात्मक परिणाम प्रदान करने वाला होता है। विशेष रूप से कम सुविधाओं वाली छोटी जगहों का विकास यदि बिना उचित योजना के पर्यटन–केन्द्रों के रूप में किया जाता है तो वहाँ पर्यटकों का विशाल–प्रवाह समस्या खड़ी कर सकता है। यथा पर्यटन–सीजन में गोवा की पर्यावरणिक स्थिति अत्यन्त विकट हो जाती है। इसी प्रकार भारत के हिमालयी क्षेत्र, अण्डमान और निकोबार द्वीप, लक्षद्वीप आदि

पर्यावरण की दृष्टि से अत्यन्त संवेदनशील हैं तथा उसी संवेदनशीलता के साथ व्यवहार किए जाने के योग्य हैं।

वर्तमान में पर्यटन–क्षेत्रों की वहन–क्षमता (Carrying Capacity) पर ध्यान दिया जाकर तदनुसार ही पर्यटन–प्रोत्साहन किए जाने की बात पर पर्याप्त बल दिया जा रहा है। इसी प्रकार संपोषणीय पर्यटन (Sustainable Tourism) के विकास तथा इको पर्यटन (Eco-Tourism) के प्रोत्साहन के द्वारा भी पर्यावरणिक दबाव अथवा छेड़छाड़ की समस्या से बचा जा सकता है। वास्तव में सही और योजनाबद्ध ढंग से संचालित किए जाने तथा संरक्षणात्मक कानूनों के प्रभावी क्रियान्वयन से पर्यटन पर्यावरण संरक्षण में बड़ी भूमिका निभा सकता है। सर्वस्वीकृत तथ्य है कि पर्यटन के उचित विकास के लिए अच्छे वातावरण का होना नितान्त आवश्यक है अतः पर्यावरण के रख–रखाव तथा शुद्धता में वृद्धि की जानी चाहिए। इस प्रकार पर्यटन के बहाने उस पर अधिक ध्यान दिया जाता है।

2. आतिथेय वर्ग में असंतोष—पर्यटन के द्वारा आतिथेय वर्ग में असंतोष की भावना उत्पन्न हो सकती है। स्थानीय जनता यदि पर्यटकों के रूप में कहीं अधिक समृद्ध वर्ग के सम्पर्क में आती है तो अपेक्षाओं में उछाल होना नितान्त स्वाभाविक हो जाता है। यही अपेक्षा पूरी न हो पाने पर हताशा का कारण बनती है।

3. संस्कृतियों में टकराहट से वैमनस्य—पर्यटन विभिन्न संस्कृतियों के पारस्परिक वैभिन्य से वैचारिक टकराहट और फलस्वरूप कड़वाहट को भी जन्म दे सकता है। यथा रूढ़िवादी धार्मिक परम्पराओं वाले देश के निवासी पर्यटन के माध्यम से आधुनिक तथा प्रोन्नत विचारधारा के लोगों के सम्पर्क में आने पर एक प्रकार से हीन–ग्रन्थि से ग्रसित हो जाते हैं तथा ऐसे में उनकी अपने देश की रूढ़िवादी धारा से टकराहट ही एकमात्र परिणाम होता है।

4. मनोरंजन के विकृत रूपों को प्रोत्साहन—यदि पर्यटन द्वारा उत्पन्न सर्वाधिक नकारात्मक प्रभाव की बात करें तो वह यह कि चूँकि यह एक आराम तथा मनोरंजन से सम्बन्धित उद्योग है, इसलिए इसमें सुख प्रदान करने वाले तत्त्वों के उपभोग पर पर्याप्त व्यय किया जाता है। इसी प्रक्रिया में जाने–अनजाने आराम और मनोरंजन के कुछ विकृत रूपों यथा बार, रात्रि–क्लब तथा कभी–कभी तो वेश्यावृत्ति आदि को प्रोत्साहन प्राप्त हो जाता है। आधुनिक से आधुनिक समाज के लिए भी इन्हें सहन करना आसान नहीं है।

5. सामाजिक समस्याओं को जन्म—यह तथ्य आम तौर पर स्वीकार

किया जाता है कि धनी देश से निर्धन देश की ओर बड़ी संख्या में पर्यटक–प्रवाह होने से उस देश में सामाजिक समस्याएँ खड़ी हो जाती हैं, जैसे बेईमानी, धोखाधड़ी तथा अन्य हिंसक अपराध इत्यादि। ये समस्याएँ विशेषकर पर्यटन–उद्योग के विकास के प्रारम्भिक चरण में अनेक देशों में सामने आईं। परन्तु अब व्यवस्थित तथा नियंत्रित पर्यटन विकास से इनमें पर्याप्त कमी आई है।

पर्यटन के इन नकारात्मक प्रभावों को समाप्त अथवा पर्याप्त सीमा तक सीमित किया जा सकता है यदि पर्यटन–विकास से सम्बन्धित योजनाओं के क्रियान्वयन से पूर्व इन पर पर्याप्त ध्यान दिया जाए। पर्यटन–प्रोत्साहन से सम्बद्ध दिशा–निर्देश सुस्पष्ट हों और पर्यावरण, पारिस्थितिकी (Ecology) तथा सम्बद्ध समाज के परम्परागत मूल्यों में विश्वास व्यक्त करने वाले हों। इसी प्रकार सरकार को भी किसी अतिरंजना की स्थिति में प्रयोग करने हेतु पर्याप्त नियंत्रक शक्तियों से समृद्ध होना चाहिए।

अध्याय–3

पर्यटन सम्बन्धी सेवाएँ तथा सुविधाएँ (Tourism Related Services and Facilities)

किसी भी राष्ट्र की अर्थव्यवस्था में महत्त्वपूर्ण भूमिका निभाने वाले पर्यटन–उद्योग में विभिन्न क्रियाओं तथा सेवाओं का समावेश है। प्रत्यक्ष रूप से रोजगार प्रदान करने के अतिरिक्त पर्यटन अनेक अन्य सहायक सेवाओं को भी प्रोत्साहित करता है, जिनसे अप्रत्यक्ष रोजगार तथा क्षेत्रीय विकास के द्वारा अर्थव्यवस्था को बल मिलता है। पर्यटन सेवाओं और सुविधाओं की आवश्यकता किसी भी प्रकार के आय, आयु और सामाजार्थिक भेदभाव के बिना सभी को पड़ती है। इनमें परिवहन, आवास, खान–पान व मनोरंजन इत्यादि सेवाएँ व सुविधाएँ प्रमुख हैं तथा किसी भी राष्ट्र में पर्यटन की सफलता इन तत्त्वों के पारस्परिक समन्वय व सामंजस्य पर निर्भर करती है। दूसरे शब्दों में, किसी राष्ट्र में पर्यटकों की संख्या इस बात पर निर्भर करती है कि वहाँ पर्यटकों को कितनी न्यूनतम सुविधाएँ प्रदान की जा रही हैं।

पहले पर्यटन उद्योग को एक विलासितापूर्ण उद्योग समझ कर राष्ट्र अपनी योजनाओं में अधिक प्राथमिकता नहीं देते थे। परन्तु वर्तमान काल में पर्यटन के आर्थिक महत्त्व को देखते हुए विभिन्न सरकारें पर्यटन से सम्बद्ध आधारिक संरचनाओं के विकास को प्रमुखता देते हुए अपनी राष्ट्रीय योजनाओं में इसे महत्त्वपूर्ण स्थान प्रदान करती हैं। इस प्रकार की अनेक सुविधाएँ निजी स्तर के संचालकों द्वारा भी प्रदान की जाती हैं। ये या तो निजी स्तर के संचालकों द्वारा प्रदान की जाती हैं अथवा समस्त योजना का एक भाग होती हैं।

किसी क्षेत्र में आगमनिक पर्यटकों की संख्या में वृद्धि के साथ पर्यटन की आधारिक संरचनाओं की आवश्यकता होती है। इसी प्रकार नए पर्यटन स्थलों की खोज व विकास से इन क्षेत्रों में मनुष्यों, वस्तुओं व सेवाओं का विचलन होता है तथा उपलब्ध आधारिक संरचनाओं के ही आधार पर होटलों तथा अन्य वस्तुओं और सेवाओं का निर्माण और उत्पादन होता है। कुछ आधारिक संरचनाएँ जो पर्यटन के विकास में सहायक हैं, केवल पर्यटन के लिए ही निर्मित नहीं की जाती हैं, परन्तु उनका सही संचालन पर्यटन के क्षेत्र में राष्ट्र की प्रसिद्धि बढ़ाता है। जल, गैस, विद्युत आदि की सेवाएँ, डाक जैसी सुविधाएँ तथा स्वास्थ्य सुविधाएँ पर्यटन के विकास के लिए अत्यधिक आवश्यक हैं।

पर्यटन सम्बन्धी विभिन्न सेवाओं व सुविधाओं के निर्माण से अन्तर्क्षेत्रीय आर्थिक सम्बन्धों का विकास होता है क्योंकि इसके माध्यम से स्वदेशी बाजार विकसित होते हैं। इसी प्रकार पर्यटन–स्थलों में परिवहन जैसी मूलभूत सेवाओं के विकास से अन्य पर्यटन–स्थलों से उसके पारस्परिक सम्बन्ध में वृद्धि तो होती ही है, आर्थिक–प्राकृतिक सम्पदाओं के समान वितरण में भी सहायता प्राप्त होती है। अविकसित तथा विकासशील देशों में पर्यटन के एक प्रभावी उद्योग के रूप में परिणत न हो पाने का प्रमुख कारण आधारिक संरचनाओं तथा सहायक सेवाओं का प्रभावी विकास न हो पाना ही है। पर्यटन सम्बन्धी विभिन्न सेवाओं और सुविधाओं का वर्णन निम्नवत् किया जा सकता है–

पर्यटक सेवाओं के अंग

पर्यटक सेवाओं के अन्तर्गत वे समस्त आर्थिक क्रियाएँ सम्मिलित हैं जिनका मुख्य उद्देश्य पर्यटकों की आवश्यकताओं की पूर्ति करना है, ये पर्यटन की आधारिक संरचना भी कहे जाते हैं। कुछ महत्त्वपूर्ण सेवाएँ जो पर्यटकों हेतु आवश्यक होती हैं, वे हैं–

1. परिवहन सेवाएँ एवं सुविधाएँ—परिवहन सेवा एक प्राथमिक पर्यटन सेवा है जो पर्यटकों को गंतव्य स्थल तक पहुँचाने हेतु आवश्यक होती है। यात्री परिवहन निजी व सार्वजनिक दोनों ही प्रकार के होते हैं तथा आन्तरिक व अन्तर्राष्ट्रीय दोनों प्रकार के पर्यटन में अपनी भूमिका महत्त्वपूर्ण ढंग से निभाते हैं। प्रमुख रूप से ये निम्न प्रकार के होते हैं–

(i) सड़क परिवहन
(ii) रेल परिवहन
(iii) वायु परिवहन
(iv) जल परिवहन

2. आवास सुविधाएँ—गंतव्य स्थल पर पर्यटकों हेतु आवास सुविधाओं का होना अनिवार्य है। इसे यदि पर्यटन का आधार–स्तम्भ कहा जाए तो अतिशयोक्ति नहीं होगी।

3. खान–पान सुविधाएँ—खान–पान सुविधाओं के बिना भी पर्यटन की कल्पना नहीं की जाती। पर्यटन के प्रत्येक स्थल पर इनका होना अनिवार्य है।

4. मनोविनोद—पर्यटन–स्थलों पर मनोविनोद के साधनों की उपलब्धता से इन स्थलों का महत्त्व द्विगुणित हो जाता है।

5. सूचना, संचार तथा पुलिस–सेवाएँ—वर्तमान समय में सूचना और संचार सेवाएँ पर्यटन विकास के अपरिहार्य अंग हैं। ट्रेवल एजेन्ट एवं टूर ऑपरेटर्स भी पर्यटकों तथा पर्यटन स्थलों पर स्थित सुविधाओं में मध्यस्थ की भूमिका का निर्वाह करते हैं। टूर ऑपरेटर्स एक संगठनकर्त्ता का कार्य करते हैं तथा पर्यटकों की व्यक्तिगत आवश्यकताओं का उपलब्ध सुविधाओं से सामंजस्य करके अधिकतम संभव आराम मुहैया कराते हैं।

6. मूलभूत सुविधाएँ—पर्यटकों को गंतव्य स्थल अथवा मार्ग में विभिन्न प्रकार की मूलभूत सुविधाओं की भी आवश्यकता पड़ती है। इसमें बिजली, पानी प्रमुख हैं।

1. परिवहन सेवाएँ एवं सुविधाएँ

परिवहन सुविधाओं का विकास किसी भी देश की आधारिक संरचना से सम्बन्धित महत्त्वपूर्ण पहलू है क्योंकि यह मनुष्य की सामाजिक–आर्थिक आवश्यकताओं की पूर्ति का एक आधारभूत साधन है।

पर्यटन के क्षेत्र में भी परिवहन एक अपरिहार्य तथा अतिमहत्त्वपूर्ण अंग है। यह एक ओर पर्यटन को प्रभावित करता है वहीं दूसरी ओर उससे प्रभावित होता है। तात्पर्य यह कि परिवहन सुविधाओं की व्यापकता से पर्यटन को नवीन आयाम प्राप्त होते हैं वहीं पर्यटन स्थलों के कारण परिवहन सुविधाओं के विकास को भी प्रोत्साहन प्राप्त होता है।

आधुनिक युग में जहाँ मनुष्य के पास समय की कमी तथा वित्त की अधिकता है, पर्यटन को बढ़ावा देने के लिए तीव्र परिवहन सुविधाओं का होना अत्यन्त आवश्यक है।

एक पर्यटक विभिन्न प्रकार के परिवहन साधनों का उपयोग कर सकता है। वह सड़क, रेल, वायुयान, पानी के जहाज में से किसी एक परिवहन साधन अथवा सम्मिलित रूप से इन सभी साधनों का उपयोग कर सकता है।

एक पर्यटक सदैव सुरक्षित, सुविधापूर्ण, आरामदायक तथा कम खर्चीले परिवहन साधन को प्राथमिकता देता है।

मानवीय विकास के विविध पहलुओं के साथ–साथ परिवहन–साधनों के स्वरूप में भी परिवर्तन होता रहा है। मानव–सभ्यता के प्रारम्भिक चरणों में जहाँ पशुओं पर निर्भर **स्थल–परिवहन** प्रचलित थे, वहीं बाद में नौकाओं और जहाजों के रूप में **जलीय परिवहन** आवागमन के लिए प्रयुक्त किए जाने लगे। 19वीं शती में वाष्प शक्ति और विद्युत के आविष्कार और उपयोग हुए। 20वीं शती में वाष्पचालित इंजन के आविष्कार के बाद हुई परिवहन क्रान्ति ने पर्यटन पर भी सकारात्मक प्रभाव डाला। इसी समय वायु–परिवहन में हुए तीव्र सवं क्रान्तिकारी बदलावों से विश्व सही मायनों में एक सिरे से दूसरे सिरे तक एकत्व में बँध गया। अब परिवहन तीव्र से तीव्रतर होता गया।

जहाँ तक भारत के परिवहन–साधनों का प्रश्न है, तो यहाँ प्राचीनकाल से ही आवागमन के साधनों का महत्त्व समझ कर उन पर ध्यान दिया जाता रहा है। हड़प्पा–सभ्यता के प्रत्येक नगर में हमें सुनियोजित ढंग से निर्मित तथा व्यवस्थित रख–रखाव वाली सड़कें प्राप्त होती हैं, जिन पर पशु चालित वाहन चला करते थे। बाद में भी सम्पूर्ण प्राचीनकाल में अनेक व्यापारिक मार्ग भारत के विभिन्न भागों से गुजरते थे और मुगलकाल तक नवीन सड़कों के निर्माण तथा वर्तमान सड़कों की मरम्मत की यह परम्परा बनी रही। विभिन्न प्रकार के आवागमन तथा व्यापार हेतु नदियों, नहरों और समुद्रों के द्वारा जलीय परिवहन का प्रयोग भी किया जाता रहा।

ब्रिटिश शासन के दौरान औपनिवेशक उद्देश्यों से सम्पूर्ण भारत में सड़कों का जाल बिछा दिया गया। यह उद्देश्य भारत से कच्चा माल यूरोप भेजने तथा वहाँ के तैयार माल को भारतीय बाजारों में पहुँचाने का था। इसके अतिरिक्त सेना और पुलिस के तीव्र आवागमन के लिए भी तेजी से सड़कें बनीं। 1854 में रेल सेवा तथा 1932 में वायु–सेवा का प्रारम्भ भारत में हुआ किन्तु इनके विकास में प्रगति शनैः–शनैः ही हुई।

स्वतंत्रता के बाद सामाजिक–आर्थिक विकास की आवश्यकताओं को पूरा करने के लिए परिवहन के समस्त साधनों—सड़क, रेल, जल और वायु के विकास पर पर्याप्त ध्यान दिया गया। पंचवर्षीय योजनाओं में आधारभूत ढाँचे के रूप में परिवहन को पर्याप्त महत्त्व दिया गया और प्रथम तीन योजनाओं में कुल खर्च का 23 प्रतिशत परिवहन उद्योग पर किया गया।

पर्यटन से सम्बद्ध भारतीय परिवहन सुविधाएँ दो प्रकार की हो सकती हैं– **व्यापक परिवहन सुविधाएँ** बाह्य संसार से पर्यटक गंतव्य स्थल तक पर्यटक को पहुँचाने में सहायक होती हैं, जबकि **स्थानीय परिवहन सुविधाएँ** गंतव्य स्थल पर स्थानीय रूप से पर्यटकों के विचलन में सहायक होती हैं।

2. व्यापक परिवहन सुविधाएँ

वर्तमान काल में भारत में व्यापक परिवहन हेतु चार प्रमुख साधन उपलब्ध हैं–

(i) सड़क परिवहन

(ii) रेल परिवहन

(iii) वायु परिवहन

(iv) जल परिवहन

पर्यटन के परिप्रेक्ष्य में इन परिवहन–साधनों का वर्णन निम्न रूप से किया जा सकता है–

(i) सड़क परिवहन

भारत में सड़क परिवहन एक अत्यन्त उपयोगी साधन है। विशेष रूप से मध्यम तथा अल्प दूरी के लिए। भारत के सुदूरस्थ गाँवों को मुख्य धारा से जोड़ने वाला यह गतिशील साधन अपनी विश्वसनीयता, लोच तथा कम खर्च के चलते आम भारतीय नागरिक का प्रिय साधन तो है ही, वर्तमान काल में अत्यन्त सुविधा–सम्पन्न तथा तीव्र गति वाली बसों से देशी–विदेशी सम्पन्न पर्यटक भी प्रचुरता से इसका उपयोग करने लगे हैं। तीव्र गति तथा अधिकतम सुविधाओं वाली हाइड्रोलिक बस को इसके उदाहरण के रूप में देखा जा सकता है।

भारत में आजकल अनेक प्रकार की सड़कें हैं, जिनमें राष्ट्रीय और राज्य राजमार्ग, जिला सड़कें तथा वर्गीकृत और अवर्गीकृत ग्रामीण सड़कें सम्मिलित हैं। भारतीय सड़क व्यवस्था विश्व की प्रमुखतम और विशालतम सड़क–व्यवस्थाओं में से एक है। कुल भारतीय यातायात का 86.7 प्रतिशत सड़कों द्वारा ही तय किया जाता है और कुल सड़क यातायात का 40 प्रतिशत राष्ट्रीय राजमार्गों द्वारा तय होता है। इसी प्रकार सड़कों पर दौड़ने वाले वाहनों की संख्या भी 1951 के 3 लाख 6 हजार से बढ़कर 2004 में 72,718,000 हो गई है और अभी भी प्रतिवर्ष 12 प्रतिशत की दर से वाहनों की संख्या में वृद्धि हो रही है।

राष्ट्रीय राजमार्ग/एक्सप्रेस मार्ग	66,754 किमी.
राज्यीय राजमार्ग	128,000 किमी.
प्रमुख तथा अन्य जिला सड़कें	470,000 किमी.
ग्रामीण सड़कें	2,65,0000 किमी.

भारतीय सड़कों में विभिन्न राज्य सड़क परिवहन निगमों द्वारा चलाई जाने वाली डीलक्स, स्लीपर कोच, एयर कंडीशनर तथा हाइड्रोलिक बसों में पूर्व आरक्षण सुविधाओं, सूचना केन्द्र सुविधाओं के द्वारा पर्यटक आरामदायक भ्रमण व्यक्तिगत अथवा सामूहिक रूप से कर सकते हैं। इसके अतिरिक्त टैक्सी, कार, मैटाडोर, मोटर साइकिल, ऑटो आदि का भी प्रयोग किया जाता है।

वर्तमान में भारत सरकार द्वारा **राष्ट्रीय राजमार्ग सुधार योजना** आदि विभिन्न योजनाओं के द्वारा सड़कों को सर्वसुविधासम्पन्न, सुरक्षित तथा व्यापक बना दिए जाने से पर्यटकों की संख्या में गुणात्मक सुधार हुआ है।

(ii) रेल परिवहन

लम्बी दूरी की यात्राओं हेतु वरदान सिद्ध होने वाले रेल परिवहन का उपयोग भारत जैसे विशाल देश में दीर्घकालिक यात्राओं में प्रचुरता से किया जाता है।

एशिया में प्रथम तथा विश्व में दूसरी सबसे बड़ी भारतीय रेल सेवा सही मायने में राष्ट्र की जीवनरेखा कही जा सकती है।

वर्तमान में भारत में ब्रॉड गेज, मीटर गेज तथा नैरो गेज नामक तीन प्रकार की रेल लाइने हैं, जिनकी कुल लम्बाई 63,332 किमी. है (मार्च 2006 तक)। अब शेष दोनों प्रकार की लाइनें ब्रॉड गेज में परिवर्तित कर रेल यात्रा को सुविधाजनक बनाया जा रहा है।

पर्यटन की दृष्टि से भी रेलें परिवहन का प्रमुख स्रोत हैं। आकर्षक सस्ती टिकट दरों से सामान्य जन को आकर्षित करने के साथ–साथ आजकल ट्रेनें अपने आरामदायक सफर के लिए भी जानी जाती हैं। विभिन्न प्रकार की एयर कंडीशनर श्रेणियों, पेन्ट्री कार, टेलीफोन, इंटरनेट तथा सुरक्षा सुविधाओं के साथ–साथ यात्रा–विरामों, प्रतीक्षालयों, सामान–कक्षों, विश्राम–कक्षों के साथ रेलें अब पर्यटकों की भी विश्वसनीय साथी बन चुकी हैं। इस सबके ऊपर **पैलेस आन व्हील्स** जैसी राजसी पर्यटक गाड़ियाँ तो विशेष रूप से पर्यटन को ध्यान में रखकर चलाई गई हैं। इसी प्रकार ऊटी, शिमला और दार्जिलिंग इत्यादि में चलने वाली छोटी ट्वॉय ट्रेनें भी पर्यटकों के आकर्षण का केन्द्र हैं।

भारतीय रेलवे द्वारा प्रदत्त विभिन्न अधुनातन सुविधाओं तथा रेल द्वारा देश के विभिन्न स्थानों को जोड़ने की सामर्थ्य को देखते हुए रेल परिवहन पर्यटन के क्षेत्र में अत्यन्त उपयोगी भूमिका निभा सकता है। अब रेलवे के स्तर में भी सुधार से निस्संदेह घरेलू पर्यटकों के साथ–साथ विदेशी पर्यटक भी स्वयं को इससे जोड़ेंगे, इसमें सन्देह नहीं।

(iii) वायु परिवहन

1932 में व्यवस्थित ढंग से प्रारम्भ भारतीय वायु सेवा का अस्तित्त्व 1953 में राष्ट्रीयकृत होने से पूर्व एकमात्र प्रतीकात्मक ही था; तब प्रमुखतः घरेलू सेवाओं हेतु 'इंडियन एयरलाइन्स' तथा बाह्य सेवाओं हेतु 'एअर इंडिया' की स्थापना की गई। आज वायुदूत के साथ मिलकर ये दोनों सेवाएँ घरेलू तथा बाह्य स्तर पर प्रतिवर्ष एक करोड़ यात्रियों को उनके गंतव्य तक पहुँचाती हैं। भारत के कुल 120 एअरपोर्ट की देखभाल **एअरपोर्ट अथॉरिटी ऑफ इंडिया** द्वारा की जाती है।

1990 से निजी विमान सेवाओं को भी सरकारी अनुमति प्राप्त होने के बाद से वायु–परिवहन के उपभोक्ताओं में तेजी से वृद्धि हुई है। इनमें ईस्ट--वेस्ट एअर लाइन्स, ट्रान्स भारत एविएशन, जेट एअरवेज, दक्कन एअरलाइंस आदि प्रमुख हैं। आपसी प्रतिद्वन्द्विता से वायुयान यात्रा की दरों में भी कमी हुई है, जिससे मध्यम आय वर्ग के लोगों के लिए भी हवाई–यात्राएँ सुगम हुई हैं।

पर्यटन के क्षेत्र में वायु परिवहन का पर्याप्त महत्त्व है। विशेष रूप से विदेशी पर्यटक भारत जैसे विशाल देश में वायु मार्ग से एक स्थल से दूसरे स्थल पर कम समय में जाना पसन्द करते हैं। सरकार भी अपनी उदार नीतियों से पर्यटन को प्रोत्साहित कर रही है, इसमें सन्देह नहीं। उदाहरणार्थ 'मुक्ताकाश नीति' (Open Sky Policy)।

विदेशी पर्यटक अधिकांशतः वायु–परिवहन को ही प्राथमिकता देते हैं। वर्तमान औद्योगिक युग में भारतीय पर्यटकों के पास भी समय की कमी है। साथ ही एक पर्यटक अपनी यात्रा के दौरान कम से कम समय में अधिक से अधिक चीजें देखकर अपने समय का सदुपयोग करना चाहता है। अतः वायु–परिवहन के और अधिक विस्तार तथा आधुनिकीकरण की आवश्यकता है तभी इसका व्यापक प्रयोग पर्यटन के क्षेत्र में संभव हो सकेगा।

(iv) जल परिवहन

नदी, नालों और नहरों के जाल वाले भारतवर्ष में यातायात का अत्यन्त

पुराना साधन जल–परिवहन कम खर्च, कम ऊर्जा खपत और अल्प पर्यावरणीय प्रदूषण के कारण आज भी अपनी प्रासंगिकता बनाए हुए है। जल परिवहन की तीन प्रमुख श्रेणियाँ हैं –

- **तटीय जहाजरानी**—भारत का कुल तटीय क्षेत्र लगभग 7516.6 किलोमीटर लंबा है। अतः यहाँ यात्रियों और वस्तुओं के विचलन में तटीय जहाजरानी की महती भूमिका हो सकती है। विशेषकर लम्बी दूरी हेतु इस कम खर्चीले परिवहन साधन का उपयोग प्रचुरता से किया जा सकता है।
- **अन्तर्देशीय जलमार्ग**—भारत जैसे देश में तटीय जहाजरानी के साथ–साथ अन्तर्देशीय जल मार्ग भी एक संभावनाओं वाला क्षेत्र है। वस्तुतः नदियों, नहरों और समुद्र के जल से निकले लगभग 15,000 किलोमीटर जलमार्ग वाले इस देश में रेल मार्गों की स्थापना से पूर्व जल–परिवहन द्वारा ही देश का एक भाग दूसरे से जुड़ता था। गंगा एवं यमुना नदियों में बंगाल डेल्टा से कानपुर और आगरा तक नित्य बड़ी–बड़ी नावें दौड़ लगाती थीं। उपलब्ध सूचनाओं के अनुसार 1842 में यमुना नदी पर कोलकाता और आगरा के बीच में स्टीमर सेवा नियमित पाक्षिक सेवा के रूप में उपलब्ध थी। आज भी अपनी क्षमतानुसार उपयोग में न लाए जा रहे इन जलमार्गों के दोहन की अपार संभावनाएँ हैं। इसके लिए अन्तर्देशीय जलमार्ग प्राधिकरण (1986 में स्थापित) के साथ–साथ व्यक्तियों और संस्थाओं से भी कर्त्तव्य–पालन की अपेक्षा है।
- **अन्तर्राष्ट्रीय जल परिवहन**—वर्तमान भारत में 13 प्रमुख तथा 185 छोटे बन्दरगाह हैं। बड़े बंदरगाह केन्द्र सरकार तथा छोटे बंदरगाह राज्य सरकारों के अधीन हैं। तथापि भारत में जहाजरानी उद्योग का विकास अपेक्षित गति से नहीं हुआ और वैश्विक समुद्री व्यापार में भारत का हिस्सा अत्यल्प है। साथ ही विश्व के समुद्री बेड़े में भी भारत का हिस्सा नगण्य है।

इस प्रकार भारत में जल–परिवहन का क्षेत्र सीमित है। इसी प्रकार पर्यटन के क्षेत्र में भी इसका अत्यल्प प्रयोग हो रहा है तथापि यह क्षेत्र अपार संभावनाओं से परिपूर्ण है। नदियों तथा समुद्रों के किनारे बसे शहरों से आरामदायक ठहरावों और मनोरंजन से युक्त जलीय यात्राओं का आयोजन किया जा सकता है। उदाहरणार्थ पश्चिम बंगाल के पर्यटन विभाग ने पर्यटकों को रॉयल बंगाल टाइगर

के लिए प्रसिद्ध **सुंदरवन** तक ले जाने के लिए विशेष पर्यटक लांच की व्यवस्था की है। इसी प्रकार मुम्बई और कन्याकुमारी में भी निकटस्थ स्थलों तक जल–यात्राओं द्वारा ले जाया जाता है।

इसी प्रकार सरकारों और पर्यटन विभागों द्वारा मनोरंजनपूर्ण समुद्री यात्राओं के आयोजन, विभिन्न नौका–यात्राओं, नौकायनों, जल–क्रीडाओं, हाउस बोटों पर निवास इत्यादि के नवीन आकर्षणों द्वारा पर्यटकों को बाँधने के प्रयत्न किए जाते हैं। **'भारत यात्रा निगम'** जैसी ट्रेवल एजेन्सियों द्वारा पर्यटकों के लिए नौकायन आदि का आयोजन किया जाता है।

परिवहन के इन अपेक्षाकृत अधिक प्रचलित साधनों के अतिरिक्त पर्वतीय इलाकों और जल–प्रवाहों को पार करने हेतु रज्जु मार्ग (Rope way) का भी प्रयोग होता है परन्तु देश के 16 प्रतिशत भाग के पहाड़ी होने के बावजूद इस क्षेत्र का पूर्ण दोहन होना अभी बाकी है। इसी प्रकार घोड़ा, हाथी तथा ऊँट सफारियों आदि का भी प्रयोग पर्यटन को ध्यान में रखते हुए बढ़ाया जा सकता है।

स्थानीय परिवहन

स्थानीय परिवहन की आवश्यकता पर्यटक को गंतव्य स्थल में होती है। जैसे ही वह हवाई अड्डे, रेलवे स्टेशन अथवा बस अड्डे पर उतरता है, इस प्रकार के परिवहन की आवश्यकता प्रारम्भ हो जाती है। यह आवश्यकता विभिन्न स्रोतों द्वारा पूरी की जाती है। यथा –

- विभिन्न सरकारों के परिवहन निगम शहर के विभिन्न मार्गों हेतु बसें चलाते हैं।
- एयर लाइन्स भी हवाई अड्डे से विशिष्ट स्थलों तक अपनी बस सेवा प्रदान करता है।
- निजी क्षेत्र भी सरकारी अनुमति से पर्यटकों को परिवहन सुविधाएँ उपलब्ध कराता है। यथा–
    - आस–पास के दर्शनीय स्थलों हेतु किराये की टैक्सियाँ उपलब्ध होती हैं, जो प्री–पेड तथा पोस्ट–पेड होती हैं।
    - ऑटो रिक्शा का प्रचलन पिछले कुछ समय से काफी बढ़ा है, यह भी प्री–पेड और पोस्ट–पेड होता है।
    - रिक्शा और तांगा जैसी सार्वकालिक सवारियाँ भी अनेक पर्यटकों के आकर्षण का केन्द्र होती हैं।

– गोवा जैसे पर्यटक स्थलों पर 'मोटर साइकिल' टैक्सी का प्रचलन है। लोग स्वयं भी इन मोटर साइकिलों को किराए पर लेकर भ्रमण कर सकते हैं।

2. आवास सुविधाएँ

आवास की सुविधाएँ सफल पर्यटन के लिए अत्यन्त आवश्यक हैं। इन्हें पर्यटन का मूलभूत आधार कहा जाना भी गलत नही होगा क्योंकि यह पर्यटन के तीन बुनियादी पहलुओं – यात्रा, ठहराव तथा मनोविनोद में से एक है। वस्तुतः पर्यटक आवास सुविधा 'अतिथि' और 'आतिथेय' के सम्बन्ध और सामंजस्य को व्याख्यायित करने वाला होता है। इसमें पर्यटक की सुविधा तथा आराम का ध्यान इस कुशलता के साथ रखना होता है कि स्थानीय व्यापारिक, वाणिज्यिक हित भी पूरे हों तथा सांस्कृतिक और पर्यावरणीय हित भी सुरक्षित रहें। अर्थात् पर्यटक आवास–व्यवस्था में कार्यकुशलता तथा योजनाबद्धता की तीव्र आवश्यकता होती है।

पर्यटक आवास कैसे हों, यह पर्यटकों के सामाजार्थिक स्तर, उनकी व्यय–वहन क्षमता के साथ–साथ अनेक बातों पर निर्भर करता है। पर्यटक इतने विविध प्रकार के होते हैं कि वे विविधविध आवासीय सुविधाओं की माँग करते हैं। अतः उनकी आवश्यकता और इच्छा दो ऐसे तत्त्व हैं जो आवास–सुविधा के नियोजन को पर्याप्त रूप से प्रभावित करते हैं। उदाहरणार्थ कुछ पर्यटक सामान्य सुविधाओं से युक्त कम खर्चीले कक्ष से ही संतुष्ट हो जाते हैं जबकि अन्य अमीर पर्यटक महँगे तथा सर्वसुविधासम्पन्न फाइवस्टार होटल के कक्षों से ही संतुष्ट हो पाते हैं।

पारिभाषिक रूप से पर्यटक आवास एक व्यापक अर्थ समेटे हैं, जिसमें यात्री–ठहराव से सम्बद्ध समस्त सुविधाएँ – होटल, मोटल, लॉज, गेस्ट हाउस, रेस्ट हाउस, कैम्प इत्यादि समाहित हो जाते हैं। ब्रिटेन के डेवलपमेन्ट टूरिस्ट एक्ट के अनुसार –

"पर्यटक आवास भिन्न प्रकारक होता है तथा इसके अन्तर्गत मुख्यतः वे समस्त होटल व ठहरने के स्थान सम्मिलित हैं, जहाँ व्यापार व वाणिज्य की दृष्टि से शयन आवास की सुविधाएँ उपलब्ध होती हैं।"

पर्यटकों हेतु आवासीय व्यवस्था अन्य आवासीय व्यवस्था से इस अर्थ में भिन्न है कि इसमें विशेष रूप से पर्यटकों की आवश्यकताओं और सुविधाओं का ध्यान

रखा जाता है। यथा उन्हें मनपसन्द भोजन, मनोरंजन और ज्ञान परोसा जाता है। साथ ही उनके बजट का भी ध्यान रखा जाता है।

ऐतिहासिक परिप्रेक्ष्य में प्राचीनकाल से ही आगन्तुकों को आवास–सुविधाएँ प्रदान की जाती थीं। यह भोजन सहित अथवा भोजन रहित दोनों प्रकार की होती थी। भारत में मौर्यकाल में इस प्रकार की आवास–सुविधाओं का उल्लेख प्राप्त होता है। सम्पूर्ण मध्यकाल में इस हेतु 'सरायें' होती थीं। इसी प्रकार धर्मशाला, मुसाफिरखाना इत्यादि का उल्लेख मिलता है, जो आधुनिक काल तक आते–आते होटल, मोटल, लॉज, रेजॉर्ट इत्यादि में परिवर्तित हो गए।

आवास–सुविधाओं का वर्गीकरण

आवास–सुविधाओं का वर्गीकरण एक अत्यन्त जटिल प्रक्रिया है और भिन्न–भिन्न आधारों पर इनके वर्गीकरण का प्रयास किया जाता है। यथा –

- आर्थिक महत्त्व के आधार पर
- सम्पत्ति के प्रकार के आधार पर
- खुलने की अवधि के आधार पर
- आराम सुविधाओं व मूल्य के आधार पर
- भौगोलिक स्थिति के आधार पर
- आकार के आधार पर इत्यादि

परन्तु व्यावहारिक आधार पर प्रस्तुत अध्ययन हेतु आवास–सुविधाओं को निम्न प्रकार से वर्गीकृत किया जा सकता है –

I. होटल आवास सुविधाएँ

II. वैकल्पिक आवास सुविधाएँ

I. होटल आवास सुविधाएँ

पर्यटन आवास में होटल सुविधाएँ विशिष्ट एवं आवश्यक अंश हैं तथा पर्यटन के विकास में अत्यन्त महत्त्वपूर्ण भूमिका अदा करती हैं। यह उद्योग आर्थिक महत्त्व के साथ–साथ अन्तर्राष्ट्रीयता में वृद्धि के द्वारा सामाजिक महत्त्व भी रखता है। चूँकि पर्यटकों के साथ–साथ जनसंख्या का बड़ा भाग अपने खान–पान इत्यादि हेतु होटल सुविधाओं पर निर्भर रहता है अतः होटलों के उद्योग को अनिवार्य कल्याणकारी सेवा कहा जा सकता है।

होटल आवास सुविधाएँ भी भिन्न–भिन्न प्रकार तथा स्तरों की होती हैं। किसी होटल की अवस्थिति कहाँ है तथा किस प्रकार के ग्राहकों को यह आकर्षित करता है, इन बातों पर एक होटल की शैली से दूसरे होटल की शैली की भिन्नता निर्भर करती है। कुछ होटल सम्पन्न अंतर्राष्ट्रीय पर्यटकों तथा धनी व्यापारियों को अपनी सेवाएँ प्रदान करते हैं, जबकि अन्य साधारण वर्ग को सामान्य दरों पर खान–पान और आवास–सुविधाएँ प्रदान करने में सक्षम होते हैं। पर्यटन के सकारात्मक विकास हेतु विभिन्न स्तरों तथा विविध दरों वाले होटलों का होना अत्यन्त आवश्यक है। होटल आवास–सुविधाओं को निम्न आधार पर वर्गीकृत किया जा सकता है–

(i) अन्तर्राष्ट्रीय अथवा स्टार श्रेणी के होटल—पाश्चात्य वैचारिक परम्परा पर आधारित इस प्रकार के होटल बड़े शहरों अथवा पर्यटन की दृष्टि से महत्त्वपूर्ण स्थलों पर होते हैं। कक्ष–संख्या, रेस्त्राँ की संख्या, लॉबी का आकार, व्यापार–केन्द्र सुविधाओं, विशिष्ट भोज समारोह, सूट्स बार इत्यादि के आधार पर इनका अंतर्राष्ट्रीय मानक से एक से पाँच स्टारों में वर्गीकरण किया जाता है। इसमें सख्त गुणवत्ता–नियंत्रण भी सम्मिलित होता है। सामान्य सुविधाओं के अतिरिक्त इन होटलों में लॉण्ड्री, गैराज तथा अन्य पूरक सुविधाएँ भी प्रदान की जाती हैं। अधिकतर इन होटलों में अमीर पर्यटक तथा व्यापारी ही ठहरते हैं। ये होटल अधिकतर सार्वजनिक कम्पनियों के स्वामित्व में होते हैं तथा बोर्ड ऑफ डायरेक्टर द्वारा नियंत्रित होते हैं। भारत में होटलों का स्टार वर्गीकरण अनिवार्य नहीं है तथा इन्हें कुछ मानदण्डों के आधार पर वर्गीकृत किया जाता है। बड़े शहरों में स्थित बड़े होटल विवाहादि समारोहों के लिए भी सम्पूर्ण सुविधाएँ प्रदान कर अपने लिए अतिरिक्त आय का अर्जन करते हैं।

(ii) बिना स्टार वाले होटल—पर्यटन स्थलों तथा अन्य छोटी जगहों पर अनेक छोटे–छोटे होटल होते हैं, जो स्टार श्रेणी अथवा अन्तर्राष्ट्रीय मानकों पर खरे नहीं उतरते, परन्तु अपनी आर्थिक स्थिति के अनुसार अनेक पर्यटक इनमें ठहरते हैं। तीर्थ स्थलों और हिल–स्टेशनों सहित सभी जगहों पर इन होटलों की अवस्थिति होती है। छोटे शहरों में ये होटल रेलवे–स्टेशन, बस स्टैण्ड के समीप तथा मुख्य बाजारों में स्थित होते हैं।

(iii) आवासीय होटल—प्रमुखतः बड़े–बड़े शहरों में स्थित ये होटल स्थाई निवास हेतु होते हैं, जिनमें सुसज्जित अथवा असुसज्जित कक्ष मासिक अथवा वार्षिक आधार पर बुक किए जाते हैं। इन होटलों में पृथक गृह के अतिरिक्त होटल की अन्य सेवाएँ भी उपलब्ध कराई जाती हैं जैसे खान–पान सुविधा, लॉण्ड्री सुविधा, नौकर–सुविधा तथा बार इत्यादि की सुविधा।

(iv) वाणिज्यिक होटल—वाणिज्यिक होटल व्यापारी वर्ग को एक ही स्थल पर अच्छे भोजन, आरामदायक शयन, शुद्ध वातावरण तथा लिखने–पढ़ने हेतु शांतिपूर्ण वातावरण उपलब्ध कराते हैं। प्रायः ये होटल स्वयं मालिकों द्वारा संचालित होते हैं तथा व्यापारिक वर्ग की सुविधा हेतु व्यावसायिक इमारतों, रेस्त्राओं, मनोरंजन–केन्द्रों के समीप स्थित होते हैं।

(v) विहार स्थल होटल—प्रायः पर्यटन–केन्द्रों यथा समुद्र तटों और पर्वतीय क्षेत्रों में स्थित विहार स्थल अथवा रेजॉर्ट होटल पर्यटकों और धन–सम्पन्न यात्रियों की आवश्यकता पूर्ति हेतु होते हैं। पर्यटन उद्योग पर निर्भर अर्थव्यवस्था वाले देशों में शहरों अथवा निकटस्थ स्थलों पर भी इस प्रकार के आवासीय स्थलों का निर्माण किया जाता है। रेजॉर्ट होटलों में सम्मेलन–कक्ष, रेस्तरों आदि के साथ–साथ स्वीमिंग पूल, गोल्फ, टेनिस, स्केटिंग, आइस स्केटिंग, नौका–विहार जैसी मनोरंजन की सुविधाएँ भी उपलब्ध होती हैं, क्योंकि इनका उद्देश्य ही यात्रियों को घरेलू वातावरण में पूर्ण आराम तथा सत्कार प्रदान करना होता है। रेजॉर्ट होटलों को भिन्न–भिन्न श्रेणियों में वर्गीकृत किया जाता है– यथा शिशिरकालीन, ग्रीष्मकालीन तथा सदाबहार विहार स्थल आदि। भारत में समुद्रतटों, हिलस्टेशनों तथा वन्य अभयारण्यों में इस प्रकार के रेजॉर्ट स्थित हैं। इन रेजॉर्ट होटलों का उपयोग वर्ष के कुछ ही महीनों में होता है।

(vi) मोटल होटल—मोटल शब्द 'ऑटोमैटिक होटल' का संक्षिप्त रूप है। यह एक उच्च स्वचालित प्रकार का होटल है जिसमें कम से कम कार्मिकों की आवश्यकता पड़ती है तथा अपने स्तर पर ये होटल अत्यन्त कम दाम पर सेवाएँ प्रदान करते हैं। इस प्रकार यह आवासीय व्यवस्था कम खर्चीली, प्रबन्धन में आसान तथा श्रम और रख–रखाव की बचत के द्वारा लाभ भी प्रदान करने वाली है।

पारम्परिक होटलों की साधारण सेवाएँ पसन्द न करने वाले लघुकालीन ग्राहकों को इसकी सुनिश्चित सेवाएँ अपनी ओर निश्चित रूप से आकर्षित करती हैं।

(vii) रोटेल होटल—'पहिये पर होटल' अर्थात् रोटेल एक वातानुकूलित वाहन होता है, जिसमें भोजन के साथ–साथ शयन की भी व्यवस्था होती है। यहाँ यात्री आरामपूर्वक निवास अथवा विश्राम करते हुए यात्रा कर सकते हैं। दिन के समय यात्री भूतल पर आराम कुर्सियों में बैठे मदिरा तथा टेलीविजन आदि का आनन्द उठाते हैं तो रात्रि के समय शयन–कक्ष, स्नान–कक्ष तथा भोजन–कक्ष से युक्त ऊपरी तल पर सुविधाओं का उपभोग करते हैं। प्राथमिक चिकित्सा सेवा,

गाइड सेवा तथा अन्य सुविधाओं से युक्त इस व्यवस्था की प्रमुख विशेषता यह है कि यात्री देश के प्राकृतिक सौन्दर्य का भरपूर दर्शन कर सकते हैं। हाल ही में जयपुर में इसी प्रकार के चलते–फिरते रेस्त्राँ की स्थापना की गई है, जिसका उद्देश्य पर्यटकों को नवीन ढंग का आकर्षण प्रदान करना है। राजस्थान में अत्यन्त लोकप्रिय पैलेस ऑन व्हील्स रेल लाइनों पर चलती हुई इसी श्रेणी की व्यवस्था है।

(viii) तैरता हुआ होटल—नाम्ना स्पष्ट है कि यह होटल जलीय सतह पर स्थित होता है। बड़ी–बड़ी नौकाओं पर स्थित इस प्रकार के होटल किसी भी अन्य होटल की भाँति समस्त सुविधाओं से युक्त होते हैं, जिनमें सुसज्जित भोजन–कक्ष, शयन–कक्ष, बैठक इत्यादि का समावेश होता है। भारत में जम्मू–कश्मीर में हाउसबोट तथा शिकारा इत्यादि के रूप में पर्यटकों के लिए यह आवासीय व्यवस्था दीर्घकाल से उपलब्ध है।

(ix) विरासत–होटल—इस प्रकार के होटल प्राचीन किलों, महलों और हवेलियों के अन्तर्गत स्थापित किए गए हैं। इसके पीछे उद्देश्य पर्यटकों का राजाओं की तरह रहने का सपना पूरा करना है। भारत सरकार तथा पर्यटन–विभाग ने इन प्राचीन विरासतों के मालिकों को वित्तीय सुविधाएँ तथा अन्य सुविधाएँ प्रदान कर उन्हें अपनी इन सम्पत्तियों को विरासत–होटलों में परिवर्तित करने के लिए प्रोत्साहित किया है। इस प्रकार के होटल विशेष रूप से राजस्थान में स्थित हैं।

II. वैकल्पिक आवास–सुविधाएँ

वैकल्पिक आवास–सुविधाओं से तात्पर्य उन आवास–सुविधाओं से है जो प्रमुख आवासीय सुविधाओं जितनी सुविधाएँ पर्यटकों को प्रदान नहीं कर पातीं परन्तु आवास, खान–पान तथा अन्य प्रमुख सुविधाएँ एक साथ अथवा इनमें से कुछ उपलब्ध कराने में सक्षम होती हैं। इस प्रकार की सुविधाओं को पर्यटन–उद्योग के असंगठित क्षेत्र के अन्तर्गत रखा जा सकता है। वस्तुतः अनेक यूरोपीय तथा अमेरिकी देशों में तो इस प्रकार की सुविधाएँ प्रमुख सुविधाओं की भाँति ही महत्त्वपूर्ण तथा लोकप्रिय हैं। कारण सम्भवतया यह है कि ये आवास सुविधाएँ पारम्परिक होटल–उद्योग की अपेक्षा नवीन तथा आधुनिक हैं तथा अपनी उचित दरों, प्राकृतिक वातावरण से सामीप्य और मनोरंजन के अधिक अवसरों के चलते विशेष रूप से पर्यटकों में इन व्यवस्थाओं ने अपनी एक साख बना ली है।

वैकल्पिक आवास–सुविधाओं में केन्द्र तथा राज्य सरकारों द्वारा निर्मित सर्किट हाउस और पर्यटक बंगले, पर्यटन–विभागों द्वारा संचालित लॉज तथा पर्यटक कैंप, सड़कों के किनारे स्थित मोटल, कैंप आवास, विभिन्न व्यावसायिक संगठनों तथा विभागों (यथा पी.डब्ल्यू.डी., एल.आई.सी. आदि) के गेस्ट हाउस, रेलवे विश्राम कक्ष, विभिन्न समाजों द्वारा संचालित धर्मशालाएँ, सरायें, छोटे आवासीय गृह आदि सम्मिलित हैं। इसके अतिरिक्त यूथ हॉस्टल्स, वाई.एम.सी.ए. और वाई. डब्ल्यू.सी.ए. द्वारा प्रदत्त सुविधाएँ, पर्यटक–कुटीर, स्वास्थ्य–गृह और अवकाशकालीन केन्द्र वैकल्पिक अथवा अनुपूरक आवास–सुविधाओं के अन्तर्गत रखे जा सकते हैं। इनमें से कुछ प्रमुख सुविधाओं का वर्णन किया जा सकता है–

(i) मोटल—राजमार्गों पर स्थित मोटल विभिन्न सुविधाओं के साथ छोटे होटलों की भाँति हैं, जिनका नामकरण राजमार्गों पर मोटर वाहनों से आने वाले अतिथियों के ऊपर हुआ है। इनमें विशेष रूप से पार्किंग, शान्त अनुकूल वातावरण, आरामदायक कक्षों, मनोरंजनात्मक गतिविधियों–विशेषकर बच्चों के लिए खेलकूद तथा तरणताल आदि की सुविधाओं पर विशेष ध्यान दिया जाता है। सीमित मात्रा में भोजन का भी प्रबन्ध यहाँ होता है। अब तो अनेक मोटल सुविधाओं तथा प्रस्तुतीकरण के लिहाज से नगरों में स्थित होटलों के साथ होड़ लेने लगे हैं।

मोटलों की निरन्तर प्रगति और विकास की प्रक्रिया से इसके अनेक रूपों का जन्म हुआ है, जिनमें टूरिस्ट केबिन या कैम्प, टूरिस्ट कोर्ट, राजमार्गों अथवा सड़कों के किनारे स्थित मोटल तथा उपनगरीय मोटल तथा सिटी मोटल अथवा मोटल होटल आदि।

(ii) सराय और धर्मशाला—भारत के लिए इनका अस्तित्त्व नया नहीं है, क्योंकि अनेक प्राचीन भारतीय राजाओं और धनिकों द्वारा सड़कों के दोनों ओर सरायों, धर्मशालाओं का निर्माण किया जाता था, जिनमें व्यापारियों, निजी यात्रियों तथा सरकारी कर्मचारियों के आवास तथा खान–पान की व्यवस्था की जाती थी। इस प्रकार की अनेक सरायें भारत में आज भी मौजूद हैं तथा विश्व के अनेक देशों में गस्तोफ, इन्ज, सराय, हरबर्ग इत्यादि भिन्न–भिन्न नामों से इनका अस्तित्त्व है।

(iii) यूथ हॉस्टल—प्रायः बड़े शहरों में स्थित ये आवासीय स्थल युवा यात्रियों को निवास, विश्राम तथा खान–पान, मनोरंजन इत्यादि सामान्य सुविधाएँ अत्यन्त कम खर्च में उपलब्ध कराते हैं। कभी–कभी उपभोक्ता स्वयं अपना भोजन इच्छानुसार तैयार करते हैं। विविध आकारों के ये हॉस्टल प्राय चर्चों, स्कूलों,

घरों, ऐतिहासिक इमारतों और वाई.एम.सी.ए. केन्द्रों इत्यादि में स्थित होते हैं, हाँ, इनमें ठहराव की अवधि अल्प तथा निश्चित होती है।

(iv) कैंप आवास—इन्हें खुली हवा के हॉस्टल, टूरिस्ट कैंप इत्यादि भी कहा जाता है। वर्तमान काल में पूरे विश्व में अस्थाई कैंप आवासों की लोकप्रियता तेजी से बढ़ी है। कारण यह है कि अस्थाई होने के कारण इनके निर्माण तथा देखरेख में अत्यन्त कम खर्च होता है और पर्यावरण को भी नुकसान नहीं पहुँचता। पहले तंबुओं से बने ये अस्थाई आवास दूरस्थ इलाकों जैसे वन्य जीव अभयारण्यों इत्यादि के निकट बनाए जाते थे, परन्तु आजकल बड़े शहरों की खुली जगहों में भी वाहन–पार्किंग, पानी, बिजली तथा अन्य सुविधाओं से युक्त ये कैम्प स्थापित किए जाने लगे हैं। वैसे प्रमुख रूप से वन्य स्थलों, सफारियों, मछली मारने के स्थलों, नौकायन की नदियों इत्यादि के निकट इन कैम्पों का निर्माण किया जाता है। ट्रैकिंग के लिए अस्थाई चल कैंपों का भी निर्माण किया जाता है।

(v) सर्किट हाउस तथा पर्यटक बंगले—सर्किट हाउस उच्च पदस्थ सरकारी अधिकारियों हेतु निर्मित किए जाते हैं तथा परिस्थिति अनुसार पर्यटकों को भी उपलब्ध कराये जाते हैं। इन आवास–गृहों में रसोइए तथा सेवक की भी व्यवस्था होती है। इसी प्रकार डाक बंगले भी सरकारी अधिकारियों के लिए होते हैं। जहाँ तक पयर्टक बंगलों का प्रश्न है, ये वैकल्पिक आवासीय व्यवस्था के महत्त्वपूर्ण आयाम हैं। अत्यधिक पर्यटक आगमन के क्षेत्रों में इनका निर्माण किया जाता है और पर्यटकों को उनके बजट में अधिकाधिक सुविधाएँ यहाँ प्रदान की जाती हैं।

(vi) रेलवे विश्राम गृह—रेलवे बोर्ड के स्वामित्व वाले ये विश्राम गृह रेलवे स्टेशनों के समीप स्थित होते हैं तथा रेल–यात्रियों हेतु ही होते हैं। उचित शुल्कों पर सामान्य सज्जित कक्ष के साथ स्नान तथा शौचादि की व्यवस्थाएँ यहाँ होती हैं तथा रेलवे कैन्टीन से ग्राहकों को भोजन सुविधाएँ प्रदान की जाती हैं।

(vii) ट्रैवलर्स लॉज—ट्रैवलर्स लॉज सुदूरस्थ पर्यटन स्थलों में स्थित सामान्य किस्म के होटल ही हैं। ये लॉजेज शुद्ध, स्वच्छ तथा साधारण आवास सुविधा उचित दरों पर प्रदान करते हैं। भोजन तथा दैनिक जीवन की अन्य आवश्यक सामग्रियाँ भी यहाँ उपलब्ध होती हैं। 1969 में भारतीय पर्यटन विकास निगम ने इन ट्रैवलर्स लॉजों का प्रबन्ध अपने हाथों में ले लिया। इसके अतिरिक्त अनेक स्थलों पर निगम के अपने रेस्टोरेन्ट भी स्थित हैं।

3. खान–पान सेवाएँ एवं सुविधाएँ

खान–पान सेवाएँ अतिथि सत्कार उद्योग का महत्त्वपूर्ण अंश हैं। अनेक प्रकार के संस्थान पर्यटकों की सेवा में जुटे होते हैं। प्रमुख रूप से तो भोजन विभिन्न आवासीय सेवाओं के साथ ही प्राप्त हो जाता है किन्तु पर्यटकों को यात्रा मार्ग अथवा गंतव्य स्थल पर विभिन्न प्रकार की खान–पान सुविधाएँ प्रदान की जाती हैं। इनमें भिन्न प्रकार के भोजन, नाश्ता तथा विभिन्न प्रकार के गर्म और ठण्डे पेय सम्मिलित हैं। इन सुविधाओं के लिए ढाबा, रेस्तराँ, कैफे, कैफेटेरिया, स्नैक बार, फास्ट फूड काउण्टर तथा आइसक्रीम पार्लर इत्यादि का प्रबन्ध किया जाता है।

कुछ पर्यटक पश्चिमी ढंग के भोजन की माँग करते हैं जबकि अन्य स्थानीय खान–पान के प्रति आकर्षित होते हैं। इसलिए पश्चिमी भोजन के साथ–साथ स्थानीय भोजन तथा खाद्य वस्तुएँ भी प्रोत्साहित की जानी चाहिएँ। इसी प्रकार एक व्यापारी के भोजन की रुचि विशुद्ध पर्यटक की रुचि से निस्संदेह विलग होगी। कभी–कभी पर्यटक अपने आवास–स्थल में भोजन करना पसंद न करके 'पिकनिक लंच' लेना पसंद करते हैं। इसलिए खान–पान सेवाएँ विभिन्नता लिए हुए होती हैं। इनमें और लचीलेपन की आवश्यकता होगी। साथ ही स्वच्छता एवं स्वास्थ्य सम्बन्धी प्रावधानों का ध्यान रखते हुए खान–पान सेवा के स्तर पर ध्यान दिए जाने की भी आवश्यकता है।

4. मनोविनोद सुविधाएँ

एक पर्यटक अपने भ्रमण काल के दौरान पूरा लुत्फ उठाना चाहता है। अतः दिन भर दर्शनीय स्थलों की सैर और अन्य थका देने वाली गतिविधियों के बाद वह प्रायः शाम को या रात में मनोरंजन की आवश्यकता अनुभूत करता है। इसके अतिरिक्त विदेशी पर्यटक स्थानीय संस्कृति के प्रत्येक रंग से परिचित होना चाहता है। अतः पर्यटन की सहायक गतिविधियों में मनोविनोद का समावेश अवश्य होता है। कहा जाता है कि भारत आने वाला विदेशी पर्यटक अपने कुल खर्च का 10 प्रतिशत मनोरंजन पर करता है। मनोविनोद की इन सुविधाओं में गीत, संगीत तथा नृत्यादि के साथ–साथ नाटक, फिल्म इत्यादि सम्मिलित होते हैं, जिनमें स्थानीयता को प्रमुख रूप से बढ़ावा दिया जाता है। पर्यटन सीजन में अनेक होटल रात्रि संगीत तथा नृत्यादि का आयोजन करते हैं।

केन्द्रीय अथवा राज्यों के पर्यटन विकास निगम भी अनेक आयोजन करते हैं। यथा **गोवा पर्यटन विकास निगम** मंडोवी नदी के किनारे संध्या और रात्रि नौका–विहार का आयोजन करता है, जिसमें स्थानीय नृत्य–गीत और संगीत को

भी स्थान दिया जाता है। इसी प्रकार अनेक राज्य सरकारों तथा उनके पर्यटन विभागों द्वारा अल्पावधि मनोरंजन उत्सवों का भी आयोजन प्रारम्भ किया गया है यथा दिल्ली में कुतुब उत्सव, आगरा में ताज उत्सव तथा खजुराहो महोत्सव आदि।

अनेक स्थलों पर लोग व्यक्तिगत रूप से भी अनेक करतब दिखाकर अथवा गीत–संगीत प्रस्तुत कर पर्यटकों को आनन्दित करते हैं। जैसे कठपुतली नाच, बीन पर साँप को नचाते सपेरे तथा जानवरों इत्यादि के साथ करतब करते बच्चे। पुष्कर में घाटों के किनारे स्थानीय वाद्य रावण हत्था के साथ गीत सुनाकर स्थानीय निवासी सपरिवार पर्यटकों की सेवा में प्रस्तुत रहते हैं।

अनेक देशों में जुआघर, कैसिनो और नाइट क्लब जैसे मनोरंजनों के द्वारा पर्यटकों को आकर्षित करने का प्रयास किया जाता है, यथा नेपाल, सिंगापुर आदि। परन्तु लोककल्याणकारी राज्य होने के कारण भारत में इन गतिविधियों को प्रोत्साहित नहीं किया जाता।

5. सूचना, संचार तथा पुलिस सुविधाएँ

चूँकि पर्यटन में स्थाई निवास से विचलन अवश्य होता है अतः वहाँ से सम्पर्क के साधन अत्यन्त आवश्यक हैं। रिश्तेदारों और मित्रों से दूर रहते हुए पर्यटक उनसे पत्र, दूरभाष, फैक्स, ई–मेल इत्यादि के द्वारा सम्पर्क बनाए रखना चाहता है तथा यात्रा की स्मृतियों से अवगत कराकर उपहार इत्यादि का प्रेषण भी करना चाहता है। इन आवश्यकताओं को ध्यान में रखते हुए पर्यटन स्थलों पर डाकघर, सार्वजनिक टेलीफोन बूथ तथा साइबर कैफे इत्यादि की व्यवस्था होनी चाहिए। मोबाइल फोन इत्यादि हेतु नेटवर्किंग की उचित सुविधाएँ भी अपेक्षित हैं। भारतीय पर्यटन–केन्द्रों पर इन सभी सेवाओं और सुविधाओं पर पर्याप्त ध्यान दिया गया है। हाँ, कहीं–कहीं दूरस्थ केन्द्रों पर अभी भी संचार सम्बन्धी समस्याएँ यथावत् हैं। कभी–कभी मौसम इत्यादि के कारण भी संचार सेवाओं में बाधाएँ उपस्थित हो जाती हैं।

संचार सेवाओं की ही भाँति पर्यटकों की सुरक्षा का भी समुचित प्रबन्ध होना चाहिए। देश के कुछ राज्यों में पर्यटक पुलिस का प्रबन्ध किया गया है, जिसका उद्देश्य पर्यटकों की शंकाओं का समाधान करते हुए उनके साथ विनम्रता से पेश आना तथा अपेक्षित सहायता प्रदान करना है। कभी–कभी पर्यटकों के साथ अनपेक्षित दुर्घटनाओं के बाद शीघ्रातिशीघ्र न्याय प्रदान करना भी इसलिए आवश्यक होता है कि पर्यटकों का विश्वास भारत तथा भारतीयता पर बना रहे। राजस्थान में जोधपुर में विदेशी पर्यटक महिला के साथ हुए बलात्कार प्रकरण

में न्यायालय ने मात्र 30 दिनों के भीतर सुनवाई पूरी कर अभियुक्त को सजा सुनाकर एक समुचित उदाहरण प्रस्तुत करने का प्रयास किया है।

6. मूलभूत सुविधाएँ

पर्यटन स्थलों पर बिजली, पानी जैसी मूलभूत सुविधाओं का होना अत्यावश्यक है। इनके अभाव में पर्यटन को उचित प्रोत्साहन प्राप्त नहीं हो सकेगा। शक्ति के संसाधनों से अन्य अनेक सुविधाओं का निर्माण होता है। उदाहरणार्थ विद्युत शक्ति में वृद्धि होने से अर्थव्यवस्था की मूल जरूरतें पूरी होती हैं तथा औद्योगिक विकास को प्रोत्साहन प्राप्त होता है। इसी प्रकार वित्तीय संसाधनों की प्रचुरता भी आवश्यक है। तकनीकी विशेषज्ञों, विशेष रूप से पर्यटन–प्रबन्ध में प्रशिक्षित व्यक्तियों की सेवाएँ भी प्राप्त हों, जिन्हें पर्यटन–क्षेत्र में विकसित नवीन तकनीकी की जानकारी हो। इससे पर्यटन उद्योग के संचालन में सुगमता होगी। यद्यपि भारत में इस प्रकार की मूलभूत सुविधाओं सम्बन्धी अनेक समस्याएँ हैं परन्तु शनैः शनैः सरकार इस उद्योग की गंभीरता को समझते हुए इस दिशा में पर्याप्त प्रयास कर रही है।

पर्यटन सम्बन्धी विशिष्ट सेवाएँ तथा सुविधाएँ

पर्यटन संबन्धी कतिपय सेवाओं और सुविधाओं का निर्धारण इस आधार पर होता है कि पर्यटन का स्वरूप किस प्रकार का है तथा पर्यटन स्थल किस प्रकार का है। उदाहरणार्थ आवश्यकतानुसार गाइड (पर्वतीय स्थलों पर शेरपा) और कुली की उपलब्धता पर्यटन हेतु अनिवार्य है। स्थान के अनुरूप घोड़े, ऊँट, हाथी इत्यादि की सवारी भी होनी चाहिए। कहीं–कहीं एकमात्र मनोरंजन के उद्देश्य से याक आदि स्थानीय पशुओं की सवारियाँ कराई जाती हैं। हिल स्टेशनों पर टेंट, स्लीपिंग बैग, स्पोर्ट्स शू, बरसाती छड़ी तथा ट्रैकिंग और पर्वतारोहण में सहायक यंत्र उन स्थलों पर ही उपलब्ध होते हैं। इसी प्रकार नदी, समुद्र तटीय पर्यटन में मछली मारने के औजार, दूरबीन, छाते, धूप के चश्मे आवश्यक होते हैं और जल–क्रीड़ा करने वाले पर्यटकों को तत्संबंधी यंत्र और सुविधाएँ उपलब्ध कराई जाती हैं।

धार्मिक पर्यटन–केन्द्रों पर फूलमालाओं, नारियल, प्रसाद, अगरबत्ती, धार्मिक प्रयोजन के बर्तनों तथा धातु–मूर्तियों, धार्मिक कैसेट–सीडी, ताबीज, चादरों आदि से सम्बन्धित विक्रय केन्द्र स्वतः स्थापित हो जाते हैं। इसी प्रकार फोटोग्राफी तथा सम्बद्ध साहित्य आदि के केन्द्र भी विशिष्ट रूप से पर्यटन सेवाओं से सम्बद्ध हैं।

इस प्रकार पर्यटन से उत्पन्न माँगों की पूर्ति करने के लिए अनेक सहायक

सेवाओं का जन्म होता है। इन सेवाओं से अन्य प्रकार की सेवाओं की भी माँग पैदा होती है। उदाहरणार्थ होटल उद्योग को ही लें। उसमें बैरा, रसोइया, चौकीदार, धोबी, बिजली मैकेनिक, प्लम्बर आदि के साथ–साथ प्रबन्धकों की टीम के रूप में कुशल, अकुशल दोनों प्रकार के कर्मचारियों की आवश्यकता होती है। इसी क्रम में खान–पान हेतु अनाज, सब्जियाँ, माँस, अण्डे, दूध की आवश्यकता और परिवहन हेतु चालक, मिस्त्री, पेट्रोल पम्प और सर्विसिंग स्टेशन का होना जरूरी है। यह क्रम आगे बढ़ता रहता है और अप्रत्यक्ष रोजगारों की श्रृंखला जन्म लेती है। पर्यटन सेवाओं के सम्बन्ध में उल्लेखनीय तथ्य यह है कि कुछ सेवाएँ सभी स्थलों पर विद्यमान रहती हैं, जबकि कुछ सेवाओं की आवश्यकता विशिष्ट स्थलों पर ही होती है।

पर्यटकों की प्रकृति इन सेवाओं और सुविधाओं की प्रकृति भी निर्धारित करती है। समृद्ध पर्यटक जहाँ व्ययसाध्य सेवाओं की ओर आकृष्ट होते हैं, वहीं कम आय वाले पर्यटक सस्ती सेवाओं की माँग करते हैं।

इसके अतिरिक्त मौसमी उतार–चढ़ाव, सुरक्षा सम्बन्धी माहौल से पर्यटकों की संख्या में कमी होती है जिससे अन्ततः सेवाओं की माँग पर भी विपरीत असर पड़ता है।

अध्याय–4
पर्यटन उत्पाद एवं सेवाएँ
(Tourism Product and Services)

'उत्पाद' शब्द का आशय सामान्यतः कारखाने अथवा किसी अन्य निर्माण–इकाई में निर्मित उपभोग और विपणन योग्य वस्तुओं से है। इस प्रकार सामान्य रूप से प्रयोग में आने वाले 'नमक' से लेकर उच्च तकनीकी वाली 'मिसाइलें' तक उत्पाद की सीमा में आ जाती हैं। हाँ, देर–सबेर इन वस्तुओं का प्रयोग, उपभोग अवश्य हो जाता है।

ग्राहक की जरूरतों को पूरा करने तथा उसे संतुष्ट करने के लिए उत्पादक उत्पाद का निर्माण करता है। एक उत्पादक या निर्माता के लिए उत्पाद का अर्थ है तकनीकी और रूपगत विशेषताएँ तथा गुण। ग्राहक के लिए इसका मतलब है, उपयोगिताएँ, आकांक्षाएँ और सोच, जिसमें संतोष प्राप्त करने का एक जटिल मिश्रण बनता है।

इस प्रकार उत्पाद मात्र भौतिक वस्तु नहीं है। जब लोग किसी उत्पाद को खरीदते हैं तो उनकी नजर उस उत्पाद की कार्य–शैली के अतिरिक्त उसके रूप पर भी जाती है। अतः उत्पादक ग्राहक के मन में पैकिंग, लेबलिंग, मूल्य और छवि (विज्ञापन आदि के द्वारा) के माध्यम से उत्पाद के प्रति एक अभिरुचि पैदा करता है। उपयोगिता इस जटिल व्यक्तित्व का एक हिस्सा मात्र है।

किसी भी उत्पाद में एक आधारभूत तत्त्व होता है और यह है उसकी तकनीकी विशेषता, जिसके आधार पर वह कार्य करता है। कार्यक्षमता में वृद्धि

न करने पर भी किसी उत्पाद के रूपगत तत्त्व को उत्पाद के सौन्दर्य और परिणामतः मूल्य को बढ़ाने वाले तत्त्व के रूप में व्याख्यायित किया जाता है।

ग्राहक की विशेष जरूरतों को ध्यान में रखकर भी उत्पादों का निर्माण और विपणन किया जा सकता है। यह कुछ हद तक उच्च मूल्य वाले औद्योगिक उत्पादों के लिए किया जाता है, जो खास जरूरतों को पूरा करने के लिए बनाए जाते हैं। यह बड़े पैमाने पर साधारण–जन के लिए उत्पादित माल के लिए संभव नहीं है। सेवा क्षेत्र में इस प्रकार के ग्राहक–विशेषीकरण की संभावनाएँ और आवश्यकताएँ पर्याप्त हैं।

उत्पाद–डिजाइनिंग तथा प्रस्तुतीकरण

किसी उत्पाद के डिजाइन या रूपांकन से उस उत्पाद की विशेषताओं और उपभोक्ताओं को होने वाले लाभ का निर्धारण होता है। प्रभावी रूपांकन से ग्राहकों को ज्यादा लाभ मिलता है और उन पर अधिकतम प्रभाव पड़ता है। इससे उत्पाद की मूल्यवत्ता में भी वृद्धि होती है।

इस प्रकार उत्पाद के मात्र आधारभूत तत्त्व पर ही नहीं, रूप–तत्त्व पर भी पर्याप्त ध्यान दिया जाना चाहिए तथा उसे आकर्षक बनाना चाहिए। इस रूप–तत्त्व में सामानों की पैकिंग और लेबलिंग इत्यादि आते हैं, जो अति महत्त्वपूर्ण हैं। एक ओर जहाँ पैकिंग से सामान सुरक्षित रहता है, आकर्षक लगता है तथा उसकी पहचान बनती है, वहीं दूसरी ओर लेबलिंग से सामान को पहचानने में मदद मिलने के साथ–साथ उत्पाद की विशेषता, तकनीक, उपयोग के तरीके, सावधानी इत्यादि की भी सूचना मिलती है।

इस प्रकार प्रस्तुतीकरण का महत्त्वपूर्ण स्थान है। ग्राहक खास विशिष्टताओं के आधार पर विभिन्न उत्पादों के बीच अंतर स्थापित करता है। जैसे पाँच सितारा होटल को विलासिता और विशिष्टता का स्थान माना जाता है। अतः वहाँ ठहरना ऊँची हैसियत को प्रदर्शित करता है। ऐसे ही विभिन्न टूथपेस्टों में से कुछ कीटाणुओं को मारते हैं, कुछ अधिक झागयुक्त होते हैं तो कुछ लौंग के तेल से अथवा फ्लोराइड से युक्त होते हैं।

इस प्रकार लोगों के मन में उत्पाद की एक छवि या स्थिति होती है और उत्पाद का खरीदा जाना अथवा न खरीदा जाना ग्राहक के दृष्टिकोण से प्रभावित होता है।

सेवा उत्पाद

सेवा उत्पाद अपनी कुछ प्रमुख विशेषताओं के कारण सामान्य उत्पाद से भिन्न होते हैं। उदाहरणार्थ :

1. अमूर्तता

जहाँ वस्तुएँ मूर्त होती हैं, वहाँ सेवाएँ अमूर्त होती हैं। वस्तुओं का एक भौतिक स्वरूप होता है। उन्हें देखा, स्पर्श, अनुभव किया और चखा जा सकता है। उदाहरणार्थ एक शैक्षिक संस्थान है। जिस भवन में यह स्थित होता है, उसे और उसकी सुविधाओं आदि को देखा–परखा जा सकता है। परन्तु इनमें से कोई भी वहाँ प्रदान की जाने वाली शिक्षा की प्रकृति और गुणवत्ता को निर्धारित नहीं करते हैं। यहाँ के उत्पाद यानी शिक्षा का तो मूल्यांकन ज्ञान के विकास, बुद्धि और संस्था के चरित्र द्वारा तय होगा। इस विकास को अनुभव तो किया जा सकता है परन्तु मापा नहीं जा सकता।

इसी प्रकार प्रदत्त सेवाओं को देखा, सूँघा, मापा अथवा छुआ नहीं जा सकता।

2. अपृथक्करणीयता

किसी भी भौतिक वस्तु का निर्माण कारखानों अथवा निर्माण स्थलों पर होता है, उसे दुकानों से खरीदा जाता है और घर जाकर अपनी सुविधानुसार उपभोग किया जाता है। किन्तु सेवा–उत्पाद में यह संभव नहीं होता। चूँकि सेवा–उत्पाद अमूर्त होते हैं और ग्राहक इसका अनुभव करने मात्र तक ही सीमित होता है अतः अनुभव की इसी प्रक्रिया में सेवा का उत्पादन और उपभोग साथ–साथ होता रहता है।

उदाहरणार्थ कोई व्यक्ति जब एक चिकित्सक की सेवाएँ लेता है तो यहाँ उत्पाद और उपभोग की प्रक्रिया एक साथ सम्पन्न होती है। इस उत्पादन एवं उपभोग को अलग नहीं किया जा सकता।

इसी प्रकार शिक्षक और शिक्षार्थी के आपसी संवाद से शिक्षा का जन्म होता है। इसमें पढ़ाना (उत्पादन) तथा पढ़ना (उपभोग) एक साथ घटित होता है। यदि पढ़ना नहीं होगा तो पढ़ाने का काम हो ही नहीं सकता है। इस प्रकार उपभोग होने की स्थिति में ही उत्पादन होता है।

एक शिक्षक कक्षा के अनेक विद्यार्थियों को एक जैसा पढ़ाता है, परन्तु उपभोग अथवा सीखने के स्तर के हिसाब से सभी विद्यार्थियों पर उसका अलग–अलग प्रभाव पड़ता है। इस प्रकार उत्पाद को ग्रहण करने वाले विविध उपभोग के स्तर होते हैं।

3. भिन्नरूपता

अपृथक्करणीयता के कारण चूँकि किसी बने बनाए स्तर के अनुरूप अग्रिम तौर पर किसी सेवा का उत्पादन संभव नहीं है तथा सेवा के उत्पादन एवं उपभोग में मनुष्य की सीधी भागीदारी होती है, अतः सेवा के उत्पाद में एक समान गुणवत्ता न रहकर भिन्नरूपी होती है। एक के लिए जो अद्वितीय है, दूसरे के लिए भी वह ऐसा ही हो, अनिवार्य नहीं।

4. नश्वरता

सामान्य उत्पादों को पहले से तैयार कर व्यस्त आवश्यकता के समय के लिए भण्डारण करके सुरक्षित रखा जा सकता है, परन्तु सेवाओं की आपूर्ति को सुरक्षित नहीं रखा जा सकता। यदि कोई विज्ञापन देखा या पढ़ा नहीं जाता तो वह नष्ट हो जाता है, मृत हो जाता है। अर्थात् आपूर्ति का उपयोग यदि नहीं किया गया तो वह नष्ट हो जाती है।

यथा हवाई जहाज या रेलगाड़ी की सीटें, होटल के कमरे, पर्यटक गाइड की सेवा इत्यादि उपयोग न किए जाने पर नष्ट हो जाती हैं। इस वित्तीय घाटे को पूरा नहीं किया जा सकता। इस प्रकार जो कुछ नहीं बिक पाया, उसे अगले दिन या समय में बेचने के लिए स्टॉक के रूप में इस्तेमाल नहीं किया जा सकता।

संग्रहण की क्षमता होने से वस्तु के उत्पादक को माँग में उतार–चढ़ाव होने पर भी अपने कार्य–संचालन और फलतः लागत वसूली में कोई परेशानी नहीं होती। अचानक आपूर्ति में कमी हो जाने पर इसे बाद में पूरा किया जा सकता है। ग्राहक भी उपभोग से पहले चीजें खरीद और संगृहीत कर सकता है। परन्तु नश्वर होने के कारण सेवा–उत्पादक के लिए कार्य–संचालन में स्थायित्व संभव नहीं होता।

5. अहस्तान्तरणीय स्वामित्व

सामान्य उत्पादों में क्रेता के पास स्वामित्व का हस्तांतरण होता है, परन्तु सेवा में विक्रेता और क्रेता के बीच किसी प्रकार का स्वामित्व–हस्तांतरण नहीं होता। क्रेता मात्र विक्रेता द्वारा प्रस्तुत कतिपय सुविधाओं के ही उपयोग का अधिकारी है। उदाहरणार्थ ग्राहक को होटल के कमरे अथवा रेलवे शायिका के उपयोग का अधिकार कुछ विशिष्ट काल के लिए ही प्राप्त होता है, वह उनका स्वामी नहीं बन जाता। इसी प्रकार मरीज को चिकित्सकीय सेवा के समय

चिकित्सक के ज्ञान के स्वामित्त्व का हस्तांतरण नहीं हो जाता, हाँ, वह उस ज्ञान का लाभ प्राप्त करने का हकदार अवश्य है।

6. उत्पादक–परिसर में ही उपलब्धता

सेवाएँ प्रायः सेवा–उत्पादक के परिसर में ही क्रय की जाती हैं। ग्राहक के परिसर में सेवाएँ कम ही मामलों में उपलब्ध होती हैं। उदाहरणार्थ पर्यटन के मामले में ग्राहक को पयर्टन–स्थल तक जाना होता है। भौतिक परिवेश से ग्राहक की संतुष्टि में बढ़ोत्तरी होती है। अतः जहाँ सेवाएँ प्रदान की जाती हैं, वहाँ की साज–सज्जा, प्रदर्शन आदि पर विशेष ध्यान दिया जाना चाहिए।

पर्यटन : एक उत्पाद के रूप में

एक पर्यटक की आवश्यकताओं का सम्बन्ध यात्रा, ठहराव, भोजन–व्यवस्था की सुख–सुविधाओं, खुशी तथा मनचाहे और आकर्षक स्थलों के भ्रमण से होता है। अतएव एक पर्यटक अच्छी खातिरदारी, अच्छे भोजन, अच्छे परिवहन, अच्छा साथ तथा सुरक्षा आदि अनेक बातों की आकांक्षा करता है। इन आकांक्षाओं की पूर्ति के लिए प्रमुखतः जिन तत्त्वों की आवश्यकता होती है, वे हैं – आकर्षण, सुविधाएँ और पहुँच।

इन तीनों को मिलाकर पर्यटन–उत्पाद बनता है।

- आकर्षक स्थलों को देखा जा सकता है, आनन्दित हुआ जा सकता है। समुद्र तट, पर्वतीय श्रृंखलाएँ, पशु–पक्षी, पेड़–पौधे, ऐतिहासिक–सांस्कृतिक विरासत, मनोरंजनात्मक कार्यक्रम इत्यादि को हम देखते तथा आनन्दित होते हैं।
- सुविधाओं के अन्तर्गत विविध प्रकार के आरामों का ख्याल रखा जाता है और इसमें आवास, भोजन, संचार, गाइड आदि सम्मिलित होते हैं।
- पहुँच के अन्तर्गत किसी स्थान पर पहुँचने की औपचारिकताएँ सम्मिलित होती हैं, जैसे–वीजा, सीमा–शुल्क, बुकिंग, बिना परेशानी तथा हानि के आवास, विनिमय, परिवहन आदि की व्यवस्था।

पर्यटन भी एक उत्पाद है, यद्यपि अकेली वस्तु अथवा तत्त्व नहीं है। यह अनेकों उत्पादों, सेवाओं तथा आकर्षणों का सम्मिलन है। इसके अनेक घटक अमूर्त हैं, जिनका मात्र अनुभव किया जा सकता है। पर्यटन–उत्पाद के इस विचार के पीछे मुख्य बल संभवतः विभिन्न अंतर्भूत मूल्यों से युक्त विशिष्ट आकर्षणों पर है।

उदाहरणार्थ ताजमहल, समुद्री तट, पहाड़ी प्रदेश आदि पर्यटकों के विशिष्ट आकर्षण का केन्द्र हैं, यद्यपि ये आकर्षण स्वयं में पर्यटन उत्पाद नहीं हैं।

पर्यटन उत्पाद का खरीदार इस आकर्षण को देखने, उसकी प्रशंसा करने तथा वहाँ ठहरने के लिए विभिन्न सुविधाओं तथा सेवाओं को पहले से रोकता है। वस्तुतः यात्राएँ बेचना सपने बेचने जैसा है क्योंकि पर्यटक अल्पकाल के लिए मौसमी तथा भौगोलिक तत्त्वों से युक्त पर्यावरण के साथ आराम, सेवा आतिथ्य, वातावरण, विरासत जैसे अमूर्त लाभ भी खरीदना चाहता है।

इस प्रकार पर्यटन–उत्पाद भौतिक के साथ–साथ एक मनोवैज्ञानिक स्थिति है, जिसमें सपनों को सच्चाई तथा कल्पनाओं को अनुभव में बदला जाता है। आदर्श पर्यटन–उत्पाद विभिन्न भौतिक तथा मनोवैज्ञानिक तत्त्वों के समावेश से युक्त एक पैकेज होता है, जो पर्यटक को, अधिकतम संभव अनुभव तथा संतुष्टि प्रदान करता है।

पर्यटन सेवाओं में जोखिम

अपनी संभावित प्रसन्नता के लिए एक पर्यटक भ्रमण के भुगतान के रूप में निवेश करता है। वह मात्र हवाई जहाज में स्थान, होटल–कक्ष, भोजन तथा पर्यटन–स्थल की यात्रा ही नहीं खरीदता, अपितु एक अपरिचित माहौल (अल्पकाल के लिए ही सही), भिन्न पर्यावरण, भिन्न भूगोल, आतिथ्य, संस्कृति तथा विरासत भी खरीदता है। इस प्रकार पर्यटन रूपी उत्पाद में भौतिक के साथ–साथ मनोवैज्ञानिक सूचना का भी समावेश है। वस्तुतः पर्यटन बेचने को सपने बेचना कहा जाता है और पर्यटन पेशेवरों के समक्ष सपने को यथार्थ में बदलने की चुनौती होती है। इसमें प्रत्येक व्यक्ति की प्राथमिकता की भिन्नता के साथ–साथ संतुष्टि के शाश्वत वैश्विक दृष्टिकोण का भी ध्यान रखना होता है। पर्यटन–सेवाओं में जोखिम के पर्याप्त अवसर रहते हैं। इस जोखिम के निम्न कारण है :–

1. गुणवत्ता नियंत्रण की समस्या

गुणवत्ता नियंत्रण की समस्या पर्यटन–सेवाओं में निरन्तर बनी रहती है, जिससे स्वाभाविक रूप से जोखिम बना रहता है।

2. प्राकृतिक कारणों तथा दुर्घटना इत्यादि की चुनौती

पर्यटन–पेशेवरों को दुर्घटनाओं तथा प्राकृतिक चुनौतियों से भी जूझना पड़ता है, जिससे गुणवत्ता प्रभावित हो सकती है।

3. मानवीय गलतियों से समस्या

कभी–कभी भूलने जैसी मानवीय गलतियों से भी कार्यक्रम में गड़बड़ी उत्पन्न हो सकती है।

4. आकस्मिक–अनदेखी परिस्थितियाँ

आकस्मिक–अनदेखी परिस्थितियाँ किसी भी उत्पाद अथवा सेवा– कार्यक्रम में व्यवधान उत्पन्न कर देती हैं और पर्यटन भी इसका अपवाद नहीं है।

5. पर्याप्त ध्यान नहीं

चूंकि पर्यटन–सेवाओं को विलास हेतु माना जाता है, अतः अनिवार्य–सेवाओं की भाँति इन पर ध्यान नहीं दिया जाता है।

6. स्थानीय लोगों का विद्वेष

स्थानीय लोग अक्सर पर्यटन के प्रति विद्वेष–भाव रखते हैं, क्योंकि वे इसे पाँच सितारा संस्कृति की अभिव्यक्ति के रूप में देखते हैं। उनकी जीवन–शैली और पर्यटकों की जीवन–शैली में काफी फासला होता है।

7. उपभोक्ताओं को जोखिम

(i) चूँकि भ्रमण–सेवाओं का उपयोग रास्ते में और गंतव्य–स्थल पर किया जाता है, उन्हें पहले से जाँचा, परखा और देखा नहीं जा सकता, न ही, उनकी तुलना की जा सकती है। वे पहले की साख और विज्ञापन पर निर्भर करते हैं।

(ii) सेवाएँ भी किसी खास ऐतिहासिक और सामाजिक संदर्भ में पैदा की जाती हैं और ये कार्य करने की पद्धति से प्रभावित होती हैं।

8. उत्पादकों को जोखिम

(i) सेवाओं की आपूर्ति नियत होती है और इनका निर्माण पहले ही कर लिया जाता है। क्योंकि यात्रा–सेवाओं का भंडारण नहीं किया जा सकता, अतः इनकी पूरी तरह खपत न होने पर उत्पादक को नुकसान उठाना पड़ता है।

उदाहरणार्थ : किसी हवाई–जहाज में किसी खास दिन बची हुई सीट या होटल के खाली कमरे के उपयोग को दूसरे दिन, समय अथवा स्थान तक आगे बढ़ाया नहीं जा सकता।

अतः किसी सेवा की माँग और वहन–क्षमता का मूल्यांकन तथा आकलन सावधानीपूर्वक होना चाहिए।

(ii) पर्यटन में माँग स्थिर नहीं होती हैं और प्रवृत्तियों में भी तेजी से परिवर्तन आता है। परन्तु सेवाओं के निर्माण में समय लगता है। होटल और परिवहन–सेवाएँ एक बार उपलब्ध हो जाने पर लम्बे समय तक कायम रहती हैं। अक्सर इनकी माँग में परिवर्तन आता है, पर ये सेवाएँ हमेशा (दीर्घकाल तक) मौजूद रहती हैं, अतः उत्पादक के लिए ये सेवाएँ सदैव लाभप्रद और मुनाफा देने वाली नहीं होतीं। विकासशील देशों में एक पर्यटन–मौसम से दूसरे पर्यटन–मौसम में स्थानान्तरित नहीं किया जा सकता।

9. छोटे स्तर के संचालकों को जोखिम

माँग–आपूर्ति जैसी बाधाओं और सामाजिक–राजनैतिक कारणों के अतिरिक्त सेवाओं को चलाने वाले और उपलब्ध कराने वाले लोग भी मौसम (गर्मी और बरसात आदि) से प्रभावित होते हैं। उनके पास विपणन में निवेश करने के लिए पूँजी की भी कमी होती है। कई मामलों में वे काफी हद तक अनौपचारिक क्षेत्र, जैसे दलाल या बिचौलियों पर भी निर्भर करते हैं। ऐसे लोगों को पर्यटक भी संदेह की दृष्टि से देखते हैं, और उनके काम करने के तरीके से असुविधा भी महसूस करते हैं।

पर्यटन के प्रकार एवं स्वरूप

पर्यटन–उत्पादों का विपणन पर्यटन–आकर्षण पर केन्द्रित होता है और यह पर्यटन–आकर्षण मानवीय तथा प्राकृतिक कुछ भी हो सकता है। जहाँ प्राकृतिक दृश्यावलियाँ यथा रेत, पहाड़, समुद्रतट, पशु–पक्षी आदि प्राकृतिक आकर्षण होते हैं, वहीं ताजमहल, पल्लव मंदिर आदि स्मारक मानवकृत आकर्षणों के उदाहरण हैं। ये आकर्षण अपने आस–पास की पर्यटन–सुविधाओं के साथ मिलकर लोगों को इन स्थलों पर आने का निमंत्रण देते हैं तथा इस प्रकार पर्यटन के अनेक स्वरूपों और प्रकारों को जन्म देते हैं। पर्यटक को प्रेरित करने वाले तत्त्व भी पर्यटन के स्वरूप तथा प्रकारों के निर्माण में प्रमुख भूमिका निभाते हैं, सामाजिक–आर्थिक तत्त्व, कार्य का वातावरण, निवास–स्थान के तत्त्व, व्यक्तिगत अभिरुचियाँ तथा वरीयताएँ भी इसके निर्धारक–तत्त्वों में प्रमुख हैं।

इस प्रकार पर्यटन के प्रलोभन भिन्न हैं तथा किसी भी यात्रा के निर्धारण में ये महत्त्वपूर्ण प्रभाव डालते हैं। विभिन्न पर्यटक–प्रलोभनों के फलस्वरूप विभिन्न

प्रकार के पर्यटकों का उद्गम होता है, जिन्हें निम्न श्रेणियों में बाँटा जा सकता है–

- पर्यटन के प्रसार के आधार पर :
  1. आन्तरिक (अन्तर्देशीय) पर्यटन
  2. अन्तर्राष्ट्रीय (बाह्य) पर्यटन
- विचलन की प्रकृति के आधार पर :
  1. आवासीय पर्यटन
  2. मौसमी पर्यटन
  3. भ्रमणशील पर्यटन
- पर्यटन की मौसमी विशेषता के आधार पर :
  1. शरदकालीन पर्यटन
  2. ग्रीष्मकालीन पर्यटन
  3. घटनाकृत पर्यटन
- पर्यटकों की प्रकृति के आधार पर :
  1. व्यक्तिगत पर्यटन
  2. समूह पर्यटन
  3. पैकेज टूर
- पर्यटन के उद्देश्य के आधार पर :
  1. प्राकृतिक पर्यटन
  2. धार्मिक–आध्यात्मिक पर्यटन आदि

उद्देश्य के आधार पर पर्यटन के प्रकार

पर्यटन के प्रकार को निर्धारित करने का सबसे महत्त्वपूर्ण घटक उद्देश्य है। इसमें वह कारण समाहित है, जिसके लिए कोई पर्यटक अपनी यात्रा करता है। इस श्रेणी के प्रमुख पर्यटन हैं :

1. प्राकृतिक पर्यटन (Natural Tourism)

इसे भौगोलिक पर्यटन की संज्ञा भी दी जाती है। इस प्रकार के पर्यटन में किसी स्थल की प्राकृतिक सुन्दरता और दृश्यावलियों का आनन्द प्राप्त करने

के लिए पर्यटक वहाँ की यात्रा करते हैं। उदाहरण के लिए बर्फीले पहाड़, कल–कल करते झरने और नदियाँ, आकर्षक समुद्री तट, जल–प्रपात, द्वीप तथा रेतीले टीले पर्यटकों के गंतव्य स्थल होते हैं।

भारत की विविधता भरी प्राकृतिक दृश्यावली पर्यटकों को ताजगी और स्फूर्ति प्रदान कर उन्हें नवीन स्फूर्ति से आप्लावित कर देती है।

2. धार्मिक–आध्यात्मिक पर्यटन (Religious & Spiritual Tourism)

धार्मिक यात्राएँ पर्यटन–उद्योग का एक महत्त्वपूर्ण अंग हैं। सृष्टि के प्रारम्भ से ही मनुष्य उन स्थलों की यात्राएँ करता आ रहा है, जहाँ पर उन्हें ईश्वरीय वास की पवित्र अनुभूति होती रही है। प्राचीन भारत के अतिरिक्त मिस्र, रोम, यूनान तथा यहूदी सभ्यताओं में भी धर्म–यात्राओं की व्यापक धारणा रही है।

आधुनिक धर्मों, में इस्लामी नियमों के अनुसार प्रत्येक मुसलमान हेतु अपने जीवन में एक बार मुहम्मद साहब के जन्मस्थान मक्का की यात्रा करना अत्यावश्यक माना गया है। इसी प्रकार ईसा के अनुयायी उनके जीवन से जुड़े पवित्र स्थलों–बेथलहम और येरुशलम की यात्राएँ करते रहे हैं। पवित्र संतों के स्मारक शहर भी कालान्तर में तीर्थ क्षेत्र के रूप में प्रसिद्ध हो गए, उदाहरणार्थ सेन्ट पॉल और सेन्ट पीटर के मकबरों का शहर रोम।

तीर्थयात्राएँ प्रमुखतः निम्न उद्देश्यों से की जाती हैं –

1. पवित्र स्थानों से धार्मिक अवशेषों को प्राप्त करने हेतु।
2. पाप–शुद्धि एवं प्रायश्चित हेतु।
3. मनोकामनाएँ माँगने हेतु और पूरी होने पर धन्यवाद ज्ञापन हेतु।

'धर्मगुरु' के रूप में ख्यात भारत तो प्राचीन काल से ही धर्मयात्राओं के लिए प्रसिद्ध रहा है। धार्मिक ज्ञान, आध्यात्मिक शान्ति तथा धर्मग्रन्थों की खोज में पर्याप्त संख्या में विदेशी पर्यटक भी यहाँ आते रहे हैं। हिन्दू, बौद्ध, जैन तथा सिख धर्मों की जन्मस्थली भारत में इन धर्मों के अनुयायियों के अतिरिक्त मुस्लिम, ईसाई, पारसी तथा यहूदी आदि धर्मानुयायी भी एक साथ रहकर शान्तिपूर्वक अपने–अपने धर्मों का पालन करते रहे हैं। यही कारण है कि 'धर्म–निरपेक्ष' भारत विश्व के अनेक भागों से धार्मिक पर्यटकों को सदैव आकर्षित करता रहा है।

हिन्दू, जैन, बौद्ध, मुस्लिम, सिख, ईसाई आदि धर्मों से सम्बन्धित अनेक क्षेत्रीय केन्द्रों के अतिरिक्त, शिरडी के साँई बाबा, झूले लाल, आनन्द मार्गी तथा

राधास्वामी जैसे सम्प्रदायों से सम्बन्धित धार्मिक केन्द्र धार्मिक पर्यटकों के आस्था के केन्द्र होते हैं।

3. सामाजिक पर्यटन (Social Tourism)

सामाजिक मेल–मिलाप भी पर्यटन का एक प्रमुख कारक हो सकता है। विशेषतः भारत जैसे मजबूत सामाजिक–पारिवारिक ताने–बाने वाले देश में पर्यटन का यही रूप सर्वाधिक प्रचलित है। नौकरी तथा अन्य उद्देश्यों से मित्रों, सम्बन्धियों से दूर रहने वाले व्यक्ति छुट्टियों में नियमित रूप से अपने गृह–नगरों की यात्राएँ करते हैं।

साथ ही विभिन्न अवसरों पर सामाजिक कार्यक्रमों; यथा विवाहोत्सव, जन्मोत्सव तथा अन्य विभिन्न प्रकार के सामाजिक उत्सवों में सम्मिलित होने के लिए दूर–दूर से यात्राएँ करके पहुँचना पर्यटन के इसी रूप का प्रकटीकरण है। व्यक्ति कहीं भी रहें, समय–समय पर अपनी जड़ों तथा प्रकारान्तर से अपनी पहचान की खोज में भी यात्राएँ करते ही हैं। इन यात्राओं को सामाजिक पर्यटन में समाहित किया जाता है।

कुछ पर्यटक पारिवारिक–सामाजिक सम्बन्ध न होने पर भी विभिन्न उत्सवों–समारोहों का आनन्द उठाते हैं। इस प्रकार के उत्सव भारत के प्रत्येक भाग में स्थानीय विशेषताओं के साथ आयोजित होते हैं। यथा बिहार में छठ, बंगाल में दुर्गा–पूजा, महाराष्ट्र में गणेशोत्सव, केरल में पोंगल, राजस्थान में गणगौर आदि। होली, दीवाली, जन्माष्टमी, दशहरा, महाशिवरात्रि, मकर संक्रान्ति जैसे सार्वभौमिक उत्सव तो हैं ही। इसके अतिरिक्त उज्जैन का कालिदास समारोह, आगरा का ताज महोत्सव, पुष्कर का पशु मेला जैसे तेजी से लोकप्रिय होते अनेक समारोह देशी–विदेशी पर्यटकों को अपनी ओर आकर्षित करने में सफल होते हैं।

4. शैक्षिक पर्यटन (Educational Tourism)

शैक्षिक पर्यटन, पर्यटन के सबसे प्रारम्भिक प्रचलित रूपों में से एक है। भारत के तक्षशिला, नालन्दा तथा विक्रमशिला विश्वविद्यालयों में ईसवी पूर्व तथा ईसा की प्रारम्भिक शताब्दियों में ही बाहरी देशों से विद्यार्थी ज्ञान–प्राप्ति हेतु आया करते थे। इसी प्रकार 14वीं शती में पुनर्जागरण से तपे हुए इटली में शिक्षा प्राप्त कर अन्य यूरोपीय देशों के विद्यार्थी गौरवान्वित अनुभव करते थे। अर्थात् ज्ञान प्राप्ति हेतु भ्रमण कोई नवीन विचार नहीं है। हाँ, वर्तमान में शिक्षा के अनेक नए पाठ्यक्रम विकसित हो जाने से शैक्षिक–पर्यटन को एक नवीन

आयाम अवश्य प्राप्त हुआ है। यथा कुछ लोग विशेष विषयों जैसे नृतत्त्वशास्त्र, इतिहास, वास्तुकला तथा अनेक तकनीकी विषयों का ज्ञान प्राप्त करने हेतु भ्रमण करते हैं तो कुछ विभिन्न देशों की भाषाओं पर विशेषाधिकार प्राप्त करने हेतु।

वर्तमान कालिक भारत भी शैक्षिक पर्यटन के इस प्रवाह से अछूता नहीं है। हाँ, प्राचीन ज्ञान–विज्ञान, योग, अध्यात्म जैसे विषयों के प्रचार द्वारा भारत की ओर पर्यटक–प्रवाह को बढ़ाया जा सकता है। प्रत्येक दूसरे वर्ष दिल्ली में आयोजित होने वाला विश्व पुस्तक मेला देशी–विदेशी पर्यटकों को शैक्षिक उद्देश्य से भारत की ओर आकर्षित करने का एक प्रमुख कारक बना है।

5. सांस्कृतिक पर्यटन (Cultural Tourism)

संस्कृति तो मानवीय जीवन का प्राणतत्त्व है जो जीवन को जीने योग्य बनाता है। अतएव सांस्कृतिक पर्यटन यात्रा के उन समस्त पहलुओं को आत्मसात् करता है जो मनुष्य को एक दूसरे के रहन–सहन, जीने के ढंग, विचारों तथा आदर्शों से अवगत कराते हैं। किसी भी राष्ट्र के अन्दर सांस्कृतिक पहलुओं के विकास को पर्यटन सम्बन्धी स्रोतों में वृद्धि के रूप में समझा जा सकता है। एक राष्ट्र द्वारा स्वयं को पर्यटकों के समक्ष प्रस्तुत करने के तरीकों को ही सांस्कृतिक पहलू समझा जा सकता है। आचार– व्यवहार, अतिथि–सत्कार, खान–पान, कलात्मक वस्तुएँ तथा प्रथाएँ इस श्रेणी के पर्यटकों के प्रमुख आकर्षण हैं।

जहाँ तक भारत का प्रश्न है, यहाँ तो पर्यटन लगभग पूर्ण रूप से सांस्कृतिक रंग में ही रंगा है। हो भी क्यों न! 5000 वर्षों की समृद्ध सांस्कृतिक परम्परा वाला यह देश विश्व का ऐसा दुर्लभ देश है जहाँ की वर्तमान सभ्यता प्रत्यक्ष रूप से प्राचीन सभ्यता से पोषण प्राप्त करती है। इन कारणों से भारत में प्रायः प्रत्येक प्रकार के पर्यटक का सांस्कृतिक सम्पर्क अवश्य होता है। भारत की कला तथा हस्तकला, संगीत एवं नृत्य, कृषि, खान–पान आदि यहाँ के सांस्कृतिक पर्यटन की अपार संभावनाओं के जीवन्त स्रोत हैं।

सांस्कृतिक पर्यटन के विशाल कैनवास को देखते हुए इसको पुनः कतिपय रूपों में अन्तर्विभाजित किया जा सकता है। यथा –

I. नगर तथा ग्राम्य पर्यटन

सांस्कृतिक पर्यटन के अन्तर्गत पर्यटक यदि शहरों में विभिन्न सांस्कृतिक गतिविधियों तथा थियेटर आदि को देखते हैं तो विशेष उद्देश्यों से ग्राम्य स्थलों की

सैर करते हैं। इन उद्देश्यों में बाहरी उत्सवों को देखना, प्रसिद्ध लेखकों–चित्रकारों आदि के गृहों, विभिन्न सांस्कृतिक पार्कों तथा साहित्य आदि में प्रसिद्ध ग्राम्य स्थलों (Landscapes) को देखना आदि शामिल होते हैं।

भारत जैसे देशों में यहाँ के विशिष्ट ग्रामीण परिवार, रहन–सहन तथा जीवन्त गतिविधियों से आकृष्ट होकर पर्यटक यहाँ की यांत्रा करते हैं। इस तथ्य को अनुभव करते हुए राजस्थान सरकार ने मार्च 2005 में एक योजना प्रारम्भ की जिसमें पर्यटकों को गाँवों में ले जाकर वहीं खाट पर छाछ, दही तथा अन्य स्थानीय भोजन आदि का स्वाद उपलब्ध कराए जाने की व्यवस्था की गई। अगस्त 2005 में भारतीय पर्यटन मंत्रालय ने ग्राम्य विकास हेतु 'गुरुकुल' नामक योजना की घोषणा की जिसमें ग्रीष्मावकाश में पर्यटक चयनित गाँवों में वहीं के मूर्तिकारों, जुलाहों, कारपेट बनाने वालों से उन कलाओं की शिक्षा प्राप्त कर सकते हैं। इस पैकेज में प्रार्थना सत्र, योग तथा शाकाहारी भोजन की भी व्यवस्था है।

II. कृषि तथा सम्बन्धित सेवा–पर्यटन

किसी भी क्षेत्र की कृषि व्यवस्था वहाँ की संस्कृति के एक आकर्षक एवं रोमांचक पहलू की द्योतक है। अनेक पर्यटक कृषि, फसलें, ताजे फल व सब्जियाँ, शहद, पेय, पालतू जानवर, मुर्गीपालन, दुग्ध–उद्योग आदि में रुचि रखते हैं तथा इनकी प्रक्रियाओं में भी विशिष्ट रुचि दिखाते हैं। इस प्रकार कृषि एवं सम्बन्धित सेवाओं का विकास स्थानीय यात्राओं का एक रोमांचकारी पहलू है।

III. खान–पान पर्यटन (Food Tourism)

चूंकि भोजन को सांस्कृतिक पहचान की अभिव्यक्ति के रूप में स्वीकारा गया है, अतः सांस्कृतिक एवं विरासतीय पर्यटन के एक अंग के रूप में खान–पान पर्यटन को व्यापक रूप से मान्यता प्राप्त हो गयी है। खान–पान उद्योग द्वारा पर्यटकों पर एक अमिट छाप छोड़ी जा सकती है क्योंकि अनेक पर्यटक स्थानीय खान–पान के मौलिक स्वरूप में रुचि लेना पसन्द करते हैं। कभी–कभी तो विशिष्ट प्रकार के खाद्य–पदार्थों हेतु पर्यटक विशिष्ट स्थलों की यात्राएँ भी करते हैं। वैसे भी भोजन सामान्य यात्राओं का भी अभिन्न अंग तो है ही, संरक्षित खाद्य व पेय पदार्थ, शराब व बीयर, उपभोग हेतु ताजा भोजन आदि प्रमुखतया सांस्कृतिक आकर्षण के द्योतक हैं।

भारत में प्रचलित विभिन्न क्षेत्रीय भोजन व स्वास्थ्यवर्द्धक तथा प्राकृतिक पेय पदार्थ पर्यटकों हेतु महत्वपूर्ण सिद्ध हो सकते हैं।

IV. जनजातीय पर्यटन

जनजातीय पर्यटन वर्तमान में सांस्कृतिक पर्यटन का एक प्रमुख घटक बन चुका है। विशेष रूप से भारत जैसे देश में अनेकों जनजातियाँ दीर्घकाल से अपनी संस्कृति, रहन–सहन के पारम्परिक प्रकार को सुरक्षित रखे हुए हैं, जिन्हें देखना पर्यटकों को रोमांच, ऊर्जा तथा जीवन्तता से भर देता है।

V. कलात्मक पर्यटन

कलात्मक पर्यटन में विभिन्न कलात्मक अभिव्यक्तियाँ, जो पर्यटकों को किसी स्थल–विशेष की सैर हेतु बाध्य करती हैं, सम्मिलित की जाती हैं। कुछ यात्री स्थल–विशेष के पारम्परिक कलाकृतियों के केन्द्र की विशेष यात्राएँ करते हैं। चित्र, मूर्ति, शिल्प आदि की कृतियाँ पर्यटकों द्वारा अपने देश स्मारिकाओं के रूप में ले जाई जाती हैं, जिसे 'सांस्कृतिक खरीदारी' की संज्ञा की दी जाती है। कलात्मक पर्यटन पुनः दो प्रकार का हो सकता है–

(i) चाक्षुष कला (Visual Art) से सम्बद्ध पर्यटन

(ii) प्रदर्शनात्मक कला (Performing Art) से सम्बद्ध पर्यटन

(i) *चाक्षुष कला से सम्बद्ध पयर्टन*—इसमें चित्रकला, मूर्तिकला, धातु के काम, बर्तन, नक्काशी, आभूषणों व कढ़ाई इत्यादि से सम्बन्धित कलाएँ आती हैं। वर्तमान में प्रसिद्ध होटलों तथा निकट स्थलों पर स्थानीय कलाकृतियों तथा हस्तशिल्पों को प्रदर्शित किया जाता है, ताकि पर्यटक स्थानीय कलात्मक संस्कृति से परिचित हो सकें। कला सम्बन्धी विशिष्ट प्रदर्शनियाँ स्वयं में अलग से पर्यटकों को आकर्षित करती हैं।

भारत अपनी कलाकृतियों के लिए विश्वप्रसिद्ध है। फिरोजाबाद की काँच की चूड़ियाँ, हैदराबाद और मुरादाबाद की धातु–कृतियाँ, जयपुर व दिल्ली के आभूषण, आगरा की संगमरमर कृतियाँ, मुर्शिदाबाद व बनारस की जरीदारी, मैसूर व बंगलौर की काठ कृतियाँ, सांगानेर (जयपुर) के कपड़े के प्रिन्ट, मैसूर, ट्रावनकोर आदि की हाथी–दाँत की कृतियाँ तथा विभिन्न स्थलों के स्थानीय विशेषताओयुक्त बर्तन; सभी विदेशी पर्यटकों के आकर्षण के केन्द्र हैं। इस दिशा में अधिक प्रयास किये जाने पर सकारात्मक प्रगति होगी, सन्देह नहीं।

(ii) *प्रदर्शनात्मक कला से सम्बद्ध पर्यटन*—इसमें संगीत, नृत्य, नाटक आदि सम्मिलित होते हैं। किसी भी राष्ट्र के पारम्परिक संगीत की अभिव्यक्ति पर्यटकों के आकर्षण एवं आनन्द प्राप्ति के प्रमुख पहलू हैं। सायंकालीन मनोविनोद के कार्यक्रम, संगीतशालाएँ, किलों आदि में आयोजित प्रकाश एवं ध्वनि कार्यक्रम

(Light & Sound Programme), संगीत समूहों के साथ स्थानीय संगीत के सजीव (Live) कार्यक्रम आदि से पर्यटकों को मनोविनोद हेतु प्रोत्साहित किया जा सकता है।

उत्तर तथा दक्षिण के विशिष्ट शास्त्रीय संगीत, राजस्थानी, पंजाबी, बंगाली, मराठी, ब्रज, भोजपुरी, तमिल, तेलुगू आदि के स्थानीय विशिष्टताओं से युक्त लोक संगीत की समृद्ध विरासत वाला भारतीय संगीत संस्कृति के एक महान् अंग के रूप में पर्यटकों को लुभाने में अपना योगदान दे सकता है। पुष्कर के घाट पर स्थानीय कलाकारों के रावणहत्था वादन तथा लोक गायन पर विदेशी पर्यटकों के समूह के समूह झूमते–नाचते देखे जा सकते हैं।

इसी प्रकार नृत्य भी किसी राष्ट्र के सांस्कृतिक आकर्षण में वृद्धि कर पर्यटक संख्या को बढ़ा सकता है। रंग, वेशभूषा, संगीत तथा प्रस्तुतीकरण की शैलियों से स्थानीय विशेषताओं का प्रकटन कर नृत्य पर्यटकों को लुभाता है। भारत में खजुराहो के नृत्य महोत्सव ने यहाँ के पर्यटक प्रवाह में अमूल्य योगदान दिया है।

रूसी रंगमंच नृत्य, पूर्वी यूरोपियन राष्ट्रों के लोकनृत्य, मैक्सिको के लोकनृत्य, थाई नृत्य, जापान के कबूकी नृत्य तथा विभिन्न अफ्रीकी राष्ट्रों के लोकनृत्य वहाँ की सांस्कृतिक विशिष्टताओं का परिचय प्रदान करते हैं।

मौलिक संगीत की भाँति नृत्य भी भारतीय संस्कृति के महत्त्वपूर्ण अंग हैं। यहाँ 6 प्रमुख शास्त्रीय नृत्यों के साथ–साथ प्रत्येक क्षेत्र के स्थानीय लोकनृत्य हैं, जो अपने–अपने ढंग से पर्यटकों को लुभाते हैं। उदाहरणार्थ जसनाथी, तेराताली, कालबेलिया, घूमर, भांगड़ा, गिद्दा, होरी–नृत्य आदि में पर्यटन तत्त्वों का समावेश है। भारतीय नाट्य भी अपने ढंग का अनूठा है, जिसका इस क्षेत्र में प्रयोग किया जा सकता है।

यद्यपि संगीत व नृत्य स्वयं में प्रायः प्राथमिक पर्यटन–आकर्षण नहीं होते, तथापि सहायक मनोविनोद के रूप में इनका उपयोग कर पर्यटन को निस्संदेह बढ़ाया जा सकता है।

6. ऐतिहासिक पर्यटन (Historical Tourism)

किसी भी देश का इतिहास अपने यहाँ पर्यटकों को खींचने में महत्त्वपूर्ण भूमिका निभा सकता है। समृद्ध ऐतिहासिक विरासत पर्यटकों के आकर्षण का प्रमुख स्रोत होती है। विशेषकर वर्तमानकालिक शैक्षिक–बौद्धिक क्रान्ति के युग में व्यक्ति अपनी भौगोलिक सीमाओं से परे जाकर दूसरे देशों के अतीत में भी

झाँकना चाहता है और ऐतिहासिक परिचय की अपनी जिज्ञासा का शमन पर्यटन के माध्यम से चाहता है। ऐतिहासिक पर्यटन दो प्रमुख रूप में होता है–विरासतीय पर्यटन तथा संग्रहालय पर्यटन।

I. विरासतीय पर्यटन

गत कुछ वर्षों में विरासतीय पर्यटन एक अन्तर्राष्ट्रीय परिघटना बन गया है। यह प्रमुखतः गन्तव्य देश की ऐतिहासिक धरोहरों, विरासतों पर आधारित होता है।

विशेषतः भारत जैसी प्राचीन ऐतिहासिक विरासत वाले देश में पर्यटन पूर्ण रूप से ऐतिहासिक विरासतों पर ही आधारित है, शेष अन्य पर्यटन–प्रकार एक तरह से पूरक मात्र है। सम्पूर्ण देश में एक कोने से दूसरे कोने तक हजारों पुरातात्त्विक तथा विरासतीय स्मारक बिखरे पड़े हैं जो भारतीय इतिहास से हमारा परिचय कराने में सक्षम हैं। भारतीय पुरावशेष अधिनियम, 1872 के अनुसार कम से कम सौ वर्ष पुराने स्मारक को ही 'विरासत' की श्रेणी में रखा जा सकता है।

यह पाया गया है कि भारत आने वाले पर्यटकों का आधा भाग यहाँ के मानव–निर्मित सुन्दर मंदिरों–मस्जिदों, चर्चों तथा अन्य इमारतों के सुगढ़ स्थापत्य से आकर्षित होकर आता है। पाषाणकालीन अवशेषों और सिन्धु घाटी सभ्यता के आकर्षक नगरीय अवशेषों से लेकर आधुनिक ब्रिटिशकालीन अवशेषों में पर्यटन की दृष्टि से अपार संभावनाएँ छिपी हैं। विरासतीय पर्यटन की दृष्टि से राजस्थान भारत का सबसे समृद्ध प्रदेश है, जहाँ के चप्पे–चप्पे में अवशेष बिखरे पड़े हैं।

II. संग्रहालय पर्यटन

ऐतिहासिक पर्यटन के एक महत्त्वपूर्ण भाग के रूप में संग्रहालय पर्यटन वर्तमान में लोकप्रियता के नए आयाम छू रहा है। संग्रहालयों में ऐतिहासिक अवशेषों को सुरक्षित रखकर उन्हें नवजीवन प्रदान किया जाता है। विदेशों में तो संग्रहालय पार्यटनिक दृष्टि से पर्याप्त समय से महत्त्वपूर्ण हैं ही, अब भारत में भी इनके महत्त्व में तीव्रता से वृद्धि हो रही है।

प्रमुख रूप से संग्रहालय दो श्रेणियों में विभाजित होते हैं– स्थायी तथा अस्थायी। स्थायी संग्रहालय किसी विशिष्ट स्थल पर स्थापित किए जाकर स्थानीय, क्षेत्रीय तथा राष्ट्रीय धरोहरों को स्थायित्व प्रदान करते हैं, जबकि अस्थायी संग्रहालय चलित प्रदर्शनियों आदि के द्वारा लोगों के ज्ञान–वर्द्धन में सहायक

होते हैं। व्यवस्थित दृष्टि से संग्रहालयों का विभाजन प्रशासनिक तथा विषय–सामग्री आदि के आधार पर भी किया जाता है।

7. अवकाश तथा अभिरुचि पर्यटन (Leisure & Inclination Tourism)

आर्थिक समृद्धि ने आधुनिक मनुष्य को अपने अवकाश के दिन पूर्ण मनोवैज्ञानिक संतुष्टि के साथ मनाने का अवसर प्रदान किया है। अब यह उन लोगों की प्रकृति पर निर्भर करता है कि वे अपना अवकाश किस प्रकार से व्यतीत करना चाहते हैं। कुछ सुन्दर पहाड़ी इलाकों में आराम और स्वास्थ्य लाभ करते हैं, तो कुछ समुद्र तट पर धूपस्नान से स्वयं को तृप्त करते हैं।

अधिकतर पर्यटक कठोर सर्दी अथवा गर्मी के मौसम में आनन्ददायक मौसम वाले दूसरे स्थानों का रुख करते हैं। यथा यूरोपीय लोग चरम गर्मी तथा सर्दी में भूमध्यसागरीय तटों की ओर प्रयाण करते हैं। मैदानी इलाकों के भारतीय लोग भी गर्मियों में शिमला, कुल्लू–मनाली, मसूरी जैसे इलाकों में जाकर आनन्द प्राप्त करते हैं।

इसके विपरीत कुछ पर्यटक निरन्तर भ्रमण करते हुए नई–नई जगहों की सैर करने, नए लोगों से मिलने तथा नवीन अनुभूतियों को एकत्र करने में रुचि रखते हैं। कुछ अन्य पर्यटक गोल्फ खेलने, मछली मारने जैसी आनन्ददायक और स्फूर्तिदायक गतिविधियों से शरीर तथा मस्तिष्क को ताजगी प्रदान करते हैं। चूँकि विश्व के धनी देशों के लोग आधुनिक व्यस्त तथा थका देने वाली जीवन शैली अपना रहे हैं, अतः मनोरंजन की आवश्यकताएँ स्वाभाविक रूप से बढ़ गई हैं। विश्व पर्यटन संगठन (WTO) ने तो पर्यटन की अपनी परिभाषा में ही मनोरंजन (Recreation) को प्रमुख स्थान दिया है।

8. संवाद–पर्यटन (Conversation Tourism)

इस प्रकार के पर्यटन में परिवार तथा मित्रों के साथ खुशी के क्षण बिताना तथा नए मित्र और माहौल से परिचित होना सम्मिलित होता है। पर्यटन का यह रूप सामूहिक होता है, जिसमें लोग एक साथ झुण्ड बनाकर घूमने निकलते हैं, और पर्यटन क्षेत्र की सुविधाओं का लाभ उठाते हैं।

भारत के घरेलू पर्यटन का अधिकांश भाग इसी प्रकार का है। चूँकि वैयक्तिकता के स्थान पर अभी भी भारत में पारिवारिकता का बोलबाला है, अतः इस प्रकार के पर्यटन को स्वाभाविक वरीयता प्राप्त है।

9. पलायनात्मक अथवा आरामदायक पर्यटन (Escape & Unwind Tourism)

औद्योगीकरण एवं यंत्रीकरण के विस्तार के कारण वर्तमान में बड़े भीड़ भरे शहरों के निवासियों को अत्यधिक व्यस्त जीवन व कठिन दिनचर्या में आराम के अभाव के कारण आराम की क्रियाओं की आवश्यकता होती है। जिन्दगी के बढ़ते हुए दबावों व तनावों के कारण ये निवासी उनसे बचकर अनजाने स्थलों की ओर पलायन कर जाते हैं। उनका यह प्रवास मनःस्थिति और परिस्थिति के अनुसार कभी छोटा तो कभी लम्बा हो सकता है। ये पर्यटक सामान्यतः ठहराव के स्थलों पर अधिक सुख–सुविधाओं की माँग नहीं करते। हाँ, सुकून तथा शान्ति से परिपूर्ण वातावरण उन्हें अवश्य चाहिए

कतिपय पर्यटक जीवन के यथार्थ से कल्पना की स्वंतत्र दुनिया में उड़ान भरने की ओर प्रवृत्त होते हैं। यह उड़ान केन्द्र से परिधि की ओर होती है, अर्थात् उत्तर–दक्षिण स्थानान्तरण पर बल दिया जाता है। मनोरंजनात्मक अथवा अभिरुचि पर्यटन से यह इस अर्थ में भिन्न है कि मनोरंजनात्मक पर्यटन ताजगी देने वाला तथा सक्रियता से परिपूर्ण होता है, वहीं आरामदायक पर्यटन निष्क्रिय तथा आराम से परिपूर्ण होता है।

10. स्वास्थ्य पर्यटन (Health Tourism)

स्वास्थ्य–पर्यटन से तात्पर्य स्वास्थ्य में सुधार हेतु की गई यात्राओं से है। इसके पीछे मूल रूप से शारीरिक तथा मानसिक रूप से स्वयं को स्वस्थ रखने की मानवीय प्रवृत्ति ही है। इस श्रेणी के पर्यटक प्रमुखतः गर्म पानी के स्रोतों, हेल्थ क्लबों आदि से युक्त देशों की यात्रा करते हैं। इसमें दूसरे देशों के लिए की गई वे यात्राएँ भी सम्मिलित हैं जहाँ स्वास्थ्य सेवाएँ और बीमा आदि के लाभ से मुक्त इलाज या तो मुफ्त अथवा अत्यन्त कम मूल्य पर उपलब्ध होता है।

19वीं शताब्दी में यूरोप में अस्तित्त्व में आए 'स्पा' केन्द्र तथा रेजॉर्ट होटल स्वास्थ्य पर्यटन सुविधाओं के प्रारम्भिक उदाहरण हैं। बाद में स्वास्थ्य की दृष्टि से अच्छे मौसम वाले पर्वतीय क्षेत्र स्वास्थ्य केन्द्र के रूप में अस्तित्त्व में आए।

भारत में केरल तथा कुछ अन्य भागों में स्थित आयुर्वेदिक तथा जड़ी बूटियों के इलाज से युक्त मसाज–केन्द्र आकर्षक स्वास्थ्य केन्द्रों के रूप में तेजी से उभरे हैं। दिल्ली में भी अशोक होटल में स्थित 'अमात्रा' जैसे विशिष्ट कलात्मक केन्द्र तेजी से पर्यटकों के बीच में लोकप्रिय हो रहे है जहाँ हाई–टेक सुविधाओं

से युक्त आयुर्वेद, प्राकृतिक चिकित्सा के साथ–साथ रत्न ऊर्जा, रंग चिकित्सा और वैदिक गीता से आगन्तुक को पूर्णतया तृप्त कर दिया जाता है।

11. चिकित्सा पर्यटन (Medical Tourism)

स्वास्थ्य पर्यटन का ही आधुनिक विस्तार है चिकित्सा पर्यटन जिसमें आधुनिक चिकित्सकीय सुविधाओं का लाभ उठाने हेतु किसी देश की यात्रा की जाती है। कभी–कभी चिकित्सकीय यात्रा में घूमने–फिरने से सम्बन्धित पैकेज भी प्रदान कर दिया जाता है।

आजकल चिकित्सा पर्यटन, पर्यटन के एक नवीन तथा आशाजनक क्षेत्र के रूप में उभरा है। विशेषकर भारत जैसे तकनीकी प्रगति तथा सेवा भावी लोगों वाले देश में तो यह वरदान सिद्ध हो सकता है। कहा भी जाता है कि एक मरीज तथा एक पर्यटक के साथ एक जैसा (उदार) व्यवहार किया जाना चाहिए, क्योंकि दोनों ही सेवा प्रधान क्षेत्र हैं। और जब मरीज ही पर्यटक हो तब तो यह व्यवहार और भी मायने रखता है। भारत में पर्यटन की इस विधा के तेजी से लोकप्रिय होने का प्रमुख कारण यह है कि यहाँ किसी भी विकसित देश की टक्कर की ही चिकित्सा सेवा वहाँ की तुलना में कहीं अधिक तीव्र, कम खर्च में तथा अधिक वैयक्तिक देखभाल के साथ प्रदान की जा सकती है। ब्रिटेन आदि के अखबारों में भी भारत के चिकित्सकीय पर्यटन विषयक लेख प्रकाशित हुए हैं। जिससे **मैकेन्जी एण्ड कम्पनी** जैसे सलाहकार फर्म की उक्त भविष्यवाणी सत्य सिद्ध होती दिखती है जिसमें उसने सन् 2012 तक भारत के चिकित्सा–पर्यटन को 2 बिलियन यू.एस. डॉलर प्रतिवर्ष के व्यापार वाला होने की घोषणा की है।

अपोलो आदि निजी अस्पताल समूहों ने भी इस दिशा में पहल की है।

12. वन्य–जीव पर्यटन (Wild Life Tourism)

कुछ विशेष प्रकार के पर्यटकों के लिए वन्य जीवों को उनके प्राकृतिक वातावरण में देखना अनूठा अनुभव होता है। इस प्रकार के पर्यटक जंगलों तथा वन्यजीव पार्कों की सैर करते हुए तथा अपने प्रिय जीवों को अपने वास्तविक रूप में इधर–उधर विचरण करते देखना पसन्द करते हैं। इस प्रकार के पर्यटकों ने अपने कुछ संगठन भी निर्मित कर रखे हैं, यथा 'अन्तर्राष्ट्रीय पक्षी दर्शक एसोसिएशन'।

भारत के वन, सरोवर व नदियाँ अनेक जीव–जन्तुओं के आवास–गृह हैं। जैसे

शेर, बाघ, एक सींग वाला गैंडा, बर्फीला बाघ, मगरमच्छ तथा अनेक प्रकार के देशी–विदेशी पशु–पक्षी, जिन्हें वन्य अभयारण्यों में संरक्षित किया गया है। इनमें प्रकृति–प्रेमी पर्यटक अपने प्रिय पशु–पक्षियों को उनके प्राकृतिक क्रियाकलापों के साथ देखने का सुअवसर प्राप्त कर सकते हैं।

13. इको–पर्यटन (Eco-Tourism)

पिछले कुछ समय से इको–पर्यटन पर्याप्त लोकप्रिय हो चला है। इको–पर्यटन का उद्देश्य पर्यटकों को स्थानीय पर्यावरण, प्राकृतिक पशु–पक्षियों तथा वनस्पतियों के साथ बिना कोई छेड़छाड़ किए प्रकृति के निकट ले जाना है। इस पर्यटन में आधारभूत विकास की माँग भी कम से कम की जाती है। विश्व पर्यटन संगठन (WTO) ने इसकी परिभाषा देते हुए कहा है कि –

"Tourism that involves travelling to relatively undisturbed natural areas with the specified object of studying, admiring and enjoying the scenery and its wild plants and animals as well as any existing cultural aspects—past or present—found in these areas."

प्राकृतिक पर्यटन, समूह पर्यटन तथा रेजॉर्ट पर्यटन से इको पर्यटन इस अर्थ में भिन्न है कि इनके विपरीत इको पर्यटन में पर्यावरण पर कम प्रभाव डालने तथा कम आधारभूत सुविधाओं की माँग का प्रयास किया जाता है। हाँ, प्राकृतिक पर्यटन की भाँति इसमें भी प्रमुख आकर्षण प्राकृतिक सुन्दरता ही होती है। पर्यावरण–संतुलन को बनाए रखने के इस काम में स्थानीय समुदाय तथा पर्यावरण–मित्र पर्यटकों की मदद ली जाती है। विदेशों में तो इस पर्यटन हेतु विशेष चिह्नित दल बचाए जाते हैं।

भारत में इको पर्यटन की अपार संभावनाएँ हो सकती हैं। जन–जागृति, सामाजिक संस्थाओं के सहयोग आदि से लोगों में पर्यावरणिक चेतना के प्रसार के साथ–साथ प्राकृतिक वातावरण से छेड़छाड़ को हतोत्साहित किया जा सकता है। इससे पर्यटन–स्थलों की स्थानिक विशेषताओं को दीर्घकाल तक संजोकर रखा जा सकता है।

14. क्रीड़ा एवं खेल पर्यटन (Sports Tourism)

कुछ विशिष्ट स्थलों अथवा देशों में विशेष प्रकार के खेलों के लिए उच्च कोटि की प्राकृतिक तथा मानवीय सुविधाएँ उपलब्ध होती हैं। इन खेलों में रुचि रखने वाले लोग इन्हें खेलने का अनुभव प्राप्त करने के लिए उन देशों की यात्रा करते हैं, उदाहरणार्थ समस्त विश्व के गोल्फ–खिलाड़ी अन्य देशों में स्थित

प्रसिद्ध गोल्फ कोर्स इत्यादि की यात्रा करते हैं। इसी प्रकार खेल सम्बन्धी उच्च कोटि के प्रशिक्षण तथा अभ्यास सुविधाओं वाले देशों में भी उभरते खिलाड़ियों के रूप में पर्यटन का स्वाभाविक प्रवाह होता है।

खेल सम्बन्धी बड़े आयोजनों से भी किसी देश को पर्यटन–सम्बन्धी पर्याप्त लाभ प्राप्त होता है। खिलाड़ी और दर्शक तो उन देशों की यात्राएँ करते ही हैं, इन आयोजनों के समय विश्व–मीडिया द्वारा तत्देश सम्बन्धी प्रचार–कार्यों के कारण भविष्य में भी पर्याप्त समय के लिए पर्यटक प्रवाह सुरक्षित हो जाता है, यथा, ओलम्पिक खेल, एशियाई खेल, विश्व फुटबाल टूर्नामेंट, लॉन टेनिस ग्रैंड स्लैम प्रतियोगिताएँ, क्रिकेट विश्व कप तथा टेस्ट और एक दिवसीय मैच आयोजित करने वाले देश इस दृष्टि से पर्याप्त लाभान्वित होते हैं।

खेल–पर्यटन की दृष्टि से भी भारत असीम संभावनाओं वाला देश सिद्ध हो सकता है। भारत के विभिन्न नगरीय क्लबों में पोलो खेला जाता है। शिमला इत्यादि पर्वतीय क्षेत्रों में उच्च कोटि के गोल्फ कोर्स मौजूद हैं। देश के कई शहर उन्नत कोटि की खेल–सुविधाओं तथा आधारभूत ढाँचे से युक्त होने के कारण खेल आयोजनों के मेजबान हो सकते हैं, जिससे देश में आगमनिक पर्यटन का विस्तार होगा।

15. साहसिक पर्यटन (Adventure Tourism)

वर्तमान में रोमांचकारी तथा साहसिक क्रीड़ा–गतिविधियों में सक्रिय रूप से भाग लेना अन्तर्राष्ट्रीय पर्यटन का एक अविभाज्य अंग बन चुका है। इस प्रकार के पर्यटकों में कुछ ट्रैकिंग, पर्वतारोहण, रॉक क्लाइंबिंग, स्केटिंग, हैंग ग्लाइडिंग, पैरा ग्लाइडिंग, हेली स्कीइंग, इत्यादि का आनन्द उठाने के लिए पहाड़ों की ओर रुख करते हैं तो कुछ सेलिंग तथा याचिंग, रिवर राफ्टिंग, कैनोइंग, केयाकिंग, विन्ड सर्फिंग, वाटर स्कीइंग, पैरा सेलिंग, स्कूबा डाइविंग आदि के लिए बड़े जल प्रवाहों की ओर प्रयाण करते हैं। इसी प्रकार बैलूनिंग, मोटर रैलीइंग, ऊँट और घोड़े की सवारियों का आनन्द आदि उठाने के लिए पर्यटक अनुकूल स्थानों का भ्रमण करते हैं।

जहाँ तक भारत का प्रश्न है, यहाँ भीमकाय पर्वतों, प्रवाहमयी नदियों और सदाबहार जंगलों की बहुतायत है। देश के भिन्न–भिन्न भागों में प्राकृतिक वैविध्य के कारण तदनुरूप साहसिक क्रीड़ाएँ आयोजित की जाती हैं, उदाहरणार्थ गोवा यदि विन्ड सर्फिंग करने वालों का स्वर्ग है तो अण्डमान द्वीप तथा लक्षद्वीप आदि

जगह स्कूबा डाइविंग तथा बंगी जंपिंग आदि के प्रसिद्ध स्थल बन चुके हैं। काश्मीर तथा हिमाचल प्रदेश आदि के बर्फीले पहाड़ हेली स्कीइंग, आइस हॉकी आदि के केन्द्र हैं तो पर्वतारोहण, हैंग ग्लाइडिंग आदि के लिए हिमाचल, उत्तराखंड और काश्मीर प्रसिद्ध स्थल हैं। जोधपुर तथा जैसलमेर के रेतीले इलाके में पर्यटक कैमल सफारी का लुत्फ उठाते हैं तो जयपुर, उदयपुर आदि में हार्स–सफारी का। यही नहीं भुवनेश्वर और कोचीन आदि में एलीफेन्ट सफारी की सुविधाएँ भी उपलब्ध हैं। कहने का तात्पर्य यह है कि साहसिक पर्यटन के अनेक रूप भारत में प्रचलित हैं, तो कुछ की संभावनाएँ मौजूद हैं, जिनका दोहन पर्यटन हेतु किया जा सकता है।

16. व्यावसायिक व औद्योगिक पर्यटन (Professional & Industiral Tourism)

यद्यपि संचार तथा तकनीकी क्रान्ति ने व्यवसायगत वार्ताओं को बिना यात्राओं के घर बैठे ही सुलभ बना दिया है, तथापि व्यवसायी एवं तकनीशियन विभिन्न प्रकार की व्यावसायिक आवश्यकताओं हेतु विभिन्न स्थलों की यात्राएँ करते ही हैं।

इस प्रकार की यात्राएँ प्रायः उपकरणों को स्थापित करने हेतु, सामानों के निरीक्षण हेतु, व्यावसायिक बैठकों तथा सम्मेलनों में सम्मिलित होने हेतु, औद्योगिक मेलों तथा प्रदर्शनियों में सहभागिता हेतु तथा उत्पादनों के विपणन हेतु की जाती हैं। इस प्रकार की यात्राएँ प्रायः व्यावसायिक संगठनों तथा कम्पनियों के द्वारा प्रायोजित की जाती हैं।

कभी–कभी व्यावसायिक टूर के साथ–साथ ऐतिहासिक–सांस्कृतिक विरासतों और प्राकृतिक दृश्यावलियों के भ्रमण का कार्यक्रम भी पैकेज के रूप में आयोजित किया जाता है, जिससे भारी–भरकम क्रिया–कलापों के पश्चात् आनन्ददायक हल्के–फुल्के क्षणों का आनन्द प्राप्त किया जा सकता है। व्यावसायिक पर्यटन मुख्य रूप से त्वरित सेवाओं की उपलब्धता पर आधारित होता है। वर्तमान युग में सूचना एवं संचार तकनीक (ICT–Information & Communication Technology), उच्च गतीय परिवहन (High Speed Transportation), उच्च तकनीकी आधुनिक आतिथ्य (High Tech Modern Hospitality) इत्यादि

व्यवसायों को स्थापित करने हेतु मुख्य सहायक तत्त्वों की भूमिका निभाते हैं जिनकी उपलब्धता व्यावसायिक पर्यटन को बढ़ावा देती है।

भारत में व्यावसायिक तथा औद्योगिक पर्यटन की प्रचुर संभावनाएँ हैं। इसके विकासशील देश होने तथा सूचना एवं प्रौद्योगिकी क्षेत्र में महत्त्वपूर्ण देश होने को इस प्रकार से भी देखा जा सकता है कि आज अनेक बहुराष्ट्रीय औद्योगिक कम्पनियाँ और घराने इन क्षेत्रों में निवेश करने हेतु प्रतिवर्ष पर्याप्त संख्या में आकर्षित होते हैं।

17. सम्मेलन पर्यटन (Convention Tourism)

आज के व्यापारिक वर्ग की संवाद तथा संचार सम्बन्धी आवश्यकताओं ने समय–समय पर विभिन्न व्यावसायिक संगठनों को व्यूह–रचना विषयक वार्ताओं एवं नए उत्पादों एवं संस्थाओं की प्रस्तुति हेतु मिलने के लिए बाध्य कर दिया है। इसी प्रकार अनेक बड़े औद्योगिक घराने अपनी सामयिक बैठकें आरामदायक तथा सुकून भरे माहौल में करना चाहते हैं। अब तो इस तथ्य को पहचान कर अनेक व्यावसायिक बैठकें पर्यटन–स्थलों पर भी आयोजित की जाने लगी हैं।

इस प्रकार की बैठकों के अतिरिक्त विभिन्न राष्ट्रीय–अंतर्राष्ट्रीय संगठनों की नियमित बैठकें, सभाएँ व राष्ट्रीय तथा अंतर्राष्ट्रीय स्तर के सम्मेलन भी आयोजित किए जाते हैं। इनमें भाग लेने हेतु अनेक लोग सम्मेलन के आयोजक नगरों में ठहरते हैं। इन बैठकों व सम्मेलनों के सुसंचालन हेतु आयोजक अनेकानेक अत्याधुनिक इमारतों का निर्माण करने से लेकर आधुनिक सुविधाओं से युक्त सम्मेलन–कक्षों का निर्माण करते हैं। विभिन्न पर्यटन–स्थलों पर भी इस प्रकार के सम्मेलन केन्द्रों की स्थापना की जाती है।

जहाँ विकसित देशों में सम्मेलन पर्यटन एक महत्त्वपूर्ण आयाम प्राप्त कर चुका है, वहीं भारत जैसे देशों में यह अभी शैशवावस्था में है। यहाँ बहुत कम नगरों में अन्तर्राष्ट्रीय स्तर की सम्मेलन–सुविधाएँ हैं।

18. खरीदारी पर्यटन (Shopping Tourism)

खरीदारी तो सामान्य रूप से ही पर्यटन का अविभाज्य अंग है। संभवतः इसी कारण विश्व के अनेक देशों में अन्तर्राष्ट्रीय हवाई अड्डों पर ड्यूटी–फ्री विक्रय केन्द्रों की उपस्थिति होती है। इसी प्रकार ऐतिहासिक, सांस्कृतिक विरासतों के निकट भी शिल्प इत्यादि सम्बन्धी विक्रय केन्द्र स्थापित किए जाते हैं।

परन्तु आज विश्व में धनिकों की संख्या में तेजी से हो रही वृद्धि के परिणामस्वरूप विश्व में कुछ केन्द्र एकमात्र खरीदारी के स्वर्ग के रूप में उभरे हैं, जैसे सिंगापुर, दुबई, बैंकाक, लन्दन आदि शहरों की यात्रा विश्व के अनेक देशों से उच्चवर्गीय लोग अपने मनपसंद उपभोग्य वस्तुओं की खरीदारी हेतु ही करते हैं।

वर्तमान भारत तकनीकी पुस्तकों, हस्तशिल्प, कपड़ों तथा रत्नाभूषणों के बाजार के रूप में तेजी से उभरा है तथा अनेक पर्यटक विशेषतः सस्ती तथा उच्च गुणवत्ता वाली वस्तुओं की खरीदारी के प्रयोजन से ही यहाँ की यात्रा करना पसन्द करते हैं।

19. यौन–पर्यटन (Sex Tourism)

इस पर्यटन में एक देश के व्यक्ति दूसरे देशों में यौन आनन्द प्राप्त करने के लिए यात्राएँ करते हैं। प्रायः विकसित देशों के नागरिक तृतीय विश्व के देशों में जहाँ यौन–कर्मी अथवा वेश्याएँ कम कीमत पर उपलब्ध रहती हैं, जाकर यौन–गतिविधियों में लिप्त रहते हैं। कभी–कभी वहाँ से स्त्रियों को खरीदकर स्वयं के देश में ले आते हैं।

20. अंतरिक्ष पर्यटन (Space Tourism)

भारत जैसे देश के निवासियों को अंतरिक्ष–पर्यटन एक सपने जैसा प्रतीत हो सकता है, किन्तु विकसित देशों के अति धनाढ्य लोगों के लिए यह हकीकत बन चुका हैं। पर्यटन के इस रूप में सैलानी विशेष रूप से निर्मित किए गए स्पेस–यानों में बैठकर गहन अंतरिक्ष की कालिमा के उपभोक्ता बनते है। इस श्रेणी में अभी तक जो पर्यटक अपना नाम दर्ज करा चुके हैं उनमे अमेरिका के खरबपति डेनिस टीटो (28 अप्रैल 2001), दक्षिणी अफ्रीकी उद्योगपति मार्क शटल वर्थ (25 अप्रैल 2002), अमेरिकी व्यवसायी ग्रेगरी ओल्सन तथा ईरानी मूल की अनुशेह अंसारी प्रमुख हैं।

यद्यपि अभी इस प्रकार के पर्यटन पर करोड़ों अमेरिकी डालरों के खर्च होने तथा विभिन्न प्रकार की स्वास्थ्यगत और वैधानिक अड़चनों के कारण अभी कुछ ही लोग इसके विषय में सोच सकते हैं, तथापि आशा की जा सकती है कि भविष्य में इस क्षेत्र में नई एजेन्सियों के आने तथा प्रतिद्वन्द्विता बढ़ने पर इस क्षेत्र में अवसर भी बढ़ेंगे तथा यात्राएँ कुछ सस्ती भी हो सकेंगी।

21. कल्याणकारी पर्यटन (Welfare Tourism)

कुछ पर्यटक विशेष रूप से कल्याणकारी गतिविधियों को मूर्त रूप देने के लिये ही विभिन्न स्थलों की यात्राएँ करते हैं। विकसित देशों में इस प्रकार का

पर्यटन तेजी से लोकप्रिय हो रहा है जिसमें विकासशील और अविकसित देशों के जरूरतमन्द लोगों को राहत सामग्रियों, चिकित्सा सुविधाओं तथा जीवन–यापन में सहायक अन्य सामग्रियों का वितरण किया जाता है। वे इसमें अपार सुख प्राप्त करते हैं। उदाहरणार्थ अमेरिका के संगठन रिलीफ राइडर्स के तत्वावधान में घोड़ों पर सवार अमेरिकी साहसिक पर्यटकों की टोली द्वारा राजस्थान के शेखावटी क्षेत्र में किये गये अभियान।

22. आभासी पर्यटन (Virtual Tourism)

इसे आराम कुर्सी पर्यटन (Arm Chair Tourism) की संज्ञा भी दी गई है। नवीन तकनीकी आदि के आगमन से पर्यटन का यह अनोखा रूप संभव हो पाया है। इस विशेष प्रकार के पर्यटन में शारीरिक रूप से कोई यात्रा न की जाकर भी विश्व का दर्शन तथा शोध पुस्तकों, टेलिविजन तथा इन्टरनेट आदि के माध्यम से किया जाता है।

इन सबके अतिरिक्त पर्यटन के नित नये और अनोखे रूप हमारे समक्ष उपस्थित होते रहते हैं। भारत के दिशेष संदर्भ में आयुर्वेदिक पर्यटन, चुनाव पर्यटन, सरोगेसी पर्यटन आदि तेजी से उभर रहे हैं, क्योंकि विदेशियों के आगमन में ये कारक महत्त्वपूर्ण भूमिका निभा रहे हैं।

अध्याय–5
पर्यटन उत्पाद के रूप में इतिहास
(History as a Tourism Product)

प्रत्येक व्यक्ति, समाज तथा राष्ट्र का अपना एक विगत अथवा इतिहास होता है, जिससे चाहते हुए भी विलग अथवा असंपृक्त नहीं हुआ जा सकता। वर्तमान के लिए विगत इतना महत्त्वपूर्ण होता है कि हम बार–बार उस विगत की बात करते हैं और इसी प्रक्रिया में इतिहास का निर्माण होता है। प्रत्येक युग में मनुष्य इतिहास की रचना करता है, जिसमें तथ्यों के साथ–साथ अपनी कल्पना को भी समाविष्ट करता है। चूँकि विगत को प्रत्यक्षतः देखा नहीं जा सकता, अतः उसकी व्याख्या की जाती है, जिसमें लेखक के व्यक्तिगत मत, सिद्धान्त तथा आग्रह भी हावी हो जाते हैं और यहीं, सत्य से परे हो जाने की आशंका हो जाती है। कुछ तथ्य सहस्त्राब्दियों की यात्रा में भी अपना मूल स्वरूप नहीं खोते, परन्तु अनेक तथ्य 'मिथकों' तथा किंवदन्तियों के रूप में परिणत हो जाते हैं।

यदि हम वर्तमानकालिक इतिहास–लेखन की बात करें तो आज यह प्रक्रिया एक वैज्ञानिक–प्रक्रिया में परिवर्तित हो गई है और प्रमाण, तर्क, कार्य–कारण सम्बन्ध तथा आलोचनात्मक विश्लेषण के आधार पर कार्य किए जाने के कारण इतिहास–लेखन में वस्तुनिष्ठता के समावेश को पर्याप्त महत्त्व दिया जा रहा है।

पर्यटन और इतिहास

पर्यटन–रुचियों में ऐतिहासिक तत्त्वों का पर्याप्त महत्त्व है। प्रतिवर्ष बड़ी संख्या में पर्यटक ऐतिहासिक महत्त्व के स्थलों से आकृष्ट होकर उन्हें देखने की इच्छा से भ्रमण पर निकलते हैं, यथा बुद्ध, ईसा मसीह, शेक्सपीयर आदि महापुरुषों की जन्मस्थलियाँ अथवा ताजमहल, चीन की दीवार, पीसा की मीनार, स्टेच्यू ऑफ लिबर्टी जैसी महत्त्वपूर्ण इमारतें। पर्यटन उद्योग के विकास में लगे विभिन्न देश अपनी धरोहरों अथवा ऐतिहासिक विरासतों को प्रमुख पर्यटन–आकर्षण के रूप में प्रचुरता से प्रयोग कर रहे हैं।

इस प्रकार अंतर्राष्ट्रीय पर्यटन के साथ–साथ घरेलू पर्यटन में भी इतिहास अपने उत्पादों के साथ आकर्षण का प्रमुख केन्द्र है। लोग अपनी ऐतिहासिक विरासत को देखने के उद्देश्य से घूमने निकलते हैं। वस्तुतः आज पर्यटन ही ऐसा क्षेत्र है जहाँ इतिहास एक उत्पाद आकर्षण के रूप में पर्यटकों के लिए उपस्थित है।

यदि हम भारत के परिप्रेक्ष्य में देखें तो अंतर्राष्ट्रीय पर्यटन में वह एक प्रमुख ऐतिहासिक गंतव्य–स्थल के रूप में उभर कर सामने आया है। हजारों पर्यटक प्रतिवर्ष भारत की दीर्घ और समृद्ध ऐतिहासिक विरासत के कारण यहाँ की यात्रा करते हैं।

विशेष रुचि पर्यटन (Hobby Tourism) के विकास से भारतीय इतिहास की प्रासंगिकता और बढ़ी है। उदाहरणार्थ, चित्रकला में रुचि रखने वाले पर्यटक अजन्ता और बाघ की गुफाओं तथा भीमबैठका की यात्रा कर सकते हैं तो मंदिर अथवा दुर्ग स्थापत्य के शोधक तत्सम्बन्धी भिन्न–भिन्न स्थलों का भ्रमण कर सकते हैं।

अनेकशः परम्परा तथा परिवर्तन का उचित सामंजस्य स्थापित करने वाले मेले तथा उत्सव भी भारत में आने वाले विदेशी पर्यटकों को आकर्षित करते हैं, जिनमें प्राचीन अनुष्ठान, परम्परा तथा रीति–रिवाज आधुनिक रंग–रूप में प्रस्तुत किए जाते हैं। यथा पुष्कर का पशु–मेला, लेह का हमीज उत्सव तथा गोवा का कार्निवाल इत्यादि। इसके अतिरिक्त खरीदारी तथा मनोरंजन भी ऐतिहासिक तत्त्वों से अछूते नहीं रहते। जैसे कोई हस्तशिल्प अपनी विशिष्ट निर्माण–शैली का इतिहास अपने में छुपाए है तो कभी–कभी पर्यटकों के मनोरंजन हेतु आयोजित किए जाने वाले लाइट शो की व्यवस्थाओं में भी इतिहास एक पर्यटन–उत्पाद के रूप में सामने आता है।

पर्यटन उत्पाद के रूप में इतिहास का प्रयोग अनेक प्रकार से होता है यथा– प्रचारात्मक साहित्य में इतिहास का उपयोग प्रमुखतः होता है। अनेक स्थलों का प्रचार करते समय उसे इतिहास के साथ जोड़ा जाता है। जैसे उदयपुर 'झीलों के शहर' के रूप में, बंगलौर 'उद्यानों के शहर' के रूप में, जयपुर 'गुलाबी शहर' के रूप में तथा फतेहपुर सीकरी 'मुगल साम्राज्य की भव्यता के शहर' के रूप में इत्यादि। इसी प्रकार विभिन्न रोमांचकारी खेलों तथा खिलाड़ियों इत्यादि का भी अपना इतिहास होता है। यथा, एवरेस्ट पर सबसे पहले किसने विजय हासिल की, या बिना ऑक्सीजन के वहाँ सबसे पहले कौन चढ़ा इत्यादि। प्रचारात्मक साहित्य के अतिरिक्त यात्रा–लेखन तथा पर्यटन–गाइड और एस्कॉर्ट द्वारा प्रस्तुत किए जाने वाले विवरणों तथा व्याख्याओं में भी इतिहास की सहायता ली जाती है और विभिन्न किलों, महलों आदि स्थलों, कला–शिल्पों, सेनाओं, विभिन्न परिवहन–व्यवस्थाओं आदि का इतिहास प्रस्तुत किया जाता है।

परन्तु इस प्रकार के इतिहास–विषयक लेखन से जुड़ी एक प्रमुख समस्या का सामना पर्यटन–क्षेत्र को करना पड़ता है और वह यह है कि यहाँ इतिहास, पुराण और किंवदन्तियों में कोई अन्तर नहीं किया जाता तथा कई बार प्रमाणों की चिन्ता न करते हुए इतिहास को तोड़–मोड़ कर प्रस्तुत करने की चेष्टा की जाती है।

यद्यपि भारतीय ऐतिहासिक–सांस्कृतिक परम्परा में मिथकों तथा किंवदन्तियों का महत्त्वपूर्ण स्थान है और विशेष सामाजिक–संदर्भ में रचे जाने के कारण इन्हें तत्कालीन सामाजिक व्यवस्था और यथार्थ के प्रतिबिम्ब के रूप में स्वीकृत किया जा सकता है तथापि उन्हें इतिहास के रूप में व्याख्यायित नहीं किया जा सकता। इतिहासकार मिथकों को आलोचनात्मक विश्लेषण के स्रोत के रूप में ग्रहण नहीं करते तथा पौराणिक कथाओं को भी इतिहास के रूप में नहीं देखा जा सकता।

पर्यटन के क्षेत्र में मिथकों तथा किंवदन्तियों का प्रयोग प्रचुरता से किया जाता है और कभी–कभी तो इन्हें किसी संस्कृति या क्षेत्र के इतिहास के रूप में भी प्रस्तुत कर दिया जाता है। प्रचारात्मक साहित्य के लेखकों के अतिरिक्त स्मारकों आदि का वर्णन करते समय गाइड इत्यादि भी यही करते हैं। इस प्रकार की प्रस्तुतीकरण के निम्न कारण हो सकते हैं–

1. वैज्ञानिक इतिहास के ज्ञान का अभाव तथा अप्रामाणिक ऐतिहासिक ग्रन्थों पर निर्भरता।
2. अपने लेखन अथवा वक्तृता के कौशल–प्रदर्शन हेतु अथवा स्थल–विशेष के आकर्षण में वृद्धि हेतु किये गये उपाय।

3. पूर्वाग्रह ग्रसित विचारों के प्रचार हेतु किये गए सायास उपाय।

परन्तु ध्यातव्य है कि इतिहास के साथ जानबूझकर अथवा अनजाने में की गई छेड़छाड़ के परिणाम भयँकर हो सकते हैं।

यदि हम चाहते हैं कि इस प्रकार के काल्पनिक तथा भ्रान्तिपूर्ण प्रस्तुतियों से हास्यास्पद स्थितियाँ उत्पन्न न हों अथवा हमारे सामाजिक सौहार्द को चोट न पहुँचे तो हमें इस संदर्भ में अनेक उपायों का सहारा लेना होगा। जैसे–

1. इतिहास–लेखन अथवा प्रस्तुतीकरण में काल्पनिकता और मनमर्जी से बचते हुए गंभीरता को स्थान देना चाहिए अर्थात स्वयं इतिहास की रचना करने के स्थान पर ऐतिहासिक ग्रंथों के आधार पर इतिहास प्रस्तुत किया जाए इसके लिए अद्यतन ऐतिहासिक रचनाओं के अध्ययन के साथ–साथ इतिहासकारों से भी संपर्क रखकर अपने ज्ञान की ताजगी को बनाए रखा जा सकता है।
2. मिथकों तथा पुराण–कथाओं पर आधारित लेख में यह स्पष्टता से लिख देना चाहिए कि एतत्सम्बन्धी किसी साक्ष्य का अभाव है। एवमेव दंतकथा भी इतिहास के रूप में प्रस्तुत न की जाकर मात्र दंतकथा के रूप में प्रस्तुत की जानी चाहिए।
3. अपने व्यक्तिगत पूर्वाग्रह अथवा दृष्टिकोण के स्थान पर ऐतिहासिक यथार्थ को वरीयता दी जानी चाहिए।
4. आवश्यकता पड़ने पर अन्य स्थलों के साथ तुलना किए जाने पर अतिशयोक्ति का सहारा नहीं लिया जाना चाहिए।
5. साम्प्रदायिक विद्वेष के प्रसार में सहायक वक्तव्यों से बचना चाहिए, क्योंकि यह देश की प्रगति के साथ–साथ पर्यटन के विकास में भी एक बड़ा अवरोध है। आवश्यकतानुसार इतिहास से आपसी सौहार्द, सहयोग और तालमेल से सम्बद्ध उदाहरणों पर बल दें।
6. किसी स्मारक की खूबी का वर्णन किए जाते समय उसके स्थापत्य, कला–शैली तथा कलाकारों और कारीगरों के उल्लेखों से अपने कथन को विश्वसनीयता प्रदान की जानी चाहिए।
7. यह तथ्य ध्यान में रखते हुए कि इतिहास ऐतिहासिक स्रोतों से प्राप्त प्रमाणों पर आधारित होता है, भिन्नकालिक पुरातात्त्विक और साहित्यिक स्रोतों के सावधानीपूर्ण विवेचन की सहायता ली जानी चाहिए।
8. प्रस्तुति अथवा लेखन में राजाओं–महाराजाओं के व्यक्तिगत इतिहास

के साथ–साथ राजनैतिक, आर्थिक तथा सांस्कृतिक पक्षों पर भी बल दिया जाना चाहिए।

इस प्रकार प्रमाणों पर आधारित विज्ञान होने के नाते इतिहास को पर्यटन उत्पाद के रूप में प्रस्तुत करते समय अथवा बेचते समय शोधकर्त्ताओं तथा पर्यटन–पेशेवरों को उपर्युक्त विभिन्न तथ्यों को ध्यान में रखते हुए सावधानीपूर्वक व्यवहार करना चाहिए, जिससे व्यक्तिगत पूर्वाग्रहों और व्याख्याओं के द्वारा छेड़छाड़ से इतिहास को बचाया जा सके और ऐतिहासिक पर्यटन को भी विश्वसनीय बनाया जा सके।

अध्याय–6
भारत में पर्यटन : एक ऐतिहासिक अवलोकन
(Tourism in India: A Historical Observation)

पर्यटन का ऐतिहासिक अध्ययन बहुत कुछ यातायात तथा संचार के साधनों के विकास और सुधार से जुड़ा हुआ है। अंतर्राष्ट्रीय स्तर पर प्रमुख रूप से प्रथम विश्व–युद्धोत्तर औद्योगिक तथा यातायात–सम्बन्धी विकास ने पर्यटन को एक उद्योग के रूप में विकसित होने में मदद दी।

किन्तु भारत पर्यटन के एक उद्योग का रूप लेने, पंचतारा होटलों तथा एकमुश्त यात्रा विचारों से कहीं पहले से आगन्तुकों को आकर्षित करता रहा है। अनादि काल से यात्रियों को जीवन–रस प्रदान करता तथा उनके मानस पर आतिथ्य की अमिट छवि अंकित करता भारत **'यात्रियों के स्वर्ग'** की उपमा से नवाजा जाता रहा है। धीमे यातायात के कारण विभिन्न स्थलों पर दीर्घकालीन प्रवास करते विदेशी यात्रियों के संस्मरणों में भारत की इस **'अतिथि देवो भव'** की परम्परा का बखान बखूबी मिलता है।

भारतीय पर्यटन का अतीत पर्याप्त पुराना है। लगभग 5,000 वर्ष पूर्व की सिन्धु घाटी सभ्यता की पुरातात्त्विक खुदाइयों में यहाँ ईरान, मिश्र, मैसोपोटामिया, पूर्वी अरब आदि के व्यापारी–यात्रियों के नियमित आगमन के साक्ष्य प्राप्त होते हैं। इसी व्यापारिक मेल–मिलाप के कारण बाद में ईसवी सन् की प्रारम्भिक शतियों में भी भारत के रोमन साम्राज्य, मध्य एशियाई देशों तथा दक्षिण–पूर्व एशियाई देशों के साथ नजदीकी सम्बन्ध रहे हैं।

ईसा पूर्व 327–26 में भारत आने पर सिकन्दर महान् ने छायादार वृक्षों, कुँओं, पुलिस स्टेशनों तथा आरामगृहों से युक्त पूर्ण सज्जित सड़कें देखी थीं।

1200 मील लम्बे तथा 64 फीट चौड़े मुख्य राजमार्ग पर गरीब और अमीर जनता रथों, पालकियों, बैलगाड़ियों, गधों, घोड़ों, ऊँटों तथा हाथियों के ऊपर यात्राएँ करती थी।

हमें प्राचीन भारतीय पर्यटन विषयक ज्ञान चतुर्थ शती ईसवी पूर्व में रचे गए **कौटिल्य** के ग्रन्थ **अर्थशास्त्र** से भी प्राप्त होता है जहाँ हमें मुद्रा (पारपत्र अथवा पासपोर्ट), विदेशियों की देखभाल हेतु गठित सरकारी विभाग तथा यात्राओं के मध्य यात्रियों को प्रदान किए जाने वाले ठहराव सुविधाओं आदि के विषय में पर्याप्त जानकारियाँ प्राप्त होती हैं। इसमें स्पष्ट उल्लेख है कि कुछ लोग **मुद्राध्यक्ष** नामक एतद्विषयक उच्चाधिकारी की अनुमति से बिना मुद्रा के ही यात्रा करने के अधिकारी थे। हाँ, विदेशियों को मुद्रा सम्बन्धी नियमों के उल्लंघन पर कठोर अर्थदण्ड भुगतना होता था। झूठी मुद्राएँ रखने वाले अथवा बिना मुद्रा के लोगों पर बारह पण का दण्ड होता था। यात्रियों को यात्राओं के मध्य में अनेक स्थलों पर स्थानीय अधिकारी **'विवीताध्यक्ष'** के अधीन स्वयं की जाँच करवानी होती थी।

ग्रन्थ से हमें सभी बड़े तथा छोटे शहरों में धर्मशालाओं के अस्तित्त्व का प्रमाण मिलता है जहाँ बिना किसी मूल्य के यात्रियों को ठहरने दिया जाता था। इन धर्मशालाओं के प्रबन्धक इतने विश्वसनीय होते थे कि यात्री अपनी अमूल्य वस्तुएँ इनके पास रख देते थे। साथ ही ये प्रबन्धक यात्रियों को धार्मिक इमारतों तथा विभिन्न स्थानों के प्राकृतिक तथा सामाजिक–आर्थिक स्थिति से अवगत कराते थे।

प्राचीन भारतीय पर्यटन का इतिहास प्रमुख रूप से व्यापारिक तथा धार्मिक यात्राओं से जुड़ा है, यद्यपि राजदूतों तथा सद्भावना–दूतों ने भी इसमें महत्त्वपूर्ण योगदान दिया। मेगस्थनीज, फाह्यान, हवेनसांग, इत्सिंग, तारानाथ आदि इस काल में भारत की यात्रा करने वाले प्रसिद्ध यात्री थे।

धर्म तथा ज्ञान की जिज्ञासावश भारत की यात्रा करने वाले प्रारम्भिक यात्री चीनी थे, जिन्होंने चतुर्थ शती ईसवी से लेकर 8वीं शती तक निरन्तर यात्राएँ कीं। इनमें फाह्यान तथा हवेनसांग प्रमुख थे, जिन्होंने कठिन मार्ग की कठिनाइयों की परवाह न करते हुए न केवल अपने यात्रा सम्बन्धी लक्ष्यों को प्राप्त किया, अपितु भारत तथा भारतीयों के संतुलित विवरण–लेखन के द्वारा भारतीय इतिहास–लेखन को भी उपकृत किया।

मध्यकाल में भारत की यात्रा करने वाले यात्रियों में अल–बरूनी, मार्को पोलो, इब्नबतूता आदि थे। महमूद गजनवी के भारतीय आक्रमणों के समय उसके साथ

आए **अलबरूनी** ने अरबी भाषा में **'तहकीके–हिन्द'** की रचना की, वहीं अफ्रीका निवासी **इब्नबतूता** ने **'रहला'** नामक ग्रन्थ में अपने 14 वर्षीय भारतीय प्रवास के बारे में लिखा। मुगलकाल में विलियम हॉकिन्स, सर टॉमस रो, डी लाइट, पीटर मुण्डी, बर्नियर तथा मनूची आदि यूरोपीय यात्री भी भारत आए।

मध्यकालीन भारत–सम्बन्धी विवरणों में हमें 'सरायों' का उल्लेख मिलता है, जो न केवल आगन्तुकों को आरामदायक प्रश्रय प्रदान करते थे, अपितु यात्रियों के काफिलों को शरण, समर्थन तथा मार्गदर्शन भी प्रदान करते थे।

मध्यकालीन यात्रियों में जहाँ मार्को पोलो ने अरब और चीन के जहाजों से भरे पूर्वी समुद्र तट के कायल बन्दरगाह का उल्लेख किया है तो इब्नबतूता ने भारतीय महलों के चाकचिक्य के द्वारा भारतीय समृद्धि की ओर इंगित किया है। रूसी यात्री निकितिन ने भारतीयों की धार्मिक सहिष्णुता और आतिथ्यपूर्ण प्रकृति का वर्णन किया है।

यदि हम घरेलू पर्यटन की बात करें तो आम जनता गरीबी तथा सामाजिक स्तर के कारण आराम अथवा मनोरंजन के लिए सुदूरस्थ स्थलों की यात्रा नहीं कर पाती थी तथा धर्मस्थलों की यात्रा तक ही सीमित थी। हाँ, राजपरिवार तथा कुलीन लोग उत्तर भारत की गर्मी से परेशान हो काश्मीर घाटी तथा पंजाब की पिंजौर पहाड़ियों की ओर रुख कर लेते थे।

मध्य युग में भी पर्यटन प्रमुख रूप से धार्मिक तथा व्यापारिक उद्देश्यों के लिए था। जहाँ तक यातायात–माध्यमों का प्रश्न है, समुद्री मार्ग प्रमुखतः व्यापारिक–उद्देश्यों के लिए प्रयोग किया जाता था, शेष यातायात सड़कों द्वारा ही होता था।

19वीं शताब्दी में पर्यटन को समूह–पर्यटन के रूप में एक नया आयाम प्राप्त हुआ। विभिन्न देशों के पर्यटक अब सामूहिक रूप में दूसरे देशों में जाकर वहाँ के ऐतिहासिक–सांस्कृतिक विरासतों का आनन्द प्राप्त करने लगे। भारत में भी विदेशी शासक–वर्ग तथा विभिन्न देशी राज्यों के राजा लोग काश्मीर घाटी से लेकर पंजाब, उत्तर प्रदेश तथा पूर्वांचल में स्थित पहाड़ी रेजॉर्ट्स का लुत्फ उठाने लगे। शिमला को तो अंग्रेजों की ग्रीष्मकालीन राजधानी घोषित कर दिया गया। इसी प्रकार नैनीताल, रानीखेत, मसूरी, दार्जिलिंग, पंचमढ़ी, ऊटी आदि स्थल ग्रीष्म–सैरगाह के रूप में विकसित होने लगे।

आधुनिक युग में अनेक यूरोपीय यात्री भारत आये। इनमें इटली का मनूची, फ्रांस के ट्रेवर्नियर और बर्नियर तथा ब्रिटेन के हैबलर स्लीमैन आदि प्रमुख हैं। भारत में एशियाटिक सोसाइटी के संस्थापक सर विलियम जोन्स ने भी भारतीय

साहित्य से सम्बद्ध बहुमूल्य कार्य किया। एक विदेशी आगन्तुक की दृष्टि से भारत का सुन्दर वर्णन यदि देखना हो तो मार्क ट्वेन की यह उक्ति पर्याप्त होगी –

"This is indeed India — the land of dreams and romance, of fabulous poverty, of splendour and rags, of palaces and hovels... Cradle of the human race, birth place of human speech, mother of history, grand mother of legends, great grand mother of tradition... the one land that all men desired to see."

यातायात तथा संचार के साधनों के विकास होने पर मुख्य शहरों में सरायों इत्यादि की स्थापना की गई जिनमें ठहरने तथा खाने की व्यवस्था थी। 18वीं शती में भारत आने वाला यात्री डेविड प्रिन्स 'मैक फारलेन्स' होटल में ठहरा और इसे विलासितापूर्ण तथा खर्चीले (Luxurious & Expensive) होटल के रूप में वर्णित किया। उस समय साथ–साथ ही धर्मशालाएँ भी चल रही थीं।

इस प्रकार भ्रमण तथा ठहराव की क्रियाएँ भारतीयों के लिए कतई नई नहीं थीं। यद्यपि भारतीयों के प्रयाण विजय के लिए नहीं थे लेकिन अनेक साहसिक, व्यापारिक यात्राओं के द्वारा भारतीयों ने समुद्र पार करके सुदूर पूर्व तथा मध्य–पूर्व के देशों में दीर्घकाल तक अपनी धाक जमाए रखी।

अर्थात्, साहसिक तथा व्यापारिक यात्राओं का अस्तित्व प्राचीनकाल से था। हाँ, आरामदायक पर्यटन का अस्तित्व अवश्य भारत में अधिक पुराना नहीं है। यात्राएँ प्रायः सड़क मार्ग से होती थीं, तथा जंगली जानवरों, डाकुओं, बीमारियों और मौसमी बाधाओं के भय से परिपूर्ण होती थीं। मौर्यों द्वारा प्रारम्भ की गई ग्रान्ट ट्रंक रोड कालान्तर में शेरशाह द्वारा व्यवस्थित ढंग से परिपूर्ण की गई, जहाँ मील के पत्थरों के रूप में Stone towers तथा सरायों की व्यवस्था की गई। उसके द्वारा निर्मित 1700 सरायों में व्यापारी, यात्री तथा डाक–कर्मचारी सभी भोजन और संरक्षण प्राप्त करते थे।

भारत में रेलवे की स्थापना के बाद पर्यटन ने और गति पकड़ी। भारतीय रेल व्यवस्था ने यदि 1869 ई. में 4000 मील गंतव्य तय किया तो 1890 में यह 24000 मील हो गया।

1864 ई. में ब्रिटिश नेताओं ने राजधानी कलकत्ता से शिमला परिवर्तित की। (निस्संदेह गर्मी बड़ा कारण थी।) अंग्रेजों के आस–पास रहने वाले भारतीयों, विशेषकर बंगालियों ने भी अंग्रेजों के रहन–सहन की नकल करते हुए दुर्गा–पूजा अथवा क्रिसमस की छुट्टियों में मनोरंजनात्मक यात्राएँ करनी प्रारम्भ कीं। बिहार

तथा उड़ीसा के कस्बों, गाँवों में उद्यानों वाले घर खरीदकर जब चाहे तब छुट्टी में वहाँ प्रवास करने की परम्परायें बन गयीं। तत्कालीन समाचार–पत्रों में भी इन गतिविधियों का उल्लेख मिलता है।

19वीं शताब्दी के उत्तरार्द्ध में ही अनेक भारतीय उच्च शिक्षा हेतु इंग्लैण्ड की ओर आकर्षित होने लगे। अनेक बुद्धिजीवी, राजनेता तथा संत इंग्लैण्ड के साथ–साथ अमेरिका, फ्रांस, जर्मनी आदि की ओर अध्ययनार्थ गए।

विदेशों में जा बसे भारतीयों ने धार्मिक–सांस्कृतिक जुड़ाव को बनाए रखने हेतु अनेक धर्म–प्रचारकों को भारत से आमंत्रित किया।

भारत में ब्रिटिश साम्राज्य की दृढ़ स्थापना के बाद भारत का पश्चिमी विश्व से सम्पर्क तीव्र हो गया। नवीन औद्योगिक विकास के परिणामों के माध्यम से पर्यटन सम्बन्धी आधुनिक विचारधारा से भी परिचय हुआ। हवाई–सेवाओं के नक्शे पर भी भारत का उदय हुआ। इस प्रकार भारतीय पर्यटन के क्षेत्र में नये युग का उदय हुआ और भारत तथा यूरोप के मध्य बड़े पैमाने पर लोगों का आवागमन प्रारम्भ हो गया।

द्वितीय विश्वयुद्ध की समाप्ति तक भारत की ब्रिटिश सरकार को यह आभास हो गया था कि भारत में पर्यटन एक बृहद् रूप प्राप्त करके ही रहेगा, अतः भारत की ओर विदेशी सैलानियों के आकर्षण की योजना को मूर्त रूप देने के लिए सर **जॉन सार्जेण्ट** के नेतृत्व में एकल व्यक्ति समिति की नियुक्ति की गई, जिसकी सिफारिशों के आधार पर और इस समिति ने मुंबई में अपना कार्यालय स्थापित किया।

स्वतंत्र भारतीय सरकार ने पर्यटन के विकास हेतु विशेष प्रयास प्रारम्भ किए। सर्वप्रथम 1949 में **परिवहन मंत्रालय** के एक भाग के रूप में पर्यटक यातायात शाखा (Tourist Traffic Branch) की स्थापना की गई। मार्च 1958 भारतीय पर्यटन के इतिहास में मील का पत्थर सिद्ध हुआ, क्योंकि इस दिन केन्द्रीय स्तर पर अलग से पर्यटन निदेशालय की स्थापना की गई, जिसका पूर्ण कार्यभार परिवहन मंत्रालय को सौंपा गया। बाद में यह विभाग नागरिक उड्डयन एवं पर्यटन मंत्रालय के रूप में 1986 तक कार्यरत रहा। सन् 1986 में प्रथम बार कैबिनेट स्तर के मंत्री को पूर्णतया स्वतंत्र प्रभारी के तौर पर यह मंत्रालय सौंपा गया। बाद के प्रधानमंत्रियों–राजीव गाँधी, चन्द्रशेखर आदि ने भी पर्यटन को उद्योग का दर्जा दिलाने हेतु विभिन्न प्रकार के नीति–निर्माण एवं नियोजन को महत्त्व दिया, जिसके परिणामस्वरूप आज यह मंत्रालय कुमारी शैलना जी के युवा तथा उर्वर नेतृत्त्व में सफलता के नित नए सोपान तय कर रहा है।

जहाँ तक पर्यटन सम्बन्धी विभिन्न अभिकरणों का प्रश्न है, सर्वप्रथम भारत सरकार द्वारा सन् 1952 में न्यूयार्क में **भारत सरकार पर्यटक कार्यालय** (India Tourist Office) की स्थापना की गई। सन् 1955 में लंदन में दूसरे पर्यटक कार्यालय की स्थापना की गई। 1959 ई. में मुम्बई में **होटल प्रबन्धन संस्थान** (Hotel Mangement Institute) स्थापित हुआ।

सन् 1953 में तत्कालीन सभी एयर लाइन्स के राष्ट्रीयकरण के द्वारा **इंडियन एअरलाइन्स** तथा **एयर इंडिया** की स्थापना की गई। **एयर इंडिया** ने मुम्बई स्थित अपने मुख्यालय में 1955 में पर्यटन सेल स्थापित किया। इसी प्रकार वायुदूत सेवा, मुक्ताकाश नीति और सामूहिक पर्यटन की नीतियों के द्वारा पर्यटकों की विमान यात्रा पर्याप्त सहूलियत भरी हो गई।

यूरोप से पर्यटक प्रवाह को बढ़ाने के लिए भारत सरकार तथा पर्यटन विभाग ने संयुक्त रूप से **ऑपरेशन यूरोप** प्रारम्भ किया। इसी प्रकार बाद में **ऑपरेशन यू. के., ऑपरेशन अमेरिका** भी प्रारम्भ किये गए।

1966 ई. में भारत में पर्यटन के आधारिक ढाँचे के विकास तथा अंतर्राष्ट्रीय पर्यटन गंतव्य के रूप में भारत को विकसित करने के लिए भारतीय पर्यटन विकास निगम (ITDC) की स्थापना की गई, जिसने होटलों, यातायात–बेड़ों, करमुक्त दुकानों और प्रशिक्षण कार्यक्रमों की शुरुआत की। आगे चलकर आई. टी.डी.सी. ने राज्यों के पर्यटन संगठनों और निजी होटल उद्यमियों आदि से सहभागिता कायम की।

1983 ई. में नई दिल्ली में ITTM –पर्यटन तथा यात्रा प्रबन्धक संस्थान की स्थापना की गई, जिसका उद्देश्य पर्यटन तथा यात्रा के क्षेत्र में प्रशिक्षण तथा शोध को प्रोत्साहन देना था। 1992 में संस्थान को ग्वालियर स्थानान्तरित कर दिया गया तथा 1999 में पूर्वी क्षेत्रीय केन्द्र भुवनेश्वर में स्थापित किया गया।

1961 में स्कीइंग, पर्वतारोहण, Rock Climbing जैसे साहसी खेलों को प्रोत्साहन देने के लिए **भारतीय स्कीइंग तथा पर्वतारोहण संस्थान, गुलमर्ग** (जम्मू और काश्मीर) में स्थापित किया गया। बाद में इसके क्रियाकलापों का विस्तार औली (उत्तराखंड) तथा शिमला (हिमाचल) तक हुआ। इसी प्रकार 1990 में जलीय क्रीडा की गतिविधियों को देश में बढ़ावा देने के लिए गोवा में **राष्ट्रीय जलीय क्रीड़ा संस्थान** की स्थापना की गई। संस्थान इससे सम्बद्ध लघु अवधि के प्रशिक्षण के साथ–साथ जीवन रक्षा और बचाव की तकनीकों सुरक्षा–दिशा–निर्देश इत्यादि के क्षेत्र में भी सक्रिय है।

1989 में पर्यटन वित्त निगम की स्थापना एक पब्लिक लिमिटेड कम्पनी के तौर पर पर्यटन उद्योग की वित्तीय आवश्यकताओं के मद्देनजर हुई।

समय–समय पर राज्यों के स्तर पर भी पर्यटन निदेशालयों तथा राज्य पर्यटन विकास निगमों के साथ–साथ विभिन्न राज्य अभिकरणों की स्थापना की गई जिनसे पर्यटन की गतिविधियों को पर्याप्त प्रोत्साहन तथा संरक्षण प्राप्त हुआ।

इस प्रकार स्पष्ट है कि प्रारम्भिक रूप से भारत में आने वाले पर्यटक उसकी प्राचीन संस्कृति तथा जीवनशैली देखने के लिए आते थे। किन्तु अस्सी के दशक से दृश्यावली में परिवर्तन हुआ। अब भारत में पूरे वर्ष विशुद्ध 'पर्यटकों' का आगमन हो रहा है। नए पर्यटन क्षेत्रों के विकास पर ध्यान दिया जा रहा है। हिल रिजॉर्ट, समुद्रतटीय रिजॉर्ट, विभिन्न प्रकार के स्वास्थ्य तथा योग–केन्द्र, रोमांचकारी क्रीड़ाओं से संबन्धित केन्द्र आदि के विकास से यहाँ आरामदायक, स्वास्थ्यवर्द्धक, रोमांचक क्रीड़ा सम्बन्धी पर्यटन को भी बल प्राप्त हो रहा है।

यद्यपि पर्यटन–उद्योग के क्षेत्र में भारत का प्रवेश थोड़ी देर से हुआ क्योंकि स्वतंत्रता के एकदम बाद हमारी प्राथमिकताएँ कृषि, शिक्षा, स्वास्थ्य, यातायात तथा उद्योग जैसे आधारभूत ढाँचों के विकास की थी। पाँचवीं पंचवर्षीय योजना से पर्यटन की ओर ध्यान दिया जाना प्रारम्भ हुआ और वर्तमान में पर्याप्त राशि भारतीय पर्यटन के विकास पर व्यय की जा रही 8 नवम्बर 1982 को संसद के दोनों सदनों में रखें गए प्रस्ताव के माध्यम से भारत की प्रथम राष्ट्रीय पर्यटन नीति की घोषणा हुई, जिसके पीछे पर्यटन के विकास और प्रोत्साहन को नया उद्देश्य तथा नई दिशा प्रदान करने का संकल्प था, और था पर्यटन में नए लोकाचार तथा नए मूल्यों के समावेश का उद्देश्य। पर्यटन का यह विकास पर्यावरण आदि की कीमत पर न हो, यह कृतसंकल्प तो है ही।

धीरे–धीरे छोटे पैमाने पर प्रारम्भ हुई यह प्रक्रिया वर्ष 2007 में 50 लाख विदेशी पर्यटकों के आगमन से एक विशाल आकार ग्रहण कर चुकी है। वर्ष 2008 में लगभग 12 बिलियन यू. एस. डालर की विदेशी मुद्रा कमाने वाला यह क्षेत्र आज एक विशालकाय उद्योग के रूप में परिणत हो गया है। वैश्विक पर्यटन के प्रमुख प्रकाशन – लोनली प्लेनेट ने भारत को विश्व के प्रमुख पर्यटक गंतव्यों में मान्यता दी है। ऐसा हो भी क्यों न–

- भारत के पास विविधता से भरी प्राकृतिक सुन्दरता है, हजारों वर्षों का सुदीर्घ इतिहास तथा संस्कृति है, मनोरंजन है, रोमांच है और सुकून भरा आराम भी है।
- भारत खरीदारों का स्वर्ग है, रत्नाभूषण, सूती–रेशमी वस्त्र, हस्तशिल्प,

चमड़े और काष्ठ के विविध सामान, कारपेट तथा और भी बहुत कुछ अनोखे सामान विदेशों की तुलना में यहाँ पर्याप्त कम मूल्य पर उपलब्ध हैं।

- भारत में एक कोने से दूसरे कोने तक अंग्रेजी भाषा समझी और बोली जाती है।
- इस सबसे बढ़कर **अतिथि देवो भव** की परम्परा वाले इस देश के प्रत्येक मानुष, जीव तथा कण–कण में दूसरों के लिए अथाह प्यार भरा है।

अर्थात् आज का भारत पर्यटकों को अचम्भित, उत्तेजित और फलतः आकर्षित करने में सक्षम है।

सरकारी स्तर पर प्रारम्भ किए गए प्रयास अब सहायक संस्थाओं तथा निजी स्तरों तक भी पहुँच चुके हैं। अब सड़क, रेल तथा हवाई यातायात और आवास एवं खान–पान सुविधाओं में अन्तर्राष्ट्रीय मानदण्डों के अनुरूप सुधार किए जाने के साथ–साथ विभिन्न सेमिनारों, सम्मेलनों, इलेक्ट्रॉनिक और प्रिन्ट मीडिया आदि के माध्यम से भी विकास के प्रयास किए जा रहे हैं।

स्पष्टतः आज के भारत की कामना है कि पर्यटक उसे एक नवीन प्रकाश में देखें। मात्र परम्परागत ऐतिहासिक, सांस्कृतिक गंतव्य के तौर पर ही नहीं, एक जीवन्त (Vibrant), प्रेरणादायी, आरामदायक तथा सुकूनदायक केन्द्र के रूप में में भी देखें। मात्र तभी, भारत एक सार्वकालिक पर्यटन–गंतव्य के रुप में अपनी उपस्थिति दर्ज करा सकेगा।

संविधान के अन्तर्गत केन्द्रीय सूची में पर्यटन सम्बन्धी विवरण :

अनुच्छेद	प्राथमिक उद्देश्य	अनुच्छेद	पूरक उद्देश्य
19	भारत में आगमन पासपोर्ट/वीसा	11	राजनैतिक संयोजक व व्यापार प्रतिविघटन
20	भारत से बाहरी तीर्थगमन	13	अंतर्राष्ट्रीय कॉन्फ्रेन्स में भाग लेने व उससे सम्बन्धित निर्णय
28	पोर्ट क्योटोन्टाइन	23	राजमार्गों का विकास
29	हवाई यातायात हवाई पट्टियों का निर्माण	24	जहाजरानी सम्बन्धी

67	पुरातन एवं ऐतिहासिक स्मारकों, पुरातात्त्विक स्थलों, भवनों की रक्षा व रखरखाव सम्बन्धी नियोजन जो कि राष्ट्रीय महत्त्व का हो	30	रेल व समुद्र के द्वारा यातायात
		60	प्रदर्शन के लिये चल चित्रों के निर्माण की अनुमति
81	अन्तर्राष्ट्रीय परिवहन		

राज्य सूची

अनुच्छेद	प्राथमिक उद्देश्य	अनुच्छेद	पूरक उद्देश्य
7	भारत से बाहर तीर्थ स्थलों की यात्रा	8	जनस्वास्थ्य
12	संग्रहालयों व समानान्तर पुरातात्त्विक, सांस्कृतिक स्थापत्य कला व इतिहास सम्बन्धी भवनों की सुरक्षा व रख–रखाव सम्बन्धी नियोजन	19	जंगल
		21	मछलियों सम्बन्धी
		31	सराय व सराय मालिक
20	वन्य जीवन की सुरक्षा	35	थियेटर व अन्य प्रचार माध्यम

अध्याय–7
भारतीय स्मारकीय विरासत
(Indian Monumental Heritage)

कहा जाता है कि भारत में पर्यटन प्रमुख रूप से विरासतों पर आधारित है, शेष सब पूरक मात्र हैं।

Indian Antiquity Act, 1872 के अनुसार विरासत का दर्जा प्राप्त करने के लिए किसी वस्तु को कम से कम 100 वर्ष पुराना होना चाहिए, इन विरासतों में स्मारकीय विरासत का महत्त्व अप्रतिम है। सही अर्थों में भारत को 'स्मारकों की भूमि' संज्ञा से विभूषित किया जाए तो अतिशयोक्ति नहीं होगी। देश में स्थान–स्थान पर मंदिर, मस्जिद जैसे **धार्मिक** और किले, महल, तालाब, कुएँ तथा सेतु जैसे **लौकिक** ढाँचे बिखरे हुए हैं। पर्यटन की दृष्टि से ये ढाँचे अपार संभावनाएँ समेटे हुए हैं। पाँच हजार से भी अधिक वर्षों के सुसंस्कृत इतिहास को समेटे यहाँ के धरोहर पर्यटकों को बरबस अपनी ओर खींचते हैं। नालन्दा के गौरवशाली खंडहर हों अथवा विक्टोरियन शैली की इमारतें, सभी में पर्यटकों के सम्मोहन की अद्भुत क्षमता है।

भारत की स्मारकीय विरासत को कालक्रमानुसार प्रमुखतः तीन भागों में विभाजित किया जा सकता है –

1. प्राचीनकालीन स्मारक
2. मध्यकालीन स्मारक
3. आधुनिक अथवा उपनिवेशकालीन स्मारक।

प्राचीनकालीन स्मारक

मानव–सभ्यता के विकास के साथ ही निवास स्थलों का विकास प्रारम्भ हो गया। अपनी प्रारम्भिक विचरणशील अवस्था से मुक्त होकर जैसे ही मानव ने स्थायी ज़ीवन अपनाया, निवास–स्थल उसके लिए अनिवार्य हो गए। पर्वतों की गुफाओं और कन्दराओं से प्रारम्भ होकर घास–फूस की झोंपड़ियों और सुदृढ सामूहिक निवासों ने कालान्तर में विकास करते–करते नगर का रूप धारण किया। मनुष्य की उपयोगिता और आवश्यकता के साथ–साथ विस्तार करते हुए इस निर्माण कला ने वास्तुकला का रूप धारण किया।

भारत के प्राचीनकालीन स्मारकों का अध्ययन दो श्रेणियों में किया जा सकता है–

- लौकिक स्मारक
- धार्मिक स्मारक।

लौकिक स्मारक

मानवीय उपयोगिता के दृष्टिकोण से निर्मित स्मारक लौकिक अथवा नागरिक स्मारक की श्रेणी में रखे जाते हैं। भारत की लौकिक स्मारकीय विरासत का व्यवस्थित प्रारम्भ हड़प्पा नगर सभ्यता अथवा सिन्धुघाटी की ताम्र–प्रस्तर युगीन सभ्यता (2500 ई.पू. – 1500 ई.पू.) से माना जाता है। यद्यपि प्रागैतिहासिक संस्कृति के अवशेष भी हमें समस्त भारत में प्राप्त होते हैं, तथापि विशेष प्रामाण्य एवं महती परम्परा के कारण हड़प्पा सभ्यता का महत्त्व अप्रतिम है। हड़प्पा सभ्यता के बाद भी विभिन्न संस्कृतियों तथा कालों से संबद्ध स्मारकीय ढाँचे निरन्तर प्राप्त होते हैं। इन सभी का उल्लेख हम निम्न शीर्षकों में कर सकते हैं—

1. हड़प्पा सभ्यता से सम्बद्ध स्मारक

1921 ई. में हड़प्पा की खुदाई के साथ भारतीय संस्कृति, विशेषतः वास्तुकला के इतिहास में एक नवीन अध्याय का समावेश होता है। क्रमिक तथा व्यवस्थित उत्खनन से यहाँ धीरे–धीरे जिस सभ्यता का स्वरूप हमारे समक्ष आया, वह अपनी समकालीन मिस्र और सुमेर की सभ्यताओं के समकक्ष विस्तार तथा कला, शिल्प की दृष्टि से बढ़कर थी।

इसका फैलाव जम्मू–कश्मीर में चेनाब के किनारे मांडा (अखनूर जिला) से लेकर अरब सागर के किनारे सुत्कगेनडेर तथा और भी आगे कंदहार में मुंडीगाक तक था। पूर्व में इसका विस्तार मेरठ जिले में आलमगीरपुर से लेकर

दक्षिण–पश्चिम की ओर कच्छ के रन में धौलावीरा, सुरकोतड़ा तथा काठियावाड़ में रंगपुर, लोथल आदि और नर्मदा तथा ताप्ती के मुहाने के पास खम्भात की खाड़ी तक पाया गया है। अभी तक लगभग 1500 स्थलों के उत्खनन के बावजूद सामान्य आकलन है कि सम्पूर्ण हड़प्पा स्थलों को अभी तक प्राप्त नहीं किया जा सका है। प्रमुख हड़प्पा–स्थलों की अवस्थिति तथा विशेषताओं का संक्षिप्त विवरण अग्रवत दिया जा सकता है–

हड़प्पा – सर दयाराम साहनी तथा माधोस्वरूप वत्स के प्रयासों से हड़प्पा इस सभ्यता का प्रथम उत्खनित स्थल (1921 ई.) है, जो पश्चिमी पंजाब के मौंटगुमरी जिले में रावी की एक प्राचीन धारा पर स्थित है। लगभग 3 किलोमीटर वृत्त में फैले हुए खण्डहर वाला यह स्थल अपने आकार तथा प्राप्त वस्तुओं के आधार पर हड़प्पा सभ्यता का प्रमुख नगर–केन्द्र स्वीकार किया जाता है।

मोहनजोदड़ो – 1922 में राखालदास बनर्जी द्वारा उत्खनित तथा तुलनात्मक रूप से अधिक संरक्षित यह नगर सिन्ध के लरकाना जिले में सिन्धु नदी के किनारे अवस्थित है। नगर मापन की श्रेष्ठता और सुसंगठित योजना का सम्पूर्ण चित्र उपलब्ध कराने वाले इस नगर में 20 से लेकर 70 फीट ऊँचे टीलों के उत्खनन के दौरान पूर्व युग, मध्य युग तथा उत्तर युग का प्रतिनिधित्व करती हुई अवशेषों की एक के बाद एक सात तहें पानी की सतह तक प्राप्त हुई हैं, जिससे ज्ञात होता है कि लोग एक ही स्थल पर एक के बाद एक बस्तियाँ बसाते चले गए।

कालीबंगा – राजस्थान के हनुमानगढ़ जिले में घग्घर नदी के सूखे तल में स्थित इस स्थल की खुदाई 1953 ई. में बी.के. थापर एवं बी.बी. लाल के नेतृत्व में की गई। यहाँ से हड़प्पा बस्तियों के साथ–साथ हड़प्पा पूर्व सभ्यता के अवशिष्ट भी प्राप्त होते हैं। यहाँ की गढ़ी और नगर दोनों चारदीवारी से घिरे थे। बुवाई के लिए तैयार जोते गए खेत का प्राचीनतम आद्यैतिहासिक साक्ष्य यहीं प्राप्त होता है।

लोथल – लोथल गुजरात में खंभात की खाड़ी के तटीय मैदानों में स्थित है। यहाँ के उत्खनन का महत्त्वपूर्ण श्रेय श्री एस. आर. राव को जाता है, जिनके मतानुसार सैन्धव लोगों के आगमन के पूर्व यह पूर्व सिन्धु सभ्यता का भी केन्द्र रहा था। ऐसा प्रतीत होता है कि लोथल समकालीन पश्चिमी समाजों से सम्पर्क स्थापित करने का समुद्र–द्वार था, क्योंकि यहाँ के अवशेषों में सर्वाधिक महत्त्वपूर्ण एक नौका गोदी (Dock yard) के अवशेष हैं। तत्कालीन समय में समुद्री जहाजों के समुचित परिवहन को संभव बनाने वाली यह गोदी इस बात का प्रमाण है

कि लोथल ताम्र–प्रस्तर युगीन एक बड़ा बन्दरगाह था, जिसका सैंधव लोगों की सभ्यता के सामुद्रिक तथा भूमिगत प्रव्रजन में अत्यन्त महत्त्वपूर्ण स्थान था।

रंगपुर – गुजरात की मादर नदी के समीप तथा लोथल से मात्र 50 किमी. दूर स्थित इस प्रदेश का उत्खनन 1953–54 में रंगनाथ राव के नेतृत्व में हुआ। यहाँ भी हड़प्पा सभ्यता के साथ–साथ पूर्व–हड़प्पा सभ्यता के लोगों के निवास के साक्ष्य हैं जिनके लाल अभ्रकी, पीले और धूसर रंग के मिट्टी के बर्तन मिले हैं। विशेष तथ्य यह है कि यहाँ प्राप्त सामग्रियों में कच्ची ईंटों के दुर्ग, नालियाँ, मृद्भाण्ड, बाट इत्यादि तो हैं किन्तु मातृ देवी की मूर्तियाँ तथा मुद्राएँ नहीं मिलतीं।

सुत्कगेनडेर – बलूचिस्तान की दाश्त नदी पर स्थित इस स्थान पर जार्ज डेल्स ने 1962 ई. में हड़प्पा सभ्यता से सम्बन्धित नगर, दुर्ग तथा बन्दरगाह का शोधन किया था। यद्यपि आज यह समुद्र तट से दूर है, तथापि अनुमान है कि प्राचीन काल में यह समुद्र तट पर स्थित एक बन्दरगाह था, जहाँ से सैन्धव निवासी बेबीलोन के साथ व्यापार करते थे।

नगर योजना

हड़प्पा–सभ्यता के कुछ प्रमुख नगर यथा हड़प्पा, मोहनजोदड़ो, चन्हूदड़ो, कालीबंगा इत्यादि नदी तटों पर स्थित थे। अनेक लाभों के साथ–साथ इस व्यवस्था में एक बड़ी हानि यह अन्तर्निहित थी कि नदियों द्वारा किए जाने वाले सामयिक दिशा–परिवर्तन से इन्हें पर्याप्त नुकसान पहुँचता था। इसी प्रकार रेगिस्तानी किनारों तथा समुद्र–तटों पर बसे नगरों को भी समय–समय पर दूसरे प्रकार की प्राकृतिक चुनौतियों का सामना करते रहना पड़ता था।

सभी हड़प्पा–नगरों की निर्माण–योजना में एक विशिष्ट समानता परिलक्षित होती है। प्रायः प्रत्येक नगर दो हिस्सों में बँटा होता था, जिसके ऊपरी हिस्से में कच्ची ईटों से निर्मित चबूतरे पर बसे दुर्ग अथवा गढ़ी में शासक, सामन्त तथा अमीर लोगों का निवास था और निचले हिस्से में सामान्य तथा निर्धन जनता रहा करती थी। यह समानता हमें अन्य रूपों में भी दृष्टिगत होती है। यथा हड़प्पा की वीथियों में विचरण के समय हमें अनायास ही अनुभव होगा कि वहाँ निर्मित गृह, देवालय, अन्नागार तथा सड़क इत्यादि लगभग वैसे ही हैं, जैसी मोहनजोदड़ो तथा अन्य किसी शहर के।

हड़प्पा और **मोहनजोदड़ो** उत्तर नगर–विन्यास के नमूने हैं और प्रतीत होता है कि दोनों का निर्माण दुर्ग अथवा पुर के रूप में हुआ था और वे दो

बड़े नगर–केन्द्रों के रूप में बसे थे। इनकी भूमिस्थ रूपरेखा में प्रायः समानता है। दोनों ही नगरों में किलेबन्दी अथवा परकोटे का प्रमाण है। यह दुर्ग अथवा गढ़ी समानान्तर चतुर्भुज आकार में निचले शहर से हट कर पश्चिम की ओर है। संभवतः इसमें राजकीय या प्रशासनिक सत्ता का निवास था और इसके उपयोग के लिए बने विशाल आकार वाले भवनों के अवशेष प्रायः इसी के भीतर मिले हैं। स्पष्टतः यह पूर्व–विचारित तथा अभ्यस्त योजना–प्रणाली का प्रमाण है, जिसकी पुष्टि सड़कों की व्यवस्थित रचना तथा उन पर मकानों की प्रशंसनीय योजना से भी होती है। निस्संदेह सैंधव अवशेषों से जो 'पुर' का ढाँचा सामने आया है, वह नगर विन्यास की कला का चमत्कारी नमूना है और समकालीन सभ्यताओं में बेजोड़ है।

हड़प्पा तथा **मोहनजोदड़ो** की नगर–योजनाओं से पर्याप्त साम्य रखते हुए भी **कालीबंगा** की नगर–योजना में कतिपय वैषम्य दिखाई पड़ते हैं। यथा हड़प्पा और मोहनजोदड़ो में गढ़ी ईंटों की दीवार से घिरी है, जबकि कालीबंगा में गढ़ी और निचला शहर दोनों दीवार से घिरे हैं और निचले शहर की गलियाँ उत्तर से दक्षिण की ओर एक–दूसरे को समकोण पर काटती हैं। इसी प्रकार भवनों के निर्माण में जहाँ हड़प्पा और मोहनज़ोदड़ो में पकी ईंटों का प्रयोग है, वहीं कालीबंगा में कच्ची ईंटों का।

गुजरात में **लोथल** नगर की भी बनावट अलग है। यह एक आयताकार बस्ती है जो चारों ओर से विशाल दीवार से घिरी है और इससे भव्यता के साथ–साथ नदियों की बाढ़ से सुरक्षा भी प्राप्त होती थी। यहाँ गढ़ी तथा निचले शहर में स्पष्ट विभाजन न होते हुए भी दोनों की भिन्न पहचान अवश्य है। सिन्ध के **कोटदीजी** तथा **आमरी** जैसे स्थलों पर नगरों की किलेबन्दी नहीं की गई है। जहाँ तक कच्छ स्थित **सुरकोतड़ा** का प्रश्न है तो वहाँ के विन्यास में सुरक्षा–प्राचीर के भीतर एक–दूसरे से सटे दो बराबर आयताकार भाग प्राप्त हुए हैं जिसमें से पश्चिमी भाग की पहचान गढ़ी के रूप में की गई है। यहाँ इमारतें कच्ची ईंटों तथा मिट्‌टी के प्रयोग से निर्मित हैं।

जहाँ तक ईंटों का प्रश्न है, इस सभ्यता में नियत मानक आकार की पकी तथा अनपकी ईंटों का प्रचुर प्रयोग यह सिद्ध करने में सक्षम है कि ईंट–निर्माण व्यक्तिगत कार्य न होकर बड़े पैमाने के व्यवस्थित उद्योग के रूप में अस्तित्वमान था। इसी प्रकार से योजनाबद्ध सड़कों और घरेलू तथा सार्वजनिक नालियों का व्यवस्थित जाल तत्कालीन नागरिक प्रशासन के स्वच्छता सम्बन्धी अधिमानों को स्वतः ही व्यक्त करने में सक्षम है।

महत्त्वपूर्ण सार्वजनिक इमारतें

हड़प्पा, मोहनजोदड़ो तथा कालीबंगा इत्यादि में गढ़ी वाले ऊपरी हिस्से में विशिष्ट उद्देश्यों वाले कतिपय सार्वजनिक स्मारकों के अस्तित्व का ज्ञान होता है। इस प्रकार के भवनों में सर्वप्रमुख है **मोहनजोदड़ो का प्रसिद्ध स्नानागार**। 39 फीट लम्बे 23 फीट चौड़े तथा 8 फीट गहरे ईंटों से निर्मित इस कुण्ड में जाने हेतु उत्तर तथा दक्षिण की ओर ईंटों की सीढ़ियाँ बनी हैं। इसकी सुदृढ़ दीवारों से ईंटों की कुशल चिनाई दृष्टिगत है। कुण्ड की बाहरी दीवार तथा फर्श को जिप्सम तथा गिरिपुष्पक (Bitumen) के प्लास्टर से सुदृढ़ता प्रदान की गई है। पास में बने एक कक्ष में स्थित बड़े कुएँ से स्नानकुंड में पानी भरने की व्यवस्था थी। इसी प्रकार गन्दे पानी की निकासी की भी व्यवस्था थी। कुंड के चतुर्दिक बरामदे तथा कक्ष बने हुए थे। संभवतः यह स्नानकुंड धार्मिक–सार्वजनिक पर्वों पर राजाओं, पुजारियों के आनुष्ठानिक स्नान हेतु प्रयुक्त किया जाता था।

इस स्नानकुंड के समीप ही 230 फीट लम्बे तथा 78 फीट चौड़े एक **विशालकाय भवन** का अनुमान उच्च **राज्याधिकारी** अथवा धर्माध्यक्ष के निवास–स्थान के रूप में लगाया जाता है। 6 से 9 इंच तक मोटी बाहरी दीवारों वाले इस भवन में 33 फीट लम्बा आँगन भी प्राप्त होता है। अन्य महत्त्वपूर्ण भवन एक **सभाभवन** था जो लगभग 80 फीट लम्बा और इतना ही चौड़ा था। इसकी छत 20 स्तम्भों पर टिकी थी तथा फर्श पर अनेक बैंचे और चौकियाँ पड़ी थीं।

जहाँ तक हड़प्पा की इमारतों का प्रश्न है तो सर्वाधिक उल्लेखनीय इमारत है **सार्वजनिक अन्नागार**। 23 फीट चौड़े मार्ग के दोनों और 4–4 फीट ऊँची पीठिकाओं के ऊपर 6–6 भवनों की दो पंक्तियाँ बनी थीं। प्रत्येक भंडागार लगभग 50 फीट लम्बा और 20 फीट चौड़ा था। इनका प्रमुख प्रवेश द्वार नदी की ओर होने से संकेत मिलता है कि नदी–मार्ग से ही इनकी सामग्री आती जाती थी। अन्नागार के पास प्राप्त कुछ भवनों का समीकरण श्रमजीवियों के निवास–स्थान से लगाया जाता है।

इसी प्रकार कालीबंगा में प्राप्त सर्वाधिक उल्लेखनीय विरासत **अग्नि–वेदिकाओं** की है, जो यज्ञ–आहुतियों हेतु प्रयुक्त की जाती थी।

2. वैदिक तथा महाजनपदकालीन स्मारक

एक ओर पुरातत्त्व की दृष्टि से प्रागैतिहासिक तथा आद्यैतिहासिक युगों की कला–संस्कृति हड़प्पा तथा अन्यान्य स्थलों के अवशेषों से ज्ञात है तो दूसरी ओर

भारतीय सांस्कृतिक परम्परा का आदिकालीन स्रोत वैदिक संहिताओं तथा अनुवर्ती साहित्य में है। भारतीय संस्कृति तथा मनीषा के विशाल वट–वृक्ष की जड़ें इसी प्रारम्भिक वैदिक साहित्य में छिपी हुई हैं। जीवन की भौतिक समृद्धि के सूचक अनेक शिल्प, निर्माण एवं कलात्मक अभिप्रायों का परिचय वैदिक संहिताओं से प्राप्त होता है यद्यपि उनके समकक्ष नमूने अभी तक स्पष्ट नहीं हैं।

ऋग्वेद में असुरों के सुदृढ़ 'पुर' या दुर्ग–शहर का अनेकशः उल्लेख है, जिनके विध्वंस का श्रेय इन्द्र को देते हुए उसे पुरन्दर, पुरभिद् (ऋग्वेद 8.17.14) आदि नामों से अभिहित किया गया है। इसी प्रकार अपने पुरों तथा पुरियों का उल्लेख भी आर्य–ऋषियों ने यथास्थान किया है यथा "पुरः कृणुध्वमायसीरध भटाः" (ऋग्वेद 10.101.8) अर्थात् ऐसे पुरों का निर्माण करो जो अजेय हों। स्पष्ट उल्लेखों के साथ अनेक प्रतिष्ठित नगरों के नाम 'पुर' में निवास करने वाले के लिए ऋग्वेद में 'पौर' शब्द का प्रयोग मिलता है, जो नगर में निवास करने वाली सामान्य जनता के अर्थ में स्वीकार किया जा सकता है।

इसी प्रकार गृह अथवा निवास–स्थान के वास्तु–विन्यास एवं निर्माण से सम्बन्धित अनेक कथन विशेष महत्त्व के हैं। महत्त्वपूर्ण तथ्य यह है कि ऋग्वेद में घर के लिए अनेक पर्यायों का प्रयोग मिलता है, जो अपने भीतर बारीक भेदों को संजोए हुए थे। इस प्रकार के कतिपय शब्द हैं– गृह, हर्म्य, वेश्म, शाला, नीड, वास्तु, वसति आदि। सामान्य गृहस्थों के मिट्टी से निर्मित घरों (मृन्मयं गृहम्–ऋग्वेद 5.89.1) के साथ–साथ राजाओं के सर्व सुविधा सम्पन्न गृहों के उल्लेख प्राप्त होते हैं। (भोजस्य इदं पुष्करिणीव वेश्म परिष्कृतं देवमानेव चित्रम्–ऋग्वेद 10.107.10)।

गृह–निर्माण से सम्बन्धित अनेक सिद्धान्तों तथा उसकी संरचना के लिए अनेक शब्दों का उल्लेख भी ऋग्वेद में प्राप्य है। सामान्य रिहायशी घर के अन्तर्गत बैठक, यज्ञशाला, शयन स्थान तथा पशुओं के स्थान अवश्य होते थे।

गृह–विधान में प्रमुख रूप से काष्ठ का प्रयोग होता था, यद्यपि सीमित रूप से ईंटों का भी प्रयोग होता था।

उत्तर वैदिक काल तक आते–आते 'पुर' अर्थात् नगरों के सामान्य तथ्यात्मक स्पष्ट उल्लेखों के साथ–साथ अनेक प्रतिष्ठित नगरों के नाम भी परिलक्षित होने लगते हैं। यथा अयोध्या, काम्पील, कौशाम्बी, कारोती, परिचक्रा आदि। अथर्ववेद इत्यादि में 'महापुर' शब्द का उल्लेख भी हुआ है जो सम्भवतः जनपदों की सुदृढ़ दुर्ग आदि से सुरक्षित राजधानियों का द्योतक है।

ध्यातव्य है कि उत्तर वैदिक ग्रन्थों–विशेषकर ब्राह्मण तथा सूत्र ग्रन्थों में वास्तु के विविध पक्षों से जुड़ी स्पष्ट शास्त्रीय सूचनाएँ उपलब्ध हैं। अथर्ववेद के दो शाला–सूक्तों का शाला अथवा गृह–निर्माण के विवरणों की दृष्टि से अत्यन्त महत्त्व है। उपलब्ध तथ्यों से प्रत्येक निवास–गृह के भीतर हविर्धान (हवि हेतु अन्न का भंडार), अग्निशाला, बैठक, स्त्रियों का आवास तथा देव स्थान आदि के होने का संकेत है।

गृह–निर्माण में विविध रूपों एवं आकारों की कच्ची–पक्की ईंटों का प्रयोग किया जाता था। बड़े–घरों के लिए पुरुदम, मान अथवा गृहराज आदि शब्दों का प्रयोग किया गया है। गृह्यसूत्रों में प्रतिपादित गृह–निर्माण के धार्मिक कृत्यों के सन्दर्भ में रिहायशी भवन के लिए कतिपय परम्परागत प्रचलनों एवं विधानों के उल्लेख भी प्राप्त होते हैं।

महावीर और बुद्ध के समय में विकसित महाजनपदीय संस्कृति तो अपने उत्कर्ष के चरम पर थी। अतः पालि साहित्य में वर्णित 'पुर' अथवा नगर और उसके प्रमुख हिस्सों–परिखा, प्राकार, द्वार, प्रासाद, गृह, देवस्थान, को ठागार, पुण्यशाला, कीडामण्डप, दानशाला, हस्तिशाला, आपण, पानागार, उद्यान, पुष्करिणी, आराम आदि के उल्लेख नितान्त स्वाभाविक प्रतीत होते हैं। विनयपिटक में गृह–निर्माण एवं उनमें सुलभ साधनों एवं उपकरणों का विस्तृत उल्लेख प्राप्त होता है, जिससे तत्कालीन वास्तुशिल्प की बहुमूल्य जानकारी प्राप्त होती है।

3. शिशुनाग–नन्द युगीन स्मारक

यद्यपि स्थापत्य तथा वास्तु सम्बन्धी उल्लेखों से परिपूर्ण वैदिक तथा महाजनपदीय साहित्य के तत्तद् युगों में इनकी अवस्थिति का प्रतिपादन अवश्य होता है तथापि पुरातात्विक अवशेषों की प्राप्ति की दृष्टि से भारतीय ऐतिहासिक वास्तुकला की प्रारम्भिक कड़ियाँ मगध के शिशुनाग एवं नन्द वंश (500 ई.पू से 322 ई.पू.) तक ही ले जाई जा सकती हैं क्योंकि हड़प्पा, मोहनजोदड़ो, कालीबंगा, लोथल जैसे नगरों की प्राप्ति के बाद भी सैन्धव स्थापत्य कला की आज भी अन्य भारतीय ऐतिहासिक स्थापत्यकला से पृथक् ही सत्ता है।

मगध की राजधानी राजगृह, जो उस युग की राजनीति का प्रमुख केन्द्र था, को वर्तमान राजगीर के रूप में व्यापक रूप से पहचाना और स्वीकृत किया जाता है। एलेक्जेंडर कनिंघम ने 1862–65 ई. के अपने पर्यवेक्षण में पहाड़ियों के मध्य स्थित राजगृह नगर की पुरानी किलेबन्दी के पौने पाँच मील क्षेत्रफल में फैले अवशेष प्राप्त किए थे। अनगढ़ प्रस्तरखंडों को एक के ऊपर एक रखकर

इस निपुणता से इस विशाल दीवार का निर्माण हुआ था कि आज ढाई हजार से भी अधिक वर्षों का समय बीत जाने पर भी अनेक स्थलों पर यह ज्यों की त्यों बनी हुई है। बाद में उन्होंने नए राजगृह की दीवार के अवशेष भी लगभग 3 मील वर्गक्षेत्र में प्राप्त किए। उनके अनुसार **राजगृह** की रूपरेखा विषमभुज पंचभुज के समान है, जिसमें एक भुजा अधिक लम्बी और अन्य चार प्रायः बराबर हैं। बुद्ध के समय सत्ता तथा संस्कृति के प्रमुख केन्द्र रहे राजगृह के अनेक स्थलों की पहचान परम्परा में आज भी प्रसिद्ध है। उदाहरणार्थ **दीघनिकाय** इत्यादि में उल्लिखित **जीवकाम्रवन** के कतिपय भग्नावशेष छठागिरि नामक पहाड़ी के पूर्व में पहचाने गए हैं, जहाँ खुदाई में दोनों ओर से वृत्ताकार लम्बे वास्तु–निर्माण का स्वरूप प्रकट हुआ है। इसी प्रकार गृध्रकूट और पिप्पल गुहा की भी पहचान की गई है। प्रथम बौद्ध संगीति के स्थल के रूप में प्रसिद्ध वैभारगिरि की 'सप्तपर्णी गुफा' छह या सात प्राकृतिक गुफाओं का समूह है, जिसके सामने 120 फुट लम्बा तथा पूर्वी एवं पश्चिमी सिरों पर क्रमशः 34 फुट तथा 12 फुट ऊँचा छज्जेनुमा चत्वर है।

महाजनपद एवं परवर्ती युगों के साहित्य में अन्य प्रसिद्ध स्थलों में श्रावस्ती, वैशाली, हस्तिनापुर, कौशाम्बी, उज्जैन आदि के वर्णन आते हैं। लिच्छिवि गणतंत्र की राजधानी रही **वैशाली** के खंडहर खुदाई में प्राप्त हुए हैं। इसी प्रकार कौशल महाजनपद की राजधानी रही **श्रावस्ती** नगरी के भी अनेक भवनों और स्थलों को पहचानने का प्रयास पुराविद् फोगल के उत्खननों से किया गया है। इलाहाबाद के दक्षिण–पश्चिम दिशा में यमुना के बाएँ तट पर **कोसम** नामक ग्राम तथा आस–पास फैले अवशिष्ट खंडहर वत्स जनपद की राजधानी **कौशाम्बी** की समृद्ध विरासत का प्रतिनिधित्व करते हैं। स्पष्टतः यह प्राचीन दुर्ग–विधान के सुनियोजित विन्यास पर एक महापुर सन्निवेश था। मिट्टी–गारे के विशाल बंधे के रूप में बना इसका प्राकार परकोटा उद्घाटित हुआ है, जो अपने बहिरंग स्वरूप में पक्की ईंटों का बना तथा अंदर को ढलुआँ है। पूर्वी द्वार के अतिरिक्त इस प्राचीर का अधिकांश भाग आज भी मौजूद है।

प्राचीन वाराणसी के स्थल राजघाट की खुदाई में भी मिट्टी कूट कर बने विशाल प्राकार के अवशेष मिले हैं, जिनकी तिथि 600 ई.पू. के पहले तक जाती है।

बिहार के चम्पारन जिले में **लौरियानन्दनगढ़** अपने अशोककालीन स्तम्भ के लिए प्रसिद्ध है। यहीं 20 टीलों अथवा ढूहों की तीन कतारें भी विद्यमान हैं, जिनमें से मुख्य पूरब से पश्चिम तथा अन्य दो एक दूसरे के समानान्तर उत्तर

से दक्षिण विन्यास में फैली हैं। इनमें कुछ टीले 40 फीट से भी अधिक ऊँचे हैं। मृतक अवशेषों के प्राप्त होने से इन सभी टीलों का शव–निखात से संबंध होना निर्विवाद है। स्थानीय किंवदन्ती में भी इन्हें चक्रवर्ती राजा उत्तानपाद का मशान माना जाता है। कनिंघम के अनुमानानुसार इनका काल 1500 ई.पू. से 600 ई.पू. के बीच होना चाहिए।

पिपरहवा (जिला बस्ती, उत्तर प्रदेश) के बौद्ध अवशेष इस युग के स्मारकों के सन्दर्भ में अत्यंत महत्त्वपूर्ण हैं। नेपाल की सीमा पर कपिलवस्तु से 11 मील दूर यह स्थान स्वयं बुद्ध के समय से सम्बन्धित एवं उनके कुल के शाक्यवंशीय राजकुमारों के निर्माण–कार्य का द्योतक माना जाता है। यहाँ स्थित ईंटों का स्तूप इस समय प्रायः 22 फीट ऊँचाई तक मिला है, जिसका पादमूल में व्यास लगभग 116 फीट था। स्तूप की विभिन्न दिशाओं में कुछ दूर हटकर ईंट निर्मित विहार अथवा भवनों के अवशेष भी प्राप्त हुए हैं। इसी स्तूप में स्फटिक–कलश में बुद्ध के अमूल्य शरीरावशेषों की प्राप्ति हुई है।

4. मौर्यकालीन स्मारक

मौर्य शासन के आगमन के साथ–साथ भारतीय कला में पाषाण का समावेश तथा फलतः स्थायित्व का प्रारम्भ होता है। कतिपय विद्वानों का अनुमान है कि पाषाण का प्रयोग यूनानी अथवा ईरानी प्रभाव के अन्तर्गत किया गया था। हाँ, प्रारम्भिक मौर्य–युग में काष्ठ–निर्मितियों को ही प्रमुखता प्रदान की जाती थी।

मौर्यों के अन्तर्गत सार्वभौम शासन के केन्द्र के रूप में मगध की नई राजधानी पाटलिपुत्र का निजी और विशेष महत्त्व है, जिसके अनुरूप 'दुर्गविधान' तथा 'पुरसन्निवेश' का ज्ञान साहित्य विशेषतः कौटिलीय अर्थशास्त्र से होता है। प्राचीन पाटलिपुत्र की खुदाई से इस बात की पुष्टि पूर्णतया होती है।

I. *नगर–प्राकार*

पटना की खुदाई में नगर–प्राकार और अवशेष प्राप्त होते हैं, जो तत्कालीन साहित्यिक वर्णनों की पुष्टि ही करते हैं। मेगस्थनीज के अनुसार पालिबोथ्रा या पाटलिपुत्र का प्राकार लकड़ी का बना हुआ था। एरियन ने भी प्राचीन भारतीय नगरों के बारे में सामान्य निरीक्षण किया था कि वे नदियों के किनारे बसे थे और लकड़ी के बने थे। एन्टियोकस तृतीय के पुस्तकाध्यक्ष यूफेरियन का कथन कि "**मौर्य लकड़ी के घरों में रहते थे**", सम्भवतः यही संकेत करता है। पाटलिपुत्र नगर के विषय में मेगस्थनीज के वर्णनों को आधार बना कर स्ट्रैबो ने लिखा– "पाटलिपुत्र नगर गंगा और सोन के संगम पर स्थित है। इसकी

लम्बाई 80 स्टेडिया और चौड़ाई 15 स्टेडिया है (1 मील = 4 स्टेडिया)। यह नगर आकार में समानान्तर चतुर्भुज था। इसके चारों ओर लकड़ी का एक प्राचीर था, जिसमें बाणों को चलाने के लिए छेद बने हुए थे। इसमें 60 बुर्ज और 60 द्वार थे।''

वस्तुतः डी.बी. स्पूनर को कुम्हरार के समीप उत्तर की ओर बुलन्दी बाग की खुदाई में साल की लकड़ी की बनी मजबूत चारदीवारी के अवशेष लगभग 450 फीट की लम्बाई तक प्राप्त हुए थे। श्री मनोरंजन घोष द्वारा समय–समय पर की गई खुदाई से दीवार की परम्परा और अधिक लम्बाई तक देखी गई। एक लम्बी सुरंग के अवशेष भी प्राप्त हुए जिसकी दीवारें लकड़ी की थीं, तथा फर्श भी लकड़ी के पटरों से निर्मित था।

II. *राजप्रासाद तथा सभाभवन*

एलियन के अनुसार, ''न कीमती वैभव से पूर्ण सूसा तथा न ही अपनी समस्त भव्यता को लिए एखबटाना राजकीय प्रासाद वाले पाटलिपुत्र नगर का मुकाबला कर सकते थे। पाटलिपुत्र का प्रासाद चमकदार खम्भों से सज्जित था, जिन पर सुवर्ण–मंडित बेल लिपटी रहती थी और चाँदी की चिड़ियाँ थीं जो आँखों को सुख देती थीं।'' अर्थशास्त्र में वर्णित मौर्य–प्रासाद की भव्यता का अनुमान उत्खनन में प्राप्त स्तम्भ–मण्डप से सहज ही लगाया जाता है।

पटना में कुम्हरार से इस विशाल मण्डप अथवा सभा–भवन के अवशेष प्राप्त होते हैं, जिसकी छत पत्थर के अस्सी खम्भों पर टिकी थी। स्पूनर ने इस स्तम्भ युक्त सभा भवन (हॉल) की तुलना डेरियस महान् के पर्सीपोलिस स्थित प्रसिद्ध Hall of Hundred Columns से की है। इसका चबूतरा तथा छत दोनों लकड़ी के बने हुए थे, जो कालान्तर में आग लग जाने के कारण मात्र राख का ढेर बच रहे थे। प्राप्त स्तम्भ चुनार के बलुए पत्थर से निर्मित अन्य मौर्य–स्तम्भों की भाँति ही गावदुम तथा चमकाया हुआ था। संभवतः इस सभा में पार्श्व–भित्तियाँ नहीं थीं अतः यह अगल–बगल से खुला मण्डप रहा होगा।

अशोक तो महान् निर्माता सम्राट था ही। उसके समय में कला राजकीय प्रश्रय में अनुप्राणित हो बड़े वेग से बढ़ी। वस्तुतः उसके अधीन कला और स्थापत्य का प्रयोग राष्ट्रीय धरातल पर हुआ। काश्मीर के **श्रीनगर** तथा नेपाल के **ललितपाटन** नामक नगरों का निर्माण उसी के समय में हुआ। पाटलिपुत्र में उसके द्वारा निर्मित राजप्रासाद की सुन्दरता को लगभग 700 वर्ष बाद भी देखकर चीनी यात्री फाह्यान विस्मय में पड़ गया था। वह लिखता है कि ''नगर

(पाटलिपुत्र) में अभी तक अशोक का राजप्रासाद और सभा–भवन हैं। ये सब असुरों के बनाए हुए हैं। पत्थर चुनकर दीवारें और द्वार बनाए गए हैं। उन पर सुन्दर खुदाई और पच्चीकारी है। इस लोक के मनुष्य उन्हें नहीं बना सकते। वे अब तक नये के समान हैं।''

III. *गुहा–आवास अथवा लयण–गृह*

पर्वतों को काटकर गुहा–गृहों को निर्मित करने की कला का प्रारम्भ मौर्य–काल से ही हुआ, जिसने आगे चलकर अजन्ता और एलोरा की गुहा–कला के रूप में पूर्ण विकास पाया। बिहार में आधुनिक गया से उत्तर में 20 मील दूर **बराबर** तथा आधा मील उत्तर पूर्व में **नागार्जुनी** पहाड़ियों पर अशोक तथा उसके उत्तराधिकारी दशरथ द्वारा बनवाए गए गुहा–गृह आज भी विद्यमान हैं जो आजीवक भिक्षुओं के उपयोग हेतु दान में दिये गये थे। कर्णचौपड़, सुदामा अथवा न्यग्रोध, लोमश ऋषि, विश्वामित्र, गोपिका, बहियका तथा वदथिका नामक कुल सात गुहाएँ प्राप्त हुई हैं, जिनकी दीवारें शीशे की भाँति चिकनी तथा चमकदार हैं। उसी समय का एक और स्थल है–सीतामढ़ी, जो राजगृह से 13 मील तथा गया से 25 मील दूर है।

पाषाण की प्रायः प्रारम्भिक कृतियाँ होने के कारण इन गुहाओं में किया गया अलंकरण पाषाण की अपेक्षा काष्ठ पर किये गए अलंकरण के अधिक समीप है। कहा जा सकता है कि गुहाओं में कलाकारों ने लकड़ी और बाँस की पर्णशालाओं की बारीकियों का पूर्ण रूप से पालन किया तथा तक्षण–कला के आदर्श से अधिक हटने के प्रति रुचि दिखाने का प्रयास नहीं किया।

IV. *मौर्य–स्तम्भ*

अत्यन्त चमकीले शीशे जैसी ओप वाले, एक ही पत्थर से बने, सुन्दर शीर्षक से युक्त भव्य तथा भारी स्तम्भ मौर्य–कला के उत्कृष्ट नमूने हैं। सम्राट अशोक के लोकोत्तर धर्म–सन्देशों के उद्‌गाता ये स्तम्भ औद्योगिक कुशलता और वास्तुकला की उत्कृष्टता के परिचायक होने के साथ–साथ निर्माता के मौलिक चिंतन के भी साक्षी हैं। चुनार के बलुआ पत्थर से निर्मित इस प्रकार के तीस से भी अधिक स्तम्भ हैं, जिनमें वैशाली, संकिसा, रामपुरवा, लौरियानन्दनगढ़, साँची, सारनाथ आदि के स्तम्भ सर्वप्रमुख हैं।

इन मौर्य–स्तम्भों के तीन प्रमुख भाग हैं–

(i) **तना** – जो आपने वज्रलेप के कारण शीशे की भाँति चिकना और चमकदार है।

(ii) **गला** – जो पशु–पक्षी, लता–पुष्प आदि से अलंकृत रहता था, तथा

(iii) **शीर्षभाग** – जिस पर सिंह, हाथी, बैल, घोड़े आदि की मूर्तियाँ स्थापित की जाती थीं। इन स्तम्भों की प्रमुख विशेषता है कि पूरी यष्टि या लाट एक सम्पूर्ण खण्ड से निकाली गई थी जो बिना किसी चबूतरे या चौकी के सीधी जमीन में गाड़ कर खड़ी की जाती थी। ऊपर से नीचे तक गोल इन स्तम्भों की मोटाई नीचे से ऊपर घटती चली जाती है। सबसे बड़ी विशेषता इनके ऊपर चढ़ी हुई ओप है, जिस पर आँख नहीं ठहरती। इनकी पॉलिश आज भी शीशे की भाँति चमकती है। डॉ. स्मिथ के अनुसार "कठोर पाषाण को चिकना करने की कला इस पूर्णता तक पहुँच गई थी कि यह कहा जा सकता है कि वर्तमान युग की कलात्मक शक्तियों के लिए यह एक खोई हुई कला ही है।"

यह समझना आज भी मुश्किल है कि इन भारी भरकम लाटों को पत्थर के कारीगर कैसे सम्हालते और उकेरते थे तथा किस कारीगरी से चमकाते थे। साथ ही इन शैल–स्तम्भों को चुनार या मिर्जापुर की कर्मशाला से वैशाली, टोपरा, साँची, मेरठ जैसे दूरस्थ स्थानों तक बिना खरौंच लगे ले जाना भी स्वयं में एक ऐसा चमत्कार है, जो बेजोड़ है और संभवतः आज इक्कीसवीं सदी की यांत्रिक शक्ति के भी बाहर है। मध्यकालीन सुल्तान फीरोज तुगलक ने एक स्तम्भ टोपरा से लाकर दिल्ली में स्थापित किया, जिसकी चमक के कारण दर्शक उसे धातु का बना हुआ समझ बैठते थे। 17वीं शब्दी में क्वेंट टाम कोरसट ने इसे पीतल से निर्मित स्तम्भ (Bronze Pillar) समझा।

यद्यपि ये मौर्य–स्तम्भ आकार–प्रकार में प्रायः एक जैसे हैं, तथापि उनकी रचना की सफाई, शिल्पी के कौशल और शीर्षस्थ पशुओं के स्वरूप में पर्याप्त भेद है। उनके बारीक अध्ययन से कुछ विकसित तथा उत्कृष्ट नमूने अविकसित और अपरिकृत स्तम्भों से अलग पहचाने जाते हैं। यथा सारनाथ का स्तम्भ समस्त स्तम्भों में सर्वाधिक सुन्दर माना जाता है। विशेषतः चार सिंहों वाला स्तम्भ–शीर्ष स्थापत्य तथा शिल्प की पराकाष्ठा का अप्रतिम प्रतीक है। इसके विषय में मार्शल महोदय का कथन है –

The Sarnath Capital, on the other hand, though by no means a master piece, is the product of the most developed art of which the world was congnizant in the third century B.C., the hand work of one who had generation of artistic affort and experience behind him.

स्पष्ट प्रौढ़ कला से युक्त अशोक के ये स्तम्भ असीरियाई, बेबीलोनियाई, मिस्री तथा इखामनी कलाओं से न्यूनाधिक रूप से प्रभावित होकर सांस्कृतिक आदान–प्रदान की एक चैतन्य धारा का प्रतिनिधित्व करते प्रतीत होते हैं।

5. गुप्तकालीन तथा गुप्तोत्तरकालीन लौकिक स्मारक

गुप्तकाल सर्वतोमुखी विकास एवं सुख का काल था। गुप्त राजाओं के समय शिल्प एवं कला अपने चरमोत्कर्ष पर थी और अपनी भारतीयता, परिपक्वता, आनुपातिक सन्तुलन तथा स्वाभाविकता के कारण अपने युग का **'स्वर्ण–युग'** नाम सार्थक करती थी।

I. *राजप्रासाद*

गुप्तकालीन सम्राटों द्वारा बनवाए गए राजप्रासादों में वर्तमान में एक भी सुरक्षित उपलब्ध नहीं है, तथापि तत्कालीन संस्कृत ग्रन्थों से उनकी भव्यता का अनुमान अवश्य किया जा सकता है। इनमें कालिदास और भास के ग्रन्थ प्रमुख हैं। वत्सभटि्ट की मन्दसौर प्रशस्ति में दशपुर के महलों का मनोहर वर्णन करते हुए उन्हें कैलास–शिखर के समान उन्नत घोषित किया गया है –"कैलासतुंग शिखरप्रतिमानि चान्यान्याभान्तिदीर्घबलभीनि सवेदिकानि।"

अजन्ता के कुछ चित्रों में भी राजप्रासाद चित्रित हैं।

II. *स्तम्भ*

गुप्तकालीन सम्राटों ने अपनी विजयों के उपलक्ष्य में अनेक पाषाण–स्तम्भ प्रतिष्ठित करवाये थे, जिनमें से कतिपय आज भी विद्यमान हैं। गोरखपुर जिले में कहोम तथा मध्य प्रदेश के एरण नामक स्थान पर समुद्रगुप्त द्वारा सुन्दर पाषाण–स्तम्भों की स्थापना की गई, जिन पर उसकी कीर्ति का अंकन है। इसी प्रकार चन्द्रगुप्त II विक्रमादित्य के काल का माना जाने वाला महरौली का विशाल लौहस्तम्भ विष्णु की प्रतिष्ठा में स्थापित किया गया ध्वजस्तम्भ है, जो दो सहस्त्राब्दियों से धूप, वर्षा, आँधी के मध्य जंग रहित स्थिर खड़ा आधुनिक वैज्ञानिकों के लिए पहेली बना हुआ है। इसी प्रकार सम्राट स्कन्दगुप्त ने भीतरी स्तम्भ की प्रतिष्ठापना की थी।

गुप्तकालीन स्तम्भ चार भागों में विभाजित किए जा सकते हैं –(i) स्तम्भ का **मुख्य भाग**, जो अनेक कोणों का अनेक प्रकार का होता है। (ii) मुख्य भाग पर स्थित प्रस्तर **गलकुम्भ** के नाम से जाना जाता है। (iii) स्तम्भ का तृतीय भाग **फलका** होता है, जो स्तम्भ के सिरे का मध्य भाग होता है तथा चतुष्कोण प्रस्तर का होता है। (iv) इसी के ऊपर स्तम्भ का चतुर्थ

भाग **बोधिक** होता है। इसी बोधिक अथवा शीर्ष भाग पर मूर्ति की प्रतिष्ठापना की जाती है। एरण स्तम्भ के शीर्ष पर सिंह के आसन पर गरुण की मूर्ति है।

गुप्तकालीन स्तम्भ मौर्य स्तम्भों के विपरीत बहुकोणीय तथा खुरदरे हैं और अपनी पृथक् विशेषताओं के कारण सुन्दर बन पड़े हैं।

III. *गुफाएँ*

गुप्तकाल में भी पर्वत शिलाओं को काटकर अनेक गुफाओं का निर्माण किया गया। चन्द्रगुप्त II विक्रमादित्य के काल में भिलसा के निकट उदयगिरि गुफा का निर्माण किया गया। अत्यन्त कलात्मक इस गुफा के द्वार–स्तम्भ तथा बाहरी दीवारों पर हिन्दू पौराणिक देवी–देवताओं की प्रतिमाएँ उत्कीर्ण हैं। इसी प्रकार विश्व प्रसिद्ध अजन्ता की गुफाओं में से गुफा नं. 16 गुप्तकालीन मानी जाती है। 16 स्तम्भों तथा 6 निवास–कक्षों से युक्त इस गुफा की दीवारें चित्ताकर्षक भित्ति–चित्रों से सुसज्जित हैं। इसी प्रकार बाघ की गुफाएँ भी गुप्तकालीन मानी जाती हैं, जिनमें कला की दृष्टि से अनुपम चित्रों का संग्रह मौजूद है।

यदि हम **गुप्तोत्तर कालीन (लौकिक)** स्मारकों की बात करें तो गुप्तकाल के पश्चात् वर्धन वंश में प्रतापी राजा हर्षवर्धन हुआ। उसके काल में आए हुए चीनी यात्री–ह्वेनसांग तथा कुछ समय पश्चात् आए इत्सिंग ने उस काल के भारतीय वास्तुशिल्प पर अपने यात्रा–विवरणों में प्रकाश डाला है। नालन्दा विश्वविद्यालय उस समय अपनी ख्याति की पराकाष्ठा पर था। अंतर्राष्ट्रीय प्रतिष्ठा प्राप्त यह विश्वविद्यालय वास्तु का भी अद्भुत नमूना था, जिसमें नौ मंजिलें, छः मण्डप तथा तीन सौ कक्ष थे। वर्तमान में प्राप्त इसके अवशेष इसकी गौरव–गाथा के वर्णन हेतु पर्याप्त हैं।

वास्तुशास्त्र का महत्त्वपूर्ण ग्रन्थ 'मानसार' इसी समय लिखा गया था, जिसमें नगर एवं ग्राम–निर्माण, भवन–निर्माण, विद्यालय आदि के निर्माण पर पर्याप्त चर्चा की गई है। 'मानसार' को वास्तुशिल्प का प्राचीनतम उपलब्ध ग्रन्थ माना जाता है। इस ग्रन्थ के अनुसार राजधानी, नगर, पुर, नगरी, खेट, खर्वाट, कुब्जक तथा पट्टन के रूप में नगर आठ प्रकार के होते थे। नगर के चारों ओर परकोटे तथा खाई का विधान था। वास्तु–शिल्प का आचार्य स्थपति होता था, जो अपने ज्ञान, अनुभव तथा व्यवहार के कारण अग्रगण्य होता था।

सम्राट हर्षवर्धन की मृत्यु के पश्चात् भारतवर्ष में एकछत्र राज्यों और राजाओं का स्थान छोटे–छोटे राज्यों और राजाओं ने ले लिया। 8वीं से 12वीं शती के मध्य का यह काल प्राचीन भारतीय इतिहास का अंतिम काल कहा जाता है।

इस काल में लौकिक वास्तु के अन्तर्गत बाँध, नहरें, घाट, तालाब, कृत्रिम झीलें, बावड़ियाँ, दुर्ग, परकोटे, बुर्ज, तोरणद्वार, राजप्रासाद, सड़कें, भवन इत्यादि निर्मित किए गए, जिन्हें राजपूत नरेशों के सानिध्य में बनाया गया। इस काल में कुछ गुफाएँ भी निर्मित की गईं, जिनमें एलोरा गुफा, मुम्बई बन्दरगाह के पास की एलीफैन्टा गुफाएँ प्रसिद्ध हैं। मुम्बई के सालसेट टापू पर स्थित कन्हेरी की गुफाएँ भी महत्त्वपूर्ण हैं, जो कार्ले की अनुकृति पर निर्मित हैं।

राजपूत काल में धार के प्रसिद्ध परमार नरेश भोज (1040 ई.) द्वारा वास्तु–विद्या सम्बन्धी महत्त्वपूर्ण ग्रन्थ 'समरांगण सूत्रधार' की रचना की गई। इसमें नगर, दुर्ग, प्रासाद, उद्यान इत्यादि के निर्माण की तत्कालीन तकनीकों का विस्तृत तथा प्रामाणिक वर्णन प्राप्त होता है। विशेष रूप से दुर्ग–निर्माण कला का राजपूत युग में अत्यन्त विकास हुआ, जो आगे चलकर (मध्यकाल में) अपनी पराकाष्ठा पर पहुँच गयी।

धार्मिक स्मारक

सृष्टि के प्रारम्भिक काल में ही किसी अगम, अगोचर शक्ति के प्रति मनुष्य का विश्वास उत्पन्न हो गया था। इसी शक्ति का विकास ईश्वर के रूप में हुआ तथा प्रत्येक संस्कृति ने अपनी–अपनी कल्पना के अनुसार उस ईश्वरीय शक्ति के भिन्न–भिन्न रूपों की कल्पना की। कहीं वह प्रकृति के भिन्न–भिन्न रूप लेकर उपस्थित हुआ, तो कहीं मानवीय कल्पना से उपजा एक नया आकार ईश्वर के रूप में पूजा गया।

सभी सभ्यताओं ने अपनी–अपनी परम्परा के अनुसार उपासना स्थलों के रूप में ईश्वरीय निवास बनाए जो उनके अपने निवास स्थलों से किंचित् भिन्न स्वरूप वाले थे। इन पवित्र स्थानों से ही धार्मिक वास्तु का विकास हुआ।

भारत के निवासियों का धार्मिक विकास वैदिक ग्रन्थों में भली–भाँति अभिव्यक्त होता है। वैदिक ॠचाओं में उल्लिखित यज्ञ–वेदियों तथा यज्ञ–शालाओं को भारत के आदिम धार्मिक स्मारक माना जा सकता है। प्राचीन भारतीय धार्मिक स्मारकों का अध्ययन निम्न शीर्षकों के अन्तर्गत किया जा सकता है–

1. *स्तूप*

भारतीय वास्तुकला के इतिहास में स्तूपों का विशिष्ट स्थान है। अपने मूल रूप में स्तूप का सम्बन्ध मृतक संस्कार तथा विशिष्ट व्यक्तियों के अवशेषों को सुरक्षित रखे जाने से है, जो पर्याप्त प्राचीन संस्कार है। स्वयं 'स्तूप' शब्द भी काफी पुराना है यद्यपि बौद्ध कला के साथ अपने घनिष्ठ सम्बन्ध के चलते स्तूप

कला को बौद्धकला का ही अभिन्न अंग मान लिया गया। बौद्ध स्रोतों के अनुसार बुद्ध के शरीर के अवशेषों को आठ भागों में विभाजित कर संरक्षण हेतु उनके ऊपर स्तूपों का निर्माण किया गया। कालान्तर में पूजा–स्थली के रूप में परिवर्तित इन स्तूपों के निर्माण के लिए विशेष प्रकार का अर्धगोलाकार स्थापत्य विकसित कर उनका अलंकरण किया जाने लगा।

नेपाल की तराई में स्थित पिपरहवा (जिला बस्ती, उ.प्र.) में प्राप्त स्तूप को मूल आठ बौद्ध स्तूपों में से एक माना जाता है, जिसे बुद्धकालीन शाक्यवंशीय राजकुमारों के निर्माण–कार्य का द्योतक माना जाता है। यहाँ स्थित ईंटों का स्तूप इस समय प्रायः 22 फीट की ऊँचाई तक मिला है, जिसका पादमूल में व्यास लगभग 116 फीट था। इसी स्तूप में स्फटिक कलश में बुद्ध के अमूल्य शरीरावशेषों की प्राप्ति हुई है।

बौद्ध अनुश्रुति के अनुसार अशोक ने 84 हजार स्तूपों का निर्माण किया था। चीनी यात्री ह्वेनसांग ने सातवीं शती में भारतवर्ष तथा अफगानिस्तान के विभिन्न भागों में अशोक के इन स्तूपों को खड़े देखा था। उसके वर्णनानुसार ये स्तूप तक्षशिला, श्रीनगर, थानेश्वर, मथुरा, कन्नौज, अयोध्या, प्रयाग, कौशाम्बी, श्रावस्ती, कपिलवस्तु, कुशीनगर, बनारस, वैशाली, गया आदि नगरों में विद्यमान थे। इनकी ऊँचाई 300 फीट तक थी। परन्तु आज अशोक के समय के स्तूप इने–गिने ही शेष रह गए हैं।

भारत के कुछ प्रमुख स्तूपों का संक्षिप्त विवरण निम्नवत् है–

I. *बोध गया*

बिहार में गया से पन्द्रह किलोमीटर दूर भगवान बुद्ध के बोधि–प्राप्ति स्थल पर अशोक ने 'बोधि–मांड' का निर्माण कराया। मूल संरचना यद्यपि अप्राप्त है तथापि स्तूप बनाने में प्रयुक्त होने वाले शुंगकालीन पाषाण–स्तम्भ अवश्य प्राप्त हुए हैं, जिन पर बौद्ध जातक–कथाओं का वर्णन है।

II. *साँची*

मध्य प्रदेश में विदिशा से 14 किमी. दूर साँची में भारत का सबसे प्रसिद्ध स्तूप स्थित है। यद्यपि यहाँ तीन स्तूप हैं, तथापि 'महान स्तूप' इनमे सर्वप्रसिद्ध है। मूलतः अशोक के काल में (250 ई.पू. लगभग) निर्मित इस स्तूप का विस्तार शुंगकाल में (150 ई.पू.) करके लगभग दुगुना कर दिया गया तथा ईंटों के ऊपर पत्थर लगवा दिया गया। इसके चारों ओर 'वेदिका' का निर्माण करके चारों दिशाओं में चार अलंकृत प्रवेश द्वारों का निर्माण भी किया गया।

उत्तरी द्वार तथा दीवारों पर जातक कथाओं के वर्णन के अतिरिक्त बुद्ध–जीवन की प्रमुख घटनाओं का चित्रांकन, विभिन्न पशु–पक्षियों का अंकन तथा पुष्पों–लताओं द्वारा अलंकरण किया गया है।

III. *भरहुत*

मध्य प्रदेश में सतना से 21 किमी दूर स्थित यह स्तूप अपने मूल रूप में प्राप्य नहीं है तथा दिल्ली, प्रयाग, कलकत्ता आदि के संग्रहालयों में अवशेषों के रूप में संरक्षित है। पक्की ईंटों से निर्मित इस स्तूप की नींव अत्यन्त सुदृढ़ थी। स्तूप के बाह्य स्वरूप में महत्त्व की बात कुछ ऊँचाई पर बने आले या ताखे थे, जिनमें दीपमाला जलाई जाती रही होगी। चारों ओर स्तूप को घेरने वाली 'वेदिका' सम्पूर्णतः पत्थर की बनी थी जिसमें प्रवेश हेतु अनुमानतः चार पाषाण प्रवेश द्वार अथवा तोरण थे। इनका निर्माण लकड़ी के प्रवेश–द्वारों की तर्ज पर किया गया था। प्रवेश द्वार से निकलती रेलिंग पर भी पत्थर की, लकड़ी की नक्काशी की नकल की गई है लेकिन पाषाण–रेलिंग के शीर्ष पर पत्थर पर भारी बॉर्डर है।

वेदिका–स्तम्भ और तोरण–पट्टों पर उत्कीर्ण आकृतियाँ और दृश्य मुख्यतः बौद्ध प्रतीकों तथा आख्यानों से सम्बन्धित हैं, यद्यपि लोकधर्मों में पूजित यक्ष, नाग, श्रीलक्ष्मी, देवता, गन्धर्व तथा सामान्य स्त्री–पुरुष, सैनिक एवं वृक्ष–वनस्पति तथा अन्य आलंकारिक अभिप्रायों या सज्जाओं को भी भरपूर स्थान मिला है। बुद्ध का जीवन, उनके पूर्वजन्मों की कथाएँ अथवा जातक, ऐतिहासिक महत्त्व के दृश्य तथा अन्यान्य मनोरंजक अंकन शिल्प के प्रधान विषय हैं।

भरहुत वेदिका पर उत्कीर्ण अनेक दानलेखों से स्पष्ट है कि उसके विभिन्न भागों के निर्माण में सामान्य जनता के बहुसंख्यक लोगों का योगदान था।

IV. *अमरावती*

गुंटूर से 46 किमी दूर स्थित यह स्तूप संगमरमर का बना हुआ है। हालाँकि यह स्तूप पूरी तरह विनष्ट हो चुका है, परन्तु इसके अवशेष मद्रास और ब्रिटिश संग्रहालय में सुरक्षित रखे हुए हैं। न केवल वास्तुगत अवशेषों और शिल्प–शैली के अध्ययन से, प्रत्युत प्राप्त अभिलेखों से भी इस स्तूप के ऐतिहासिक विकास–क्रम एवं सामयिक जीर्णोद्धार तथा प्रवर्धमान स्वरूप के असंदिग्ध साक्ष्य मिलते हैं। प्राचीनतम अभिलेख अशोक के काल का है, जो मूल स्थापना का सूचक है। भरहुत तथा साँची की भाँति इस स्तूप के निर्माण में भी राजाओं के अतिरिक्त जनसाधारण के उदार एवं श्रद्धालु सदस्यों का योगदान था।

इस वृहदाकार स्तूप का वृत्त 42 मीटर और ऊँचाई 29 मीटर थी। इसमें एक वृत्ताकार पूजा–मार्ग था, जो 10 मीटर ऊँचा और पत्थर से निर्मित था। प्रारम्भ में स्तूप का आकार–प्राकार संभवतः सरल था। प्रथम शती ई.पू. से लेकर तृतीय शती ईसवी के काल में स्तूप का समय–समय पर परिवर्धन किया गया।

स्तूप के प्रवेश द्वार (तोरण) तथा वेदिका पर चार सिंह बने हुए हैं। वेदिका के स्तम्भों पर बोधिवृक्ष, स्तूप, धर्मचक्र तथा भगवान बुद्ध के जीवन से जुड़ी घटनाएँ तथा जातक कथाएँ उकेरी गई हैं। अमरावती स्तूप पर अनेक प्रकार के चित्रांकनों तथा अलंकरणों को स्थान प्राप्त हुआ है। प्रारम्भ में बुद्ध को प्रतीकों के माध्यम से चित्रित किया गया है, परन्तु प्रथम शती ईसवी से प्रतीकों के साथ–साथ बुद्ध के चित्र भी प्राप्त होने लगते हैं।

V. *नागार्जुनकोंडा*

अमरावती से 60 मील दूर कृष्णा नदी के दाहिने तट पर गुंटूर जिले में स्थित नागार्जुनकोंडा में प्राप्त अवशेषों को इस इलाके के नागार्जुन सागर बाँध के निर्माण से जलप्लावित होने से पूर्व ही भारतीय पुरातत्त्व विभाग के अनथक प्रयत्नों से ऊँची पहाड़ी पर पुनः स्थापित कर बचाने में सफलता प्राप्त कर ली गई।

नागार्जुनकोंडा का स्तूप उत्तर भारत से भिन्न शैली में निर्मित है। इसमें दो गोलाकार दीवारें हैं, एक अंदर की ओर तथा एक बाहरी किनारे पर तथा दोनों पतली दीवारों से जुड़ी हुई हैं और बीच का हिस्सा मिट्टी या छोटे पत्थरों और ईंट के टुकड़ों से भरा गया था। इसके बाह्य स्वरूप पर प्रस्तर–शिलाओं का आच्छादन न चढ़ाकर ऊपर से लेकर नीचे तक मोटा सुधा–लेप चढ़ाया गया था। प्रारम्भ में संभवतः पत्थर का प्रयोग नहीं के बराबर था तथा वेदिका भी मूलतः काष्ठ निर्मित एवं अलंकृत थी।

स्तूप का वृत्त 30 मीटर और ऊँचाई 18 मीटर थी। इसका बाहरी हिस्सा संगमरमर से अलंकृत था तथा ऊपरी छत चूना और गारा से अलंकृत थी। इसके चारों कोनों पर छज्जे थे जो पाँच–पाँच खंभे पर आधारित थे।

इस स्तूप की दीवारों पर बुद्ध तथा बौद्ध धर्म से सम्बन्धित अनेक महत्त्वपूर्ण दृश्यों का चित्रण है, जिनमें प्रमुख हैं, पृथ्वी पर जन्म लेने हेतु बोधिसत्व की प्रार्थना करते देवता, उजले हाथी के रूप में गर्भ में प्रवेश करते बुद्ध तथा फूलों से आच्छादित सागौन के पेड़ के नीचे बुद्ध का जन्म आदि।

VI. *अन्य स्तूप*

इन प्रमुख स्तूपों के अतिरिक्त कतिपय अन्य स्थलों पर भी स्तूपों का शोधन किया गया है, जो उपुर्यक्त स्तूपों के समान विराट वैभव के प्रस्तोता न होते हुए भी स्थापत्यीय विशेषताओं तथा स्मारकीय विरासत को सहेजने के कारण सहज आकर्षण का केन्द्र हैं। इनमें से प्रमुख हैं –

(i) **केसन पल्ली**– गुंटूर जिले में प्राप्त इस स्तूप के अवशेष इक्ष्वाकु राजा वासिष्ठीपुत्र चांतमूल से सम्बन्धित हैं। ईंटों की चहारदीवारी से घिरा यह स्तूप चारों दिशाओं में सीढ़ियों से युक्त था। त्रिरत्न, स्वस्तिक, श्रीवत्स आदि प्रतीकों से युक्त बुद्ध के चरण–चिह्न के अतिरिक्त इक्ष्वाकु–लेख की प्राप्ति की दृष्टि से यह स्तूप महत्त्वपूर्ण है।

(ii) **पौनी**– महाराष्ट्र के भण्डारा जिले में पौनी नामक स्थल पर 126 फीट मूल व्यास का इष्टका–स्तूप प्राप्त हुआ है, जो प्रारम्भ में काष्ठ–वेदिका आदि से युक्त था। यक्ष, कमल–पुष्प आदि के अतिरिक्त बोधि–वृक्ष, चक्रस्तम्भ इत्यादि का अंकन इस स्तम्भ को विशिष्टता प्रदान करता है। कतिपय दानलेखों की भी प्राप्ति यहाँ हुई है।

(iii) **तक्षशिला**– तक्षशिला तथा उसके आसपास हुई खुदाई में कई स्तूप प्राप्त हुए हैं। सर जॉन मार्शल ने तक्षशिला में चीरा–नोप स्तूप की खुदाई की। पाषाण–निर्मित यह स्तूप बोधिसत्त्व के चित्रों से अलंकृत है।

(iv) **पेशावर**– 1980 में हुई खुदाई में पेशावर के निकट शाह जी की ढेरी के पास एक स्तूप का उत्खनन हुआ। कनिष्क द्वारा निर्मित माने जाने वाले इस स्तूप का वर्णन फाह्यान ने भी किया है। इसकी वास्तुकला तथा अन्य शिल्प गांधार शैली के अनुरूप है। 286 फीट ऊँचे आधार वाला तथा कुल 628 फीट ऊँचा यह स्तूप तत्कालीन भारत का सबसे विशाल स्मारक था।

(v) **झांडीयाल**– झांडीयाल में सीथियन–पार्थियन शैली का स्तूप प्राप्त हुआ है। इसके निकट ही सोने से युक्त एक चाँदी की मंजूषा तथा उसके अंदर एक पवित्र हड्डी भी प्राप्त हुई है।

(vi) **सारनाथ**– सारनाथ में अशोककालीन तथा गुप्तकालीन कुछ स्तूप प्राप्त हुए हैं। सारनाथ के धमेख स्थल पर प्राप्त अशोक के धर्मराजिका स्तूप के मात्र कुछ ही भाग अवशिष्ट हैं। यह 60 फीट व्यास का, ईंटों का बना गोलाकार स्तूप था। इसके दक्षिण में एक ही पत्थर को काटकर बनाई गई वेदिका प्राप्त हुई है, जिस पर मौर्यकालीन चमकदार पॉलिश तथा ब्राह्मी लेख है। इस स्तूप का

पुनर्निर्माण बारहवीं शती तक होता रहा। बिना किसी चौकोर आधार भूमि के यह स्तूप ज्यामितीय आकृतियों तथा पुष्प अंकनों के कारण विशिष्ट बन पड़ा है।

2. चैत्य गृह

बौद्ध धर्म का विकास भिक्षु–संघ के रूप में हुआ था। भिक्षु लोग एक स्थान पर एकत्र होकर संघ–संबंधी समस्याओं का निराकरण किया करते थे। इस प्रकार की बैठकों के लिए सभा–भवन की आवश्यकता का अनुभव करते हुए उन्होंने उसे स्थायित्व देना उचित समझा। इस दृष्टि से उन्होंने स्तूपयुक्त भवन की परिकल्पना की, जिसे बौद्ध साहित्य ने चैत्य अथवा चैत्यगृह के नाम से उद्‌बोधित किया।

चैत्य की आकृति वृत्तायत होती थी। अर्थात् आरम्भ का भाग आयताकार और अन्तिम अर्धवृत्ताकार होता था, जिसके सिरे पर भीतर बीच में वेदी के स्थान पर स्तूप की रचना की जाती थी। बीच के आयताकार मण्डप में पूजा–पाठ और संगीति के लिए भिक्षु एकत्र होते थे और दोनों ओर के प्रदक्षिणा–पथ में चलकर चैत्य की परिक्रमा करते थे। सामने की दीवार में तीन द्वार होते थे, जिसके मध्य में स्थित सभा–मण्डप का प्रवेश द्वार आकार में बड़ा होता था। भारत में विशेषकर पश्चिमी भारत में अनेक स्थलों पर ये चैत्यगृह पाए जाते हैं। इनमें से कुछ को निम्न प्रकार से उल्लिखित किया जा सकता है –

I. *भाजा*

लगभग 200 ई.पू. में निर्मित भारत के प्राचीनतम चैत्यगृहों में से एक भाजा का चैत्यगृह वास्तुकला की दृष्टि से उल्लेखनीय लक्षणों से युक्त है। 55 फीट लम्बे तथा 26 फीट ऊँचे इस चैत्य में स्थापित स्तूप अत्यन्त सादा है। चैत्यगृह के सामने के खुले द्वार में मूलतः पत्थर में मेहराब के भीतर लकड़ी की एक चौखट जड़ी थी।

इस चैत्यगृह में मूर्ति शिल्प का प्रायः अभाव है। मात्र मण्डप के स्तम्भों पर पाँच मांगलिक चिह्न बने हैं, यथा–त्रिरत्न, नन्दिपद, श्रीवत्स, चक्र और बीच में मस्तक और कमल को घेरे हुए चार त्रिरत्नों का मण्डलाकृति घेरा।

II. *कोन्दाणे*

कोन्दाणे का चैत्यगृह भाजा के चैत्य से कुछ परवर्ती तथा बड़ा है, और अग्रभाग के शिल्प में दोनों में पर्याप्त साम्य है। हाँ, इसके स्तम्भों का कुछ भाग लकड़ी और कुछ पत्थर का है, द्वार की मेहराब की गोलावट में भी पर्याप्त प्रौढ़ता है।

III. *पीतलाखोरा*

86 फीट लम्बे तथा 35 फीट चौड़े इस चैत्यगृह का एक सिरा अर्धवृत्त है। 37 अष्टांसिक स्तम्भ मण्डप तथा प्रदक्षिणा पथ को बाँटते थे। प्रदक्षिणा पथ 4 फीट 11 इंच चौड़ा है और उसकी छत में पत्थर की धन्नियों का कटाव है। स्तम्भ और भित्तियों पर बुद्ध तथा बोधिसत्त्वों के चित्र हैं।

IV. *कार्ले*

ईसवी सन् की प्रारम्भिक अवस्था की यह विशाल कृति कला के चरम को अभिव्यक्ति प्रदान करती है। वास्तु तथा शिल्प के अद्भुत समन्वय का प्रतीक यह चैत्यगृह अपनी श्रेणी के सब चैत्यगृहों में श्रेष्ठ स्वीकार किया जाता है।

इस चैत्यगृह में दो ऊँचे चतुर्मुख दर्शन वाले स्तम्भ या लाट हैं जिनके सिरे पर सिंह–शीर्षक है। मुख–मण्डप की अगली भित्ति के मध्य भाग से आगे की ओर निकली हुई संगीतशाला है। दो लम्बे प्रदक्षिणा–पथ तथा वृत्ताकार गर्भगृह के बीच में स्थित स्तूप वाले इस चैत्यगृह के भीतर तथा बाहर कई लेख उत्कीर्ण हैं।

V. *नासिक*

पाण्डुलेण के नाम से प्रख्यात यह चैत्यगृह पूर्ण रूप से पहाड़ी में उत्कीर्ण किया गया है तथा किसी भी प्रकार के काष्ठ–कर्म से रहित है। इसका मुखपट्ट प्रवेशद्वार के ऊपर चन्द्राकृति गोलम्बर के रूप में उत्कीर्ण किया गया है। प्रवेशद्वार के दोनों ओर के द्वारस्तम्भों के शीर्षकों पर पशुसंघाटों की शोभा है। प्रथम बार यहाँ स्तम्भों के आधार घट का रूप धारण करते हैं।

यहाँ एक संगीतशाला भी थी, जो बाहर की ओर न होकर मण्डप के भीतरी ओर चूलों में अटकाई हुई धरनों पर टिकी थी। चैत्यगृह के भीतरी स्तम्भ पर स्थित एक लेख के अनुसार इसका वास्तुविधान तथा शिल्प की मूर्तियाँ कई दानदाताओं की उदारता का फल थीं।

VI. *जुन्नार*

पूना से 48 मील उत्तर की ओर स्थित जुन्नार के आसपास पर्वत में उत्कीर्ण कई चैत्यगृह हैं। यहाँ के मनमोड़ चैत्यगृह की अनेक विशेषताएँ पाण्डुलेण की भाँति ही हैं। यथा काष्ठ–निर्मित अग्रभाग, बरसाती का अभाव एवं कमल–स्तम्भों की उपस्थिति। इस चैत्यगृह के मुखमण्डप में अपूर्व ढंग की मूर्तियाँ हैं। यहाँ

देवी गजलक्ष्मी का भव्य अंकन उल्लेखनीय है। मुखपट्ट के किनारे के अर्धवृत्त पर अंकित लघु–लेख के अनुसार वैष्णव अनुयायी यवन के दान का भी उल्लेख है।

जुन्नार में और भी कई चैत्यगृह हैं, जो चतुरस्र तथा स्तम्भों से रहित और सपाट छतों से युक्त हैं। कई चैत्यगृहों में कम चौड़े प्रदक्षिणा–पथों के स्तम्भ ऊपर नीचे पूर्णघट अलंकरण से सुशोभित हैं और उन पर वेदिका की सज भी पाई जाती है।

VII. *अजन्ता*

अजन्ता का चैत्यगृह बौद्धधर्म से सम्बद्ध वास्तु का उच्चतम उदाहरण कहा जा सकता है। आकार में कार्ले के चैत्य से छोटे इस चैत्यगृह में वास्तुकला का काष्ठ से प्रस्तर की ओर होने वाला विकास पूर्ण होता दिखाई देता है। अजंता के विश्व–विख्यात भित्ति–चित्रों के स्थान पर यहाँ रंगीन उच्चित्रण हैं। भवन के भीतरी तथा बाहरी दोनों ही भाग अलंकृत हैं। इसके स्तम्भ, जो आधार में सादे और चौकोर हैं तथा ऊपर चलकर अष्टकोण अथवा गोल हो गए हैं, उच्चकोटिक रेखा–कला की पट्टियों से युक्त हैं।

इस गृह की सबसे प्रमुख विशेषता उसके स्तूप के आकार में परिवर्तन है जो लम्बा होकर मन्दिर जैसा हो गया है। बुद्ध–मूर्तियों के अतिरिक्त अन्य मूर्तियों द्वारा अलंकरण को भी महत्त्व दिया गया है।

VIII. *कन्हेरी*

मुम्बई से 16 मील उत्तर स्थित कन्हेरी का चैत्यगृह कार्ले के अनुकरण पर निर्मित है। यह लगभग उतना ही बड़ा है और वास्तु–विन्यास की दृष्टि से भी मिलता है, पर कलात्मकता की दृष्टि से कुछ हीन है।

अन्य चैत्यगृहों के विपरीत घरमुख के आगे एक बड़ा प्रांगण है, जिसके सिरे पर स्थित वेदिका के स्तम्भों और सूचियों पर अनेक भाँति के अलंकरण निर्मित हैं।

गर्भगृह के वृत्तभाग में गोलाकार स्तूप 16 फीट व्यास का तथा एकदम सादा है। बाह्य स्तम्भों पर उत्कीर्ण लेख से स्पष्ट है कि यह चैत्यगृह गौतमीपुत्र यज्ञश्री शातकर्णी के राज्यकाल में गजसेन तथा गजमित्र नामक दो भाइयों द्वारा उत्कीर्ण कराया गया।

3. *विहार*

गुफा–वास्तु का (चैत्य के अतिरिक्त) द्वितीय भेद विहार था, जिसमें बौद्ध–भिक्षुओं का निवास होता था। इसमें एक बड़ा मण्डप चतुश्शाल के आँगन की भाँति होता था। उसमें तीन या चार गोल गर्भशालाएँ या छोटी कोठरियाँ खोदी जाती थीं। सामने की दीवार में प्रवेश हेतु एक द्वार और उसके समाने स्तम्भों पर आश्रित मुखमण्डप या बरामदा रहता था। भीतरी मण्डप की कोठरियाँ चौकोर होती थीं, जिनमें भिक्षु रहते थे। अनेक भिक्षु–संघ का आवास बने बड़े विहार को **संघाराम** की संज्ञा दी जाती थी। चैत्यगृह के साथ–साथ विहार भी अपने मूलभूत काष्ठशिल्प से पाषाण–शिल्प में उतारे गए। भारत के कुछ प्रमुख विहारों का परिचय इस प्रकार है–

I. *भाजा*

संघारामों का नियमित विकास हमें प्राचीन बौद्ध–विहार सह्यादि कें पर्वतों के पुणे के समीप भाजा में है जो ईसवी पूर्व का माना जाता है। भाजा के विहार में 16 फीट 7 इंच माप का कक्ष अथवा मण्डप है। उसके चारों ओर भिक्षुओं के लिए बीच में गहरी बनाई गई कोठरियाँ हैं। हर एक में सोने के लिए पत्थर की चौकी बनी है। यहाँ अनेक विलक्षण मूर्ति–शिल्पों के द्वारा कथानकों को उकेरा गया है।

II. *कोण्डाने*

कोण्डाने का एकभूमिक विहार वास्तु की दृष्टि से अपूर्व है। मध्य में स्तम्भों पर टिका हुआ एक बड़ा मण्डप है। बाहर की ओर स्तम्भयुक्त मुखमण्डप है, जिसके अगले भाग में खम्भों पर टिका हुआ बड़ा भारपट्ट आगे को निकला हुआ है। इसका अंग–प्रत्यंग सर्वथा काष्ठ–शिल्प की अनुकृति है।

III. *नासिक*

गोदावरी के तट पर स्थित तथा अपनी अनुकूल स्थिति के कारण प्रसिद्ध धार्मिक केन्द्र बने इस स्थल को बौद्ध–भिक्षुओं ने भी अपने एकान्त आवास तथा ध्यान के लिए चुना। यहाँ प्रथम शती ई. के दो विहार नहपान तथा गौतमीपुत्र शातकर्णि द्वारा निर्मित माने जाते हैं। दोनों प्रायः एक जैसे हैं। दोनों के ही सभामण्डप वर्गाकार हैं। भीतर तीन ओर कमरे और सामने बरामदे हैं। विहारों के बरामदों के स्तम्भ मूर्तियुक्त हैं।

इनके अतिरिक्त यज्ञश्री शातकर्णि द्वारा निर्मित एक विहार है जो अतिविशिष्ट

है। प्रारम्भ में 40 फीट लम्बे इस विहार को बढ़ाकर बाद में 61 फीट कर दिया गया। इसकी प्रमुख विशेषता यह है कि मण्डप के पिछले भाग में एक गर्भगृह है जिसके सामने की ओर दो खम्भे हैं। यहाँ लेख–उत्कीर्णन के अतिरिक्त सुन्दर प्रतिमाओं का अंकन है।

IV. *अजन्ता–एलोरा*

पाँचवीं से आठवीं शती के विभिन्न कालों में निर्मित यहाँ के विहार वाकाटक कालीन वास्तुकला को अभिव्यक्ति प्रदान करते हैं। महायान सम्प्रदाय के इन विहारों में प्रवेश–द्वार के सम्मुख पीछे की ओर मूर्ति के लिए गर्भगृह बने हैं। अजन्ता की भाँति ही एलोरा में भी कई विहार बने हैं, जिनमें से अधिकांश अजन्ता के विहारों के अनुकरण पर ही निर्मित हैं। अर्थात् उनमें सामने बरामदा है, उसके पीछे सभामण्डप है और सबसे पीछे गर्भगृह है। सभामण्डप के दोनों ओर भिक्षुओं के निवास हेतु कोठरियाँ हैं।

प्राचीन एवं मध्यकालीन विहार संघाराम होने के साथ–साथ एक प्रकार के विश्वविद्यालय भी थे, जहाँ समस्त एशिया के विद्यार्थी आते थे। अजन्ता, औरंगाबाद आदि के विहार ऐसे ही विश्वविद्यालय रहे होंगे। उनकी भव्यता और विशालता देखकर हम तक्षशिला, काशी और नालन्दा आदि के चैत्य–विहारों तथा वहाँ के विश्वविद्यालयों की विशालता और भव्यता का अनुमान कर सकते हैं। नालन्दा के बौद्ध–विहार का विस्तृत वर्णन ह्वेनसांग अपने ग्रन्थ में करता है। बिहार में राजगिर से सात मील की दूरी पर स्थित इस स्थल में प्रारम्भिक विहार अशोक द्वारा निर्मित माना जाता है। कालान्तर में बने अन्य विहारों के बाद नालन्दा विश्वविद्यालय का आधार बना।

चीनी यात्री इत्सिंग ने नालन्दा विश्वविद्यालय के 8 हॉलों तथा 300 कक्षों का उल्लेख किया है। वास्तुकला और स्थापत्य की दृष्टि से ये भवन बड़े सुन्दर थे। इस स्थल पर हुए उत्खनन में प्राप्त सामग्रियों की स्पूनर तथा कनिंघम आदि विद्वानों ने पर्याप्त प्रशंसा की है। प्रारम्भ में ब्राह्मण संस्कृति का केन्द्र रहा यह स्थल कालान्तर में बौद्ध शिक्षा और संस्कृति का विख्यात केन्द्र बना।

4. मंदिर

मंदिर भारतीय धार्मिक वास्तु का वह रूप है, जिसमें हजारों सालों से भारतीय जीवन–शैली का जागृत रूपांकन प्रत्यक्ष है। इसमें हमें भारतीय वास्तुकला का उत्कृष्ट विकास देखने को प्राप्त होता है। इसका विकास भारत के किसी विशेष धर्म से नहीं अपितु प्रतिमा–पूजा की भावना से जुड़ा हुआ है। उपासना हेतु निर्मित

प्रतिमाओं की प्रतिष्ठापना हेतु निर्मित पवित्र भवन विभिन्न रूपों और आकारों में विकसित हुए, जिन्हें भारत के सभी पंथों और मतों के अवलम्बियों ने अपनाया है।

मंदिरों के उद्भव और विकास का इतिहास अभी भी अधिकांशतः काल के गर्भ में है। वैदिक साहित्य में इन्द्र, अग्नि, सविता, सूर्य, वरुण, अदिति, पृथ्वी आदि देवताओं–देवियों की उपासना के उल्लेख तथा "क इमं दशभिर्मम इन्द्रं क्रीणाति धेनुभिः" (ऋग्वेद 4.24.10) आदि ऋग्वैदिक उल्लेख उस काल में मूर्तियों के अस्तित्व का संकेत अवश्य करते हैं, भले ही उनकी उपासना के स्पष्ट साक्ष्य उपलब्ध न हों। वैदिक–परम्परा में उपासना का स्वरूप याज्ञिक होने के कारण वैदिक साहित्य में मंदिर–वास्तु के स्थान पर यज्ञ–वेदिका निर्माण के विस्तृत विधानों की उपलब्धि स्वाभाविक ही है। इन्हीं यज्ञ–वेदिकाओं के छाजन हेतु निर्मित अग्निद्रव्य अथवा यज्ञशाला से ही संभवतः आगे चलकर मंदिर–वास्तु का विकास हुआ है।

उत्तरवर्ती साहित्य में प्रयुक्त प्रासाद, देवायतन, देवगृह, देवस्थान, देवकुल आदि शब्द निस्संदेह देवताओं के निमित्त किसी प्रकार के वास्तु का संकेत अवश्य करते हैं, परन्तु उनका सही–सही रूप क्या था, इसकी कोई कल्पना नहीं की जा सकती।

नेपाल की तराई में स्थित रुम्मिनदेई में वर्तमान अशोक–स्तम्भ के अभिलेख में पूज्य स्थल के चतुर्दिक विकट–भित्ति घिरवाये जाने का उल्लेख है। इसी प्रकार राजस्थान में चित्तौड़ के निकट घोसुण्डी से प्राप्त अभिलेख में भी संकर्षण–वासुदेव के निमित्त पूजा–शिला–प्राकार के निर्माण का उल्लेख है। वहाँ शिला से निर्मित चहारदीवारी के अवशेष भी प्राप्त होते हैं, जिसे वर्तमान में हाथी–बाड़ा कहा जाता है।

जहाँ तक बौद्ध साहित्य का प्रश्न है, वहाँ पवित्र वृक्षों के निमित्त बने वृक्ष–चैत्य रूपी वास्तु का परिचय मिलता है, जिनका अंकन वेदिका से घिरे विविध रूपी वृक्षों के रूप में तृतीय–चतुर्थ शती ई.पू. की कुछ रजत मुद्राओं पर भी देखा जा सकता है।

इस प्रकार की धार्मिक वास्तु का कुछ अधिक स्पष्ट रूप अहिच्छत्र (बरेली) से प्राप्त पांचाल सिक्कों पर देखा जा सकता है। पांचाल प्रदेश से प्राप्त कुछ सिक्कों पर तो एक ऊँचे चबूतरे पर गोल छत वाले कमरे में देवता को खड़े दिखाया गया है। अण्डाकार छत के ऊपर एक उभरा कलश सरीखा है और छत के दोनों ओर आगे को निकला छज्जा सा है। इसे सहज रूप से आदिम

देवस्थान अथवा मंदिर के रूप में उद्‌बोधित किया जा सकता है, जिसमें उत्तर भारतीय मंदिर–वास्तु के चिह्न परिलक्षित हैं। ध्यातव्य है कि इस काल में बौद्ध, जैन और ब्राह्मण तीनों धर्मों में पूज्यस्थलों का स्वरूप प्रायः एक सा होता था, अन्तर मात्र पूज्य वस्तु का होता था।

हिमाचल प्रदेश के कांगड़ा क्षेत्र से प्राप्त त्रिगर्त जनपद के सिक्के से तो स्तम्भ युक्त तितल्ले वास्तु का परिचय प्राप्त होता है, जिसका अधिक सुडौल और विकसित रूप औदुम्बरों के सिक्कों पर प्राप्त होता है। जिसमें घटयुक्त शिखर के दर्शन होते हैं। चित्रण में वास्तु के आगे एक त्रिशूलपरशुयुक्त एक ऊँचे स्तम्भ का अंकन इस वास्तु के देवायतन (शिव मंदिर) होने का संकेत प्रस्तुत करता है। बेसनगर से प्राप्त हेलियोडोरस के स्तम्भ–लेख से ज्ञात होता है कि वह गरुड़ध्वज था तथा वासुदेव मंदिर के सम्मुख लगाया गया था।

इस काल के पश्चात् भी बहुत समय तक मंदिर के किसी रूप का मूर्तरूप उपलब्ध नहीं होता। दीर्घकाल के पश्चात् गुप्तकाल के कहे तथा समझे जाने वाले कतिपय मंदिरों के अवशेष हमें प्राप्त होते हैं।

I. *गुप्तकालीन मंदिर*

मंदिर–वास्तु के लिए गुप्तकाल की ऐतिहासिक महत्ता है। इस काल तक आते–आते सामान्य भारतीय जन निर्गुण तथा निराकार ईश्वर की उपासना के स्थान पर सगुण तथा साकार ईश्वरोपासना पर बल देने लगा था। पौराणिक धर्म के अन्तर्गत अवतारवाद की प्रतिष्ठापना से भी मूर्ति–पूजा को बल मिला। इन्हीं मूर्तियों की स्थापना हेतु बड़ी संख्या में मंदिरों का विकास किया गया।

गुप्तकालीन मंदिर–वास्तु के सम्बन्ध में सर्वाधिक उल्लेखनीय तत्त्व यह है कि इस काल के वास्तुकारों ने नितान्त मौलिक ढंग से अपनी भावनाओं और आवश्यकताओं के अनुसार एक विशिष्ट भारतीय कला का विकास किया, जिसमें ईंट, मिट्टी के स्थान पर तराशे हुए पत्थरों का विशेष प्रयोग किया गया। गुप्तकालीन मंदिर वास्तु की प्रमुख विशेषताएँ हैं–

- मंदिर का निर्माण एक ऊँचे चबूतरे पर किया जाता था।
- चबूतरे पर चढ़ने हेतु चारों ओर सीढ़ियाँ होती थीं।
- प्रारम्भ में मंदिर की छत चपटी होती थी, परन्तु बाद में शिखर का निर्माण किया जाने लगा।
- बाहरी दीवारें सादी तथा अलंकरण–विहीन होती थीं। मूर्ति स्थापना

गर्भ–गृह में होती थी, जिसके द्वार को अनेकविध अलंकृत किया जाता था।

- गर्भ–गृह के चारों ओर प्रदक्षिणा–पथ होता था जो ऊपर से ढका रहता था।
- मंदिर की छत अलंकरण से युक्त चार स्तम्भों पर टिकी होती थी, जिनके शीर्ष भाग पर एक–एक वर्गाकार पाषाण–खण्ड रखा जाता था। प्रत्येक पाषाण खंड पर प्रायः चार–चार सिंह एक–दूसरे से पीठ मिलाए हुए तथा आधे बैठे दिखाये जाते थे।
- मंदिर के आगे बहुधा एक बरसाती बनाई जाती थी। इस बरसाती की छत भी चार स्तम्भों पर टिकी रहती थी। गुप्तकालीन मंदिरों में प्रमुख हैं–

(i) भूमरा का शिव मंदिर– नागोद में स्थित इस शिव मंदिर का मात्र गर्भगृह ही वर्तमान में अवशिष्ट है परन्तु चतुर्दिक चौड़े चबूतरे को देखकर सहज ही अनुमान किया जा सकता है कि गर्भगृह के चारों ओर एक प्रदक्षिणा–पथ था। गर्भगृह के स्तम्भों पर क्रमशः मकर तथा कच्छप पर सवार गंगा और यमुना की मूर्तियाँ निर्मित हैं। द्वार की चौखट गन्धर्व, कमल तथा ज्यामितीय आकृतियों से अलंकृत है। गर्भगृह में एकमुखी शिवलिंग स्थापित है।

(ii) नचना का पार्वती मंदिर– अजयगढ़ स्थित इस मंदिर की योजना भूमरा के मंदिर की ही भाँति है, अन्तर मात्र इतना है कि यह मंदिर दुमंजिला है। इस मंदिर का निर्माण 35 फीट लम्बे और 35 फीट चौड़े चबूतरे पर हुआ था। इसके चारों ओर भी प्रदक्षिणा–पथ है।

(iii) लरखान का मंदिर– बीजापुर के ऐहोल नामक स्थान पर स्थित इस मंदिर के द्वार स्तम्भों पर गंगा–यमुना की मूर्तियाँ खड़ी हैं। इसके गवाक्ष नक्काशीदार पत्थर के हैं।

(iv) तिगवा का मंदिर– मध्य प्रदेश में स्थित इस मंदिर के विषय में कनिंघम का मत है कि यहाँ कभी दो मंदिर थे, जिनमें से एक की छत चपटी थी तथा दूसरे की छत शिखरयुक्त थी।

(v) देवगढ़ का दशावतार मंदिर– यह उत्तर प्रदेश के झाँसी जिले में स्थित है। चार दिशाओं में चार सीढ़ियाँ हैं। 5 फीट ऊँचे चबूतरे पर निर्मित इस मंदिर में भी प्रदक्षिणा–पथ का अनुमान किया जाता है। मंदिर के द्वार–स्तम्भ गंगा, यमुना की मूर्तियों से युक्त हैं। कहा जाता है कि सर्वप्रथम इसी मंदिर

में शिखर का निर्माण किया गया था। पिरामिड के आधार का यह शिखर 40 फीट तो रहा ही होगा।

गर्भगृह में एक के स्थान पर चार द्वारों से युक्त यह मंदिर अलंकृत स्तम्भों तथा कमल और कीर्तिमुख से सजे चौखटों वाला था।

(vi) भिटरगाँव का मंदिर– उत्तर प्रदेश के कानपुर जिले में स्थित इस मंदिर की सर्वप्रमुख विशेषता इसका पाषाण के स्थान पर इटों से निर्मित होना है। इसके ऊपर भी 70 फीट ऊँचा शिखर है जो ऊपर की ओर पतला होता गया है। वर्गाकार चबूतरे पर चढ़ने हेतु सीढ़ियाँ तथा मंदिर के चतुर्दिक बरसाती है।

II. *गुप्तोत्तरकालीन (राजपूत कालीन) मन्दिर*

गुप्तोत्तर काल में बौद्ध धर्म के ह्रास के कारण चैत्य तथा स्तूप आदि के स्थान पर मंदिर–निर्माण को प्रधानता प्रदान की गई। इस युग में विविधविध विभिन्न शैलियों को काटकर अथवा खोदकर बनाए गए मंदिरों के साथ–साथ पाषाण तथा ईंटों को जोड़कर भी मंदिर निर्मित किए गए।

मंदिर–वास्तु की विविध शैलियाँ

राजपूत–नरेशों द्वारा प्रदत्त मुक्तहस्त दानादि से निर्मित विशाल भव्य मंदिर तद्युगीन शिल्पकला के प्रमख स्मारक हैं। इस काल का भारतीय मंदिर–वास्तु, मंदिरों के प्रारूप तथा भौगोलिक अवस्थिति के अनुरूप तीन भिन्न शैलियों में विभक्त है – नागर, द्राविड़ तथा वेसर।

1. **नागर शैली**– इसे आर्य अथवा उत्तरी भारत की शैली नाम से भी सम्बोधित किया जाता है। यह पूरे उत्तर भारत में हिमालय के निचले मैदानी इलाकों से लेकर दक्खन के मध्य पठार तक, प्रचलित थी। इस शैली की विशेषताएँ हैं कि मंदिर में एक चौकोर मूर्ति–प्रकोष्ठ अथवा **गर्भगृह** होता है। इसके सम्मुख खुला **सभामण्डप** रहता है, जहाँ से भक्त और दर्शनार्थी एकत्र होकर मूर्ति के दर्शन करते हैं। मूर्ति–प्रकोष्ठ के चतुर्दिक परिक्रमा हेतु **प्रदक्षिणा–पथ** होता है। मूर्ति–प्रकोष्ठ पर वक्र रेखात्मक विशाल **शिखर** होता है, जो ऊपर की ओर छोटा और पतला होता जाता है। शिखर के सबसे ऊपरी भाग में **आमलक** होता है, जिस पर कलश और ध्वज–दण्ड होता है। यह शिखर मंदिर के गौरव और महिमा को अधिक प्रभावोत्पादक कर देता है।

नागर शैली में 800 ई. से लेकर 1200 ई. तक की अवधि में अनेक मंदिर उत्तरी भारत में निर्मित हुए। उड़ीसा में भुवनेश्वर में लिंगराज मंदिर, कोणार्क का सूर्य मंदिर तथा समुद्र–तट पर पुरी में जगन्नाथ मंदिर विशेष उल्लेखनीय हैं। स्वयुगीन कला की उत्कृष्टता तथा दिव्यता के प्रतीक ये मंदिर अत्यन्त भव्य तथा अलंकृत हैं। इस शैली के मंदिरों में शिखर के अन्तिम सिरों पर शेर की आकृति बनी होती थी। भुवनेश्वर के 180 फीट ऊँचे शिखर वाले लिंगराज मंदिर का निर्माण महाराज ललाटेन्दु केशरी (617–657 ई.) द्वारा किया गया। पुरी के जगन्नाथ मंदिर में कृष्ण, बलराम तथा सुभद्रा की मूर्तियाँ प्रतिष्ठापित हैं। इसी प्रकार रथाकृति में निर्मित कोणार्क का सूर्य मंदिर उड़ीसा के मंदिरों में सर्वप्रसिद्ध है। इस रथ के पहिए वर्तमान उड़ीसा का प्रतीक बन कर उभरे हैं।

मध्य प्रदेश के बुन्देलखण्ड में खजुराहो के मंदिर, विशेषकर कन्दरिया महादेव का मंदिर, निमाड़ में ऊन के मंदिर तथा नेमावर का शिवमंदिर भी नागर–शैली के उत्कृष्ट उदाहरण हैं। खजुराहो में एक कृत्रिम झील के चारों ओर योजनापूर्वक बनाए गए लगभग तीस मंदिरों में शिव, विष्णु, सूर्य, जगदम्बा, चौंसठ योगिनियों और जैन तीर्थंकर पार्श्वनाथ व शान्तिनाथ के मंदिर महत्त्वपूर्ण हैं। ये मंदिर कल्पना की सूक्ष्मता; वृत्ति, वैभव और विश्लेषण की नवीनता; आकार–प्राकार की सुन्दरता तथा अलंकरण की गहनता और विविधता में अपना सानी नहीं रखते।

राजस्थान में आबू के जैन मंदिर राजपूतयुगीन स्थापत्य कला के सर्वोत्कृष्ट नमूने हैं। इनमें प्रथम मंदिर विमलशाह द्वारा 1030 ईसवी तथा द्वितीय तेजपाल द्वारा 1232 ईसवी में निर्मित है। विशुद्ध संगमरमर से बने इन दोनों जैन मंदिरों में अलंकरण की बहुलता तथा सुन्दरता दर्शकों को मंत्रमुग्ध कर देती है। इसी प्रकार गुजरात में गिरनार तथा शत्रुंजय के जैन मंदिर भी राजपूत कालीन कला के उत्कृष्ट धरोहरों में स्थान बनाते हैं।

नागर शैली में भी कालान्तर में विभिन्न प्रान्तों में निर्मित मंदिरों में थोड़ी–थोड़ी भिन्नता आ गयी और वहाँ की क्षेत्रीय शैली की कुछ विशेषता समाहित हो गयी। यथा उड़ीसा के मंदिरों की अपनी एक विशिष्ट शैली हो गयी, जो **उड़ीसा शैली अथवा कलिंग शैली** के नाम से प्रख्यात हुई। इस शैली में मंदिरों में चार प्रमुख भाग होते हैं– (1) विमान (मूर्ति प्रकोष्ठ) (2) जगमोहन (3) नट मंदिर तथा (4) भोग मंदिर।

2. द्राविड़ शैली– द्राविड़ अथवा दक्षिणी शैली में अपेक्षाकृत निरन्तर विकास

का क्रम देखने को प्राप्त होता है। यह शैली उपमहाद्वीप के दक्षिणी हिस्से, विशेषकर कृष्णा नदी और कन्याकुमारी के बीच में प्रचलित थी।

द्राविड़ शैली में मंदिर में चौकोर मूर्ति–प्रकोष्ठ होता है, जिसके ऊपर चौकोर बहुमंजिला पिरामिडनुमा विमान अथवा शिखर होता है। नीचे से ऊपर संकरे होते जाते इस शिखर के शीर्ष पर आठ या छह कोणों वाले लम्बे आकार का गुम्बद होता है। मूर्ति–प्रकोष्ठ के सम्मुख अनेक स्तम्भों वाला सभामण्डप होता है। द्राविड़ मंदिर अपने गोपुरम् अथवा विशाल प्रवेश–द्वारों के कारण भी प्रसिद्ध हैं, जो अतिरिक्त मंडप पर बने होते हैं।

समय के साथ–साथ द्राविड़ शैली के मंदिरों की निर्माण–कला में परिवर्तन होता गया। मद्रास के निकट महाबलिपुरम् में सातवीं शती में पल्लवों द्वारा निर्मित गणेश रथ से लेकर तंजावुर के चोलों के भव्य बृहदारेश्वर मंदिर (985–1012 ई.) तक द्राविड़ शैली ने कई करवटें बदलीं।

द्राविड़ शैली के मंदिरों में प्रथमतया उल्लेखनीय काँची के पल्लव नरेशों द्वारा चट्टानों से काटकर बनाए गए महाबलिपुरम् के रथ मंदिर हैं। इसी प्रकार चोल–नरेशों द्वारा निर्मित मंदिर भी द्राविड़ शैली के उत्कृष्ट उदाहरण हैं। तंजौर में चोल नरेश राजराज महान् द्वारा निर्मित राज राजेश्वर शिव मंदिर विशेष उल्लेखनीय है। यह मंदिर चौदह मंजिले 190 फीट ऊँचे शिखर से युक्त है। अलंकृत गोपुरम् वाले इस मंदिर की प्रशंसा में पर्सी ब्राउन यहाँ तक कह गए हैं कि "तंजौर का यह मंदिर और उसका शिखर मंदिर–निर्माण–काल की सबसे बड़ी, सबसे ऊँची और सबसे अधिक महत्त्वाकांक्षापूर्ण कृति है।" तंजौर में ही गंगैकोंडचोलपुरम् में चोल नरेश राजेन्द्र प्रथम द्वारा निर्मित सुब्रह्मण्य मंदिर राजराजेश्वर मंदिर से कम भव्य परन्तु सुन्दरतर है तथा इसका शिखर भी उच्चतम एवं कलात्मक है।

द्राविड़ शैली में गंग तथा होयसल वंश के राजाओं द्वारा भी अनेक भव्य मंदिर निर्मित किए गए, जिनमें सबसे प्रसिद्ध कर्नाटक के सोमनाथपुर, बेल्लूर तथा हेलेबिद या द्वारसमुद्र में निर्मित मंदिर हैं। ये मंदिर वर्गाकार, आयताकार तथा बहुभुजीय नहीं हैं, परन्तु ये सुन्दरतम नक्काशी किए हुए ऊँचे आधार पर निर्मित हैं तथा इनमें अनेक अलंकृत घुमाव हैं। पिरामिड आकृति में होने पर भी इनके शिखर नीचे हैं। 1043 ई. में वीणादित्य बल्लाल द्वारा निर्मित सोमनाथ का मंदिर इस शैली का सर्वप्रथम उदाहरण है, परन्तु क्षेत्रीय होयसल कला का सर्वश्रेष्ठ उदाहरण हेलेबिद का प्रसिद्ध होयसलेश्वर मंदिर माना जाता है जो मानव श्रम तथा शिल्प के आश्चर्यजनक नमूने के रूप में स्वीकृत है।

3. **मिश्रित शैली अथवा वेसर शैली**– नागर तथा द्राविड़ दोनों शैलियों को मिश्रित कर निर्मित किए गए मंदिरों को वेसर नाम प्रदान कर दिया गया। कुछ ग्रन्थों में **वेसर** शैली को विन्ध्य एवं कृष्णा नदी के बीच की शैली बताया गया है, परन्तु इसके भौगोलिक विस्तार के विषय में अन्तिम रूप से कुछ नहीं कहा जा सकता। ईसवी सन् की प्रारम्भिक शतियों में महाराष्ट्र के पश्चिमी घाट में निर्मित बौद्ध चैत्य कक्ष इस शैली के प्रारम्भिक प्ररूप कहे जा सकते हैं।

इस शैली की प्रमुख विशिष्टता यह है कि इसके मंदिर वर्गाकार न होकर तारकाकृति अथवा बहुकोणीय हैं। इसके आधार ऊँची कुर्सियाँ हैं तथा इन पर शिल्पियों ने अनेक मूर्तियाँ उत्कीर्ण की हैं। इनके शिखर पिरामिडाकार हैं तथा फैले कलश से मण्डित हैं।

इस शैली में निर्मित प्रमुख मंदिरों में नुग्गेहल्ली का विष्णु मंदिर, ऐहोल का दुर्गामंदिर, चिदम्बरम् का नटराज मंदिर तथा किझावेल्लूर (केरल) का वामन मंदिर विशेष रूप से उल्लेखनीय हैं।

मध्यकालीन स्मारक

मुसलमानों के आगमन के समय भारत की स्थापत्य कला अपनी श्रेष्ठता के चरम पर थी। स्वयं अरब और तुर्क लोग इस कलात्मक श्रेष्ठता को स्वीकार करते थे। गजनी का समकालीन लेखक अल–बरूनी भारतीय स्थापत्य का वैभव देखकर ठगा रह गया। उसने लिखा –

"हम लोग उसे (भारतीय वास्तु को) देखकर आश्चर्य करते हैं। हम वैसी वास्तु बना तो क्या सकेंगे, हमारे लिए उसका वर्णन भी कठिन है।"

स्वयं महमूद गजनवी भी भारतीय स्थापत्य कला से अभिभूत हुए बिना न रह सका। फरिश्ता द्वारा उद्धृत एक पत्र में उसने गजनी स्थित अपने एक कर्मचारी को लिखा –

"यहाँ (मथुरा में) एक हजार सुविशाल भवन ऐसे हैं, जो धार्मिकों के विश्वास की भाँति अचल हैं। आज नगर जिस अवस्था में है वैसा दूसरा नगर आगामी दो शताब्दियों में भी, करोड़ों–अरबों दीनार खर्च करके भी नहीं बनाया जा सकता।"

1192 ई. में भारत में तुर्की सुल्तानों के शासन की स्थापना और सुदृढ़ीकरण से भारतीय और इस्लामी संस्कृति का सम्मिलन हुआ, जिससे एक पृथक् सामासिक संस्कृति के विकास को बल मिला। इस सामाजिक संस्कृति का प्रस्फुटन तथा पल्लवन अनेक क्षेत्रों में हुआ। तत्कालीन स्मारक भी इससे अछूते

नहीं रह सके। तात्पर्य यह कि इस काल में भारत में नयी वास्तु–शैलियों का प्रवेश हुआ और संस्कृति के अन्य क्षेत्रों की भाँति वास्तुकला में भी भारतीय एवं इस्लामी शैलियों का मिश्रण हुआ और सही अर्थों में तभी से **भारतीय इस्लामी स्थापत्य शैली** की शुरुआत हुई। इस प्रकार भारतीय स्थापत्य के इतिहास में भी नए युग का समारम्भ हुआ और उसने एक नवीन रूप धारण किया।

वस्तुतः यह युग भारतीय वास्तुकला के मुस्लिम आवरण में रूपान्तरण का युग था। दूसरे अर्थों में इस युग का मुस्लिम वास्तु पूर्व में प्रचलित हिन्दू वास्तु का ही एक रूप था। इस सन्दर्भ में एक विद्वान् का आकलन इस प्रकार है–

"उनकी वास्तुकला भारत की पुरातन कला का एकमात्र रूपान्तर है। हिन्दू घरों, मंदिरों तथा बौद्ध विहारों के चौक तथा दालान मस्जिदों के नमाजगृह बन गए। भारतीय जय स्तम्भों को देखकर महमूद गजनवी ने भारतीय शिल्पियों से गजनी में जो मीनार बनवाए, उन्हीं के अनुकरण पर भारत की मस्जिदों के मीनार बने। वेदिका, छज्जे, टोड़े, अलिन्द, कारनीस, तोरण, सजावट आदि अनेक अंग मुस्लिम वास्तु में एकदम भारतीय रूप में ही पाए जाते हैं और नक्काशी में अधिकांशतः भारतीय आदर्श चित्रों का ही प्रयोग हुआ है। गुम्बद और अर्धस्तूपी डाट जो मुस्लिम कला की प्रमुख विशेषता समझी जाती है, वह भारत के लिए नवीन नहीं है। बौद्धकालीन स्तूप और मंदिरों के स्तूपिकाकार शिखर इसके उदाहरण हैं और उनके निर्माण से भारतीय बहुत पहले परिचित थे।" मस्जिदों में मक्का की ओर बनने वाले मेहराब भी देवालयों (ताखों) का प्रतिरूप थे। हाँ, उन्होंने इस्लाम की सादगी का ध्यान इन इमारतों में अवश्य रखा।

वहीं जॉन मार्शल इस सम्बन्ध में कहते हैं कि –

"भारतीय इस्लामी कला केवल इस्लामी कला का स्थानीय प्रकार नहीं है और न यह केवल हिन्दू कला का परिवर्तित रूप ही है, मोटे तौर पर भारतीय इस्लामी वास्तुकला अपनी प्रकृति दोनों स्रोतों से ग्रहण करती है, यद्यपि दोनों अंश सर्वदा समान नहीं होते।"

मध्यकालीन स्मारकों का वर्गीकरण दो भागों में किया जा सकता है– सल्तनतकालीन अथवा पूर्वमध्यकालीन स्मारक तथा मुगलकालीन अथवा उत्तरमध्यकालीन स्मारक।

1. सल्तनतकालीन स्मारक

यह भारतीय इस्लामी स्थापत्य शैली का प्रारम्भिक काल था। इस काल में हिन्दू तथा मुसलमान शासकों एवं धनी वर्गों के प्रभाव से अनेक भव्य इमारतों

का निर्माण हुआ और इनमें पत्थर का सुन्दर काम किया गया। तुर्क–अफगान शासकों द्वारा निर्मित इमारतों में मस्जिदें, मकबरे, मदरसे, मीनार तथा दुर्ग हैं। इनके द्वारा निर्मित दुर्ग प्रायः भग्नावस्था में हैं तथापि मस्जिदें एवं मकबरे पर्याप्त परिमाण में सुरक्षित हैं।

दिल्ली के सुल्तानों के अनुकरण पर प्रांतीय स्वाधीन राज्यों के सुल्तानों तथा अमीरों ने भी अनेक मस्जिदों एवं मकबरों का निर्माण किया, विशेष रूप से मकबरे मुसलमान सुल्तान अक्सर अपने जीवन काल में ही बनवा लेते थे और जीवन काल में उनको विश्राम स्थल के रूप में प्रयोग करते थे। भारत की गर्मी, धूप, लू से बचाव के साथ–साथ प्रकाश के प्रबंध एवं इस्लामी आदर्शों की रक्षा के लिए मुस्लिम सुल्तानों ने इन मकबरों–मस्जिदों की छतों को गुम्बदाकार बनवाया। उन्होंने आयताकार दरवाजों के स्थान पर महेराब बनवाए।

जैसा कि कहा जा चुका है, सल्तनत काल में ही अरब, पारसी तथा तुर्क इत्यादि शैलियों से युक्त इस्लामी स्थापत्य शैली के भारत की भिन्न–भिन्न स्थानीय शैलियों के साथ सम्मिलन से वास्तुकला की नई भारतीय शैली का विकास हुआ जो भिन्न–भिन्न प्रान्तों में भिन्न–भिन्न थी।

दिल्ली की वास्तुकला में मुस्लिम बहुलता के कारण इस्लामी प्रभाव अधिक थे, जबकि जौनपुर, दक्कन, बंगाल और गुजरात, यहाँ तक कि काश्मीर में भी उन्होंने प्रचलित तत्कालीन उन्नत कला को अपना लिया।

वास्तुकला की इस मिश्रित शैली के अपने कारण थे। सर्वप्रथम तो, मुस्लिम शासकों ने आवश्यकता पड़ने पर भारतीय शिल्पकारों तथा मूर्तिकारों को नियुक्त किया, जो स्वाभाविक रूप से अपनी परम्परा से प्रेरणा प्राप्त करते थे। यही कारण है कि इस युग की मुस्लिम इमारतें यद्यपि अपने निर्माता मुस्लिम शासकों के आदेशानुसार मुस्लिम आदर्शों के अनुरूप रखी जाती थीं, तथापि हिन्दू कारीगरों की बहुलता के कारण भारत की मुस्लिम इमारतों की एक विशिष्ट शैली बन गयी जो अपनी समकालीन अभारतीय मुस्लिम इमारतों की तुलना में पर्याप्त भिन्न है। निस्संदेह यह वैभिन्य भारतीय परिवेश तथा कामगारों के कारण है।

दूसरे, प्रारम्भिक मुस्लिम इमारतें हिन्दू तथा जैन मंदिरों की सामग्रियों से ही बनीं तथा कभी–कभी मंदिरों को ही कुछ परिवर्तित–परिवर्धित कर मस्जिदों का रूप दे दिया गया। इसमें मंदिर–वास्तु से भी सहायता मिली। प्रायः मंदिर कमरों एवं स्तम्भों से घिरे खुले आँगन से युक्त होते थे, जिन्हें नमाज के लिए उपयुक्त पाया गया।

ऐसा नहीं कि मुस्लिम इमारतें ही भारतीय परिस्थितियों से प्रभावित हुईं। हिन्दू इमारतों पर भी मुस्लिम प्रभाव पड़ा और उनमें भी गुम्बद तथा मेहराब बनने लगे तथा राजपूतों में भी मकबरों की तरह छतरियाँ बनाने की प्रथा प्रारम्भ हो गयी।

सभी इस्लामी इमारतों में अलंकरण का प्रयोग इस प्रकार किया गया कि वह इमारत की संरचना में घुल मिल जाए और बहुत स्पष्ट होकर न उभर सके। चूँकि जीवित प्राणियों का चित्रांकन नहीं किया गया अतः इमारतों के अलंकरण में प्रमुख रूप से लेखन–कला, ज्यामिति तथा फूल–पत्तियों के चित्रांकन को स्थान दिया गया। कुरान की आयतों को सुलेख (कैलीग्राफी) के माध्यम से इस काल की इमारतों के अलंकरण में बखूबी प्रयोग किया गया है।

I. ***मीनार***

सल्तनतकालीन भारतीय स्मारकों में **मीनारों** का विशिष्ट स्थान है। सबसे प्रसिद्ध मीनार दिल्ली की **कुतुबमीनार** है। माना जाता है कि कुतुबुद्दीन ऐबक ने इसका प्रारम्भ कराया था तथा सुल्तान इल्तुतमिश द्वारा यह पूर्णता को प्राप्त हुई। बाद में फीरोज तुगलक तथा सिकन्दर लोदी द्वारा इसकी मरम्मत करायी गयी।

इस मीनार के पूर्ण रूप से मुस्लिम वास्तु होने के विषय में निर्विवादतः कुछ नहीं कहा जा सकता क्योंकि अनेक विद्वानों के अनुसार पृथ्वीराज चौहान अथवा किसी अन्य हिन्दू शासक ने अपनी विजय की स्मृति में इसे एक कीर्तिस्तम्भ के रूप में बनवाया था। परन्तु सूक्ष्मावलोकन से इस मीनार में हिन्दू कला के तत्त्वों की अपेक्षा मुस्लिम–कला के तत्त्वों की प्रधानता है।

कुतुबमीनार अत्यन्त ऊँची 5 मंजिला इमारत है। 1794 ई. में शीर्ष विहीन इस स्मारक की ऊँचाई 242 फीट आँकी गयी थी। निस्संदेह इसकी प्रारम्भिक ऊँचाई और अधिक रही होगी। इसमें चार विशाल, अलंकृत तथा बाहर निकले हुए छज्जे हैं। इन छज्जों के बीच उभरी मेखलाएँ (Belts) बनी हुई हैं, जिन पर फारसी तथा अरबी में अभिलेख खुदे हैं। सबसे निचली मंजिल में 24 उभरी हुए धारियाँ (Ribs) हैं, जो आकार में क्रमशः कोणाकार तथा गोलाकार हैं। दूसरी मंजिल में वे गोलाकार हैं तथा तीसरी मंजिल में कोणाकार। मीनार की नीचे

की तीन मंजिलें भीतर से हरे चट्टानी पत्थर की तथा बाहरी आवरण लाल पत्थर से निर्मित है। ऊपरी दो मंजिलों का भीतरी भाग लाल पत्थर से तथा बाहरी भाग प्रायः सफेद पत्थर से निर्मित है। सादगी तथा भव्यता का अनूठा संगम लिए यह मीनार सल्तनतकालीन स्थापत्य की अद्‌भुत देन है।

कुतुबमीनार से 470 फीट दूरी पर एक दूसरी मीनार का निर्माण 1311 ई. में सुल्तान अलाउद्‌दीन खिलजी द्वारा प्रारम्भ कराया गया, परन्तु सुल्तान की मृत्यु के कारण वह 75 फीट ही ऊँचा बन सका तथा अधूरा ही पड़ा रहा।

II. *मस्जिद*

मुस्लिम धार्मिक स्मारकों में मस्जिद का स्थान सर्वप्रमुख है। यह इस्लाम धर्म के अनुयायियों के लिए प्रमुख **धार्मिक स्थल** होने के साथ–साथ एक **सम्मिलन स्थल** तथा **राजनैतिक स्थल** के रूप में भी प्रयोग किया जाता है। इस्लाम धर्म अपने अनुयायियों को सप्ताह में कम से कम एक बार आपस में मिलने का निर्देश देता है। इसी के अनुसार प्रत्येक शुक्रवार मुस्लिम समुदाय के सभी व्यक्ति नमाज पढ़ने हेतु मस्जिद में एकत्र होते हैं, इस प्रकार मस्जिद इस्लाम के अनुयायियों के लिए मिलने–जुलने का स्थल भी है।

मस्जिदों में प्रत्येक शुक्रवार को नमाज के दौरान मौलवी द्वारा राजा के नाम से **खुतबा** जारी करने की प्रथा थी। मौलवी द्वारा पढ़े जाने के कारण यदि इसकी धार्मिक गरिमा थी, तो राजा के नाम को दूर–दूर तक प्रसारित करने के कारण इसका राजनैतिक महत्त्व भी स्वतः ही था। यातायात और संचार की मंद गति वाले समय में मस्जिदों की सूचना–प्रसारक के रूप में भी उत्तम भूमिका थी।

(i) कुव्व–तुल–इस्लाम मस्जिद– कुव्वत–उल–इस्लाम मस्जिद का नाम भारत की प्राचीनतम मस्जिद के रूप में लिया जाता है। इसका निर्माण 1196 ई. में मुहम्मद गौरी के सेनापति कुतुबुद्‌दीन ऐबक ने पृथ्वीराज चौहान पर विजय के उपलक्ष्य में किया था। भग्न अवस्था में इस मस्जिद की लम्बाई 135 फीट तथा चौड़ाई 32 फीट है। इसमें चारों ओर दालान, बीच में बड़ा सहन है। स्पष्ट परिलक्षित होता है कि यह कई हिन्दू मंदिरों के अवशेष पर निर्मित हुआ। कतिपय मेहराबों को छोड़कर शेष हिन्दू शैली ही दृष्टिगत है। यथा– स्तम्भ, तोरण, छत आदि पूरी तरह मन्दिर के ही अवशेष हैं। अलाउद्‌दीन खिलजी के समय इसका विस्तार किया गया तथा अलाई–दरवाजा के नाम से प्रसिद्ध दरवाजा भी बनवाया गया।

लाल बलुआ पत्थर तथा सफेद संगमरमर से निर्मित अलाई दरवाजा मुस्लिम काल की प्रारम्भिक इमारतों में अत्यन्त सुन्दर है। इस भव्य इमारत की दीवारें भीतर से एक विशेष प्रकार से अलंकृत हैं। इसमें खुदाई तथा संगमरमर का अत्यन्त बारीक और सुन्दर काम किया गया है। इस आयताकार भवन की चारों दीवारों के बीच में द्वार, उनके अगल–बगल में जालीदार खिड़कियाँ और ऊपर स्तूपी छत है।

(ii) ढाई दिन का झोंपड़ा–अजमेर के तारागढ़ पर्वत की तलहटी में स्थित विशाल ढाई दिन का झोंपड़ा मस्जिद भी अत्यन्त प्राचीन मस्जिद है।

कुव्वत–उल–इस्लाम मस्जिद से दुगने आकार वाली यह मस्जिद भी एक संस्कृत विद्यालय (महाराज बीसलदेव चौहान द्वारा निर्मित) के हिन्दू अवशेष पर निर्मित है, जिसकी छतें तथा स्तम्भ विशुद्ध भारतीय स्थापत्य में निर्मित हैं। किन्तु इसके आधार, योजना तथा सामान्य व्यवस्था में परिवर्तन कर दिया गया है। खुदाई का सुन्दर काम इस इमारत में है। यहाँ का जाये नमाज भी अति सुन्दर तथा निर्दोष है।

सल्तनतकालीन मस्जिदों, विशेष रूप से जामा मस्जिद जैसी बड़ी मस्जिदों में गुम्बद और मेहराब का प्रयोग सादगी से किया गया। उनका आकार अवश्य बड़ा होता था, ताकि शुक्रवार की नमाज में एकत्रित होने वाले लोगों के लिए समुचित स्थान रह सके। इससे इस्लामी शासन–स्थापना की भव्य उद्घोषणा भी दूर से ही हो सकती थी।

प्रारम्भिक मस्जिदें हिन्दू मंदिरों को ध्वंस करने के बाद उनके किंचित रूपान्तरण से ही बनायी गयीं। प्रायः मंदिरों का द्वार पूर्व की ओर होता था और भारत में मुस्लिम चूँकि मक्का (पश्चिम) की ओर मुख करके नमाज पढ़ते हैं अतः देव–मूर्ति को हटाकर वहाँ मेहराब बना देने मात्र से उस ओर मुख करके ईश्वरोपासना हो सकती थी। भारतीय मंदिरों के आँगन वैसे ही काफी विशाल हुआ करते थे। आवश्यकतानुसार चारों ओर के कमरों–बरामदों को तोड़कर उसे और बड़ा किया जा सकता था। अजमेर का ढाई दिन का झोंपड़ा और जौनपुर की अटाला देवी मस्जिद ऐसे ही उदाहरण हैं।

प्रारम्भिक मुस्लिम इमारतों के मेहराब तथा गुम्बद–निर्माण में कौशल तथा सौन्दर्य की भी कमी थी। अलाउद्दीन के समय तक आते–आते इन पर विशेष ध्यान दिया गया। इस समय निर्मित अलाई दरवाजा अपनी वास्तु योजना और सौन्दर्य दोनों ही दृष्टियों से उत्कृष्ट है। इसी प्रकार प्रान्तों में स्थानीय विशेषताएँ हावी रहीं। यथा—बंगाल में ईंटों और खप्परों का प्रयोग कर ढलवाँ छतें बनाई

गईं, तो गुजरात और मालवा में पत्थर की सुन्दर जालियाँ बनाई गईं। जौनपुर में प्रवेशद्वारों को विशाल तथा नयनाभिराम बनाया गया, तो दक्षिण में गुम्बदों एवं मीनारों पर विशेष ध्यान दिया गया।

प्रान्तीय मस्जिदें

– **जौनपुर** : प्रान्तीय मस्जिदों में जौनपुर की मस्जिदें उल्लेखनीय हैं। इनमें हिन्दू–मस्जिद वास्तु के समन्वय का सुन्दर निदर्शन प्राप्त होता है।

  पन्द्रहवीं शताब्दी के मध्य में निर्मित **जामी मस्जिद** जौनपुर कला का उत्कृष्ट नमूना है। भूमि से 6 मीटर ऊँचे वर्गाकार चबूतरे पर निर्मित इस मस्जिद के प्रमुख प्रवेश द्वार पर 24 मीटर ऊँचा मीनार सरीखा कोणाकार है। मस्जिद के मध्य भाग पर स्तूपी छत है और चारों ओर दुमंजिले स्तम्भयुक्त बरामदे हैं। जाये नमाज पश्चिम की ओर है।

  इसी प्रकार यहाँ की **अटाला देवी मस्जिद** भव्य अलंकरण से सुशोभित है तथा हिन्दू–मुस्लिम समन्वित कला का सुन्दर प्रतीक है।

– **बंगाल** : बंगाली स्थापत्य में पत्थरों की अपेक्षा ईंटों का अधिक प्रयोग किया गया है। छोटे स्तम्भों पर नुकीली मेहराबें सुन्दर लगती हैं। कमल आदि हिन्दू अलंकरण प्रतीकों का प्रचुर प्रयोग है। पंडुआ की अदीना मस्जिद तो बौद्ध कला से पूर्ण प्रभावित प्रतीत होती है। मस्जिद का आन्तरिक भाग तो बौद्ध–विहार जैसा ही प्रतीत होता है। इसी प्रकार जफर ग़ाजी की मस्जिद का निर्माण भी हिन्दू मंदिर अवशेष पर हुआ प्रतीत होता है।

  यहाँ की अन्य मस्जिद **कदमे–रसूल** भी ईंटों से निर्मित है तथा चौड़े स्तम्भों के ऊपर दृढ़ता से निर्मित मेहराबें सुन्दर प्रतीत होती हैं।

  यहाँ की **सोना मस्जिद** भी अत्यन्त सुन्दर है। इसका निर्माण 1526 ई. में नुसरत शाह द्वारा करवाया गया। **बड़ा दरवाजा** नाम से प्रसिद्ध इस मस्जिद के सामने का भाग पत्थर से बना है, जिस पर फूल–पत्तियों के अलंकरण हैं। अपने बड़े आकार तथा दृढ ढाँचे से यह मस्जिद अत्यन्त भव्य दिखाई देती है।

  सिकन्दर शाह द्वारा 14वीं शती में निर्मित **अदीना मस्जिद** भी अपनी स्पष्ट डिजाइन और सुन्दर आकृति से बंगाल के तत्कालीन स्थापत्य–वैभव को सार्थक करती है।

– **गुजरात** : गुजरात में भी हिन्दू–मुस्लिम स्थापत्य शैली के समन्वय के नमूने परिलक्षित होते हैं। यहाँ की मस्जिदों में हिन्दू कला अपने उच्चतम रूप में प्रतिबिम्बित होती है। इसका कारण सम्भवतः यह है कि गुजरात की उच्चकोटिक हिन्दू सभ्यता ने मुस्लिम विजेताओं से प्रभावित न होकर उन्हें ही प्रभावित कर दिया। मुस्लिम विजेता गुजराती स्थापत्य के रूप तथा अलंकरण को स्वीकार करने के लिए बाध्य हो गए। अतः फर्ग्यूसन के शब्दों में –

"इसके परिणामस्वरूप ऐसी कला का जन्म हुआ, जिसमें जैन या चालुक्य कला के सौष्ठव तथा परिरूपण (Finish) के साथ वह अवधारणा की विशालता थी जो हिन्दुओं के मान के बाहर थी और जो उन लोगों का विशेष गुण था, जो उस समय भारत को विजय करने में संलग्न थे।"

अहमदाबाद की **जामा मस्जिद** गुजरात–शैली का सर्वोत्कृष्ट नमूना है। इसका निर्माण 1411 ई. में अहमद शाह द्वारा करवाया गया। फर्ग्युसन के अुनसार इस मस्जिद की योजना कुंभा द्वारा लगभग उसी समय निर्मित रणपुर के मंदिर की भाँति ही है।

अहमदाबाद में **जामा** मस्जिद के अनुकरण पर कुछ छोटी मस्जिदों का भी निर्माण कराया गया, जो अपने शिल्प तथा सौन्दर्य से अनायास आकर्षित करती हैं। इनमें रानी **शिप्री** की मस्जिद प्रमुख है। यह भी हिन्दू शैली से पूर्णतया प्रभावित है।

– **मालवा** : हिन्दू शासन–काल में मालवा के दो कला–केन्द्र प्रमुख थे – धारा नगरी तथा मांडू। धारा नगरी में परमार राजाओं द्वारा निर्मित अन्य सुन्दर इमारतें थीं, जिनको नष्ट कर मुस्लिमों द्वारा मस्जिदों का निर्माण किया गया। यहाँ की जामा मस्जिद ऐसी ही एक इमारत है, जिसकी छत हिन्दू शैली के 64 स्तम्भों पर अवस्थित है। कतिपय परिवर्तनों के अतिरिक्त मस्जिद के भीतरी भाग का स्थापत्य भी हिन्दू है।

इसी प्रकार **लाट मस्जिद** के द्वार पर आधा गढ़ा हुआ जय–स्तम्भ पड़ा है।

मांडू के स्मारकों में सबसे उल्लेखनीय है **जामा मस्जिद**, जो अपनी भव्यता और सरलता में अतुलनीय है। होशंगशाह द्वारा प्रारम्भ की गई इस इमारत को महमूद शाह द्वारा पूरा करवाया गया।

– **बहमनी राज्य :** 1347 में स्थापित हुआ बहमनी राज्य आगे चल कर सत्ता के कई केन्द्रों में विभाजित हो गया था। यही कारण है कि स्थापत्य कला के भी यहाँ कई केन्द्र उभरे। यथा–गुलबर्गा, बीदर, बीजापुर और गोलकुण्डा। बहमनी सुल्तानों के निर्माण–कार्य में भी हिन्दू इमारतों की सामग्री का प्रयोग हुआ है, जिसके कारण स्वाभाविक रूप से इनमें हिन्दू कला परिलक्षित होती है। आगे चलकर बाहरी व्यापारियों के साथ तुर्की, मिस्री तथा ईरानी कला– परम्पराएँ भी यहाँ की कला में सम्मिश्रित हो गयीं। गुलबर्गा की मस्जिद इस शैली का प्रमुख उदाहरण है। इसी प्रकार बीजापुर की जामा मस्जिद भी अपनी सरलता तथा आकर्षण के लिए प्रख्यात है।

III. *मकबरा*

मकबरे भी मस्जिदों की भाँति मुस्लिम स्थापत्य शैली के नमूने हैं और ये स्मृति–स्मारक कहे जा सकते हैं। मस्जिदों की अपेक्षा इनमें जो प्रमुख भिन्नता है, वह इनकी सादगी, पवित्रता और गम्भीरता है। इस काल में दिल्ली के साथ–साथ विभिन्न प्रान्तों में आकर्षक मकबरों का निर्माण किया गया। इनमें से कुछ हैं–

(i) तुगलक शाह का मकबरा (दिल्ली)– तुगलक काल की इमारतों में तुगलक शाह का मकबरा अपने भव्य और ऐकान्तिक सौन्दर्य के कारण विशिष्ट है। एक गढ़ी के मध्य स्थित इस मकबरे का स्थिति–स्थान एक कृत्रिम झील थी। फर्ग्यूसन ने इसका वर्णन करते हुए कहा है–

"इस मकबरे की ढालू दीवारें और करीब–करीब मिस्र के ढंग की दृढ़ता, गढ़ की विशाल और सुदृढ़ मीनारें, जो इसे चारों ओर से घेरे हुए हैं, एक योद्धा की कब्र के नमूने का निर्माण कर रही हैं, जिसका कहीं प्रतिद्वन्द्वी नहीं मिलता और जो उत्तरकालीन शान्त और स्थिर वंशों के भव्य और सम्पन्न उपवन–मकबरों से एकदम विभिन्न है।"

(ii) मुहम्मद शाह का मकबरा (बीजापुर)– यह मकबरा अपनी स्थापत्य–विशेषताओं के कारण सभी मकबरों में अप्रतिम है। इसके निर्माण में वास्तु–कौशल में अत्यन्त आश्चर्यजनक मा ने जाने वाले सिद्धान्तों का प्रयोग किया गया है। इस मकबरे के भवन का भीतरी भाग प्रत्येक ओर से वर्गाकार 135 फीट 7 इंच है। फर्श से 57 फीट की ऊँचाई पर भवन का भीतरी भाग आलम्बन के सहारे धीरे–धीरे गोल बनाया गया है। इसका व्यास 97 फीट है। इन आलम्बनों

के आधार पर 109 फीट की ऊँचाई पर 124 फीट 5 इंच व्यास की स्तूपिका है, जिसके निर्माण में अद्‌भुत कौशल एवं मौलिकता का प्रदर्शन शिल्पियों ने किया है, तथा भार को संतुलित रखा है।

मकबरे का आन्तरिक भाग अत्यन्त कलात्मक है, तो बाहरी भाग भी कम नहीं है। हर कोने पर अठपहल मीनार हैं, जो अठमंजिली हैं। सादगी तथा भव्य अनुपात से पूर्ण इन मीनारों के ऊपर भव्य स्तूपिकाओं का निर्माण किया गया है। इन मीनारों के भीतर प्रकाश तथा वायु जाने के लिए झरोखे बने हुए हैं। 83 फीट की ऊँचाई पर 12 फीट चौड़ा छज्जा है और उसके ऊपर एक खुली हुई गैलरी है, जिसके चारों ओर दो–दो मीनारे हैं।

प्रान्तीय इमारतों में गुजरात शैली में **महमूदाबाद का मकबरा** अत्यन्त सुन्दर है। इसका निर्माण महमूद बेगड़ द्वारा 1484 ई. में कराया गया था। इसकी योजना अत्यन्त सादी और सुदृढ़ है तथा इसके अंग–प्रत्यंग में सौन्दर्य, कलात्मकता और सन्तुलन का अपूर्व मेल है।

इसी प्रकार **बहमनी राज्य** में **इब्राहिम** और **महमूद के मकबरे** तथा **गोलकुण्डा** के मकबरे सुप्रसिद्ध हैं।

मांडू में **होशंगशाह का मकबरा** भी मुस्लिम कला का एक उत्कृष्ट नमूना है। इसमें हिन्दू कला के तत्त्वों का अभाव है।

बंगाल में **जफर गाजी का मकबरा** तथा **जलालुद्‌दीन मुहम्मद शाह का मकबरा** अपनी स्थापत्य कला के लिए प्रसिद्ध हैं। इसके निर्माण में प्रमुख रूप से हिन्दू इमारतों के अवशेषों का उपयोग किया गया।

IV. *मदरसा तथा मकतब*

मुस्लिम शासकों ने इस्लामी शिक्षा के प्रसार के भरपूर प्रयास किए। यह कार्य मस्जिदों से जुड़े मकतबों और मदरसों द्वारा किया गया। प्रारम्भिक शिक्षा प्रदान करने वाले मकतबों में प्रायः कुरान की आयतों को कंठस्थ कराया जाता था। मदरसों में उच्च शिक्षा दी जाती थी और ये प्रायः नगरों में होते थे।

इल्तुतमिश दिल्ली में **मदरसे** की स्थापना करने वाला प्रथम सुल्तान था। मदरसे का नाम उसने **मदरसे–मुइज्जी** (मुइजुद्‌दीन मुहम्मद गौरी के नाम पर) रखा। उसने मुल्तान में भी एक मदरसे की स्थापना की।

नासिरुद्‌दीन महमूद के काल में उसके प्रधानमंत्री बलबन ने **मदरसा–ए–नासिरिया** नामक मदरसे की स्थापना की। उसके काल में जालंधर में भी एक मदरसा खुला।

अलाउद्दीन खिलजी ने भी दिल्ली में हौज–ए–खास के पास **मदरसा–ए–अलाई** स्थापित किया। अलाउद्दीन के समय दिल्ली देशी–विदेशी विद्वानों की संगमस्थली बन गया था।

इतिहास, गणित, ज्योतिष, दर्शन तथा इस्लामी अध्ययन में पारंगत सुल्तान मुहम्मद तुगलक ने ज्ञान के प्रसार के लिए दिल्ली में 1346 ई. में एक मदरसे की स्थापना की थी। फिरोज तुगलक को तो सल्तनतकालीन शासकों में सर्वाधिक शिक्षा–प्रेमी माना जाता है। अब्दुल बकी के अनुसार उसने 50 मदरसों की स्थापना करवायी। इन मदरसों में हौज–खास के निकट **मदरसा–ए–फिरोजशाही** सर्वाधिक प्रसिद्ध है। इसमें छात्रावास इत्यादि की भी सुन्दर व्यवस्था थी। मासिर–ए–रहीमी के अनुसार बहलोल लोदी ने भी कुछ मदरसों की स्थापना करवायी थी।

दिल्ली के अतिरिक्त इस काल में बदायूँ, आगरा तथा मथुरा इत्यादि भी शिक्षा के प्रमुख केन्द्र बन गए थे और सुल्तानों ने यहाँ पर भी मदरसों की स्थापना की थी। सल्तनत के विकेन्द्रीकरण के पश्चात् प्रान्तीय राजधानियाँ विद्या तथा विद्वानों का केन्द्र बन गयीं। बहमनी राज्य में प्रत्येक बड़े शहर में एक–एक मकतब बनवाया गया। सरकार की तरफ से इन शैक्षणिक संस्थाओं को उदारतापूर्वक दान दिया जाता था। राजधानी **बीदर** में अरबी–फारसी की उच्च शिक्षा के लिए एक महाविद्यालय एवं विशाल पुस्तकालय की स्थापना की गई। अहमद शाह ने गुलबर्गा में सैय्यद मौहम्मद गेसू के सम्मान में एक मदरसे की स्थापना की, जिसके खर्च के लिए अनेक गाँव दान में दिए। इन सभी शिक्षण–संस्थाओं में इस्लामी धर्म, कानून, सभ्यता तथा संस्कृति के पठन–पाठन की व्यवस्था थी।

बंगाल में भी हुसैन शाही शासकों द्वारा मकतबों तथा मदरसों की स्थापना की गई। जौनपुर भी अपने मदरसों के लिए प्रख्यात था।

2. मुगलकालीन स्मारक

प्रायः सभी मुगल सम्राट स्थापत्य कला–प्रेमी थे। आज भी बड़ी संख्या में मुगलों द्वारा बनवाए गए विशाल भवन, मस्जिद तथा मकबरे जैसे स्मारक बड़ी संख्या में द्रष्टव्य हैं।

प्रथम मुगल सम्राट **बाबर** को भारत में शासन करने का चार वर्ष का ही अल्प समय मिला, वह भी प्रायः युद्धों में बीता। तथापि स्थापत्य काल में उसकी पर्याप्त रुचि थी। उसे पूर्ववर्ती तुर्क–अफगान शासकों द्वारा निर्मित भारतीय भवन

पसन्द नहीं आए। अतः उसने तुर्की से शिल्पकारों को आमंत्रित कर भारत में भवन बनवाने की योजना बनवाई। अपनी आत्मकथा में बाबर लिखता है कि अकेले आगरा में उसने 680 संगतराश नियुक्त किये और उनसे भवन बनवाए। इसके अतिरिक्त उसने धौलपुर, बयाना व ग्वालियर में भी इमारतें बनवायीं। ग्वालियर में मानसिंह व विक्रमाजीत के महलों की स्थापत्य कला से बाबर अवश्य प्रभावित हुआ। पानीपत तथा सम्भल में उसके द्वारा बनवायी गयी मस्जिदें आज भी प्राप्य हैं।

हुमायुँ भी एक कला–प्रेमी शासक था, परन्तु भारत में उसका आजीवन संघर्ष चलता रहा, जिसके कारण वह इस ओर कम ध्यान दे सका। उसका बनवाया 'दीनपनाह' नामक महल अब ध्वस्त हो चुका है।

अफगान शासक **शेरशाह** भी अपने पाँच वर्ष के अल्पकालिक शासन में संघर्षों में ही व्यस्त रहा तथापि सहसराम के मकबरे और मस्जिद इत्यादि के अतिरिक्त अनेकों धर्मशालाओं के निर्माण का श्रेय उसे प्राप्त है। उसकी इमारतों की बनावट, सजावट और सौन्दर्य प्रशंसनीय हैं।

वास्तविक रूप में मुगल स्थापत्य कला का प्रारम्भ **अकबर** से ही माना जाता है। कला के अन्य प्रतिरूपों की भाँति स्थापत्य कला से भी उसे प्रेम था। अबुल फजल कहता है–"सम्राट सुन्दर भवनों की योजना करता है और अपनी मानसिक योजनाओं को पत्थर और मिट्टी का जामा पहनाता है।"

अकबर के स्वाभाविक समन्वयवादी दृष्टिकोण की अभिव्यक्ति उस काल की स्थापत्य कला में भी होती है। फर्ग्यूसन कहता है–

"अकबर के चरित्र में कोई चीज इतनी उल्लेखनीय नहीं है, जितनी कि सहिष्णुता, जिससे उसके सभी कार्य प्रभावित थे। उसके हृदय में हिन्दू प्रजा के लिए वैसा ही सच्चा प्रेम और प्रशंसा थी, जैसी कि उसे अपने धर्मावलम्बियों के प्रति थी, और वह चाहे नीति के कारण हो, चाहे रुझान से, वह उनकी कलाओं को उतना ही चाहता था, जितना कि अपने लोगों की कला को। फलस्वरूप उसकी सभी कृतियों में दोनों शैलियों का सामंजस्य हुआ।"

आमेर, ओरछा और दतिया के महलों पर भी मुगल कला की छाप दिखाई पड़ती है। यहाँ तक कि वृन्दावन के मंदिर भी अकबर की राष्ट्रीय शैली से प्रभावित दीख पड़ते हैं।

सौन्दर्य का अनन्य उपासक होने पर भी **जहाँगीर** के काल में स्थापत्य की संख्या अत्यन्त कम है तथा निर्मित स्थापत्य भी अपने श्रेष्ठ पिता और श्रेष्ठ पुत्र

के अनुपम स्थापत्य की तुलना में हीन प्रतीत होता है। जहाँगीर के स्थापत्य कला में कम योगदान का एक कारण तो यह है कि उसने लाहौर को अपनी राजधानी बनाया। दूसरे, उसे इस कला में इतना अनुराग नहीं था। अतः उसने इमारतों की अपेक्षा उद्यान लगवाने में पर्याप्त रुचि प्रदर्शित की, जिससे निस्संदेह स्मारकों का सौन्दर्यीकरण हुआ।

शाहजहाँ के काल तक आते–आते स्थापत्य कला अपने चरम पर पहुँच गयी। स्थापत्य कला में अपनी रुचि के कारण शाहजहाँ को 'निर्माताओं का राजकुमार' कहा जाता है। उसके काल में दुर्ग, प्रसिद्ध मस्जिद तथा अन्य स्मारक निर्मित किए गए। सौन्दर्य की चरम सीमा तक पहुँच गए स्मारकों के कारण उसका युग 'स्थापत्य का स्वर्णयुग' कहा जाता है।

इस काल तक मुस्लिम वास्तु में सादगी के स्थान पर अलंकरण की प्रवृत्ति बढ़ गई थी और संगमरमर का प्रचुर प्रयोग भी होने लगा था। प्रारम्भिक मुस्लिम वास्तुकला की सीधी–सादी रेखाओं में क्रमशः कोण और ज्यामिति के आकार ने प्रवेश लिया और फिर उसका निर्माण नगीने जड़कर किया जाने लगा और अन्ततः उसने पूर्ण उन्नत रूप धारण कर लिया। आज भी शाहजहाँ के भव्य भवनों में विद्यमान शान्ति, गौरव, सुषमा और सौन्दर्य के दर्शन कर प्रेक्षक मंत्रमुग्ध हो जाता है। कला की बारीकियों से अनजान दर्शक भी इन नयानाभिराम भवनों को देखकर सौन्दर्य और आतंक से अभिभूत हुए बिना नहीं रहता। इस सम्बन्ध में डॉ. बनारसी प्रसाद जी ने लिखा है–

''चाहे एतिहासिक साहित्य का पूर्ण पुंज नष्ट हो जाये और केवल ये भवन ही शाहजहाँ के शासनकाल की कहानी कहने को बाकी रह जायें, इसमें सन्देह नहीं, तब भी शाहजहाँ का शासन–काल सबसे अधिक शानदार कहा जाएगा।''

शाहजहाँ स्वयं स्थापत्य कला में निष्णात था और अपनी इमारतों के नक्शों को स्वयं देखकर स्वीकृति देता था और व्यक्तिगत रुचि लेकर सभी इमारतें बनवाता था।

उसके काल में आगरा के किले में दीवाने–आम, दीवाने–खास, रंगमहल, मच्छी भवन, सुमन बुर्ज तथा मोती मस्जिद जैसी अनेकों इमारतों का निर्माण किया गया और ताजमहल के निर्माण ने तो शाहजहाँ को सदैव के लिए अमर कर दिया।

औरंगजेब कट्टर सुन्नी मुसलमान था। उसे किसी भी कला में दिलचस्पी नहीं थी। उसने अपने जीवनकाल में हजारों मंदिरों को तुड़वाकर उनके स्थान

पर मस्जिदों का निर्माण कराया। उसकी कट्टरता की प्रतीक ये इमारतें कला की दृष्टि से हीन थीं। बनारस व मथुरा के भव्य मंदिरों का ध्वंस कराकर मस्जिदों का निर्माण कराने के अतिरिक्त उसने दिल्ली के लाल किले में भी एक छोटी सी मस्जिद बनवायी। अपनी बेगम रबिया–उद्–दौरानी की स्मृति में उसके द्वारा औरंगाबाद में बनवाया गया मकबरा अपने आकार की विशालता के बावजूद कलात्मक खोखलेपन को दर्शाता है। इस प्रकार धीरे–धीरे मुगल वास्तुकला का अवसान होता गया।

मुगलकालीन स्मारकों का वर्णन निम्न रूप में किया जा सकता है–

I. *दुर्ग, नगर तथा राजप्रासाद*

इस क्षेत्र में सर्वप्रथम योगदान **शेरशाह** का माना जाता है। उत्तरी–पश्चिमी सीमा की सुरक्षा के लिए जहाँ उसने **रोहतासगढ़** नामक सुदृढ़ दुर्ग का निर्माण किया, दिल्ली का पुराना किला बनवाया, वहीं यमुना नदी के निकट एक नगर तथा कन्नौज के स्थान पर शेरसूर नगर बनाने का श्रेय उसी को दिया जाता है।

अकबर के काल तक आते–आते भारतीय तथा ईरानी वास्तुकला पर्याप्त रूप से घुल–मिल गई। अपनी धार्मिक सहिष्णुता की नीति के कारण अकबर ने कला के इस सम्मिश्रण को न केवल सहर्ष स्वीकार किया अपितु इसे पर्याप्त प्रोत्साहन भी दिया। इस शैली को मुगल शैली अथवा राष्ट्रीय स्थापत्य शैली भी कहा जाता है।

स्थापत्य कला से अकबर को विशेष प्रेम था ही। अबुल फज़ल के कथन कि 'उसने आलीशान इमारतों की योजना बनाई और अपने मस्तिष्क व हृदय की रचना को पत्थर तथा मिट्टी की पोशाक पहनाई' का तात्पर्य यह है कि अकबर अपने मस्तिष्क की कल्पनाओं को बुद्धि द्वारा क्रियान्वित करता था। भवनों के नक्शों का वह स्वयं निर्माण करता था तथा देखता था कि कार्य उसके अनुरूप हो रहा है या नहीं। अकबरकालीन अद्वितीय इमारतें इसका साक्षात् प्रमाण हैं।

आगरा का किला– अकबर द्वारा निर्मित इस किले में भारतीय–ईरानी स्थापत्य शैली का सुन्दर समन्वय है। डेढ़ मील के घेरे में विस्तृत इस किले में 70 फीट ऊँची सुदृढ़ दीवार है। सुरक्षा की दृष्टि से दीवार के चारों ओर गहरी खाई खुदी है। प्रारम्भ में इस किले में चार प्रवेश द्वार थे, जिनमें से दो बाद में बंद कर दिये गए। वर्तमान में इसमें दो दरवाजे हैं—दिल्ली दरवाजा तथा अमर सिंह दरवाजा। दिल्ली दरवाजा मुख्य प्रवेश द्वार है, जिसकी प्रशंसा

पर्सी ब्राउन ने भारत के सबसे अधिक प्रभावशाली दरवाजों में से एक के रूप में की है। कहा जाता है कि आगरे का किला ग्वालियर के किले की अनुकृति पर निर्मित है, परन्तु सादगी में अप्रतिम है।

पूर्णतः लाल पत्थर से निर्मित इस किले में 500 से अधिक भवन थे, जिनमें से कुछ को गिराकर शाहजहाँ ने उनके स्थान पर संगमरमर के मण्डपों का निर्माण करवाया था। इस किले में स्थित कुछ अकबरकालीन इमारतें हैं—जहाँगीरी महल तथा अकबरी महल।

शाहजादा जहाँगीर के रहने के लिए बनवाया गया **जहाँगीरी महल** 249 फीट लम्बा है, जिसके बीचों बीच चौकोर आँगन है। आँगन के चारों ओर दुमंजिले कमरे बने हैं। लाल पत्थर से निर्मित इस इमारत में अलंकरण के लिए सफेद संगमरमर का प्रयोग किया गया है। स्थापत्य की दृष्टि से यह महल हिन्दू स्थापत्य शैली से प्रभावित दृष्टिगत होता है, जिसमें वर्गाकार स्तम्भ तथा सहारे के रूप में चोटियाँ हैं तथा हिन्दू ढंग पर बनी तहों से शून्य छोटी मेहराबों की पंक्तियाँ हैं। जहाँगीरी महल के दाहिनी ओर जीर्ण–शीर्ण हालत में **अकबरी महल** है, जो कभी जहाँगीरी महल की ही भाँति अत्यन्त भव्य था। सादगी से परिपूर्ण इस महल के बुर्ज भारतीय स्थापत्य की बंगाली शैली में निर्मित हैं।

इलाहबाद का किला—1583 ई. में अकबर द्वारा निर्मित यह किला 3000 फीट के घेरे में विस्तृत है। वर्तमान में इस भव्य किले के कुछ ही अंश शेष हैं। किले के भीतर 40 स्तम्भों पर आधारित एक राजप्रासाद बना है, जिस पर चबूतरे के आकार की छत बनी है। छत के ऊपर छतरियाँ बनाई गई हैं। प्रासाद पूर्ण रूप से भारतीय स्थापत्य शैली से प्रभावित है। विलियम फिंच के अनुसार इस प्रासाद को बनवाने में 40 वर्ष लगे तथा विभिन्न वर्गों के 5000 से लेकर 20,000 तक श्रमिक लगाए गए।

लाहौर का किला– अकबर ने आगरे के किले के साथ ही लाहौर में भी किला बनवाया था और लगभग उसी के अनुरूप इसका स्थापत्य है। हाँ, सजावट तथा आकर्षण की दृष्टि से यह आगरे के किले की अपेक्षा श्रेष्ठ है। किले की दीवारें हाथी, मोर तथा शेर इत्यादि के चित्रण से अलंकृत कर दी गई हैं, जिससे हिन्दू तत्त्वों का स्वाभाविक समावेश इसमें दिखाई पड़ता हैं।

फतेहपुर सीकरी– फतेहपुर सीकरी का निर्माण अकबर की अद्भुत स्थापत्य योग्यता का परिणाम है। फर्ग्यूसन फतेहपुर सीकरी को 'महान् व्यक्ति के मस्तिष्क का प्रतिबिम्ब' बताते हैं।

आगरे से 22 मील दक्षिण में फतेहपुर सीकरी के भव्य खंडहर आज भी अपने विगत वैभव की झाँकी प्रस्तुत करते हैं। अकबर से पूर्व यहाँ फतेहपुर तथा सीकरी नाम के दो गाँव बसे हुए थे, जो आज भी हैं। किंवदन्ती है कि सन्त सलीम चिश्ती के कहने से 6 माह यहाँ ठहरने पर अकबर को पुत्र सलीम की प्राप्ति हुई थी और इसी अनुकम्पा और प्रसाद के परिणामस्वरूप शेख सलीम के सम्मान में अकबर ने यह नया नगर बसाया जो 11 वर्षों में बनकर तैयार हुआ। इस प्रकार यह नगर आध्यात्मिक और भौतिक संगम का प्रतीक है। इस नगर को 15 वर्षों तक अकबर की राजधानी होने का भी सौभाग्य रहा। कहा जाता है कि शेख सलीम ने अकबर को फतेहपुर को किला बनाने की आज्ञा नहीं दी थी, किन्तु नगर के तीन ओर एक ध्वस्त परकोटे के चिह्न आज भी दिखाई देते हैं। इस नगर में अनेक प्रासाद, मदरसे धर्मस्थल बने हुए हैं।

बुलन्द दरवाजा यहाँ की सर्वप्रमुख इमारत है। 1602 ई. में गुजरात–विजय के स्मारक के रूप में अकबर ने **बुलन्द दरवाजा** निर्मित किया था। भूमि से 280 फीट ऊँचा भारत का यह सर्वोच्च दरवाजा विश्व के ऊँचे दरवाजों में से एक है। 52 सीढ़ियों के पश्चात् दर्शक दरवाजे के अन्दर पहुँचता है। दरवाजे में सैकड़ों साल पुराने विशाल किवाड़ और उन पर यात्रियों द्वारा शेख सलीम की मान्यता हेतु लगवाई गई घोड़े की नालें आज भी दृष्टव्य हैं। इसी दरवाजे से होकर शेख की दरगाह में प्रवेश करते हैं।

यहाँ के धर्मस्थलों में **इबादतखाना** तथा **जामा मस्जिद** प्रमुख हैं। 1571 ई. में निर्मित यह मस्जिद फतेहपुर की शान कहलाती है। मस्जिद पर सुन्दर नक्काशी है।

समीप ही शेख सलीम चिश्ती की मजार है। मजार के पास ही उनके सम्बन्धियों की भी कब्रें हैं। अकबर के समय यह मजार लाल पत्थर की थी, जो जहाँगीर और शाहजहाँ के समय श्वेत संगमरमर की कर दी गई। उसने मजार की दीवार पर चित्रकारी भी करवाई।

मजार के पीछे की ओर बड़े–बड़े चबूतरों पर अकबर द्वारा निर्मित राजप्रासाद हैं। इनमें **चार चमन** और **ख्वाबगाह** अकबर के मुख्य राजमहल थे। यहीं उसके शयनकक्ष और विश्रामगृह थे। **चार चमन** के सम्मुख आँगन में **अनूपताल** है, जहाँ तानसेन ने दीपक राग गाया था। ताल के पूर्व में अकबर की तुर्की **बेगम रुकैया** का महल है, जिसकी सजावट तुर्की के वास्तुशिल्पियों द्वारा की गई थी। इसकी दीवारों पर पशु–पक्षियों के स्वाभाविक चित्र हैं।

रुकैया महल के दाहिनी ओर अकबर का **दीवाने–खास** है, जहाँ वह दो बेगमों के साथ न्यायासन ग्रहण करता था। थोड़ा हटकर नीचे उसके नवरत्न मंत्री बैठते थे। यहाँ जनसामान्य तथा दर्शकों हेतु चारों ओर बरामदे हैं। दीवाने–खास कमल के आकार के पाषाण–स्तम्भ के ऊपर टिका है। दीवाने–खास के समीप ही **आँख मिचौनी** नामक भवन है, जो अकबर का निजी मामलों का दफ्तर था।

पाँच मंजिला **पंचमहल** अथवा **हवामहल** अपनी कलात्मकता के लिए प्रख्यात है। इसकी पाँचों मंजिलें 176 खम्भों पर निर्मित हैं। इसकी प्रथम मंजिल में 84, दूसरी में 56, तीसरी में 20, चौथी में 12 तथा पाँचवीं में 4 खम्भे हैं। इसमें हिन्दू कला के कई चित्र चित्रित हैं। कहा जाता है कि यह जोधाबाई के लिये सूर्य को अर्घ्य देने के निमित्त अकबर के द्वारा बनवाया गया था। अकबर की मुसलमान बेगमें यहीं से ईद का चाँद देखती थीं। पास ही मुगल राजकुमारियों का मदरसा है।

इसी प्रकार **जोधाबाई का महल** हिन्दू–मुस्लिम कला का सुन्दर सम्मिश्रण है। इसे बनाने तथा सजाने में रानी की हिन्दू भावनाओं का विशेष ध्यान रखा गया था। भवन के अंदर आँगन में तुलसी के बिरवे का थाँवला है और सामने दालान में एक मंदिर के चिह्न हैं। दीवारों में मूर्तियों के लिए आले बने हैं। कहीं–कहीं दीवारों पर कृष्णलीला के मद्धम पड़ गए चित्र हैं। मंदिर के घंटों के चिह्न पत्थरों पर अंकित हैं। इस तिमंजिला भवन के ऊपरी कक्ष ग्रीष्मकालीन एवं शीतकालीन महल कहे जाते थे। ग्रीष्मकालीन महल में पत्थर की बारीक जालियों में से ठंडी हवा छन–छनकर आती थी।

जोधाबाई के महल के निकट ही **बीरबल का महल** है, जिसका निर्माण 1582 ई. में किया गया था। इस महल की प्रमुख विशेषता तोड़ों पर की गई कलापूर्ण कारीगरी है।

बीरबल महल के पीछे अकबर का निजी **अस्तबल** था, जिसमें 150 घोड़े तथा अनेक ऊँटों के बाँधने के लिए छेददार पत्थर लगे हैं।

अस्तबल के पास ही अबुल फजल तथा फैजी के निवास स्थल हैं, जो अब ध्वंसावस्था में हैं।

यहाँ से पश्चिम की ओर प्रसिद्ध **हिरन मीनार** है। कहा जाता है कि इसके अंदर खूनी हाथी हनन की समाधि है। मीनार में ऊपर से नीचे तक आगे निकले हुए हिरन के सींगों की तरह पत्थर जड़े हैं।

फतेहपुर सीकरी से लगभग 1 मील दूर अकबर के प्रख्यात मंत्री टोडरमल का निवास स्थान था, जो अब भग्न अवस्था में है।

पहले नगर की सीमा पर मोती झील नामक विस्तृत तालाब था, जिसके अवशेष अब प्राप्त नहीं है।

फतेहपुर सीकरी के भवन कला और सौन्दर्य की दृष्टि से अप्रतिम हैं। लंबे–चौड़े सरल रेखाकार नक्शों पर बने भवन, विस्तृत आँगन तथा ऊँची छतें प्रेक्षक को अकबर की विशाल हृदयता तथा उदारता के दर्शन कराने में सक्षम हैं। इतिहासकार स्मिथ कहते हैं कि यह नगर पाषाण द्वारा निर्मित एक काव्य के समान है, जो अपना सानी नहीं रखता है। यहाँ के सभी भवन लाल पत्थर से निर्मित हैं। सफेद संगमरमर एकमात्र अलंकरण के रूप में प्रयुक्त है।

शाहजहाँकालीन दुर्ग, राजप्रासाद

वास्तुकला की उन्नति की दृष्टि से शाहजहाँ का युग मुगल काल में सर्वोच्च है। उसके द्वारा निर्मित दुर्ग, राजप्रासाद, मस्जिद तथा स्मारक उसके स्थापत्य–प्रेम की कहानी कहते हैं। शाहजहाँ ने दिल्ली, आगरा, कन्धार, लाहौर, अजमेर, अहमदाबाद, मुखलीसपुर आदि स्थलों पर अनेकों इमारतों का निर्माण किया।

शाहजहाँनाबाद (दिल्ली का लाल किला)– 1638 ई. में शाहजहाँ द्वारा बसाया गया शाहजहाँनाबाद आजकल पुरानी दिल्ली के नाम से जाना जाता है। यहाँ उसने लाल पत्थर से निर्मित विशाल दुर्ग बनवाया, जो वर्तमान में लाल किला के नाम से जाना जाता है। फर्ग्यूसन के अनुसार लाल किला संभवतः संसार का सर्वश्रेष्ठ राजप्रासाद है। यहाँ की इमारतें अप्रतिम हैं।

दुर्ग के ऊपर जगह–जगह छोटे–छोटे मण्डप हैं और सामने अत्यन्त भव्य दुमंजिला प्रवेश द्वार है। इसमें प्रविष्ट होकर बड़े वर्गाकार आँगन में पहुँचते हैं, जिसके मध्य दोनों ओर शाही बाजार था। आँगन के दूसरे छोर पर नौबतखाना है, जहाँ से निश्चित समय पर नौबत द्वारा सम्राट के आने तथा राजा के अन्य दैनिक कार्यक्रमों की सूचना दी जाती थी।

नौबतखाने के पीछे राजप्रासाद का भीतरी आँगन है, जिसके बीचों बीच बहुमूल्य रत्नजड़ित स्तम्भ तथा अलंकृत छत से युक्त **दीवाने–आम** है। इसके मध्य में एक तोरणनुमा अलंकृत पर्दा है। उसके सामने मूल्यवान रत्नजड़ित संगमरमर का ऊँचा चबूतरा है, जिसके ऊपर विश्वविख्यात मयूर सिंहासन रखा रहता था। यहाँ बैठकर सम्राट न्याय करता था। भवन के दोनों ओर सरकारी कार्यालय और शाही भवन बने हैं।

दीवाने–आम के पीछे शाहजहाँ का उद्यान तथा सुप्रसिद्ध **रंगमहल** था। इस भवन के मध्य में बड़ा कक्ष बना है, जिसके चारों कोनों पर चार छोटे कक्ष हैं। मध्य कक्ष के बीचों बीच संगमरमर से निर्मित अत्यन्त सुन्दर रत्नजड़ित स्नानकुण्ड था, जिसमें सीधे यमुना से पानी आया करता था। कमल के आकार में बने इस जलाशय में पत्तियों का कलात्मक अंकन है।

प्रमुख राजप्रासाद से उत्तर की ओर कई छोटे–छोटे आँगन हैं, जिनमें से एक में प्रख्यात **दीवाने–खास** है। यह खुला भवन शाहजहाँ द्वारा निर्मित वस्तुओं में सर्वाधिक अलंकृत है। इसकी दीवारों, छतों और स्तम्भों पर बहुमूल्य रत्नों की पच्चीकारी का दर्शनीय कार्य है। इसी में प्रसिद्ध झरोखा–ए–दर्शन था, जहाँ से सम्राट अपनी प्रजा को दर्शन दिया करता था। यहाँ लिखा हुआ वाक्य "यदि पृथ्वी पर कहीं स्वर्ग है, तो यहीं है, यहीं है" इस पर पूरी तरह चरितार्थ होता है।

दक्षिण की ओर बाजार के पीछे जनानखाना था, जिसमें आँगन, बाग, फव्वारे, मण्डप इत्यादि बने हुए थे, परन्तु आज उनके अवशेष नहीं हैं।

आगरा के किले के भवन– श्वेत संगमरमर से अपने अनुराग के कारण शाहजहाँ के आगरा के किले में अकबर द्वारा लाल पत्थर से बनवाई गई इमारतों को तुड़वाकर उनकी जगह श्वेत संगमरमर की इमारतें बनवाईं।

किले में अमरसिंह दरवाजे से प्रवेश करने पर दूसरे आँगन में **दीवाने–आम** स्थित है। 1628 ई. में शाहजहाँ द्वारा निर्मित यह भवन 201 फीट लम्बा तथा 67 फीट चौड़ा है। इसकी छत दोहरे स्तम्भों पर आधारित है। ये स्तम्भ सुन्दर तथा कलात्मक मेहराबों से युक्त हैं। हॉल के मध्य में संगमरमर के मण्डप में शाही तख्त था, जो स्वर्ण से निर्मित था और **तख्ते–ताऊस** अथवा मयूर सिंहासन के नाम से प्रसिद्ध है। तख्त के 12 स्तम्भों पर आधारित मण्डप के ऊपर हीरे–जवाहरातों से दो मयूर आकृतियाँ बनी थीं। मण्डप के पास जालीदार कक्ष है। दीवाने–आम में शाही दरबार लगता था।

इसी प्रकार मुगल सम्राटों का मन्त्रणा–कक्ष **दीवाने–खास** के नाम से प्रसिद्ध है। यमुना नदी के तट की एक खुली छत पर श्वेत संगमरमर से निर्मित इस भवन के स्तम्भों तथा द्वारों पर कलात्मक नक्काशी की गई है। दीवारों पर फूल–पत्तियों का आकर्षक चित्रण है।

दीवाने–खास से सटा हुआ यमुना तट की ओर सम्राट का शयन कक्ष था जो **खास महल** के नाम से जाना जाता है। श्वेत संगमरमर से निर्मित इस

महल के स्तम्भ, मेहराब तथा दीवारें अलंकृत हैं। शाही शयन कक्ष के दोनों ओर मण्डप हैं। छतों पर आकर्षक पच्चीकारी की गई है।

खास मण्डल के समक्ष 235 फीट लम्बा तथा 170 फीट चौड़ा **अंगूरी बाग** है, जिसके समीप तीन कक्ष हैं जो शाही बेगमों के निवास थे। कक्षों के सामने फव्वारे बने हुए हैं।

खास महल के उत्तर में श्वेत संगमरमर से निर्मित **मुसम्मन बुर्ज** है, जो शाह बुर्ज के नाम से भी प्रख्यात है। यह बुर्ज चार मंजिला है। किंवदन्ती है कि अपने अन्तिम दिनों में शाहजहाँ इसी बुर्ज से ताजमहल को निहारा करते थे।

खास महल तथा शाह बुर्ज के मध्य संगमरमर से बना **झरोखा दर्शन** स्थित है, जहाँ से प्रतिदिन सूर्योदय के पश्चात् सम्राट अपनी जनता को दर्शन दिया करता था।

छीवाने–आम के पीछे लाल पत्थरों से निर्मित **मच्छी भवन** है, जिसके मध्य में विशालकाय आँगन है। इसके चारों ओर की खुली गैलरी में आकर्षक खम्भे उत्कीर्ण हैं। इसके चारों कोनों पर मीनारें बनी हैं। भवन के दक्षिण की ओर चार स्तम्भों पर आधारित श्वेत संगमरमर का मण्डप है। आँगन के मध्य संगमरमर के तालाब बने हैं, जिनमें शाही परिवार के सदस्य मछली के शिकार द्वारा मनोविनोद करते थे।

दीवाने–खास के ठीक नीचे **शीशमहल** स्थित है। स्वर्ण, काँच तथा रंगीन पत्थरों से सुसज्जित इस आकर्षक भवन में स्नान हेतु जल–कुण्ड बने हैं, जिन्हें नहर द्वारा भरा जाता था।

शाहजहाँ ने आगरा के किले में तीन मस्जिदों का भी निर्माण किया था। अपने लिए व्यक्तिगत मस्जिद, नगीना मस्जिद तथा मोती मस्जिद।

II. *सराय*

मुगलकाल में भारत में निर्मित सार्वजनिक इमारतों में सराय सर्वप्रमुख हैं। व्यापार की वृद्धि के लिए प्रयोग किये जाने वाले 'सराय' कुछ–कुछ आधुनिक होटल की भाँति होते थे। राज्य के प्रमुख मार्गों पर इस प्रकार के सराय बने होते थे। स्थानीय अधिकारियों द्वारा इनकी देखभाल की जाती थी। आवश्यक वस्तुओं को उपलब्ध कराना तथा यात्रियों की सुरक्षा इनके प्रमुख कार्यों में थे। संभवतः सरायों के उपयोग में धर्म अथवा आस्था के आधार पर कोई मेदभाव नहीं किया जाता था।

सरायों के निर्माण के मामले में शेरशाह के समय में क्रान्ति आई। उसने स्वयं द्वारा निर्मित सभी सड़कों पर प्रायः दो–दो कोस के फासले से लगभग 17,000 सरायों का निर्माण कराया। शिकदार द्वारा देखभाल की जाने वाली इन सभी सरायों में हिन्दुओं तथा मुसलमानों के लिए अलग–अलग प्रबन्ध था।

III. *मकबरा*

मुगल शासकों को भी अपने पूर्ववर्ती तुर्क–अफगान शासकों की भाँति मकबरा बनाने का शौक था। यही कारण है कि मकबरों की संख्या मस्जिदों से भी अधिक है। पठानों ने भी मकबरों का निर्माण कराया।

(i) शेरशाह का मकबरा– उत्तरमध्यकालीन मकबरों में अत्यन्त महत्त्वपूर्ण सहसराम स्थित शेरशाह का मकबरा 300 फीट वर्गाकार 30 फीट ऊँचे चबूतरे पर तालाब के बीच स्थित है तथा अत्यन्त मनोरम दृश्य उपस्थित करता है। मकबरे का मुख्य भाग अष्टकोणात्मक है तथा प्रत्येक भुजा 36 फीट लम्बी है। प्रत्येक ओर 10 फीट 2 इंच का बरामदा है तथा ऊपर एक विशाल स्तूपिका है। 71 फीट व्यास वाली यह स्तूपिका आकार की दृष्टि से देश में द्वितीय है। भवन के चारों कोनों पर छोटी–छोटी अठपहल–छतरियाँ मुख्य भवन के अनुरूप ही हैं। मुख्य भवन की स्तूपिका के चारों ओर छोटी–छोटी स्तूपिकाएँ हैं, जिनसे उसका एकाकीपन बँट सा गया है। हैवेल ने इस समाधि की विशेषता बताते हुए लिखा है–

"वह अपने अन्तर में सोए हुए व्यक्ति का चरित्र व्यक्त करती है और उसके चरित्र की विशेषता है– दृढ़, निर्मल और गम्भीर।" डॉ. स्मिथ भी इसे भारत की सर्वोत्तम इमारतों में से मानते हैं।

(ii) हुमायुँ का मकबरा– हुमायुँ का मकबरा मुगल सम्राटों का प्रथम भारतीय मकबरा है। इसका निर्माण हुमायुँ की पत्नी हाजी बेगम ने प्रारम्भ किया था और पुत्र अकबर ने पूरा किया। इस प्रकार यह अकबर की भी प्रथम स्मारकीय रचना कही जा सकती है। हुमायुँ के प्रतिद्वन्द्वी शेरशाह के मकबरे की भाँति यह मकबरा भी सादगी एवं पवित्रता के प्रतीक संगमरमर से निर्मित है और ऊँचे चबूतरे पर आधारित है। भवन का आकार अठपहल है और ऊपर संगमरमर की स्तूपिका। आठ कोनों में से चार में प्रवेश द्वार हैं और बाकी चार कोनों पर अठपहल कमरे बने हुए हैं, जिनमें केन्द्रीय तोरण से बाहर को ढलते हुए द्वार हैं। इन कमरों में हाजी बेगम और उनके अन्य 9 सम्बन्धियों की कब्रें हैं। पूर्णतः अलंकरणरहित यह मकबरा पवित्रता और सादगी की प्रतिमूर्ति है और आगे चलकर ताजमहल का निर्माण इसी की अनुकृति पर हुआ है। फर्ग्यूसन ने इसकी

विशेषता बताते हुए कहा है कि इसका सबसे प्रमुख लक्षण इसकी योजना की पवित्रता अथवा यों कहिए–दरिद्रता है। जो कुछ अकबर ने बनवाया, उन सबसे यह मिलता–जुलता नहीं है। इसमें पूर्ववर्ती पठानों के मकबरों की मनोरम विशालता भी नहीं है, और वास्तव में यह एक शताब्दी बाद की रचना जान पड़ती है। मिरक मिर्जा गयास नामक ईरानी वास्तुविद द्वारा निर्मित इस इमारत से ईरानी तथा भारतीय वास्तुकला का स्पष्ट मिश्रण मुगल शैली के रूप में परिलक्षित होता है।

(iii) अकबर का मकबरा (सिकन्दरा)– आगरा से पश्चिमोत्तर दिशा में स्थित सिकन्दरा का मकबरा स्वयं अकबर ने बनवाया प्रारम्भ किया था। इसके निर्माण में कुल 20 वर्ष लगे थे। एक उद्यान के मध्य स्थित यह मकबरा अपने ढंग का निराला मकबरा है। फर्ग्यूसन के अनुसार अकबर ने इस मकबरे का निर्माण बौद्ध–विहारों के ढंग पर करवाया। इसके कुछ अंगों में मामल्लपुरम् के रथों की नकल दिखाई पड़ती है।

अकबर की योजना के अनुसार इस मकबरे का गुम्बद श्वेत संगमरमर का तथा छत सोने का बना होना था। यदि ये दोनों कार्य पूर्ण हो जाते तो यह मकबरा अद्वितीय सौन्दर्य से युक्त होता। तथापि इसके सौन्दर्य से अभिभूत पर्सी ब्राउन कहते हैं—"यह मकबरा किसी फारसी मकबरे का नमूना सा ज्ञात होता है, जिसे भारतीय शिल्पियों ने तैयार किया है।"

(iv) मरियम का मकबरा– सिकन्दरा में अकबर के मकबरे के निकट एक अन्य मकबरा मिला है, जिसे विद्वान मुगलकाल में निर्मित मरियम का मकबरा मानते हैं।

लाल पत्थर तथा ईंटों से निर्मित इस दुमंजिले मकबरे के नीचे तहखाना बना है। मकबरे का मुख्य भवन 145 वर्ग फीट में बना है, जिसकी ऊँचाई 39 फीट है। मकबरे के चारों ओर चार प्रवेश द्वार हैं, जिनमें से उत्तर की ओर मुख्य प्रवेश द्वार है, जो तीन मेहराबों से युक्त है।

नीचे की मंजिल में पूर्व से पश्चिम की ओर बनी गैलरी में तोरणयुक्त छतों वाले 40 कक्ष निर्मित हैं। मकबरे की दूसरी मंजिल की छत पर कल्पित कब्र बनी है। द्वार के शीर्ष पर आठ स्तम्भों पर आधारित मण्डप बने हैं। स्तम्भों के आधार व शीर्ष अलंकृत हैं। कोने के मण्डपों में पशु–आकृतियाँ उत्कीर्ण हैं। मकबरे के कोनों पर गोल गुम्बद वाले अष्टकोणीय बुर्ज बने हैं।"

(v) एतमादुद्दौला का मकबरा (आगरा)– जहाँगीर के काल में साम्राज्ञी नूरजहाँ ने अपने पिता प्रधानमंत्री एतमादुद्दौला का मकबरा बनवाया। यमुना नदी

के बाएँ किनारे पर स्थित यह मकबरा 540 वर्ग फीट के दीवारयुक्त अहाते से घिरा है। पूर्णतः श्वेत संगमरमर से निर्मित मुख्य मकबरा वर्गाकार दुमंजिला भवन है, जिसके चारों ओर अष्टकोणीय बुर्ज हैं।

मकबरे का मुख्य हॉल सफेद संगमरमर के फर्श से युक्त है, जिस पर कलात्मक पच्चीकारी की गई है। इसी हॉल में एतमादुद्दौला तथा उसकी पत्नी की कब्रें बनी हैं। हॉल में कुछ अन्य कक्ष भी हैं।

मकबरे की दूसरी मंजिल पर एक मण्डप है, जिसमें वर्गाकार कक्ष बना है। इस कक्ष की दीवार पर्दे के आकार की संगमरमर की जालियों से युक्त है।

सौन्दर्य की दृष्टि से अप्रतिम इस मकबरे में महीन कार्य का अलंकरण है। पच्चीकारी का अत्यन्त सुन्दर काम इसकी सजावट में चार चाँद लगा देता है। मकबरे के तोड़े, बेलबूटे तथा जालियाँ हिन्दू शैली की प्रतीक हैं। नेहरू जी इस इमारत के सौन्दर्य से अभिभूत थे। पर्सी ब्राउन इसकी प्रशंसा करते हुए कहते हैं—"इस मकबरे के प्रत्येक भाग से मुगलकालीन व्यापक सौन्दर्य भावना का बोध होता है।"

(vi) शेख सलीम चिश्ती का मकबरा—यह मकबरा फतेहपुर सीकरी में स्थित है, जिसकी नींव 1571 ई. में रखी गई थी। विद्वानों की मान्यता है कि अकबर के काल में यह मकबरा लाल पत्थर से बनाया गया था, परन्तु जहाँगीर और शाहजहाँ के काल में इसे सफेद संगमरमर का बना दिया गया। वर्गाकार इस मकबरे पर खरबूजे के आकार का गुम्बद बना हुआ है। समाधि के स्तम्भ तोड़ों पर आधारित हैं, जिन पर आकर्षक खुदाई की गई है।

मकबरे का भीतरी भाग अत्यन्त सुन्दर है। फर्श अनेक रंगों से अलंकृत है। मजार के चारों ओर अत्यन्त बारीक काम की सुन्दर जालियाँ लगी हैं, जो थोड़ी दूर से देखने पर श्वेत रेशमी वस्त्र की भाँति प्रतीत होती हैं। मजार के ऊपर सीप, सींग तथा चन्दन की अपूर्व कारीगरी हैं। शिल्प और नक्काशी के सर्वोत्कृष्ट कार्यों में इसका शुमार होता है।

मकबरे का स्थापत्य स्पष्ट रूप से हिन्दू स्थापत्य से प्रभावित है। स्मिथ के अनुसार– "समाधि का सम्पूर्ण ढाँचा हिन्दू भावनाओं से ओतप्रोत है।"

(vii) ताजमहल (आगरा)– शाहजहाँ का काल मुगल स्थापत्य का स्वर्ण युग था। इस काल में स्थापत्य कला अपने सौन्दर्य की चरम सीमा पर पहुँच गई। शाहजहाँ तक आते–आते मुगल वास्तु में पुरुषता के स्थान पर स्त्रियोचित

कोमलता का समावेश हो जाता है। वास्तुशास्त्री कवि की भाषा में यह गीतकाल कहा जाता है।

ताजमहल शाहजहाँकालीन स्थापत्य का चरम निदर्शन है। यह स्थापत्य कला का गौरव और शृंगार है। स्थापत्य को ललित कलाओं में गौरवपूर्ण स्थान देने के लिए पर्याप्त इस एक इमारत में कविता की प्रेषणीयता, संगीत का उन्माद, शान्त चित्र की भावात्मकता तथा मूर्ति की मूर्तिमत्ता का वास कहा जाता है। अर्थात् ललित कला के सभी उपादानों का संगम इस अपूर्व इमारत में है।

यह शाहजहाँ की प्रिय पत्नी मुमताज बेगम की समाधि है। पूर्णतः श्वेत संगमरमर से निर्मित इस समाधि–स्मारक में दो प्रेमी हृदयों की मूक गाथा अंकित कही जा सकती है। 18 फीट ऊँचे तथा 313 फीट वर्गाकार चबूतरे पर स्थित ताजमहल के चारों कोनों पर 173 फीट ऊँचे मीनार खड़े हैं जो मुख्य वास्तु के साथ साम्य रखते हैं।

मध्य भाग में ऊपर 58 फीट व्यास की स्तूपिका है। स्तूपिका के नीचे भवन के भीतर स्फटिक संगमरमर का एक जालीदार पर्दा है, जिसकी कटाई और खुदाई अप्रतिम है। इसके पर्दे के भीतर दो कृतिम समाधियाँ हैं, जिनके नीचे तहखाने में सम्राट शाहजहाँ और साम्राज्ञी मुमताज की मूल समाधियाँ हैं।

मुख्य भवन के अगल–बगल छोटे–छोटे स्तूपिका युक्त दुमंजिला भवन हैं जो मूल समाधि के कमरों एवं मार्गों से सम्बद्ध हैं। वास्तु के मुख्य भाग में प्रकाश आने के लिए ऊपर दुहरी जालीदार खिड़कियाँ हैं। ताजमहल के मुख्य भवन के कोने–कोने में बहुमूल्य पत्थर, हीरे, लाल आदि जड़े हुए हैं जो सफेद संगमरमर के साथ एक अपूर्व संयोग बनाते हैं।

ताज के निर्माण में 22 वर्ष (1631–1653 ई.) तथा 4 करोड़ से अधिक रुपया खर्च होने का अनुमान है। फादर मैनरिक और स्मिथ इसका निर्माता वेनिस निवासी जेरोम वेरोनियो को स्वीकारते हैं तो जॉन मार्शल और हैवेल इस मत को अस्वीकार करते हैं। पारसी विद्वान इसकी प्राच्य अवधारणा की डिजाइन का श्रेय कुस्तुन्तुनिया निवासी तुर्क वास्तुशास्त्री उस्ताद ईसा को देते हैं, जो शीराज तथा समरकन्द में काफी पहले काम कर चुके थे। वहीं पर्सी ब्राउन के अनुसार इसका निर्माण मुस्लिम कलाकारों और पच्चीकारी तथा चित्रकारी का कार्य हिन्दू कलाकारों द्वारा किया गया था।

जो भी हो, प्राच्य एवं पाश्चात्य सभी कला समीक्षक एक मत से ताजमहल को वास्तुकला का अपूर्व और अनुपम उदाहरण घोषित करते हैं। फर्ग्यूसन तो यहाँ तक कहते हैं – "जिसके दृष्टिपथ पर यमुना बह रही हो, पीछे उद्यान,

चश्मे और प्रवेश द्वार हों, वह ताज पूरे विश्व में उसी प्रकार की कृतियों में अतुलनीय है।"

(viii) रबिया उद्–दौरानी का मकबरा (औरंगाबाद)– कट्टर सुन्नी मुसलमान होने के कारण औरंगजेब सादगी पसन्द था तथा शाहजहाँ कालीन भव्यता से घृणा करता था। तथापि ताजमहल के अनुकरण पर औरंगाबाद में उसने अपनी प्रिय बेगम रबिया उद्–दौरानी की स्मृति में 1679 ई. में एक मकबरे का निर्माण कराया। स्थापत्य की दृष्टि से यह एक निम्न कोटि की इमारत है। पूर्णतः कलाहीन, भद्दी तथा बेडौल यह इमारत ताज की उच्चता का लेशमात्र भी स्पर्श नहीं करती।

(ix) सफदरजंग का मकबरा (दिल्ली)– उत्तर मुगलकालीन इमारतों में दिल्ली स्थित यह मकबरा अत्यन्त महत्त्वपूर्ण है। एक बड़े उद्यान के बीचों–बीच स्थित इस मकबरे की योजना ताजमहल के ही अनुकरण पर है, परन्तु इसकी मौलिकता यह है कि इसमें मीनारें स्वतंत्र ढाँचा न होकर मूल वास्तु से सन्नद्ध हैं। इस दुमंजिली इमारत के ऊपर एक बड़ा गुम्बद है। मीनारें कंगूरों के रूप में खड़ी हैं और उनके ऊपर गुंबदनुमा बुर्जी बनी है। इमारत मूल रूप से लाल पत्थर से बनी है, जिसमें संगमरमर से पैनल बनाया गया है। मेहराबों पर मात्र आवश्यक अलंकरण का ही प्रयोग किया गया है।

IV. *मस्जिद*

बाबर के अल्पकालिक शासन में भारत में निर्मित दो मस्जिदें प्राप्य हैं–प्रथम रुहेलखण्ड में सम्भल की जामा मस्जिद तथा द्वितीय पानीपत की काबुली बाग मस्जिद। इनके अतिरिक्त एक और मस्जिद उसने अयोध्या में बनवाई थी। इन तीनों मस्जिदों में आकार की विशालता के अतिरिक्त स्थापत्य की दृष्टि से कोई अन्य आकर्षण अथवा विशेषता नहीं है।

हुमायुँ द्वारा निर्मित दो मस्जिदें फतेहाबाद (जिला हिसार) में प्राप्त हुई हैं किन्तु कला की दृष्टि से महत्त्वपूर्ण नहीं मानी जातीं। ये मस्जिदें सुन्दर नहीं हैं परन्तु ईरानी कला का प्रभाव उन पर स्पष्ट है।

शेरशाह ने भी अपने उतार–चढ़ाव से भरे पाँच वर्ष के शासकीय जीवन में कुछ इमारतों का निर्माण किया। दिल्ली के पुराने किले में उसने एक मस्जिद का निर्माण किया जो किला–ए–कुहन मस्जिद के नाम से प्रख्यात है।

(i) नगीना मस्जिद तथा शाहजहाँ की व्यक्तिगत मस्जिद (आगरा)– नगीना मस्जिद आगरा के किले में स्थित है। मच्छी भवन के

उत्तर–पश्चिम में बनी यह छोटी मस्जिद श्वेत संगमरमर से निर्मित है। यह मस्जिद शाही बेगमों के लिए बनवाई गई थी। इस मस्जिद के सामने फूलों का सुन्दर उद्यान है।

इसी किले में खास महल के सामने श्वेत संगमरमर से निर्मित एक गुम्बद रहित मस्जिद है, जो शाहजहाँ की व्यक्तिगत मस्जिद थी। यहाँ वह अपनी प्रातःकालीन नमाज अदा करता था।

(ii) मोती मस्जिद (आगरा)– मोती मस्जिद भी आगरा के किले में दीवाने–आम के उत्तर में स्थित है। श्वेत संगमरमर के आँगन वाली इस मस्जिद के समक्ष एक फव्वारा तथा धूपघड़ी बनी है। आँगन के चारों ओर गैलरी है, जिसमें शाही स्त्रियों के उपासना कक्ष हैं। मोती मस्जिद को भारतीय मुस्लिम धार्मिक स्मारकों का अन्तिम किन्तु सर्वोत्कृष्ट उदाहरण कहा जाता है। इसका निर्माण भी शाहजहाँ ने कराया था। 1654 ई. में पूर्ण हुई इस मस्जिद का आयतन 237 × 187 फीट है। पूर्वी द्वार से प्रवेश करते ही आँखों में चकाचौंध उत्पन्न करने वाले संगमरमर के पत्थरों के मध्य काले पत्थर से जड़े अभिलेख की पंक्तियाँ हैं। इसके तीन ओर नीचा बरामदा तथा पश्चिम दिशा में जाये नमाज है। आँगन की ओर सौन्दर्य से युक्त सात तोरण बने हैं। ऊपर ताजमहल की शैली की तीन स्तूपिकाएँ हैं, जिनके कारण उसका वैभव और बढ़ गया है। कलात्मक विकास की दृष्टि से यह मस्जिद दिल्ली की मस्जिद से अधिक महत्त्वपूर्ण है। कैम्ब्रिज हिस्ट्री ऑफ इण्डिया में इसकी प्रशंसा में लिखा है – "इसकी त्रुटिहीनता और कुशल सौन्दर्य–विन्यास मुगल शैली की श्रेष्ठता का द्योतक है।"

(iii) जामा मस्जिद (दिल्ली)– शाहजहाँ द्वारा निर्मित यह मस्जिद दिल्ली की दर्शनीय इमारतों में से एक है। दिल्ली के लाल किले के सम्मुख निर्मित यह मस्जिद एक ऊँचे चबूतरे पर अवस्थित है तथा लाल पत्थर से बनी हुई है। यह भारत की सबसे महान् तथा महत्त्वपूर्ण मस्जिद मानी जाती है। इसका प्रांगण अत्यन्त विस्तृत है। लाल पत्थरों का अत्यन्त सुन्दर तथा कलात्मक नियोजन हमें इस मस्जिद में देखने को प्राप्त होता है। लगभग 10 लाख रूपयों की लागत से 6 वर्ष में पूर्ण होने वाली यह मस्जिद भव्यता तथा विशालता की दृष्टि से आगरे की मोती मस्जिद से भी बढ़कर मानी जाती है।

(iv) जामा मस्जिद (आगरा)– यह मस्जिद वर्तमान में आगरा फोर्ट रेलवे स्टेशन के निकट स्थित है। इसका निर्माण शाहजहाँ की पुत्री जहाँआरा ने करवाया था। लाल पत्थर से निर्मित यह मस्जिद 130 फीट लम्बी तथा 100 फीट चौड़ी

है। सम्पूर्ण मस्जिद तीन भागों में विभक्त है, जिन पर तीन गुम्बद बने हैं। मस्जिद के सामने खुला आँगन है। मस्जिद का आन्तरिक भाग अत्यन्त सादा है।

मध्यकालीन हिन्दू स्मारक

I. *मंदिर*

10वीं से 13वीं शताब्दी तक गुजरात तथा राजस्थान में पर्याप्त संख्या में भव्य और सुसज्जित मंदिरों का निर्माण हुआ, जिन्हें मोटे तौर पर सोलंकी अथवा मारू–गुर्जर शैली के अन्तर्गत रखा जाता है। इस कोटि में प्रथम भव्य मंदिर गुजरात में **मोढेरा** का प्रसिद्ध सूर्य मन्दिर है। राजस्थान में चित्तौड़ दुर्ग में समाधीश्वर मंदिर इस शैली का प्रमुख मंदिर है। अन्य मंदिरों में ओसियाँ में सच्चिया माता का मन्दिर तथा कतिपय जैन मंदिर उल्लेखनीय हैं। कुछ मंदिरों के अवशेष आगे की मुस्लिम इमारतों में देखे जा सकते हैं।

10वीं से 13वीं शती तक पर्याप्त संख्या में जैन मंदिरों का निर्माण हुआ। राजाओं, धनिकों तथा सामन्तों द्वारा प्रायः समूह के रूप में निर्मित इस प्रकार के लगभग 300 मंदिर 13वीं शती के अन्त में पश्चिमी भारत में विद्यमान थे। इन मंदिरों में सर्वप्रमुख माउंट आबू स्थित **दिलवाड़ा मंदिर समूह** हैं। विमल शाह द्वारा निर्मित मंदिर 1031 ई. तथा तेजपाल द्वारा निर्मित मंदिर 1231 ई. का है। इन मंदिरों में संगमरमर की बारीक कारीगरी देखते ही बनती है। दिलवाड़ा के इसी प्रांगण में 15वीं शती का एक विशाल चौमुखा मन्दिर भी है।

ग्वालियर के दुर्ग में स्थित सास–बहू (सहस्रबाहु) का मंदिर 1093 ई. में बना था। कछवाहा नरेश महीपाल द्वारा निर्मित विष्णु मंदिर का गर्भगृह तथा शिखर दोनों भग्नावस्था में हैं। द्वार के पाषाण–चौखटों पर गंगा–यमुना की मूर्तियाँ और पुष्पालंकरण उत्खचित हैं। सभा मंडप की छत पर अद्भुत नक्काशी तथा सुंदर मूर्तियाँ इस मंदिर को विशेष स्थान दिलाने के लिए पर्याप्त हैं।

13वीं शताब्दी के बाद भारत में मंदिर निर्माण की प्रक्रिया धीमी पड़ गयी। तत्कालीन वातावरण को देखते हुए यह स्वाभाविक भी था, तथापि दक्षिण भारत में विजयनगर साम्राज्य के अतिरिक्त राजस्थान जैसे एकाध प्रदेशों में भी मंदिर–निर्माण की प्रक्रिया बदस्तूर जारी रही। निस्संदेह इसके पीछे वहाँ के राजपूत राजाओं का बड़ा योगदान था।

इस काल के मंदिरों में उदयपुर में जगदीश जी का मंदिर, एकलिंग जी के मुख्य मंदिर, केशोराय–पाटन के मंदिर तथा आमेर का जगत शिरोमणि मंदिर प्रमुख है। इस कालखंड में राजस्थान में राजपुरुषों के श्मशानों में बड़े–बड़े

मंदिरनुमा भवन बने, जिन्हें छतरियाँ कहा जाता है। इस प्रकार की भव्य छतरियाँ बड़े पैमाने पर प्राप्त होती हैं, जिनमें मण्डौर, आहड़ तथा गैटोर की छतरियाँ प्रमुख हैं। लेकिन इस काल का सबसे महत्त्वपूर्ण मंदिर रणकपुर का प्रसिद्ध चौमुखा जैन मंदिर है। मंदिर के बीचों बीच चौमुखा गर्भगृह है तथा हर मुख के सामने दो–दो मंडप हैं। चारों कोनों में एक–एक दोमुखा गर्भगृह व उनके हर मुख के सामने एक–एक मंडप है।

1439 ई. में महाराणा कुम्भा के राज्यकाल में धरणशाह नामक ओसवाल जैन महाजन द्वारा निर्मित यह मन्दिर कला एवं शिल्प के अनुपम धरोहर के रूप में देखा जाता है। कुल 48,000 वर्गफुट के घेरे में फैले इस भव्य मंदिर में 24 मंडप, 85 शिखर, 1444 स्तम्भ हैं। मंदिर का द्वार, सभामण्डप, स्तम्भ, छत आदि की बारीक तक्षण कला देखने वाले को बरबस अपनी ओर आकृष्ट करती है।

15वीं शताब्दी के अन्य जैन मंदिरों में जैसलमेर दुर्ग के जैन मंदिर भी उल्लेखनीय हैं।

- **विजयनगर**

विजयनगर साम्राज्य मुस्लिम दमन के बावजूद अवशिष्ट रह गई हिन्दू शक्ति का विकसित तथा सुसंगठित रूप कहा जा सकता है। लगभग 250 वर्ष तक यह हिन्दू वैभव के स्वर्णिम प्रतीक के रूप में अपना अस्तित्व बनाए रहा। निकोलो कोन्टी, अब्दुर्रज्जाक तथा बारबोसा जैसे विदेशी यात्रियों ने इस राज्य के कलात्मक वैभव, शासकों के विद्यानुराग और सहिष्णुता इत्यादि की अत्यन्त प्रशंसा की है। निकोलो कोण्टी विजयनगर के स्मारकीय वैभव का वर्णन करते हुए लिखता है–

"नगर की परिधि सात मील है, उसकी दीवारें पर्वत–शिखरों तक पहुँचती हैं और उनके चरणों को घाटियाँ घेरे हुए हैं, इससे उसका विस्तार और भी अधिक बढ़ जाता है।"

इस युग के हिन्दू स्मारकों में दो मंदिर अत्यन्त विशिष्ट हैं, जिनकी भूरि–भूरि प्रशंसा कला–प्रेमियों द्वारा की गई है। ये हैं विट्ठल स्वामी का मंदिर तथा हजारा मंदिर।

विट्ठल स्वामी के मंदिर का निर्माण 1513 ई. में राजा कृष्णदेव राय द्वारा प्रारम्भ किया गया तथा अनुवर्ती राजाओं द्वारा आगामी 50 वर्षों तक बनाया जाता रहा। विशाल आयताकार घेरे के मध्य स्थित इस मंदिर का मण्डप द्राविड़

शैली में निर्मित है। इसके पूर्व, उत्तर तथा दक्षिण दिशा में गोपुरम् बने हुए हैं। पूर्वद्वार के बाहर एक ऊँचा दीपदान स्तम्भ बना हुआ है। मंदिर के दाहिने ओर एक रथ बना हुआ है, जिसका आधार और प्रथम मंजिल शिला–निर्मित है। इस रथ के पहिए चलनशील हैं। **हजारा मंदिर** का निर्माण भी राजा कृष्णदेव राय द्वारा करवाया गया था। इस मंदिर की दीवारों में राम की कथा खुदी हुई थी।

कुर्नूल जिले में दिग्वा–अहोबलम् स्थान में भी एक मंदिर के ध्वसावशेष हैं, जिसके दरवाजों पर तक्षण–कला का अत्यन्त सुन्दर कार्य है।

मंदिरों के अतिरिक्त लौकिक स्मारकों में भी विजयनगर के राजाओं के महल, कचहरी, हाथीखाने इत्यादि के अवशेष अप्रतिम हैं। यहाँ का उपवन 'पवेलियन' भी दर्शनीय है।

अब्दुर्रज्जाक ने लिखा है –

"ऐसा नगर न कभी आँखों से देखा है, न कानों से सुना है। नगर में सात दुर्ग एवं सात रक्षा–दीवारें हैं।"

II. *दुर्ग*

भारतीय स्थापत्य कला में दुर्गों का पर्याप्त महत्त्व है। यहाँ के राजे–महाराजाओं तथा जागीरदारों द्वारा अनेकों किलों का निर्माण किया गया। सम्पूर्ण मध्यकाल में अनेकों किले बने। इनमें से अनेक राजस्थान में हैं, जो राजपूत राजाओं द्वारा सामरिक महत्त्व के स्थलों पर बनवाए गए। इन किलों का उपयोग प्रायः आक्रमण के समय राजा अपनी स्वयं की तथा अपनी प्रजा की सुरक्षार्थ करता था। किलों में अनेक महल, बावड़ियाँ, तालाब, बाजार, बाग–बगीचे, मंदिर, जन–सामान्य के निवास स्थान, बड़े–बड़े भंडारगृह आदि बने हुए थे। बड़े–बड़े किलों में कृषि तक होती थी।

(i) जैसलमेर दुर्ग– जैसलमेर दुर्ग का निर्माण 1155 ई. में राव जैसल द्वारा करवाया गया था। 250 फीट ऊँची एक पहाड़ी चोटी पर निर्मित यह दुर्ग अपनी सुदृढ़ता, सुरक्षा तथा सुन्दरता के लिए प्रख्यात है। बड़े–बड़े भारी पत्थरों से निर्मित विशाल प्राचीरों एवं 99 बुर्जों से युक्त दुर्ग की दोहरी रक्षा पंक्ति ने इसे अजेय एवं अभेद्य बना दिया है।

दुर्ग में प्रवेश के लिए अजयपोल, सूरजपोल, गणेशपोल व हवापोल को पार करना होता है। दुर्ग में अत्यन्त सुन्दर महल, भवन तथा मंदिर हैं। रंगमहल, गजविलास तथा मोती महल अत्यन्त सुन्दर हैं। भवनों के पत्थरों तथा लकड़ियों पर बारीक खुदाई की गई है। चिकम जी तथा भगवती के सुन्दर मंदिरों के

अतिरिक्ति जैन मंदिर भी अपने भव्य स्थापत्य के लिए प्रख्यात हैं। कुल मिलाकर धान्वन श्रेणी का यह सोनारगढ़ किला अपने नाम के अनुरूप ही अपनी चमक बनाए हुए है।

(ii) कुम्भलगढ़– कुम्भलगढ़ का दुर्ग भारत के सर्वाधिक सुरक्षित दुर्गों में से एक है। छोटी–छोटी पहाड़ियों से मिलकर बना कुम्भलगढ़ का किला घाटियों एवं बीहड़ जंगलों से घिरा होने के कारण एकदम नजर नहीं आता है। यह एक प्राचीन किला था, जिसे महाराणा कुम्भा ने 1458 ई. में अपने प्रसिद्ध शिल्पी मंडन के नेतृत्व में परिवर्तित, परिवर्धित कर नवीन स्वरूप प्रदान किया था। इसे कुम्भलमेर अथवा कुम्भलमेरु भी कहा जाता है।

गोल, घुमावदार, लम्बे रास्ते से आरेठपोल तथा हल्लापोल आदि दरवाजों से होकर इसमें प्रवेश करते हैं। किले के चारों ओर बुर्जों से युक्त सुदृढ़ चौड़ी दीवार बनी हुई है। **विजयपोल** के बाद की समतल भूमि पर स्थापत्य कला के अनेक नमूने मिलते हैं। **नीलकण्ठ** महादेव का चारों ओर आठ फीट ऊँचे प्रस्तर स्तम्भों का सुन्दर बरामदा–युक्त मंदिर बेजोड़ है।

1457 ई. में निर्मित सुन्दर दुमंजिला विशाल भवन **वेदी** भी इसका प्रमुख आकर्षण है। इसका निर्माण शास्त्रोक्त रीति से यज्ञ करने के लिए हुआ था।

किले में कई जैन मंदिर भी हैं। प्रमुख जैन मंदिर की बाहरी दीवारों पर सुन्दर प्रतिमाएँ हैं। स्थापत्य कला की दृष्टि से यह मंदिर नागदा, देलवाड़ा और रणकपुर के मंदिरों से मिलता–जुलता है।

नीचे की भूमि में झाली बावड़ी तथा मामादेव का कुण्ड स्थित है। इसी के समीप कुम्भा ने मामावट स्थान में **कुम्भस्वामी** नामक विष्णु मंदिर का निर्माण किया था, जो अब भग्नावस्था में है। मंदिर के बाहरी भाग में विष्णु के विभिन्न अवतारों, देवियों, कुबेर इत्यादि की प्रतिमाएँ मिली हैं। मामावट के पास ही महाराणा रायमल के पुत्र वीरवर पृथ्वीराज का स्मारक बना हुआ है। पृथ्वीराज के दाहस्थल पर कई सीढ़ियों से युक्त छतरी बनी है। किले में सुन्दर जलाशयों का भी निर्माण किया गया था।

(iii) आमेर दुर्ग– चारों ओर पर्वत शृंखलाओं से घिरा हुआ आमेर का जयगढ़ दुर्ग अपनी सुदृढ़ प्राचीर और विशाल परकोटे के साथ एक अभेद्य दुर्ग के रुप में नजर आता है। किले का निर्माण संभवतः मिर्जा राजा जयसिंह द्वारा करवाया गया।

जयगढ़ दुर्ग की प्रमुख विशेषता यह है कि इसमें तोपें ढालने का एक विशाल कारखाना है। किले में रखी 'जयबाण' एशिया की सबसे बड़ी तोप है। किले

में पानी के विशालकाय टाँके हैं, जिनमें किले के चतुर्दिक पहाड़ियों का पानी नालियों द्वारा एकत्र होता है।

यहाँ की स्थापत्य–कला में हिन्दू–मुस्लिम स्थापत्य–कला का सुन्दर समन्वय देखने को मिलता है। सिंहपोल, गणेशपोल, जलेब चौक, दीवाने–आम, दीवाने–खास, रंगमहल, शीशमहल, शिलादेवी का मंदिर यहाँ के विशिष्ट भवन हैं। भवनों में शीशे की जड़ाई का सुन्दर काम देखने को मिलता है।

III. *राजप्रासाद, छतरियाँ तथा अन्य स्मारक*

ग्वालियर दुर्ग में 15वीं शती के तोमर राजाओं से सम्बद्ध कई स्मारक हैं, जिनमें मान मंदिर और गूजरी–महल मुख्य हैं। विशुद्ध हिन्दू वास्तु–शैली में निर्मित यह भवन 300 फीट ऊँची पहाड़ी चोटी पर बना हुआ है, जिस पर छः वर्तुल छतरियाँ बनी हैं। 1528 ई. में बाबर द्वारा देखे जाने पर इन छतरियों पर सुनहरा कार्य था, जिससे ये सूर्य के प्रकाश में चमकती थीं। इसके अंदर मानसिंह का प्रासाद है, जिसकी कला ने बाबर और अकबर जैसे मुगल शासकों को पर्याप्त प्रभावित किया। फतेहपुर सीकरी के भवन इस शैली से पूर्णतः अनुप्राणित हैं।

इसी प्रकार गूजरी महल दुमंजिला भवन है, जिसका बाह्य भाग सादा है। गुम्बदयुक्त इस भवन के अंदर एक आँगन के चारों ओर प्रकोष्ठ बने हुए हैं।

राजस्थान के राजपूत राजाओं द्वारा भी अनेकों राजप्रासादों का निर्माण किया गया। प्राचीन भारतीय शास्त्रीय पद्धति के अनुसार ये राजभवन, सादे व छोटे–छोटे आवास, पतली गैलरियों, छोटे–छोटे दालानों से युक्त थे। यद्यपि प्रत्येक राजप्रासाद में रसोईघर, धान्य भण्डार, शस्त्रागार, मंदिर तथा राजकुमारों के कक्ष अवश्य होते थे।

चित्तौड़ दुर्ग में कुम्भा का प्राचीन महल भग्न अवस्था में है। कुम्भा ने इस महल का जीर्णोद्धार करवाने के साथ–साथ कई नए भवन भी यहाँ बनवाए। यहाँ के भवनों में दीवाने–आम, सूरत गोखड़ा तथा कँवरपदा के महल प्रमुख हैं। यहीं पर उदयपुर के महाराणा फतेहसिंह द्वारा निर्मित **फतेहप्रकाश** महल उल्लेखनीय है।

चित्तौड़ के किले में तालाब के किनारे रानी पद्मिनी का महल भी महत्त्वपूर्ण है। इसी तालाब के बीच में एक अन्य छोटा महल है। पास ही स्थित दो गुम्बदाकार महल गोरा और बादल के महल कहे जाते हैं। जयमल और पत्ता की हवेलियाँ भी यहीं हैं।

राजस्थान में **उदयपुर** भी अपने राजप्रासादों के लिए प्रख्यात है। पिछोला झील के तट पर अत्यन्त ऊँचाई पर बना सिटी पैलेस (राजमहल) मेवाड़ के राजाओं की शौर्यगाथा का गायन करता खड़ा है। इस महल के प्राचीनतम भाग महाराणा उदयसिंह द्वारा निर्मित हैं। यहाँ प्रतापकक्ष, यश मंदिर, भीम विलास, मोती महल, दिलखुश महल, सूरज चौपड़ आदि प्रमुख हैं। यहाँ पर मयूर चौक अत्यन्त विशिष्ट है जहाँ भित्तियों पर रंगीन काँच से अत्यन्त सुन्दर मोर बनाए गए हैं। प्रताप कक्ष में महाराणा प्रताप से सम्बद्ध अनेकों चित्रों, अस्त्र–शस्त्रों इत्यादि का अनूठा संग्रह है। इसी प्रकार पिछोला झील के मध्य एक टापू पर स्थित **जगनिवास** (लेक पैलेस) महाराजा जगतसिंह द्वारा निर्मित है। इस चित्रित महल में खास महल, बड़ा महल, दिलाराम तथा सज्जन निवास विशेष रूप से दर्शनीय हैं। महाराणा कर्ण सिंह की महारानियों हेतु 17वीं सदी में निर्मित जनानामहल भी स्थापत्य की दृष्टि से बेजोड़ है।

जयपुर तो पारम्परिक राजस्थानी तथा मुगल स्थापत्य कला की संगमस्थली बन गया। विशेष रूप से **सिटी पैलेस** इसका भव्य नमूना है। यहाँ स्थित मुबारक महल, दीवाने–खास तथा दीवाने–आम दर्शनीय हैं। आमेर के भवनों में मिर्जा राजा जयसिंह द्वारा निर्मित दीवाने–आम विशाल आयताकार भवन है, जो संगमरमर के चालीस सुन्दर तथा मजबूत खम्भों से सुशोभित है। यहाँ के सबसे भव्य भवन **शीश महल** में छत तथा दीवारों पर काँच की सुन्दर, बारीक जड़ाई की हुई है, जिसमें एक मोमबत्ती के जलते ही व्यक्ति के सैकड़ों प्रतिबिम्ब दिखलाई पड़ते हैं। 1799 ई. में महाराजा सवाई प्रताप सिंह द्वारा निर्मित **हवामहल** अत्यन्त भव्य, कलात्मक व सौन्दर्यपूर्ण है। राधा–कृष्ण को समर्पित पाँच मंजिला पिरामिड सदृश यह भवन अपने गोल तथा आगे निकले झरोखों और समरूप खिड़कियों के कारण स्थापत्य कला का अद्‌भुत उदाहरण प्रस्तुत करता है।

इसी प्रकार सवाई जयसिंह द्वारा 1734 में निर्मित वेधशाला **जन्तर–मन्तर** का अपना महत्त्व है। इसका निर्माण समय की जानकारी, सूर्योदय–सूर्यास्त तथा नक्षत्रों की जानकारी प्राप्त करने के लिए कराया गया था।

जयपुर–आमेर राजमार्ग पर स्थित सवाई जयसिंह द्वारा निर्मित जलमहल मध्यकालीन महलों की समस्त विशेषताओं से युक्त है। मेहराबयुक्त इस दुमंजिले भवन के ऊपरी मंजिल के चारों कोनों पर बुर्जों की छतरियाँ व बीच में बारादरियाँ संगमरमर के अठपहले स्तम्भों पर आधारित हैं।

रेतीले सौन्दर्य का धनी शहर **जैसलमेर** अपनी हवेलियों के लिए प्रसिद्ध

है। यहाँ की पटवों की हवेलियाँ, सालिम सिंह की हवेली तथा नथमल की हवेली तो विश्वविख्यात हैं। सभी हवेलियों में निर्मित लकड़ी की छतें, दरवाजे, हाथी दाँत तथा सोने की कलम की चित्रकारी, काँच का कार्य सभी अप्रतिम है।

भवनों के अतिरिक्त मध्यकाल में राजस्थान में राजपूत राजाओं की स्मृति में छतरियों का भी निर्माण किया गया। जयपुर से कुछ दूर नाहरगढ़ की तलहटी में स्थित **गैटोर** में जयपुर के राजाओं की छतरियाँ बनी हैं। सबसे सुंदर छतरी जयपुर के संस्थापक सवाई जयसिंह की है। इसकी एक आकृति लंदन के केनसिंगल म्यूजियम में भी रखी गई है। इसी प्रकार जोधपुर के निकट मंडोर में जोधपुर के राजाओं की छतरियाँ हैं। महाराजा अजीतसिंह की छतरी जोधपुर की शिल्पकला का सुन्दर नमूना है।

IV. *स्तम्भ*

चित्तौड़ के किले में स्थित **कीर्तिस्तम्भ** स्तम्भ विधा का सुन्दर उदाहरण है जिसे मेवाड़ के महाराणा कुम्भा द्वारा मालवा के सुल्तान महमूद शाह खिलजी को पराजित करने की स्मृति में 1440 ई. में बनाया गया था। यह विशाल कलात्मक स्तम्भ 47 फीट चौड़े तथा 10 फीट ऊँचे एक चबूतरे पर निर्मित है। नौ खण्डों के इस भीमकाय स्तम्भ के अन्दर 157 सीढ़ियाँ बनी हुई हैं। प्रत्येक खंड में झरोखे बने होने के कारण प्रकाश का पर्याप्त आगमन यहाँ रहता है। यहाँ देवी–देवताओं की अनेक मूर्तियाँ हैं, जिन पर देवों के नाम भी खुदे हुए हैं। तत्कालीन जन संस्कृति की भी अमूल्य झाँकी इस कीर्तिस्तम्भ के माध्यम से प्राप्त होती है।

उपनिवेश–कालीन स्मारक

पन्द्रहवीं शती के अन्तिम चरण से भारत में यूरोपीय जातियों का आगमन प्रारम्भ हो गया। सर्वप्रथम पुर्तगालियों ने यहाँ प्रवेश कर अपने सत्ता केन्द्र स्थापित किये। उसके बाद अन्य ईसाई–धर्मावलम्बी जातियों ने यहाँ प्रवेश किया। तब से लेकर ईसाई धर्मस्थल चर्च अथवा गिरजाघर और सार्वजनिक उपयोग के अनेक भवन यूरोपीयों द्वारा बनवाए गए। यहाँ ईसाई स्थापत्य ने पुनर्जागरण कालीन गोथिक स्थापत्य से नैतिक और सौन्दर्य सम्बन्धी अवधारणाओं को तो ग्रहण किया ही, वह स्थानीय स्थापत्य परम्पराओं से भी प्रभावित हुआ।

भारत में सबसे पहले चर्च केरल में बनाए गए। वहाँ के ईसाइयों में प्रचलित धारणा के अनुसार एपॉस्टल थॉमस ने केरल के विभिन्न हिस्सों में सात चर्च बनवाए, यद्यपि लकड़ी से बने होने के कारण ये चर्च नष्ट हो गए। शीघ्र ही

सीरियाइयों के द्वारा केरल में चर्च के एक विशिष्ट स्थापत्य का विकास हुआ, जिसके प्रमुख भाग **चांसेल** (चर्च का पूर्वी भाग) और **नेव** (चर्च का पश्चिमी भाग) थे। इस स्थापत्य शैली में चर्च के पश्चिमी भाग में तिकोना प्रवेश द्वार होता था, चूने से पुताई होती थी और उस पर क्रॉस का चिह्न लगाया जाता था। इसके समक्ष शाला (Shala) नामक बड़ा हॉल होता था, जिसका उपयोग भक्तों को ठहराने के लिए किया जाता था।

यूरोपीय शैली का सबसे पुराना भारतीय चर्च कोचीन में स्थित है। इसका निर्माण **अल्बुकर्क** द्वारा भारत में पुर्तगाली फैक्ट्री की स्थापना के साथ ही किया गया। वास्कोडिगामा का पार्थिव शरीर इसी चर्च में रखा गया। तदनन्तर ब्रिटिश काल में इसे ऐँग्लिकन चर्च बना दिया गया।

1530 ई. से लेकर 1835 ई. तक भारत में गोवा पुर्तगालियों के प्रमुख सत्ता–केन्द्र के रूप में बना रहा। इस दौरान वहाँ लौकिक तथा धार्मिक दोनों प्रकार की अनेक इमारतों का निर्माण हुआ। पुर्तगालियों ने भारत में स्थापत्य की **'गोथिक'** तथा **'बोरोक'** शैलियों के साथ–साथ यदा–कदा विशुद्ध भारतीय शैली का भी प्रयोग किया। ये सभी शैलियाँ अपनी निजता और विशिष्टता के साथ सुरक्षित रहीं। गोवा के प्रख्यात चर्चों में **'चर्च ऑफ होली स्पिरिट'** तथा **'लेडी ऑफ डिवाइन प्रॉविडेन्स'** सर्वाधिक महत्त्वपूर्ण हैं।

ईस्ट इण्डिया कम्पनी के भारत में स्थापित होने के बाद भारत में बनी इमारतें ब्रिटिश स्थापत्य से प्रभावित हुए बिना न रह सकीं। इस प्रकार की प्रारम्भिक इमारतें यूरोप की क्लासिकल और मध्ययुगीन शैली पर आधारित थीं। परन्तु बाद में अंग्रेजी वास्तुकारों ने मिश्रित स्थापत्य की एक ऐसी शैली विकसित की, जो विदेशी तत्त्वों पर आधारित होने के बावजूद भारतीय परम्परा का आदर करता थी।

चूँकि ब्रिटिश सत्ता तथा भारतीयों के बीच सबसे अधिक सम्पर्क मुम्बई, मद्रास तथा कोलकाता में हुआ अतः इन स्थलों पर स्थापत्यगत शैलियों का विकास खूबसूरती से हुआ। उदाहरणार्थ कोलकाता में सैनिक भवनों के अतिरिक्त **'काउन्सिल हाउस'** तथा **'टाउन हॉल'** जैसी खूबसूरत इमारतों का निर्माण किया गया, जिनमें इंगलिश पैलेडियन टाउन हॉल सबसे प्रसिद्ध है। इन भवनों का स्थापत्य इंगलिश–जार्जियन शैली की मूर्त अभिव्यक्ति ही है।

ब्रिटिश प्रकृति के अनुरूप प्रारम्भिक ब्रिटिश इमारतें सामरिक चरित्र की ही हैं। उदाहरण के लिए चेन्नई का सेंट जार्ज किला (1640) तथा कोलकाता का फोर्ट विलियम। जहाँ तक धार्मिक इमारतों अर्थात् चर्चों का प्रश्न है, तो प्रारम्भिक

ब्रिटिश चर्च नव शास्त्रीय (Neo Classical) शैली में बने। यथा मुम्बई का सेंट थामर्स चर्च (1672–1718)। इस युग के अन्य प्रमुख चर्च सेंट एन्ड्रयूज किर्क, चेन्नई (1818–21), सेन्ट पॉल कैथेड्रल, कोलकाता (1847–80) तथा ऑल सेन्ट्स कैथेड्रल, इलाहाबाद (1870) थे।

ब्रिटिश शासक सार्वजनिक इमारतों के निर्माण में भी पीछे नहीं रहे। 1790 के दशक में लार्ड क्लाइव के लिए मद्रास गवर्नमेन्ट हाउस का निर्माण हुआ। इस युग का भव्यतम नव शास्त्रीय स्मारक कोलकाता का राजभवन (1799–1802) है। डर्बीशायर के कैडलस्टन हॉल के अनुकरण पर निर्मित यह भवन 1911 तक ब्रिटिश गवर्नरों तथा वायसरायों का निवास स्थान रहा। इस शैली के अन्य उदाहरणों के रूप में राजाजी हॉल, चेन्नई (1802), मुम्बई टाउन हॉल (1833) तथा कोलकाता विश्वविद्यालय के सीनेट हॉल (1864) को लिया जा सकता है।

1840 के दशक से इन बाह्य वास्तु शैलियों के मध्य सामंजस्य उत्पन्न होने लगा। इस प्रकार की इमारतों के निर्माण का प्रारम्भ सेन्ट थॉमस कैथेड्रल के पुनर्निर्माण के लिए गोथिक अलंकरण योजना के साथ हुई। आगे चलकर मुम्बई में इस मिश्रित शैली में अनेक विशाल सार्वजनिक इमारतों का निर्माण हुआ।

नव गोथिक (Neo Gothic) शैली ब्रिटिश नागरिक वास्तु के लिए सुविधाजनक भी थी। इस शैली में मुम्बई में मुम्बई वि.वि. में दीक्षान्त हॉल तथा राजा बाई टावर (1869–74), हाई कोर्ट (1869), शिवाजी टर्मिनस (पहले विक्टोरिया टर्मिनस–1888) तथा रेलवे कार्यालय (1894) बने। अन्य स्थलों पर वाराणसी में क्वीन्स कॉलेज (1847) तथा कोलकाता में हाइकोर्ट (1864–72) को लिया जा सकता है।

शनैः–शनैः भारत की स्थानीय शैलियों का प्रभाव भी इन पर पड़ा। परवर्ती मुगल–वास्तु से प्रेरणा प्राप्त इण्डो–सार्सेनिक अथवा ऍंग्लो–इंडियन शैली की इमारतों में केरल में तिरुअनन्तपुरम का कला–संग्रहालय (1872), मद्रास वि. वि. का सीनेट हाउस (1874–79), बड़ौदा का लक्ष्मी विलास पैलेस (1881), जयपुर का केन्द्रीय संग्रहालय (1875–85), उ.प्र. में इलाहाबाद वि.वि. का सीनेट हाउस (1887) तथा लखनऊ के के.जी. मेडिकल कॉलेज इत्यादि ग्रहण किए जा सकते हैं। इस युग की अन्य इमारतों – प्रिंस ऑफ वेल्स म्यूजियम (1908–14), जनरल पोस्ट ऑफिस, मुम्बई (1909–14) तथा हैदराबाद हाइकोर्ट (1916) तथा उस्मानिया जनरल हॉस्पिटल (1919) पर प्रत्यक्षतया इस्लामी नवजागरण का असर है।

प्रिंस ऑफ वेल्स म्यूजियम तथा गेट वे ऑफ इंडिया (1927) का ढाँचे

इंडियन समन्वय का सुन्दर उदाहरण कहा जा सकता है। प्रिंस ऑफ वेल्स म्यूजियम यदि अपने उद्देश्य तथा योजना में आदिलशाही परम्परा के निकट है, तो गेट वे ऑफ इंडिया रोमन शैली के विजय–स्तम्भ के साथ–साथ अहमदाबाद के तीन दरवाजे की याद दिलाता है। इसी प्रकार उड़ीसा शैली का लक्ष्मी नारायण मंदिर (दिल्ली 1938) हिन्दू नवजागरण से प्रेरित है।

गोथिक तथा मध्यकालीन ब्रिटिश स्थापत्य शैली के कुछ सरल किन्तु स्मारकीय रूप का दर्शन एडविन लूटियन्स तथा हरबर्ट बेकर द्वारा नियोजित नई दिल्ली के डिजाइन में भी होता है। पूर्व में वायसराय हाउस के नाम से जाने जाने वाले राष्ट्रपति भवन (1913–30) में यूरोपीय अनुपात और सन्तुलन के साथ–साथ ऊँची छतरियाँ और स्तूप जैसे गुम्बद भारतीयता को प्रकट करते हैं। जलस्रोत और तालाबों से युक्त मुगल गार्डन काश्मीर के मुगल बागों की याद दिलाने में सक्षम है।

यूरोपीय शासकों के अतिरिक्त भारतीयों द्वारा भी अनेक इमारतों का निर्माण इस काल में हुआ। मुगल साम्राज्य के पतन के दौरान हैदराबाद के निजाम, मैसूर के सुल्तान, भोपाल के नवाब जैसे स्वतंत्र मुस्लिम शासकों ने नए राज्य बनाए तथा अपनी राजधानियों में भव्य महलों तथा मस्जिदों इत्यादि का निर्माण कराया।

हिन्दुओं ने भी उनके अनुकरण पर महल, मंदिर तथा छतरियों का निर्माण कराया। राजपूतों के महल काफी भव्य होते थे, जिसमें एक–दूसरे से कॉरीडोर से जुड़े तीन प्रमुख हिस्से होते थे। इन महलों में प्रमुख दरबार–ए–आम और भव्य दरबार हॉल होते थे। आखिरी भाग में राजा का व्यक्तिगत कक्ष तथा विशिष्ट लोगों से मुलाकात का कक्ष होता था। आराम के लिए शानदार मंडप तथा कोषागार भी वहीं होता था।

देशी राजाओं ने पश्चिमी महलों की स्थापत्य–शैलियों का अनुकरण भी किया। प्रायः ऐसा यूरोपीय अतिथियों को उन्हीं के ढंग की सुविधाएँ प्रदान करने के लिए किया गया। अतिथि–सत्कार के लिए उपकक्ष, बैठक कक्ष तथा हॉल बनवाए गए। हैदराबाद का फलकनुमा, ग्वालियर का जलविलास महल, जोधपुर का उम्मेद पैलेस और लखनऊ का ला–मार्टिनर इस प्रकार के प्रमुख उदाहरण हैं।

बीसवीं शताब्दी के प्रारम्भिक भारतीय स्मारक या तो नव शास्त्रीय (Neo Classical) अथवा आगे चलकर इसके कुछ परिष्कृत रूप आर्ट डेको (Art Deco) शैली में निर्मित हुए। 1930 के आस–पास इसने स्वदेशी युग से भी प्रेरणा प्राप्त

की। यथा सुरेन्द्रनाथ कर की शान्ति निकेतन की राष्ट्रीय शैली सीधे–सीधे रवीन्द्रनाथ टैगोर से प्रेरित थी।

नव शास्त्रीय शैली का प्रतिनिधित्व करने वाली इस युग की कतिपय इमारतों में स्टेट्स मैन बिल्डिंग, कोलकाता (1933), मुम्बई टाउन हॉल (1933), बैंक ऑफ इंडिया बिल्डिंग, मुम्बई (1944) तथा डार हाउस चेन्नई प्रमुख हैं।

इसी प्रकार आर्ट डेको शैली की इमारतें 1930 और 1940 के दशक में बननी प्रारम्भ हुईं तथा 1960 तक इनका निर्माण होता रहा। वस्तुतः 'आर्ट डेको' आधुनिकता की अभिव्यक्ति थी। इस शैली में चपटी छतें, घुमावदार खिड़कियाँ तथा सजावटी अभिप्राय प्रमुख स्थान पाते हैं। इस शैली की प्रमुख इमारतों में 'द हिन्दू' के लिए कस्तूरी बिल्डिंग, चेन्नई (1939), द इलेक्ट्रीसिटी बिल्डिंग, अहमदाबाद (1940–41) तथा रेड बिल्डिंग, कोलकाता (1942) का नाम लिया जा सकता है।

राष्ट्रीय आन्दोलन के महत्त्वपूर्ण दौर 1930 के आस–पास स्वदेशीय संस्कृतियों के प्रति जागरूकता बढ़ी और स्वाभाविक रूप से आर्ट डेको शैली में स्थानीय प्रभाव भी बढ़े। भारतीय वास्तु की विभिन्न पृष्ठभूमियों से यहाँ इंडो–डेको की थोड़ी पेचीदी शैली का उद्‌भव हुआ। कुछ सामुदायिक इमारतों के अतिरिक्त अनेक व्यक्तिगत भवन भी इस शैली में बने। इनमें वाराणसी में 1936 में निर्मित राजा टैगोर हाउस, साहनी हाउस तथा नारायणी सिंह हाउस प्रमुख हैं।

ग्रिफिन द्वारा डिजाइन किया गया अहमदाबाद स्थित टाउन हॉल भारतीयता के साथ–साथ आधुनिकता को भरपूर अभिव्यक्ति देता है। इंडो डेको वास्तुशैली में भवनों का निर्माण 1960 के दशक तक जारी रहा। कोलकाता स्थित रामकृष्ण मिशन (1957–62) में पारम्परिक तथा आधुनिक भारतीय तत्त्वों के साथ–साथ आर्ट डेको का सुन्दर मिश्रण है।

भारतीय शासकों द्वारा निर्मित कुछ प्रमुख आधुनिक स्मारकों का पृथक् संक्षिप्त उल्लेख इस प्रकार किया जा सकता है–

- **अल्बर्ट हॉल (जयपुर)**

जयपुर शहर में रामनिवास बाग के बीच में स्थित यह इमारत देश की एकमात्र ऐसी इमारत है, जिसमें कई देशों की स्थापत्य–शैली का मिश्रण है। भारतीय तथा पारसी शैली के अतिरिक्त मुगल, बोरोक, बुद्धिस्ट, रेनेसाँ तथा गोथिक शैली का मिश्रण इसमें है। इसकी खिड़कियाँ व झरोखे रेनेसाँ, गोल स्तम्भ बोरोक व गुम्बद मुगल शैली में हैं।

प्रिन्स ऑफ अल्बर्ट के सम्मान में बनी हुई इस इमारत की नींव 6 फरवरी 1876 ई. को प्रिंस अल्बर्ट ने रखी। इसके वास्तुकार कर्नल एस. जैकब थे।

भवन के मुख्य हॉल में जयपुर के राजाओं के चित्र तथा राजचिह्न हैं। चारों ओर भारतीय व विदेशी काल के नमूनों की प्रतिकृतियाँ व भित्ति चित्र हैं।

- **उम्मेद भवन (जोधपुर)**

जोधपुर स्थित उम्मेद भवन एशिया के भव्यतम प्रासादों में से एक है। पहाड़ी पर बने इस भवन की नींव 1928 में तत्कालीन महाराज उम्मेद सिंह द्वारा रखी गयी, तथा 1940 में भवन बनकर तैयार हुआ। अकाल राहत कार्यों के तहत बने इस भवन के एक हिस्से में होटल भी है। हेनरी वॉन लैंकस्टर द्वारा नियोजित इस भवन के 200 भव्य खंभे, छज्जे तथा गुम्बद इसे भव्य रूप प्रदान करते हैं।

- **बादल विलास व जवाहर विलास (जैसलमेर)**

जैसलमेर के महारावलों के निवास हेतु बने ये भवन मुस्लिम सिलावटों द्वारा तराशे गए हैं। बादल विलास में बना ताजिया टावर पाँच मंजिला हैं तथा शिल्पकला का अद्भुत नमूना है। जवाहर विलास के झरोखों, छतरियों के साथ–साथ दीवारों पर की गई खुदाई अप्रतिम है।

अध्याय–8
संग्रहालय
(Museum)

भारत के ऐतिहासिक पर्यटन में संग्रहालय का स्थान अत्यन्त महत्त्वपूर्ण है, क्योंकि संग्रहालय भारत की महान् सांस्कृतिक सम्पदा का आधार हैं और ये संग्रहालय ही हमारी विरासत के प्रमाण उपस्थित करते हैं।

'संग्रहालय' का शब्दार्थ है **संग्रह का आलय** अथवा घर अर्थात् संग्रहालय उस स्थल को कहते हैं, जहाँ वस्तुएँ संगृहीत हों। अंग्रेजी में संग्रहालय के पर्याय के रूप में म्यूजियम (Museum) शब्द को अंगीकृत किया गया है, जो ग्रीक भाषा के 'मोवोइऑव' शब्द से निःसृत है। मोवोइऑव का अर्थ है प्रेरणा देना अथवा ऐसा स्थल जहाँ मनुष्य जीवन की दुःखद घटनाओं से मुक्त होकर आनन्द की अनुभूति करता है। इसी प्रकार म्यूजिआन तथा म्यूजियम जैसे शब्द ज्ञान की यूनानी देवियों 'म्यूजेज' के मंदिर (अर्थात् ज्ञान के केन्द्र) के रूप में उल्लिखित हैं।

यूनानी पौराणिक कथाओं के अनुसार ये नौ म्यूजेज बहनें वस्तुतः कला एवं विज्ञान की अधिष्ठात्री विद्याएँ थीं। कालान्तर में इन विद्याओं का दैवीकरण हुआ और उनके निवास–स्थल अथवा मंदिर 'म्यूजिआन' तथा 'म्यूजियम' के नाम से ख्यात हुए। यहाँ मनुष्य अपने दुख तथा चिन्ताओं को विस्मृत कर ज्ञानरूपी आनन्द की अनुभूति करता है।

इस प्रकार समग्र रूप से म्यूजियम से आशय उस स्थल से है जहाँ मानव को उपयोगी ज्ञान प्रदान करने वाली वस्तुओं का प्रदर्शन किया जाता है।

वर्तमान काल में संग्रहालय अथवा म्यूजियम में किसी देश के सांस्कृतिक, औद्योगिक तथा वैज्ञानिक विकास से जुड़ी कलाकृतियों और वस्तुओं का संग्रह तथा प्रदर्शन किया जाता है।

संचय अथवा संग्रह की प्रवृत्ति आदिकाल से ही मानव के साथ–साथ पशु की भी स्वाभाविक विशेषता है। मनुष्य की प्रवृत्ति उपयोगी और आकर्षक वस्तुओं के संग्रह की रही है। जब एक मनुष्य संचित वस्तुओं को एक निश्चित 'स्थान' पर सुरक्षित रूप से रखता है और उसे सबके ज्ञान और आनन्द के लिए सार्वजनिक रूप से व्यवस्थित करता है तो वह स्थान **संग्रहालय** के रूप में जाना जाता है। इस प्रकार संग्रहालय में मुख्यतः तीन तत्त्वों की आवश्यक उपस्थिति होती है। ये हैं–

1. संग्रह
2. ज्ञान (शिक्षा)
3. आनन्द।

अर्थात् एक संग्रहालय में न केवल वस्तुओं को भविष्य के लिए संरक्षित किया जाता है अपितु दर्शकों के ज्ञान तथा आनन्द के लिए उन्हें व्यवस्थित भी किया जाता है।

वस्तुतः वर्तमान काल में संग्रहालय की अवधारणा में व्यापक परिवर्तन आया है। अपनी प्रारम्भिक अवस्था में प्राचीन तथा दुर्लभ वस्तुओं का संचय–गृह समझा जाने वाला संग्रहालय आज ज्ञान–केन्द्र तथा मनोरंजन–केन्द्र भी बन गया है। यहाँ दर्शक अपनी थकान मिटा सकता है, आनन्द प्राप्त कर सकता है तथा अपनी उत्सुकता शान्त कर ज्ञान रूपी अनुभव को प्राप्त कर सकता है।

संग्रहालय का विकास

प्राचीन काल से ही संग्रहालय जैसी संस्थाएँ मानव के सामाजिक जीवन का अंग रही हैं। आज भी संग्रहालय ने अपने ज्ञानोन्मुखी उपयोगी कार्यक्रमों आदि के माध्यम से सामान्यजन में गहरी पैठ बना ली है हम संग्रहालयों के विकास को दो रूपों में समझने का प्रयास करेंगे :

1. पाश्चात्य विश्व में संग्रहालय का विकास।
2. भारत में संग्रहालय का विकास।

पाश्चात्य विश्व में संग्रहालय का विकास

संग्रहालय के इतिहास पर विचार करते समय ज्ञात होता है कि प्रारम्भिक

संग्रहालय म्यूजेज के मंदिर के रूप में शहर में एक विशाल भवन में स्थापित थे, जो आगे चलकर शोध ओर शिक्षा के केन्द्र के रूप में विकसित हुए। विशुद्ध रूप से संग्रहालयों की स्थापना की तिथि का निर्धारण सिकन्दर के एशिया अभियान (334–323 ई.पू.) के साथ जोड़ा जाता है। कहा जाता है कि सिकन्दर के इस विजय–अभियान में सम्मिलित विद्वान प्राकृतिक इतिहास की सामग्री का एकत्रण कर सिकन्दर के गुरु अस्तू को अध्ययन एवं शोध हेतु भेजते थे। इन सामग्रियों से शिक्षा केन्द्र का विकास किया गया ।

पूर्णतः संगठित प्राचीनतम संग्रहालय 283 ई.पू. में मिस्र के राजा टॉल्मी सॉटर द्वारा अलेक्जेन्ड्रिया में स्थापित किया गया। यहाँ मूर्तियों तथा धार्मिक वस्तुओं, दान–सामग्रियों, खगोल यंत्र, हाथी दाँत आदि अवयव, पशु–चर्म आदि का संग्रह था। राज्य समर्थित यह संस्था एकमात्र संग्रह–केन्द्र न होकर शिक्षा–केन्द्र भी था, जहाँ टॉल्मी, प्लिनी, हेरो, आर्कमिडीज जैसे विद्वान् भी आए। व्याख्यानों, भाषणों आदि के लिए प्रसिद्ध यह संस्थान चतुर्थ शती ई. तक अस्तित्व में रहा और अन्ततः एक गृहयुद्ध के दौरान नष्ट कर दिया गया। इसके बाद बहुत दिनों तक किसी सुनियोजित संग्रहालय का निर्माण नहीं हुआ। हाँ, ग्रीक एवं रोम में इस बीच व्यक्तिगत संग्रहालय अवश्य प्रचलन में रहे। उस समय में राजा, सामन्त, धनाढ्य तथा धर्माधिकारी बहुमूल्य बर्तनों, सिक्कों, आभूषणों, अस्त्र–शस्त्रों तथा अद्भुत वस्तुओं का संग्रह करते थे।

15वीं शताब्दी में यूरोप के पुनर्जागरण के बाद संग्रहालयों की ओर लोगों का ध्यान आकृष्ट हुआ और वस्तुओं के संग्रह के अर्थ में संग्रहालय का प्रयोग हुआ। 15वीं शताब्दी में लोरेंजी के काल में इटली में फ्लोरेंस के एक मेडिसी परिवार के संग्रहों के लिए संग्रहालय (म्यूजियम) शब्द का इस्तेमाल किया गया। अब मात्र आर्थिक अथवा साम्पत्तिक उद्देश्य से ही संग्रह न होकर ज्ञान तथा आनन्द के उत्स के रूप में होता था। अब संग्रहालयों को विशिष्ट कक्षों में स्थानान्तरित कर दिया गया, जहाँ विद्वद्जन उस पर शोधादि कर सकते थे। अब संग्राहक क्लासिकल ग्रीक और रोम की संस्कृति को प्रकाशित करने वाली वस्तुओं की ओर आकर्षित हुए तथा रोमन खंडहरों से मूर्तियों को खोजने का कार्य प्रारम्भ हुआ। साथ ही प्राकृतिक आश्चर्यों, जीवित कलाकारों की कृतियों आदि के संग्रह की प्रवृत्ति भी बढ़ी ।

सामग्रियों की बढ़ती संख्या के कारण इन्हें सजाकर रखने तथा मित्रों, अतिथियों के समक्ष प्रदर्शन का भी क्रम आरम्भ हुआ, यद्यपि अभी भी सामान्य जनता के लिए ये खुले नहीं थे। जब विशालकाय कलाकृतियों को छोटे कक्षों

में रख पाना संभव नहीं रहा तो महलों में लम्बे प्रकाशयुक्त कक्षों का निर्माण किया गया जहाँ वस्तुओं को ठीक से रखकर प्रदर्शित किया जा सकता था। ये स्थान 'वीथिका' कहलाएँ संग्रह में वृद्धि के साथ ही विद्वानों को अध्ययन तथा शोध हेतु आमंत्रित करने तथा उनके अध्ययन को प्रकाशित करने का भी क्रम प्रारम्भ हुआ। ध्यातव्य है कि इस सम्पूर्ण कालखंड में भी संग्रहालय जन–प्रदर्शन हेतु न होकर कलाकृतियों के निजी संग्रह ही थे। 16वीं–17वीं सदी में संग्रहालय रजवाड़ों द्वारा संचालित थे। इसमें दर्शक को प्रवेश की सुविधा थी, किन्तु वह संग्रहों को देखकर मात्र उनकी प्रशंसा कर सकता था, आलोचना या सुझाव नहीं दे सकता था।

श्री एलियास अश्मोले के संग्रहों का उपयोग कर 1683 ई. में ऑक्सफोर्ड विश्वविद्यालय में पहला सार्वजनिक संग्रहालय खोला गया। पोप बेनेडिक्ट XIV ने वैटिकन में प्रथम ईसाई संग्रहालय बनाया। तत्पश्चात् 1753 ई. में सर हंस एलोन के संग्रह को क्रय कर प्रथम ब्रिटिश संग्रहालय का निर्माण किया गया, जिसे औपचारिक रूप से जनता हेतु 1759 ई. में खोला गया। इसी प्रकार अमेरिका का प्रथम जन संग्रहालय कैरोलिना के चार्लस्टन में 1773 ई. में और फ्रांस का लूव्र राजमहल में 1793 ई. में स्थापित हुआ। अभी भी इन संग्रहालयों में दर्शकों का प्रवेश प्रतिदिन सीमित संख्या में ही था। फ्रांस के लूव्र संग्रहालय में भी पहले प्रवेश सीमित और प्रतिबंधित था। 1789 ई. की फ्रांसीसी क्रांति के बाद में इसे जनता के लिए पूर्ण रूप से खोल दिया गया।

इस प्रकार यूरोप में निजी संग्रहालयों को सार्वजनिक संग्रहालयों में परिवर्तित होने में लगभग दो सौ वर्ष लग गए। इसकी तुलना में अमेरिका में क्योंकि संग्रहालयों की परम्परा बाद में प्रारंभ हुई, अतः वहाँ तभी से लेकर 1846 ई. में राष्ट्रीय संग्रहालय की स्थापना होने तक संग्रहालयों की प्रकृति सार्वजनिक ही बनी रही।

इस दौरान संग्रहों के विवरण छपने की प्रक्रिया भी प्रारंभ हुई। डच डॉक्टर एस.वी. क्यूचेवर्ग ने 1565 ई. में म्यूनिख में संग्रहालय संग्रह के सिद्धान्त को बनाने का प्रयास किया और उन्होंने वस्तुओं के वर्गीकरण को प्रस्तावित किया। यूरोप के अनेक भागों में संग्रहालय विज्ञान के सम्बन्ध में विशेष प्रकाशन भी अस्तित्व में आए। 1878 में 1885 ई. के मध्य जर्मन भाषा में 'जर्नल ऑफ म्यूजिओलॉजी एण्ड एण्टीक्यूटी स्टडीज एँड रिलेटिड साइंस' का प्रकाशन हुआ। इसी प्रकार अमेरिका में 1895 ई. में फिलाडेल्फिया से 'दि म्यूजियम' और ब्रिटेन

में 1901 में लंदन से 'यू.के. म्यूजियम जर्नल' प्रकाशित होना प्रारम्भ हुआ। पश्चिमी और पूर्वी यूरोप के अन्य देशों से भी इस सम्बन्ध में प्रकाशन होने प्रारम्भ हुए।

प्रथम विश्वयुद्ध के बाद यूरोप और अमेरिका के संग्रहालयों में सुधार को और आगे बढ़ाया गया। इसके परिणामस्वरूप संग्रहालय के बनाने की योजना, भवन तथा प्रस्तुतीकरण में नवीनता आने लगी। सांस्कृतिक पुनर्निर्माण में संग्रहालय की प्रमुख भूमिका को स्वीकारते हुए अब जन–समुदाय को आकर्षित करने का प्रयास हुआ। एक बार जब शिक्षा को संग्रहालय का उद्देश्य मान लिया गया तो नवीन संग्रहों के साथ भिन्न–भिन्न प्रकार के संग्रहालयों का विकास हुआ। अब प्रदर्शन कक्षों के साथ–साथ भण्डारगृह तथा प्रशासनिक स्थल भी उपेक्षित न रहकर महत्त्वपूर्ण बने। जनसमुदाय को समझ आने वाली चयनित वस्तुएँ तो प्रदर्शन–कक्ष में लगायी जाती थीं और विद्यार्थियों और शोधार्थियों के लिये उपयोगी अन्य वस्तुएँ भण्डारगृह में रखी जाने लगीं। अब संग्रह, संरक्षण तथा प्रदर्शन के साथ–साथ विश्लेषण पर बल दिया जाने लगा ओर शोध के द्वारा वस्तुओं के विषय में अधिक से अधिक लिखा जाने लगा। अतः संग्रहालय उच्च शिक्षा और शोध अकादमी के रूप में भी विकसित हो गये।

विकास के विभिन्न चरण

अभी तक के संग्रहालयों के समस्त विकास–क्रम को चार चरणों में बाँटा जा सकता है–

1. प्रथम चरण

संग्रहालय के प्रारम्भिक दौर में कलात्मक तथा वैज्ञानिक दृष्टि से महत्त्वपूर्ण वस्तुएँ संगृहीत की जाती थीं। 14वीं शताब्दी से लेकर 17वीं शताब्दी तक हमें इसी प्रवृत्ति के दर्शन होते हैं।

2. द्वितीय चरण

18वीं तथा 19वीं शताब्दियों के दौरान राज्यों ने संग्रहालयों को अपने अधीन लेकर उन्हें सार्वजनिक संस्था के रूप में रूपान्तरित कर दिया। इसमें नए औद्योगीकृत राष्ट्रों के गौरव तथा साम्राज्यवादी शक्तियों के प्रसार को प्रदर्शित करने का प्रयत्न किया गया।

3. तृतीय चरण

यह चरण 20वीं शताब्दी में प्रारम्भ हुआ। इस दौरान संग्रहालय ने एक शिक्षक की भूमिका भी अपना ली। वस्तुओं को संगृहीत, व्यवस्थित और प्रदर्शित कर संग्रहालयों ने जनता को उनके इतिहास, संस्कृति तथा वैज्ञानिक और प्रौद्योगिकीय परम्पराओं से परिचित कराने और शिक्षित कराने की भूमिका अपनाई।

4. चतुर्थ चरण

1970 के दशक के बाद भारी संख्या वाले पर्यटन का प्रारम्भ हुआ, जिससे संग्रहालयों के उद्‌देश्य तथा उसकी भूमिका दोनों परिवर्तित हो गए। अब संग्रहालयों का ध्यान मनोरंजन, पर्यटन तथा आय अर्जन की ओर केन्द्रित हुआ, जिससे उनकी शैक्षिक भूमिका में कमी आई।

धीरे–धीरे जनता को अधिक से अधिक महत्त्व दिया जाने लगा और संग्रहालय जन–रुचि के आधार पर स्थापित होने लगे।

भारत में संग्रहालयों का विकास

संग्रह की स्वाभाविक मानवीय प्रवृत्ति से भारतीय मनुष्य भी अछूता नहीं रहा है। पाषाण काल से ही वह खाद्यान्नों, अस्थियों, अस्त्रों इत्यादि का संग्रह करता आ रहा है, जिसके साक्ष्य हमें पुरावशेषों से प्राप्त होते हैं। रामायण में दशरथ तथा रावण के महलों के वर्णनों में कुछ कक्षों में देवमूर्तियों तथा पूर्वजों की मूर्तियों के साथ–साथ शस्त्रास्त्रों के संग्रह के उल्लेख हैं। गुप्तकालीन कवि कालिदास के रघुवंश तथा भास के प्रतिमानाटकम् में चित्रवीथियों तथा मूर्ति–कक्षों के उल्लेख मिलते हैं। राजपूत काल में भी भवभूति कृत उत्तररामचरित में राजमहल में 'चित्रवीर्थी' का प्रसंग प्राप्त होता है। बाणभट्ट ने चित्रवीथी के लिए 'विमान पंक्ति' शब्द का प्रयोग किया है। सामान्यतः चित्रशालाओं के रूप में उल्लिखित चित्रकक्षों अथवा वीथियों के तीन प्रकार बताए गए हैं–

1. महल की चित्रशाला

यह राजमहलों में होती थी तथा राजाओं की व्यक्तिगत रुचियों को तुष्ट करने वाली होती थी। इस प्रकार की चित्रशालाओं में शयन चित्रशाला तथा अभिषेक चित्रशाला उल्लेखनीय हैं। शयनकक्ष से सटे शयन चित्रशाला में प्रातःकाल सोकर उठने के बाद देखने हेतु मंगल तथा धार्मिक चित्र होते थे।

2. व्यक्तिगत चित्रशाला

इसमें धनी–मानी व्यक्ति स्वेच्छानुसार नैतिक–अनैतिक चित्रों का संग्रह करते थे। इन चित्रों में देव–असुर, गन्धर्व आदि के चित्र अथवा जलक्रीड़ाओं–रासलीलाओं के चित्र होते थे।

3. जन चित्रशाला

जन चित्रशालाओं में सामान्य जनरुचि के अनुसार मंदिर, बैठकों इत्यादि में चित्रों की योजनाएँ की जाती थीं।

इन चित्रशालाओं में चित्रों के अतिरिक्त मूर्तियाँ तथा अन्य कलाकृतियाँ भी प्रदर्शित की जाती थीं। नारद शिल्प में चित्रशाला भवन की निर्माण–विधि का वर्णन है, जिसके अनुसार इसकी आकृति ढोलाकार होती थी, जिसके मध्य में एक बड़ा कक्ष तथा चतुर्दिक छोटे–छोटे कक्ष होते थे जो बरामदों से जुड़े होते थे। छत पर कलशयुक्त शिखर होता था। इस प्रकार के भवन में ऊपर जाने के लिए सीढ़ियाँ तथा दर्शकों के बैठने के लिए आसन भी होते थे। स्थायी चित्रशालाओं के अतिरिक्त चल प्रदर्शन वीथियाँ भी होती थीं, जिन्हें गाड़ियों में रखा जाता था।

पुरातात्त्विक दृष्टि से देखें तो बुद्ध के शरीरावशेषों को संरक्षित रखने के उद्देश्य से स्तूपों की परिकल्पना की गई, जिनके प्रमाण आज साँची तथा भरहुत के स्तूपों में देखे जा सकते हैं। इसी प्रकार मथुरा से प्राप्त कुषाण राजाओं की मूर्तियाँ देवकुलों में पितृ–मूर्ति संग्रह तथा पितृ–पूजा की ओर इंगित करती हैं।

मध्यकाल तक आते–आते संग्रह की रुचि का भी विशिष्टीकरण हुआ, जिससे संग्रहालयों के विकास को बल मिला। मध्यकालीन राजपूत राजाओं ने राजमहलों में अपनी रुचि की वस्तुओं – अस्त्र–शस्त्रों, वस्त्राभूषणों इत्यादि को सँजोकर रखना प्रारम्भ किया। साथ ही पूर्वजों की स्मृतियों के संरक्षण, संग्रहण का भी प्रचलन बढ़ा। श्री हर्ष कृत नैषधीय चरित में तो चल प्रदर्शन वीथियों का भी उल्लेख है। सल्तनतकालीन शासक भव्य तथा आकर्षक वस्तुओं से महलों को सजाकर रखते थे। फिरोजशाह तुगलक को नवीन वस्तुओं के निर्माण के साथ–साथ प्राचीन वस्तुओं–पुस्तकों के संरक्षण का अप्रतिम शौक था। कहा जाता है कि संस्कृत की पुस्तकों का विशाल संग्रह उसके पास था। इसी प्रकार उसने अशोक के टोपरा (पंजाब) तथा मेरठ (उत्तर प्रदेश) के स्तम्भों को उनके मूल स्थानों से दिल्ली मँगवा कर स्थापित करवाया। मुगल शासकों में अकबर ने प्राचीन ग्रन्थों की हस्तलिपियों, चित्रों आदि के संग्रह को प्रोत्साहन दिया।

16वीं शताब्दी के बाद भारत में एक के बाद एक यूरोपीय जातियों का आगमन हुआ। यूरोपीय लोग भारत की ऐतिहासिक–सांस्कृतिक विरासत से अत्यन्त प्रभावित थे और उसको सँजोकर रखने की तीव्र ललक उनमें थी। यहाँ के मूर्ति–शिल्प, शस्त्रास्त्र, वस्त्राभूषण, पुराने समय की दैनन्दिनी वस्तुओं, कलात्मक फर्नीचर सभी को क्रय कर वे अपने पास रखन। चाहते थे, जिससे निजी संग्रहालयों को मूर्त रूप प्राप्त हुआ। भारतीय धनिकों तथा राजपुरुषों ने भी इससे प्रेरणा प्राप्त करते हुए महलों तथा घरों के कक्षों में कलात्मक तथा संग्रहणीय वस्तुओं का संग्रह करना प्रारम्भ किया। इन संग्रहालयों में यद्यपि समृद्ध संग्रह था, तथापि आत्म–प्रदर्शन की भावना और जन सहभागिता के अभाव इत्यादि के कारण ये आधुनिक संग्रहालय की परिभाषा के दायरे में नहीं आते।

भारत में आधुनिक संग्रहालय का प्रारम्भ 1796 ई. में माना जा सकता है। 1784 ई. में स्थापित **'एशियाटिक सोसाइटी ऑफ बंगाल'** ने 1796 ई. में निर्णय लिया कि वर्षों से एकत्रित कलाकृतियों को कलकत्ता में सुव्यवस्थित ढंग से रखा जाए। अब सोसाइटी द्वारा भवन, दान व संग्रह पर वास्तविक रूप से विचार किया जाने लगा। डेनिश वनस्पतिशास्त्री नैथानिल वालिच ने सोसाइटी के लिए एक संग्रहालय पर जोर दिया। यद्यपि यह योजना तत्काल कार्यरूप में परिणत न हो सकी, परन्तु 1814 ई. में 'एशियाटिक सोसाइटी ऑफ बंगाल' द्वारा पश्चिमी मानदण्डों पर भारतीय संग्रहालय (कोलकाता) की स्थापना हुई, जिसके प्रथम मानद संग्रहालयाध्यक्ष नैथानिल वालिच बने। इस संग्रहालय के दो भाग थे–

1. प्रथम भाग पुरातत्त्व, मानव जाति विज्ञान तथा प्रौद्योगिकी से संबंधित था और
2. द्वितीय भाग भूगर्भ और प्राणी विज्ञान से संबंधित था।

धीरे–धीरे भारत में संग्रहालयों का विकास दृष्टिगत होने लगा और 1857 ई. तक विविध प्रकार के बारह संग्रहालय स्थापित हो गए, जिनमें 1851 में स्थापित मद्रास का राजकीय संग्रहालय प्रमुख है। संग्रहालयों के इस अपेक्षाकृत तीव्र विकास के पीछे जिन प्रमुख कारणों का योगदान था वे हैं –

(1) तत्कालीन ब्रिटिश पदाधिकारियों की रुचि

(2) स्थानीय शासकों और कुलीनों का सहयोग

(3) संग्रहों और संग्रहालयों हेतु दानदाताओं का सहयोग

(4) भारतीय पुरातत्त्व सर्वेक्षण का उद्भव और विकास जिसने उत्खनित स्थलों पर संग्रहालयों की स्थापना की, दूसरे संग्रहालयों को वस्तुएँ प्रदान कीं तथा विद्वानों हेतु व्याख्याएँ प्रस्तुत कीं।

1857 ई. के स्वातंत्र्य संग्राम के कारण संग्रहालयों का विकास कुछ समय के लिए अवरुद्ध हुआ। इसके बाद 1863 में लखनऊ तथा नागपुर, 1864 में लाहौर, 1865 में बैंगलोर, 1867 में फैजाबाद, 1868 में दिल्ली, 1872 में कोलकाता, 1874 में मथुरा, 1875 में रायपुर, 1887 में जयपुर, भोपाल, उदयपुर और त्रिचुर, 1888 में राजकोट और 1893 में भावनगर तथा त्रिचिनापल्ली इत्यादि स्थलों पर संग्रहालय स्थापित किए गए। 1893 ई. में कोलकाता की बंगीय साहित्य परिषद चित्रशाला का निर्माण हुआ। 1898 ई. में लार्ड कर्जन भारत के वायसराय बने। कर्जन ने भारतीय पुरातत्त्व सर्वेक्षण को पुनर्जीवित किया और जॉन मार्शल इसके महानिदेशक बने। अब भारत में संग्रहालय के विकास में तीव्रता आयी।

भारतीय पुरातत्त्व सर्वेक्षण द्वारा सारनाथ, तक्षशिला, नालन्दा, मोहनजोदड़ो, हड़प्पा, चम्बा, जोधपुर, खजुराहो, ग्वालियर, ढाका, अजमेर, दिल्ली किला, बीजापुर और साँची जैसे स्थलों पर संग्रहालय स्थापित किए गए। 1936 तक आते आते भारत में संग्रहालयों की संख्या बढ़कर सौ हो गई, जो वर्तमान काल में चार सौ के आस–पास पहुँच चुकी है। ऐतिहासिक और पुरातत्त्विक संग्रहालयों के साथ–साथ प्राकृतिक इतिहास संग्रहालय, वनस्पति एवं वन संग्रहालय, कृषि संग्रहालय, आयुर्विज्ञान संग्रहालय तथा यांत्रिकी संग्रहालय इत्यादि भी स्थापित किए गए।

स्वतंत्रता के बाद राष्ट्रीय स्तर के तीन संग्रहालय भारत में बने अथवा क्रमोन्नत हुए। 15 अगस्त 1949 को दिल्ली का राष्ट्रीय संग्रहालय स्थापित हुआ। कोलकाता के भारतीय संग्रहालय तथा हैदराबाद के सालारजंग संग्रहालय को राष्ट्रीय संग्रहालय का दर्जा दिया गया है। बम्बई का प्रिंस ऑफ वेल्स म्यूजियम भी अत्यन्त महत्त्व का है। वर्तमान में कुल 12 राष्ट्रीय संग्रहालय हैं और 4 संग्रहालयों को राष्ट्रीय महत्त्व का घोषित किया गया है।

संग्रहालय–विकास की जानकारी समय–समय पर किए गए सर्वेक्षण प्रतिवेदन तथा डायरेक्ट्री से भी मिलती है। उदाहरणार्थ 1911 ई. में जे.एफ. बोगल ने उस समय तक विद्यमान 39 भारतीय संग्रहालयों की विस्तृत सूचना सहित डायरेक्ट्री प्रस्तुत की थी। इसी प्रकार 1935–36 ई. में म्यूजियम एसोसिएशन ऑफ लंदन के साम्राज्य सचिव एस.एफ. मर्खम और भारत में पुरातत्त्व के पूर्व महानिदेशक, एच. हरग्रीव्स ने भारतीय संग्रहालयों और कला–वीथिकाओं का

सर्वेक्षण किया और अध्ययन के बाद प्रस्तुत प्रतिवेदन में भारत के कुल 105 संग्रहालयों का लेखा–जोखा प्रस्तुत किया जिसमें इन संग्रहालयों के सामान्य सर्वेक्षण के साथ–साथ उनका शब्दकोश भी प्रस्तुत किया गया। 1946 ई. में भारतीय पुरातत्त्व सर्वेक्षण के अन्तर्गत संग्रहालय शाखा बनी।

1950 ई. के बाद संग्रहालयों की संख्या बढ़ने, संग्रहालय प्रकारों में विविधता आने तथा प्रदर्शन तकनीकी के विकसित होने से संग्रहालयों में अभूतपूर्व परिवर्तन आया। 1962 ई. में नूफिल्ड फाउंडेशन के लिए आर–स्केलंटस रिपोर्ट तथा 1965 ई. में यूनेस्को के लिए पी.आर. रासंस रिपोर्ट प्रस्तुत हुई। 1968 ई. में भारत सरकार ने एम.एस. रंधावा के नेतृत्व में राष्ट्रीय संग्रहालय के कार्य के परीक्षण के लिए समिति बनाई। 1969 ई. में संग्रहालय के लिए राष्ट्रीय नीति बनाने हेतु मोतीचंद की अध्यक्षता में एक समिति गठित हुई, जिसने संग्रहालय–कर्मियों के वेतनमान और विशिष्ट कार्यों हेतु कर्मियों का अनुमोदन किया। समय–समय पर अन्य समितियाँ भी बनीं जो संग्रहालयों की स्थिति और सुधार हेतु उपायों की घोषणा करती रही हैं।

जहाँ तक भारतीय संग्रहालयों के विकास–क्रम का प्रश्न है तो प्रारम्भिक रूप में निजी संग्रहों के तौर पर माने जाने वाले संग्रहालय अब संग्रह, संरक्षण तथा विवेचनापूर्ण शिक्षण की त्रिस्तरीय आवश्यकताओं की पूर्ति करने वाले जन संस्थान के रूप में परिणत हो गए हैं। शिक्षण के साथ–साथ आनन्द की सरिता बहाने वाले संग्रहालय रूपी इस सांस्कृतिक केन्द्र में वर्तमान में इतिहास, पुरातत्त्व, नृशास्त्र, संस्कृति, उद्योग, शस्त्रास्त्र तथा कला सम्बन्धी सामग्रियों का संकलन क्रमबद्ध रूप में परिचयात्मक विवरण के साथ प्राप्त होता है। आज संग्रहालय अध्ययन एवं शोध के स्रोत तो हैं ही, सामान्य ज्ञान और मनोरंजन के साधन, घरेलू तथा बाह्य पर्यटकों के आकर्षण के केन्द्र तथा सांस्कृतिक विरासत के संरक्षक की भूमिका का भी निर्वहन ये करते हैं। जन–शिक्षा को समर्पित संग्रहालय रूप यह संगठन एक शिक्षा केन्द्र का भी रूप धारण कर चुका है।

संग्रहालयों के आधुनिकीकरण तथा विकास का दौर अभी भी चलायमान है, जिसे और गति प्रदान करने के लिए पूँजीपतियों के सहयोग के साथ–साथ जन–समुदाय का सहयोग भी अपेक्षित है। संग्रहालयों की संख्या में वृद्धि, विदेशी कलाकृतियों की प्राप्ति, विलुप्तप्राय सांस्कृतिक सम्पदाओं के संरक्षण एवं प्राकृतिक वैज्ञानिक सम्पदा से जनता को परिचित कराने की भी महती आवश्यकता का अनुभव वर्तमान काल में है। तभी संग्रहालय जन–शिक्षण द्वारा सामाजिक विकास की अपनी महत्त्वपूर्ण भूमिका का निर्वहन कर सकते हैं।

संग्रहालय के प्रकार

अंतराष्ट्रीय संग्रहालय परिषद् की संग्रहालय सम्बन्धी परिभाषा के अनुसार– "यह एक गैर मुनाफे वाली स्थायी संस्था है जो समाज की सेवा करती है और इसके विकास में सहायता करती है। यहाँ सब लोग आ–जा सकते हैं। यहाँ जनता के अध्ययन, शिक्षा और रोजगार की दृष्टि से वस्तुओं को संगृहीत, संरक्षित और प्रदर्शित किया जाता है। यहाँ शोध भी किया जाता है। संग्रहालय में मानव और उसके पर्यावरण से संबंधित भौतिक वस्तुएँ रखी जाती हैं।"

इस परिभाषा के अन्तर्गत कतिपय अन्य संस्थाएँ भी संग्रहालय की भूमिका का निर्वहन करती दृष्टिगत होती हैं। जैसे –

1. पुस्तकालयों तथा पुरातत्त्व केन्द्रों की स्थायी प्रदर्शन गैलरियाँ और संरक्षण संस्थाएँ
2. संग्रहण, संरक्षण और संचार संबंधी गतिविधियों के लिए प्राकृतिक, पुरातात्त्विक और मानव जाति संबंधी स्मारक और स्थल तथा संग्रहालय से मिलते–जुलते ऐतिहासक स्मारक और स्थल
3. जैविक तथा वानस्पतिक उद्यान, मत्स्य–गृह, चिड़ियाघर जैसे स्थल जहाँ जीवित प्राणी रखे जाते हैं
4. प्राकृतिक आरक्षित केन्द्र
5. विज्ञान केन्द्र तथा तारामंडल।

संग्रहालयों के वर्गीकरण के समय प्रायः दो आधारों पर विचार किया जाता है –

- प्रबंधन तथा प्रशासनिक नियंत्रण के आधार पर
- संगृहीत वस्तुओं की प्रकृति अथवा विषयवस्तु के आधार पर।

प्रबंधन तथा प्रशासनिक नियंत्रण के आधार पर वर्गीकरण

इस आधार पर संग्रहालय निम्न प्रकार के हो सकते हैं–

1. राष्ट्रीय संग्रहालय—राष्ट्रीय संग्रहालय केन्द्र सरकार के अधीन होते हैं। यथा राष्ट्रीय संग्रहालय, नई दिल्ली प्रत्यक्षतः भारत सरकार के शिक्षा मंत्रालय के निरीक्षण में है। राष्ट्रीय महत्त्व के अन्य संग्रहालय केन्द्रीय सरकार के अप्रत्यक्ष शासन में बोर्ड ऑफ ट्रस्टी द्वारा शासित हैं। यथा भारतीय संग्रहालय, कोलकाता

तथा सालार जंग संग्रहालय, हैदराबाद। इसी प्रकार राष्ट्रीय स्तर के अनेक संग्रहालय भारत सरकार के विभिन्न मंत्रालयों अथवा बोर्डों द्वारा पोषित हैं। जैसे नेशनल म्यूजियम ऑफ नेचुरल हिस्ट्री (नई दिल्ली) पर्यावरण मंत्रालय के अन्तर्गत, रेल ट्रांसपोर्ट म्यूजियम (दिल्ली) रेल मंत्रालय के अंतर्गत, नेशनल क्राफ्ट म्यूजियम (दिल्ली) ऑल इंडिया हैण्डीक्राफ्ट बोर्ड के अन्तर्गत तथा कोलकाता, बैंगलोर, मुम्बई और पटना के विज्ञान एवं तकनीकी संग्रहालय राष्ट्रीय विज्ञान समिति के अन्तर्गत कार्यरत हैं।

राष्ट्रीय संग्रहालय के प्रशासनिक तथा वित्तीय उत्तरदायित्व प्रत्यक्ष अथवा अप्रत्यक्ष रूप से केन्द्र सरकार के द्वारा वहन किए जाते हैं। राष्ट्र के कलात्मक, सांस्कृतिक तथा वैज्ञानिक विकास की अभिव्यक्ति करने वाले राष्ट्रीय संग्रहालय का चरित्र विश्वव्यापी होता है। अर्थात् वहाँ विदेशी वस्तुओं का भी संग्रह होता है, जिससे तुलनात्मक अध्ययन की सुविधा होती है।

2. राज्य संग्रहालय—राज्य संग्रहालय अपनी अवस्थिति के अनुसार वहाँ की प्रान्तीय सरकारों द्वारा शासित और वित्त पोषित होते हैं। इन संग्रहालयों में राज्य के सांस्कृतिक व कलात्मक महत्त्व की वस्तुओं का संग्रह होता है। साथ ही अन्य क्षेत्रों से प्राप्त सामग्रियों का संकलन भी तुलनात्मक अध्ययन के लिए किया जाता है। अन्य छोटे संग्रहालयों की सहायता के रूप में उन्हें अपने यहाँ की द्वितीय स्तर की वस्तुएँ प्रदान करने के अतिरिक्त उन्हें सलाह इत्यादि भी देते हैं। ये संग्रहालय सामान्यतः राज्यों की राजधानी वाले नगरों अथवा प्रमुख नगरों में स्थित होते हैं।

इस स्तर के संग्रहालयों में उड़ीसा राज्य संग्रहालय, भुवनेश्वर; असम राज्य संग्रहालय, गुवाहाटी; गूजरी महल संग्रहालय, ग्वालियर इत्यादि हैं।

3. जिला संग्रहालय—जिला संग्रहालयों का नियंत्रण जिला प्रशासन अथवा जिला स्तर की ट्रस्टी संस्था द्वारा किया जाता है। ये प्रायः जिला मुख्यालय में स्थित होते हैं। मध्यप्रदेश के जिला मुख्यालयों में इस प्रकार के संग्रहालय देखे जा सकते हैं। इस प्रकार के जिला संग्रहालय क्षेत्रीय संस्कृति के संरक्षण तथा प्रदर्शन में महत्त्वपूर्ण भूमिका निभाते हैं।

4. स्थानीय संग्रहालय—ये स्थानीय संस्था द्वारा संचालित होते हैं तथा क्षेत्र–विशेष की वस्तुओं का प्रतिनिधित्व करते हैं। इनमें स्थानीय उपलब्धियाँ, महत्त्वपूर्ण सामग्रियाँ अथवा पुरातात्त्विक सामग्रियाँ होती हैं। इस प्रकार के संग्रहालयों का प्रारम्भ प्रायः दान के आधार पर होता है।

स्थानीय संग्रहालय स्थित संग्रहालय (Cite Museum) से इस अर्थ में भिन्न होता है कि स्थित संग्रहालय में किसी विशिष्ट स्थान के उत्खनन से प्राप्त वस्तुएँ ही संगृहीत होती हैं जबकि स्थानीय संग्रहालय में भिन्न–भिन्न जगहों से प्राप्त वस्तुएँ संकलित की जाती हैं।

5. ग्राम संग्रहालय—ग्राम संग्रहालय ग्रामीण अंचलों में स्थित होते हैं तथा ग्रामीणजन जीवन व कलाओं का प्रदर्शन करते हैं। गुजरात तथा पश्चिम बंगाल में इस प्रकार के ग्राम संग्रहालय अस्तित्व में हैं।

6. विश्वविद्यालय, महाविद्यालय तथा विद्यालय संग्रहालय—इस प्रकार के संग्रहालयों की स्थापना शिक्षण संस्थाओं द्वारा अपने छात्रों को मूर्त ज्ञान प्रदान करने के लिए तथा पाठ्य विषय को रुचिकर बनाने के लिए शैक्षणिक परिसर में ही की जाती है। इनका संचालन संस्था के अधिकारी की देखरेख में उसके विस्तार के अनुरूप अध्यापकों तथा प्रशिक्षित कर्मचारियों द्वारा किया जाता है।

विश्वविद्यालय संग्रहालय प्रायः विश्वविद्यालय विभागों से जुड़े होते हैं अथवा विश्वविद्यालयी छात्रों की आवश्यकतानुसार व्यवस्थित होते हैं। शिक्षण संस्थाओं का कार्य करने वाले ये संग्रहालय शोध कार्य हेतु शोध सामग्री तथा उपकरण उपलब्ध कराते हैं।

विश्वविद्यालय संग्रहालय भी विविध प्रकार के होते हैं। कुछ वृहद् एवं स्वतंत्र हैं, जैसे काशी हिन्दू विश्वविद्यालय का भारत कला भवन, गुजरात का सरदार पटेल विश्वविद्यालय संग्रहालय, कोलकाता विश्वविद्यालय का आशुतोष संग्रहालय ऑफ इंडियन आर्ट इत्यादि। दूसरे प्रकार के विश्वविद्यालय संग्रहालय विभिन्न विभागों से सम्बन्धित हैं, जिनमें कुछ बड़े और कुछ छोटे हैं। इस प्रकार के संग्रहालय इलाहाबाद विश्वविद्यालय, इलाहाबाद; दीनदयाल विश्वविद्यालय, गोरखपुर; हरिसिंह गौर विश्वविद्यालय सागर; एम.एस. विश्वविद्यालय, बड़ौदा और लखनऊ विश्वविद्यालय, लखनऊ इत्यादि में हैं।

7. व्यक्तिगत संग्रहालय—व्यक्तिगत संग्रहालय में व्यक्ति अपनी रुचि के अनुरूप वस्तुओं का संग्रह करता है, व्यवस्थित करता है और उसका उपयोग करता है। इस प्रकार के संग्रहालयों में प्रमुख हैं, जयपुर का महाराजा सवाई माधोसिंह संग्रहालय, कोलकाता का बिड़ला एकेडमी ऑफ आर्ट तथा पूना का राज केलकर संग्रहालय आदि। अनेक व्यक्तिगत संग्रहालयों का आगे चलकर स्थानीय निकायों अथवा सरकारों द्वारा अधिग्रहण कर लिया गया। 10,000 वस्तुओं के संग्रह वाले केलकर संग्रहालय का संचालन भी वर्तमान में राज्य सरकार

द्वारा नियुक्त संयुक्त प्रबंधन समिति द्वारा किया जाता है। कभी–कभी संरक्षक ही अपने द्वारा संचालित संग्रहालय के संग्रह, संरक्षण तथा शैक्षणिक कार्यक्रम हेतु उत्तरदायी होता है।

संगृहीत वस्तुओं की प्रकृति अथवा विषयवस्तु के आधार पर वर्गीकरण

इस आधार पर संग्रहालयों के निम्न प्रकार हो सकते हैं –

1. सामान्य संग्रहालय—अधिकांश संग्रहालय इसी प्रकार के होते हैं। इस प्रकार के संग्रहालय में प्राचीन काल से लेकर आधुनिक काल तक की तमाम वस्तुएँ संगृहीत होती हैं। इनमें स्मारकीय अवशेष, विभिन्न प्रकार की मूर्तियाँ, चित्र, मृद्भांड, आभूषण, पांडुलिपियाँ, मुद्राएँ (सिक्के), वस्त्र और दैनिक जीवन से सम्बन्धित तमाम चीजें संगृहीत, संरक्षित तथा प्रदर्शित होती हैं। यहाँ तक कि प्रौद्योगिकीय उपकरण तथा वैज्ञानिक और प्राकृतिक विकास के चिह्नों का भी संकलन यहाँ होता है। तात्पर्य यह है कि यहाँ सब लोगों के देखने के लिए कुछ न कुछ अवश्य होता है।

इस श्रेणी के प्रमुख भारतीय संग्रहालयों में राष्ट्रीय संग्रहालय, नई दिल्ली; प्रिंस ऑफ वेल्स संग्रहालय, मुम्बई तथा भारतीय संग्रहालय, कलकत्ता इत्यादि हैं।

2. पुरातात्त्विक संग्रहालय—इस प्रकार के संग्रहालयों में सर्वेक्षण, उत्खनन, क्रय, दानादि से प्राप्त पुरातात्त्विक धरोहरों को सँजोकर रखा जाता है। समृद्ध ऐतिहासिक विरासत के कारण भारत के बहुत से संग्रहालय इसी श्रेणी से सम्बद्ध हैं। लघु तथा वृहद् मूर्तियों, मिट्टी की मुद्राओं, मुहरों, स्मारकीय अवशेषों, अभिलेखों, सिक्कों, चित्रों, वस्त्राभूषणों, शस्त्रादि के संग्रह तथा प्रदर्शन द्वारा ये संग्रहालय सामान्य जनता को ज्ञान के साथ–साथ मनोरंजन भी प्रदान करते हैं। साथ ही शोध तथा अध्ययन के लिए मूल सामग्रियाँ भी उपलब्ध कराते हैं।

पुरातात्त्विक संग्रहालयों की ही एक श्रेणी **स्थल अथवा स्थित संग्रहालय** (Cite Museum) की होती है। इस प्रकार के संग्रहालय में उसी स्थल के उत्खनन या सर्वेक्षण के द्वारा प्राप्त भग्नावशेषों, कलाकृतियों एवं वस्तुओं का संग्रह और प्रदर्शन किया जाता है। ये संग्रहालय भारतीय पुरातत्त्व सर्वेक्षण द्वारा संचालित होते हैं। 1904 ई. में प्रथम स्थल संग्रहालय की स्थापना सारनाथ में

हुई थी। तब से अनेक संग्रहालय इस प्रकार के बन चुके हैं, जिनमें दिल्ली में लाल किला; बिहार में बोधगया और नालन्दा; मध्यप्रदेश में खजुराहो, ग्वालियर और साँची; उत्तर प्रदेश में मथुरा तथा सारनाथ इत्यादि प्रमुख हैं।

3. **कला संग्रहालय**—इस प्रकार के संग्रहालयों में मूर्ति–चित्रादि कलाकृतियों का संग्रह होता है। इस प्रकार के संग्रहालयों में आशुतोष म्यूजियम ऑफ आर्ट्स, कोलकाता तथा नेशनल गैलरी ऑफ मार्डर्न आर्ट्स, नई दिल्ली प्रमुख हैं।

4. **शिल्प संग्रहालय**—जीवित शिल्प परम्परा के संग्रह तथा प्रदर्शन हेतु इस प्रकार के संग्रहालय होते हैं। इनका उद्देश्य देश की शिल्प परम्परा को लोकप्रिय बनाना तथा शिल्पियों के कार्यों को सीधे ग्राहकों तक पहुँचाना होता है। यहाँ शिल्पियों को कार्य करते हुए भी प्रदर्शित किया जाता है। इस प्रकार के संग्रहालय के प्रमुख उदाहरण दिल्ली के प्रगति मैदान में स्थित राष्ट्रीय शिल्प संग्रहालय तथा भारत भवन, भोपाल आदि हैं।

5. **प्राकृतिक इतिहास संग्रहालय**—इस प्रकार के संग्रहालय का उद्देश्य वनसंपदा और वन्य प्राणियों की सुरक्षा हेतु सामान्यजन को वानस्पतिक तथा खनिजीय जानकारियों से शिक्षित करना है। इन संग्रहालयों में पेड़–पौधों और जीव–जन्तुओं के साथ–साथ मनुष्य और पृथ्वी के विकास के प्रमुख चरणों को दर्शाया जाता है। राष्ट्रीय प्राकृतिक इतिहास संग्रहालय, दिल्ली के अतिरिक्त आसाम, दार्जिलिंग आदि स्थलों के वन संग्रहालय इस श्रेणीं के संग्रहालय कहे जा सकते हैं। कभी–कभी सामान्य संग्रहालयों में भी प्राकृतिक इतिहास से सम्बद्ध अलग प्रकोष्ठ बना दिए जाते हैं। प्रिंस ऑफ वेल्स संग्रहालय, मुम्बई इसका प्रमुख उदाहरण है।

6. **वानस्पतिक संग्रहालय**—विशिष्ट रूप से वानस्पतिक ज्ञान हेतु इस प्रकार के संग्रहालयों की आवश्यकता का अनुभव किया गया। ये संग्रहालय वनस्पति शास्त्र के अध्येताओं के साथ–साथ सामान्य जिज्ञासु जनों के शिक्षण हेतु भी उपयोगी हैं। आघरकर बोटैनिकल म्यूजियम, इलाहाबाद; बोटैनिकल म्यूजियम, जोधपुर; बोटैनिकल सर्वे ऑफ इंडिया, देहरादून; नेशनल बोटैनिकल रिसर्च इन्स्टीट्यूट, लखनऊ इत्यादि इस क्षेत्र के प्रसिद्ध संग्रहालय हैं।

7. **मानव संग्रहालय**—यह संग्रहालय प्रायः जनजातीय संस्कृति के संरक्षण में सहायक होता है। लोक–परम्पराओं को अक्षुण्णता बनाए रखने और सभी को उनकी जानकारी देने के लिए इस प्रकार के संग्रहालय में लोक संस्कृति के

विभिन्न पक्षों– वस्त्राभूषण, कला, शिल्प, लोकगीत, लोकनृत्य, त्योहार, बर्तन इत्यादि का संग्रह किया जा सकता है। जनजातीय शोध और विकास संस्थान के रूप में 1973 ई. में भोपाल में स्थापित मानव संग्रहालय इसका एक सुन्दर उदाहरण है।

8. मानव विज्ञान संग्रहालय—नृतत्व शास्त्र सम्बन्धी इस संग्रहालय से मानव के विकास सम्बन्धी विभिन्न दशाओं, जीवनयापन के प्राकृतिक तथा कृत्रिम संसाधनों के विकास तथा खाद्य–वस्त्रादि मूलभूत वस्तुओं के विकास सम्बन्धी जानकारियाँ प्राप्त होती हैं। मानव विज्ञान के दो पक्षों–प्राकृतिक मानव विज्ञान तथा सांस्कृतिक मानव विज्ञान को इस प्रकार के संग्रहालय में आधार बनाया जाता है। प्राकृतिक मानव विज्ञान सम्बन्धी गैलरी में मानव की उत्पत्ति, विकास, मानवीय आनुवंशिकता तथा अन्य प्राणियों के साथ उनके सह सम्बन्ध का प्रदर्शन होता है। वहीं सांस्कृतिक मानव विज्ञान की गैलरी में भौगोलिक क्षेत्र तथा जातीय समूह आदि के अनुसार होने वाली सांस्कृतिक विभिन्नता का प्रदर्शन किया जाता है।

9. बाल संग्रहालय—बाल संग्रहालयों का निर्माण बच्चों के हित को ध्यान में रखकर किया जाता है तथा उनके रचनात्मक एवं विवेचनात्मक शिक्षण में सहायक सिद्ध होता है। भारत का प्रथम बाल संग्रहालय मद्रास में राजकीय संग्रहालय के एक भाग के रूप में खुला तथा अब भारत में अनेक बाल संग्रहालय हैं। इनमें नई दिल्ली स्थित राष्ट्रीय बाल संग्रहालय प्रमुख है। इसी प्रकार अंतर्राष्ट्रीय गुड़िया संग्रहालय (Dall Museum) भी है।

बाल संग्रहालयों में बच्चों की शारीरिक क्षमता, उनके ध्यान केन्द्रित करने के क्षण इत्यादि का ध्यान रखते हुए विभिन्न विषयों से सम्बन्धित सामग्रियों–प्रतिकृति, मॉडल, छायाचित्र, चित्र, मैप, चार्ट इत्यादि का संग्रह तथा प्रदर्शन होता है, जहाँ अनेक क्रियाओं द्वारा बच्चों के सीखने की प्रक्रिया भी सम्पन्न होती है।

11. व्यक्ति–विशेष संग्रहालय—इस प्रकार के संग्रहालयों में किसी विशेष व्यक्ति से सम्बन्धित वस्तुएँ रखी जाती हैं और इस प्रकार उसके जीवन की एक झाँकी प्रदर्शित की जाती है। उदाहरणार्थ महात्मा गाँधी स्मारक संग्रहालय, अहमदाबाद महात्मा गाँधी तथा आनन्द भवन, इलाहाबाद और तीन मूर्ति भवन, नई दिल्ली जवाहर लाल नेहरू की स्मृतियों को संजोए हुए हैं। शांति निकेतन में रविन्द्रनाथ टैगोर आज भी जीवित हैं।

12. विज्ञान एवं प्रौद्योगिकी संग्रहालय—विज्ञान एवं प्रौद्योगिकी संग्रहालय

में देश की वैज्ञानिक तथा प्रौद्योगिकीय प्रगति को दर्शाने वाले यंत्रों–संयंत्रों का प्रदर्शन किया जाता है। इस प्रकार के संग्रहालयों में केन्द्रीय संग्रहालय पिलानी; विश्वसरैया संग्रहालय, बैंगलोर तथा रेल परिवहन संग्रहालय, नई दिल्ली प्रमुख हैं।

13. **प्रतिरक्षा संग्रहालय**—प्रतिरक्षा संग्रहालय में राष्ट्रीय प्रतिरक्षा से सम्बन्धित चीजें रखी जाती हैं। नेशनल डिफेन्स एकेडमी संग्रहालय, पुणे तथा एयरफोर्स संग्रहालय, पालम, नई दिल्ली इसी प्रकार के संग्रहालय हैं।

14. **स्वास्थ्य संग्रहालय**—स्वास्थ्य से सम्बन्धित संग्रहों का प्रदर्शन स्वास्थ्य संग्रहालय में किया जाता है। स्वास्थ्य–शिक्षा के विभिन्न पहलुओं पर प्रकाश डालने वाले इन संग्रहालयों में विविध रोगों, उपचारों तथा बचाव इत्यादि की भी सूचना प्राप्त की जा सकती है। इस प्रकार के संग्रहालय स्वतंत्र रूप से तथा विभिन्न शिक्षण–संस्थाओं के साथ सम्बद्ध रूप से भी स्थापित किए जाते हैं। इनमें प्रमुख हैं– गुरुकुल कांगड़ी का आयुर्वेदिक कॉलेज म्यूजियम, मद्रास के स्टैनली मेडिकल कॉलेज का एनाटामी डिपार्टमेन्ट म्यूजियम, बड़ौदा का हैल्थ म्यूजियम आदि।

15. **वाणिज्यिक–औद्योगिक संग्रहालय**—अनेक व्यापारिक प्रतिष्ठान अपने क्षेत्र अथवा रुचि के क्षेत्र में संग्रहालय स्थापित करते हैं। जैसे बिड़ला द्वारा संचालित अनेक संग्रहालय हैं। भारत के अनेक शहरों में वाणिज्यिक तथा औद्योगिक संग्रहालय हैं। कोलकाता में जूट तथा इंडस्ट्रियल सेफ्टी म्यूजियम भी खुला है।

16. **विशेष रुचि संग्रहालय**—इस प्रकार के संग्रहालय व्यापारिक प्रतिष्ठानों अथवा विशेष व्यक्तियों द्वारा अभिरुचि–प्रदर्शन हेतु स्थापित किए जाते हैं। इन संग्रहालयों में ज्यादातर एक ही प्रकार की वस्तुएँ रखी जा सकती हैं। अहमदाबाद में कैलिको मिल द्वारा संचालित कैलिको (वस्त्र) संग्रहालय तथा अहमदाबाद में ही बर्तन संग्रहालय इसके उदाहरण हैं। इसी प्रकार नई दिल्ली स्थित अंतर्राष्ट्रीय डॉल म्यूजियम, क्राफ्ट म्यूजियम तथा ग्वालियर स्थित सरोद घर इसी प्रकार के संग्रहालय हैं।

वर्तमान परिस्थितियों में पंचायत राज संग्रहालय, पड़ोस संग्रहालय, समुदाय संग्रहालय, पारिस्थितिकी संग्रहालय जैसे संग्रहालय एतद्विषयक नवीन आयामों का उद्घोष करते दृष्टिगत होते हैं।

संग्रहालय के कर्त्तव्य (कार्य)

वर्तमान समय में संग्रहालयों की प्रकृतिगत विभिन्नता के साथ ही इनके उद्देश्यों और कर्त्तव्यों का भी विस्तार हुआ है। प्रमुख रूप से संग्रह, संरक्षण एवं प्रदर्शन के उद्देश्य को लेकर विकसित हुए संग्रहालय अब अपने शैक्षिक और मनोरंजनात्मक उद्देश्यों के लिए भी जाने जाते हैं और समुदाय तथा समाज के विकास में सहायक होते हैं। एक संग्रहालय के कर्त्तव्यों की अभिव्यक्ति निम्न रूपों में हो सकती है –

1. सामाजिक–सांस्कृतिक कर्त्तव्य

संग्रहालय अपने मूल रूप में किसी राष्ट्र के समाज एवं संस्कृति का प्रतीक होता है तथा विभिन्न प्रकार के ऐतिहासिक–सांस्कृतिक, प्राकृतिक तथा वैज्ञानिक विरासत के संरक्षण द्वारा संस्कृति के रक्षक की भूमिका का निर्वहन करता है। न केवल संरक्षण, अपितु शोधकर्त्ताओं के सर्वेक्षणों और शोध–निष्कर्षों की सूचना द्वारा उस राष्ट्र की संस्कृति को समृद्ध करने का भी उत्तरदायित्व एक संग्रहालय को निभाना होता है।

भारत जैसे देश में तो संग्रहालय राष्ट्रीय एकता और समरसता की पुष्टि करते भी प्रतीत होते हैं। यहाँ के संग्रहालयों में विभिन्न कालों, क्षेत्रों एवं प्रजातियों का प्रतिनिधित्व करने वाले कला–शिल्प के नमूनों तथा भौतिक अवशेषों का संकलन किया गया है, जिनमें यहाँ की मिश्रित संस्कृति उभर कर आती है।

विभिन्न संग्रहालय सामाजिक–सांस्कृतिक मुद्दों पर प्रदर्शनियों आदि के आयोजन द्वारा भी देश की जनता में वहाँ की सांस्कृतिक विरासत के लिए रुचि तथा समझ उत्पन्न करते हैं।

वर्तमानकालिक संग्रहालय अपने स्वरूप में अधिकाधिक जनतांत्रिक हो गए हैं और जनता को सामाजिक–सांस्कृतिक ज्ञान के साथ–साथ मानवीय अतीत का ज्ञान देना भी उनकी भूमिका में सम्मिलित हो गया है। अमेरिकन एसोसिएशन ऑफ म्यूजियम के अनुसार "मानव संस्कृति और प्राकृतिक संसार के भौतिक अवशेषों को यथासंभव विस्तृत कर नई पीढ़ी को सौंपना संग्रहालय का मूल और नैतिक कर्त्तव्य है।"

2. शैक्षिक कर्त्तव्य

ऐतिहासिक–सांस्कृतिक महत्त्व की वस्तुओं के संग्रह और संरक्षण के बाद उनकी व्याख्या आदि के माध्यम से संग्रहालय को शैक्षिक दायित्वों को भी निभाना होता है। संग्रहालय में प्रदर्शित पुरातन और अधुनातन वस्तुओं के दर्शन से उत्सुक

आगन्तुकों की जिज्ञासाओं का शमन संग्रहालय के ही जिम्मे होता है। वैसे तो संग्रहालय प्रत्येक आयु, क्षमता, रुचि और पृष्ठभूमि वाले व्यक्ति के लिए उपयोगी होकर उन्हें कुछ न कुछ सिखाता ही है, तथापि यह विशेष रूप से बच्चों के लिए शिक्षक की महत्त्वपूर्ण भूमिका निभाता है। वर्तमान काल में स्थापित होने वाले बाल संग्रहालय, वैज्ञानिक संग्रहालय आदि बालकों की रुचियों के खाँचे में एकदम फिट बैठते हैं। ये संग्रहालय बच्चों को जागृत करने, आनन्दित करने के साथ–साथ उन्हें शिक्षा प्रदान करने में सहायक सिद्ध हो सकते हैं। एक शिक्षा–केन्द्र के रूप में संग्रहालय भारत की विशाल मौलिक वैचारिक परम्परा, सामाजिक संस्कृति, ग्रहणशीलता और सहनशीलता से उनका परिचय करा सकता है।

फ्रैंक ओपेनहाइमर के अनुसार – "संस्कृति से परिचित कराना शिक्षा का मूल उद्‌देश्य होता है और संग्रहालय इस प्रक्रिया में महत्त्वपूर्ण भूमिका अदा कर सकता है। यह गलत अवधारणा है कि शिक्षा के द्वारा संस्कृति का परिचय कराना और संस्कृति को संरक्षित करना दो अलग–अलग पहलू हैं।"

आइकॉम (ICOM) ने संग्रहालयों के लिए जन–शिक्षा के कुछ क्षेत्र निर्धारित किए हैं –

- सांस्कृतिक विरासत सम्बन्धी जागरूकता बढ़ाना
- नई पीढ़ी को संस्कृति के विकास से परिचित कराना
- अन्य संस्कृतियों की जानकारी देना।

कई भारतीय संग्रहालय अपने संग्रह–प्रदर्शनों और प्रदर्शनियों द्वारा शिक्षण प्रदान करने के अतिरिक्त भारतीय कला–शिल्पों के व्यावहारिक प्रशिक्षण द्वारा प्रत्यक्ष शिक्षण भी प्रदान करते हैं। यथा –

- नई दिल्ली स्थित बाल भवन में बच्चों को नृत्य, चित्रादि विविध कलाओं का प्रशिक्षण दिया जाता है।
- हैदराबाद स्थित सालारजंग संग्रहालय में काँसे, पत्थर और लकड़ी के कार्यों के अतिरिक्त जनजातीय कसीदाकारी का प्रशिक्षण दिया जाता है।
- बिड़ला औद्योगिक और प्रौद्योगिकी संग्रहालय, कोलकाता तथा विश्वेश्वरैया औद्योगिक और प्रौद्योगिकी संग्रहालय, बैंगलौर स्कूल शिक्षकों हेतु एतत्सम्बन्धी प्रशिक्षण पाठ्‌यक्रम चलाते हैं।

3. मनोरंजनात्मक कर्त्तव्य

अपने उद्‌भव–काल से ही संग्रहालय का प्रमुख उद्‌देश्य मनुष्यों के दुःखों और चिन्ताओं को दूर कर उन्हें आनन्दित करना था। वर्तमानकालिक संग्रहालयों का भी प्रमुख कर्त्तव्य देशी–विदेशी आगन्तुकों का मनोरंजन करना है। संग्रहालयों में भिन्न–भिन्न प्रकार की वस्तुओं का आकर्षक प्रदर्शन दर्शकों में वहाँ के लिए एक लालसा उत्पन्न करता है। जहाँ स्वदेशी दर्शक अपनी परम्परा, गौरवशाली अतीत आदि के विषय में जानकर गर्व और आनन्द की अनुभूति करते हैं, वहीं विदेशी दर्शक नवीन संस्कृति, विचार तथा परम्परा के अवलोकन से आह्लादित होते हैं।

संग्रहालय हेतु वस्तुओं की प्राप्ति के माध्यम

संग्रहालय में यद्यपि वस्तुओं का संग्रह होता है तथापि एक भण्डारगृह के विपरीत संग्रहालय का उद्‌देश्य प्रदर्शन तथा शिक्षण हेतु वस्तुओं का संग्रह करना होता है। यह संग्रह मनमाने ढंग से न किया जाकर योजनाबद्ध ढंग से किया जाता है। एक संग्रहालय यह सुनिश्चित करने का भरसक प्रयत्न करता है कि अधिकाधिक उपयोगी और सही वस्तुओं का ही संग्रह किया जाय। इसी को ध्यान में रखते हुए संग्रहालय के उद्‌देश्यों पर आधारित एक संग्रह–नीति का निर्माण किया जाता है, जिसे भौतिक, राजनैतिक, आर्थिक कारकों के साथ–साथ कुछ अन्य कारक भी प्रभावित करते हैं, जिनमें संग्रहालय–कर्मी तथा वहाँ की भंडारण–क्षमता इत्यादि सम्मिलित हैं। इस संग्रह नीति का समय–समय पर पुनरीक्षण भी किया जाता है।

इस संग्रह नीति के आधार पर संग्रहालय अपने संग्रह में वृद्धि के लिए विविध विधियाँ अपनाते हैं–

1. क्रय द्वारा संग्रह

प्रत्येक संग्रहालय अपने उपलब्ध स्रोतों द्वारा सामग्रियों का क्रय करता है। इनमें विशेषतः वे वस्तुएँ होती हैं, जो अन्यत्र सरलता से उपलब्ध नहीं होतीं तथा धारक मूल्य लिए बिना उन्हें देने के लिए तैयार नहीं होता। यद्यपि संग्रह का यह माध्यम सरल है, परन्तु संग्रहालय का बजट सीमित होने पर वित्तीय अनुपलब्धता के चलते बेशकीमती कलात्मक वस्तुओं के क्रय में बाधा आती है। इसी कारण कभी–कभी संग्रहालय सर्वोत्कृष्ट वस्तु से वंचित रह जाते हैं।

संग्रहालय हेतु वस्तुओं का क्रय करते समय ध्यान रखना चाहिए कि क्रय की जा रही वस्तु संग्रहालय के अनुकूल हो, कृत्रिम अथवा जाली न हो, चोरी

की न हो तथा एक ही प्रकार की न हो। वस्तु के स्रोत तथा पंजीकरण–प्रमाणपत्र इत्यादि का भी ज्ञान प्राप्त कर लेना चाहिए

2. उपहार एवं दान द्वारा संग्रह

संग्रहालय में निजी स्रोतों से प्राप्त उपहारों अथवा दानादि द्वारा भी वस्तुएँ प्राप्त की जाती हैं। प्रायः कुछ व्यक्ति अपने निजी संग्रह की कुछ वस्तुएँ अथवा सम्पूर्ण संग्रह ही किसी संग्रहालय को प्रदान कर देते हैं। कभी–कभी संस्थाएँ भी संग्रहालयों को स्मृति–स्वरूप कुछ वस्तुएँ दान में देती हैं। दान अथवा उपहार की इस भावना के पीछे संगृहीत वस्तुओं के भविष्य को सुरक्षित करना होता है। विश्व के अनेक प्रसिद्ध संग्रहालयों का उद्भव एवं विकास दान के ही द्वारा हुआ है। भारत के अनेक संग्रहालय राजाओं, नवाबों तथा धनिकों द्वारा अपने निजी संग्रह दान कर दिए जाने से ही बने हैं।

दान प्राप्त करते समय संग्रहालय को यह सुनिश्चित करना चाहिए कि मात्र उपयोगी, महत्त्वपूर्ण, शर्तरहित अथवा अनुकूल शर्त वाली वस्तुओं का ही दान स्वीकारें तथा भविष्य की समस्याओं से बचने के लिए शर्तों इत्यादि का लिखित करार करें।

3. ऋण द्वारा संग्रह

अपने संग्रह की वृद्धि हेतु संग्रहालयों द्वारा यह तरीका भी अपनाया जाता हैं। इस प्रकार का ऋण दीर्घावधि तथा अल्पावधि दोनों के लिए होता है। दीर्घावधि अथवा स्थायी ऋण द्वारा प्राप्त वस्तुएँ प्रायः सदैव के लिए संग्रहालय में आ जाती हैं, परन्तु उनकी मिल्कियत में कोई परिवर्तन नहीं होता और ऋण देने वाली संस्था अथवा व्यक्ति के पास ही उनके मालिकाना हक रहते हैं। अल्पावधि ऋण द्वारा प्राप्त वस्तुएँ कम समय के लिए प्राप्त की जाती हैं और प्रायः प्रदर्शनी इत्यादि के लिए इन्हें उधार लिया जाता है। ऋण देने और लेने वाले दोनों पक्ष सब पहलुओं और सावधानियों पर विचार करके तथा सम्बद्ध औपचारिकताओं की पूर्ति करके ही इसे कार्यरूप में परिणत करते हैं। हाँ, अत्यन्त दुर्लभ, बहुमूल्य अथवा दयनीय दशा वाली वस्तुओं को ऋण रूप में न दिए जाने का सुझाव दिया जाता है। इसी प्रकार घटिया तथा महत्त्वहीन वस्तु को ऋण के रूप में प्राप्त नहीं करना चाहिए, उधार के रूप में वस्तुओं को लेने–देने की यह प्रक्रिया सभी संग्रहालय अपनाते हैं और इससे सभी संग्रहालयों को लाभ होता है।

4. विनिमय द्वारा संग्रह

विनिमय के द्वारा भी संग्रहालय अपने संग्रह की वृद्धि करते हैं। कभी–कभी एक ही जैसी एकाधिक वस्तुएँ आ जाने से संग्रहालय उन्हें दूसरे संग्रहालयों को भेजकर वहाँ से अपने लिए उपयोगी वस्तुएँ प्राप्त कर लेते हैं। इस विधि द्वारा न केवल देशी अपितु विदेशी वस्तुओं का भी संग्रह किया जा सकता है। मद्रास संग्रहालय में इसी विधि द्वारा आस्ट्रेलिया, जापान, अफ्रीका, अमेरिका आदि की दुर्लभ पुरातात्त्विक वस्तुएँ संगृहीत हैं। इससे विश्व की पुरातात्त्विक धरोहर का तुलनात्मक अध्ययन भी किया जा सकता है।

इस विधि के द्वारा धनाभाव, जाली वस्तुओं आदि की समस्या से निपटा जा सकता है परन्तु समस्त सावधानियों और औपचारिकताओं के निर्वहन के पश्चात् ही इसका भी क्रियान्वयन किया जाना चाहिए।

5. स्थानान्तरण द्वारा संग्रह

कभी–कभी कुछ अन्य महत्त्वपूर्ण कारणों से वस्तुएँ एक संग्रहालय से दूसरे संग्रहालय में ले जाई जाती हैं। उदाहरणार्थ भारत पर ब्रिटिश आधिपत्य के समय यहाँ से ब्रिटेन ले जाई गई वस्तुओं में से अनेक स्वतंत्रता प्राप्ति के बाद वहाँ के ब्रिटिश म्यूजियम द्वारा हमें लौटा दी गईं। इसी प्रकार आवश्यकता तथा प्रकृति के अनुसार राष्ट्रीय संग्रहालयों की वस्तुएँ राज्य संग्रहालयों में तथा राज्य संग्रहालयों की वस्तुएँ राष्ट्रीय संग्रहालयों में स्थानान्तरित की जाती हैं।

6. सर्वेक्षण तथा उत्खनन द्वारा संग्रह

सर्वेक्षण द्वारा भी संगृहालयों में संग्रह को बढ़ाया जाता है। यथा–पुरातात्त्विक संग्रहालय के सर्वेक्षण दल पुरातात्त्विक स्थलों पर भ्रमण करते हुए मूर्तियाँ, सिक्के, अभिलेख, बर्तन तथा अन्य दैनिक उपकरण इत्यादि एकत्र करते हैं तो प्राकृतिक इतिहास से सम्बद्ध अथवा जैविक और वानस्पतिक संग्रहालय अपनी–अपनी प्रकृति के अनुरूप संगृह करते हैं। हाँ, इस कार्य हेतु संग्रहालयों को उचित बजट, कार्यक्षम लोगों के दल इत्यादि का गठन करना होता है तथा सम्बद्ध संस्थाओं से अनुमति भी प्राप्त करनी होती है।

इसी प्रकार उत्खनन की विधि भी संग्रह हेतु अपनाई जाती है। इसमें भारतीय पुरातत्त्व सर्वेक्षण से अनुमति प्राप्त कर प्रशिक्षित कर्मचारियों द्वारा पुरातात्त्विक स्थलों के उत्खनन से सामग्रियाँ प्राप्त की जाती हैं तथा संग्रहालय के संग्रह में वृद्धि का प्रयास किया जाता है। यह विधि अत्यन्त उपयोगी है परन्तु इस

विधि में अतिरिक्त सावधानी बरतनी पड़ती है तथा लापरवाही को इस विधि में स्थान नहीं है। बजट का भी प्रावधान उत्खनन कार्य हेतु करना पड़ता है।

7. अन्य विधियाँ

कुछ अन्य विधियों से भी संग्रहालय अपने लिए वस्तुएँ प्राप्त करते हैं। कभी–कभी गैरकानूनी व्यापार से जब्त वस्तुएँ कानूनी औपचारिकताओं के बाद संग्रहालयों में भेज दी जाती हैं। इसी प्रकार **इण्डियन ट्रेजर ट्रोव एक्ट, 1878** के अनुसार जमीन से प्राप्त 10 रुपए अथवा उससे अधिक मूल्य की किसी वस्तु के प्राप्त होने पर कलेक्टर को सूचित करते हुए वस्तु को ट्रेजरी में जमा कराना होता है और प्राप्तकर्त्ता को उसका निर्धारित मूल्य अदा करने के बाद वस्तु को संग्रहालय में भेज दिया जाता है।

कभी–कभी वित्तीय अनुपलब्धता अथवा कानूनी कठिनाइयों के कारण मूल कृतियाँ प्राप्त करना असंभव होने पर उनकी छाया प्रतियाँ, प्रतिकृतियों अथवा मॉडल को प्राप्त कर प्रदर्शित किया जाता है।

संग्रह कैसा भी हो और किसी भी माध्यम से किया गया हो वह संग्रहालय की योजना, कार्यपद्धति, राष्ट्रीय और अंतर्राष्ट्रीय कानूनों तथा सांस्कृतिक विरासतों को संरक्षण प्रदान करने के मानदंडों पर खरा उतरना चाहिए।

यद्यपि संग्रहालय का प्रमुख कार्य संग्रह करना होता है तथापि कभी–कभी वस्तुओं को हटाना भी पड़ता है। यह विनिमय अथवा बिक्री के रूप में हो सकता है। प्राकृतिक अथवा आकस्मिक क्षतिग्रस्तता आदि की स्थिति में वस्तुओं को नष्ट भी कर दिया जाता है परन्तु यह तभी होता है जब अन्य कोई भी विकल्प नहीं बचा होता। इसके लिए भी सम्पूर्ण औपचारिकताएँ निभानी जरूरी होती हैं।

पुरावशेष

संग्रहालय के सन्दर्भ में 'पुरावशेष' को समझाना अत्यन्त आवश्यक है क्योंकि विभिन्न संग्रहालय इन पुरावशेषों को संगृहीत, संरक्षित और प्रदर्शित करते हैं और ये पुरावशेष विभिन्न पुरातात्त्विक स्थलों के उत्खननों, खोजों तथा अन्य स्रोतों से प्राप्त किए जाते हैं। भारतीय सन्दर्भ में 'पुरावशेष और कला निधि अधिनियम 1972' के अन्तर्गत मूर्ति, चित्र तथा ऐतिहासिक दृष्टि से महत्त्वपूर्ण विज्ञान, कला, शिल्प और धर्म से सम्बद्ध कलाकृतियाँ पुरावशेष कहलाती हैं परन्तु इस श्रेणी में आने हेतु इन वस्तुओं का कम से कम 100 वर्ष पुराना होना आवश्यक है। इन पुरावशेषों को सरकार की तरफ से संरक्षण प्राप्त है।

संग्रहालय का महत्त्व

1. सांस्कृतिक सम्पदा का महत्त्व

संग्रहालय में किसी भी समाज अथवा राष्ट्र की धरोहरों का संग्रह एवं संरक्षण किया जाता है, जिससे ये वस्तुएँ दीर्घजीवी होकर सांस्कृतिक उन्नयन में प्रमुख भूमिका निभाती हैं।

2. विकास के प्रतीक

संग्रहालयों में किसी भी देश के विकास से जुड़ी अनेक वस्तुएँ एवं कलाकृतियाँ रखी जाती हैं, जिससे उस देश के सांस्कृतिक, औद्योगिक तथा प्रौद्योगिकीय विकास का ज्ञान होता है।

3. सामाजिक–शैक्षिक उत्तरदायित्व का निर्वहन

वर्तमान कालिक संग्रहालय शास्त्र में संग्रहालय के सामाजिक दायित्व पर पर्याप्त बल दिया जा रहा है। आनन्द के उत्स एवं मनोरंजन के साधन के रूप में तो यह ख्यात है ही, अब शिक्षा के अंग के रूप में भी संग्रहालय तेजी से स्वीकार्य हो रहा है और जन ग्रंथालय तथा जन–विश्वविद्यालय की भूमिका निभा रहा है। दृश्य वस्तुओं द्वारा सजीव शिक्षण, विशिष्ट अथवा सूक्ष्म शोध–अध्ययन के साथ–साथ सामान्य ज्ञान प्रदान के द्वारा संग्रहालय अपने शैक्षिक उत्तरदायित्व को जिम्मेदारी के साथ निभा रहे हैं।

4. पर्यटकों के आकर्षण का केन्द्र

वर्तमान युग में संग्रहालय घरेलू तथा विदेशी पर्यटन के प्रमुख स्रोत हैं। स्थापत्य और संस्कृति के विभिन्न पहलुओं जैसे सिक्के, चित्रकला, मूर्तिकला, वस्त्राभूषण, अस्त्र–शस्त्र आदि पर्यटकों के आकर्षण का केन्द्र होते हैं और इनका संग्रह तथा संरक्षण प्रमुख रूप से संग्रहालयों में होता है। विदेशी पर्यटकों के माध्यम से संग्रहालय देश के लिए विदेशी मुद्रा और परिणामतः आर्थिक विकास में अपनी सहभागिता तो निभाते ही हैं, विभिन्न देशों के मध्य सांस्कृतिक सेतु का भी कार्य करते हैं।

संग्रहालय और पर्यटन

आधुनिक युग की पर्यटन–क्रान्ति में संग्रहालय महत्त्वपूर्ण भूमिका निभाते हैं। घरेलू तथा विदेशी दोनों प्रकार के पर्यटक अपने यात्रा–कार्यक्रम में संग्रहालय–भ्रमण की योजना का निर्धारण अवश्य करते हैं। पूरा का पूरा परिवार अत्यन्त उत्साह

से संग्रहालय दर्शन करता है क्योंकि यहाँ बच्चों से लेकर वयस्कों तक सभी के लिए कुछ न कुछ होता है।

विदेशी पर्यटक आगन्तुक राष्ट्रों की परम्परा, संस्कृति तथा इतिहास से परिचय प्राप्त करते हैं, जबकि घरेलू पर्यटक भी अपने अतीत को खंगालते हैं। विभिन्न प्रकार की खान–पान, आवास तथा परिवहन सेवाओं में भी संग्रहालय से वृद्धि होती है तथा आधारिक संरचनाओं पर भी बल दिया जाता है। कला शिल्प से सम्बन्धित क्रय–विक्रय भी प्रोत्साहित होते हैं।

भारत में प्रिंस ऑफ़ वेल्स म्यूजियम, मुम्बई; सालार जंग संग्रहालय, हैदराबाद तथा राष्ट्रीय संग्रहालय दिल्ली के अतिरिक्त अनेक सामान्य तथा विशिष्ट प्रकृति के संग्रहालय हैं, जो पर्यटन में महती भूमिका निभा सकते हैं। आवश्यकता एकमात्र योजनाबद्ध प्रयत्न करने की है। संग्रहालयों के चित्रात्मक विवरणों के प्रकाशन, कुशल गाइडों की नियुक्ति तथा नियोजित विपणन से पर्यटकों को संग्रहालयों की ओर अधिकाधिक आकर्षित किया जा सकता है, इसमें सन्देह नहीं। सारांश यह कि बेहतर प्रदर्शन एवं प्रबंधन द्वारा संग्रहालयों को पर्यटन–मानचित्र कर प्रमुखता से उभारा जा सकता है।

अध्याय–9

पर्व–त्योहार, मेले तथा पर्यटन

(Festivals, Fairs and Tourism)

व्यक्ति स्वभाव से ही उत्सव–प्रिय होता है और अपने दुख–सुख को साझे में व्यतीत करना चाहता है। विशेष रूप से भारत जैसे देश का कण–कण भाँति–भाँति के पर्वों–त्योहारों की सुगन्धि से सुवासित है। यदि हम मानव–जीवन के कालखंड को लें तो जन्म–पूर्व से ही प्रारम्भ होकर आजीवन संस्कारों–समारोहों का यह सिलसिला चलता रहता है। इसी प्रकार सम्पूर्ण वर्ष भर किसी न किसी बहाने से आयोजन होते रहते हैं। कभी धार्मिक आयोजना होती है, कभी फसल कटाई और नए अन्न के आगमन की खुशी बाँटी जाती है। साराँश यह कि, क्रम चलता ही रहता है।

पर्व–त्योहार भी परम्परागत उत्सव हैं। मूलतः पर्वों की यह परम्परा आर्थिक गतिविधियों से जुड़ी है। प्राचीन काल में जब कृषि समस्त आर्थिक गतिविधियों का मूल था, तब फसल की बुवाई, निराई–गोड़ाई, रखवाली तथा कटाई, सभी कार्य सब सामूहिक प्रयत्नों से सम्पन्न होते थे और समय को अच्छी तरह से व्यतीत करने के लिए भाँति–भाँति के नृत्य–गान चलते रहते थे। कालान्तर में धार्मिक कर्मकाण्डों के साथ संपृक्त होकर ये भारतीय जीवन के अभिन्न अंग हो गए। कुछ पर्व घर की सीमाओं में ही सीमित रूप से मनाए जाते हैं, जबकि कुछ अन्य सार्वजनिक रूप से बड़े पैमाने पर। रामलीलाएँ, गरबा आयोजन और दशहरा उत्सव ऐसे ही आयोजनों के उदाहरण हैं। संचार साधनों के प्रचारात्मक कार्यक्रमों के कारण इनसे परिचित पर्यटक इन उत्सवों में सम्मिलित होकर उनसे अनुभूति के स्तर पर जुड़ने के साथ–साथ उन्हें समझते भी हैं।

भारतीय पर्वों की विशेषताएँ

1. धार्मिक तत्त्वों का समावेश

प्रायः सभी भारतीय पर्वों में धार्मिक तत्त्वों का समावेश होता है और सभी विभिन्न प्रकार के धार्मिक अनुष्ठानों से युक्त होते हैं। विशेष धार्मिक नियमों के अनुसार पूजा–अर्चना की जाती है और अवसर के अनुसार भिन्न–भिन्न देवों की उपासना की जाती है। हिन्दू यदि परिवार के साथ गृहों अथवा देवालयों में उपासना करते हैं तो सामूहिक उपासना प्रधान इस्लाम तथा ईसाई धर्मों के अनुयायी क्रमशः मस्जिदों तथा गिरजाघरों में उपासना करते हैं।

2. सामाजिक–वैज्ञानिक सरोकार

भारतीय पर्व किसी न किसी रूप में सामाजिक सरोकारों से भी जुड़े हैं। ये वैज्ञानिकता और तार्किकता को भी साथ लेकर चलने में विश्वास रखते हैं, किन्तु देश की बहुसंख्य जनता में अपनी पैठ बनाने हेतु धर्म का आवरण ओढ़कर कार्य करते हैं, जैसे– मलेरिया के उन्मूलन के लिए कुनैन की कड़वी दवा को चीनी से मीठा कर दिया जाता है।

उदाहरण के लिए दीपावली के त्योहार पर स्वच्छता और साफ–सफाई पर विशेष जोर दिया जाता है और लक्ष्मी (धन) के आगमन के साथ इसे जोड़ दिया जाता है परन्तु वर्षा ऋतु के व्यतीत होने के बाद की गई इस स्वच्छता और लिपाई–पुताई से कीटाणु समाप्त हो जाते हैं, यह तथ्य सर्वविदित है। इसी प्रकार माघ मास में तिल–स्नान, तिल का दान तथा तिल का सेवन पुण्यवर्धक माना जाता है परन्तु शरीर–विज्ञान की दृष्टि से वह काल नवीन रक्त–निर्माण की दृष्टि से महत्त्वपूर्ण माना गया है और तिल रक्त को बढ़ाने में अत्यन्त सक्षम माना जाता है।

3. सामासिकता और सार्वभौमिकता के प्रतीक

भारतीय पर्व भारत की सामासिक संस्कृति के प्रतीक के रूप में उभरे हैं। वस्तुतः भारतीय त्योहार आज समुदाय–विशेष की थाती नहीं रह गए हैं और दीपावली हो अथवा ईद, होली हो अथवा मुहर्रम, बैसाखी हो अथवा क्रिसमस; सभी सम्प्रदाय मिलजुल कर मनाते हैं। इस प्रकार भले ही भारतीय त्योहारों में धार्मिक तत्त्व समाविष्ट हों, वे भारतीय एकता को और पुष्ट ही करते हैं।

इसी प्रकार भारतीय त्योहार अब सार्वभौमिक भी हो गए हैं। नवरात्रों में गुजरात में आयोजित होने वाले गरबे अब देश के कोने–कोने में होने लगे हैं,

जिनमें सभी धर्मों–जातियों के लोग उत्साह से प्रतिभागिता दिखाते हैं। इसी प्रकार मूलतः बंगाल में सीमित दुर्गा–पूजा अब क्षेत्र–समुदाय की सीमाएँ तोड़कर विस्तृत हो गई है। इसी प्रकार असम का बिहू नृत्य और केरल का ओणम् त्योहार तथा नौका–नृत्य अब राष्ट्रीय धरोहर हो गए हैं।

4. कृषीय तथा जलवायुगत आधार

भारत के अधिकांश पारम्परिक पर्व मौसम के अनुसार मनाए जाते हैं। मौसम में परिवर्तन होने के साथ ही कोई न कोई त्योहार अवश्य मनाया जाता है, जैसे दीवाली तथा होली।

वस्तुतः मौसम से जुड़े इन सभी त्योहारों का आधार कृषीय है। फसलों की बुवाई तथा कटाई का समय उत्सव का होता है। विशेषकर कटाई के समय नए धान्य का स्वागत तो नृत्य–गीत के साथ ही किया जाता है। उदाहरणार्थ पंजाब में खरीफ काटने के समय लोहड़ी नामक प्रसिद्ध त्योहार मनाया जाता है। भारत के कुछ अन्य प्रसिद्ध त्योहार पोंगल (सम्पूर्ण दक्षिण भारत), बिहू (आसाम) और ओणम् (केरल) आदि भी इसी समय मनाए जाते हैं और यह संयोग आकस्मिक नहीं है कि इन त्योहारों से सम्बन्धित कर्मकाण्डों में नवीन फसलों– चावल, गन्ना, हल्दी से सम्बन्धित वस्तुओं का उपयोग किया जाता है और खाया जाता है। इसी प्रकार होली के समय गेहूँ की कटाई का समय होता है और होलिका– दहन में गेहूँ तथा जौ की नई बालियों का उपयोग किया जाता है और प्रसाद के रूप में खाया जाता है। होली के साथ–साथ बैसाखी त्योहार के अनुष्ठानों में भी गेहूँ का उपयोग किया जाता है। माघ महीने में मनाया जाने वाला तिल भाष्ठी व्रत तिल प्रधान होता है।

5. पशुओं की उपासना

चूँकि प्रायः सभी भारतीय पर्वों में कृषि आधारभूत अंग है अतः कृषि से अविच्छिन्न सम्बन्ध रखने वाले पशुओं की भी पूजा की जाती है। पशु देवी–देवताओं के वाहन होने के कारण भी पूजा में उनसे सन्नद्ध किए जाते हैं। दीवाली के दूसरे दिन की जाने वाली गोवर्धन पूजा में गोवंश की उपासना की जाती है। इसी प्रकार पोंगल के तीसरे दिन मट्टु पोंगल मनाया जाता है। जिसमें मट्टु (पशु) की उपासना की जाती है।

विशुद्ध रूप से पशु–उपासनाओं पर ही केन्द्रित अनेक त्योहार यहाँ मनाए जाते हैं। यथा राजस्थान में मनाया जाने वाला **बच्छ बारस** जिसमें गाय (गोवंश) की पूजा का विशेष माहात्म्य है।

6. प्राकृतिक शक्तियों की उपासना

परम्परागत भारतीय त्योहारों में प्राकृतिक शक्तियों की उपासना पर पर्याप्त बल दिया जाता है। इन शक्तियों में अग्नि, वायु, जल, पृथ्वी, आकाश के रूप में पंच शक्तियाँ सबसे महत्त्वपूर्ण हैं। लोहड़ी तथा होली आदि त्योहारों में तो विशेष रूप से अग्नि प्रज्ज्वलित की जाती है, जो सामूहिक सुरक्षा के प्रतीक के रूप में माना जा सकता है। यथा लोहड़ी में अग्नि जलाकर सूर्य से प्रार्थना की जाती है कि वे अपने भक्तों तथा उनकी फसल की पौष की कड़कड़ाती ठंड से रक्षा करें। वर्षा के देवता इन्द्र की उपासना भी कृषि में उनके महत्त्व के कारण की जाती है।

7. सामूहिक सांस्कृतिक अभिव्यक्ति

सभी भारतीय त्योहार क्योंकि सामाजिक, सांस्कृतिक आधार से युक्त होते हैं, अतः उनकी अभिव्यक्ति भी भिन्न–भिन्न सांस्कृतिक रूपों में होती है। कभी गीत–संगीत, कभी नृत्य और नाटक तो कभी सामूहिक भोज और पतंगबाजी।

आसाम के प्रमुख त्योहार बोहाग बिहू के दौरान आयोजित किया जाने वाला बिहू नृत्य भारतीय सांस्कृतिक परम्परा के अभिन्न अंग के रूप में प्रतिष्ठापित हो गया है। इसी प्रकार भारत का प्रमुख शास्त्रीय नृत्य कथकली ओणम त्योहार का विशिष्ट आकर्षण है। नवरात्र में दुर्गा प्रतिमा के चारों ओर गोल घेरे में नाचते–गाते स्त्री–पुरुषों की शोभा देखते ही बनती है।

मेले

मेले भी भारतीय सांस्कृतिक जीवन का अभिन्न अंग हैं। प्राचीन काल में आर्थिक–व्यापारिक तथा धार्मिक उद्‌देश्यों से आयोजित किए जाने वाले ये मेले आज हमारी सांस्कृतिक अभिव्यक्ति के प्रतीक हो गए हैं। भारतीय मेले स्थानीय जनता को आपस में घुलने–मिलने तथा खरीद–फरोख्त के अवसर उपलब्ध कराने के साथ–साथ बाहरी पर्यटकों के लिए आकर्षण और उत्सुकता का केन्द्र बन चुके हैं क्योंकि पर्यटक इनके माध्यम से भारतीय संस्कृति को नजदीक से समझने का अवसर प्राप्त करते हैं। कभी आर्थिक गतिविधियों के केन्द्र–बिन्दु रहे इन मेलों से परम्परागत शिल्प–कलाओं को भी पर्याप्त प्रोत्साहन प्राप्त होता है। कहा जा सकता है कि मेले वाणिज्यिक आवश्यकताओं की पूर्ति के साथ–साथ सांस्कृतिक पहलू को भी प्रतिभासित करते हैं। इस प्रकार के मेले अपना स्वतंत्र अस्तित्व तो रखते ही हैं, विभिन्न पर्वों के अवसर पर लगने वाले मेले–पर्वों से सन्नद्ध भी होते हैं। यथा कुल्लू और कोटा के प्रसिद्ध दशहरा मेले।

वस्तुतः इन समस्त पर्व–त्योहारों तथा मेलों का उद्देश्य आनन्द की अभिव्यक्ति ही होता है और उत्सव के अपेक्षाकृत प्रचलित सम्बोधन के द्वारा भी इस अभिव्यक्ति को साकार रूप दिया जा सकता है। इस प्रकार यदि हम उत्सव–महोत्सव इत्यादि के भिन्न–भिन्न रूपों को देखें तो भारत में वर्तमान विभिन्न धर्मानुयायियों के पारम्परिक उत्सव भारत आने वाले आगन्तुकों के लिए आकर्षण का केन्द्र बनने के लिए पर्याप्त हैं।

परिवेश, पर्व और पर्यटन

भारतवर्ष को यदि पर्वों का देश कहा जाए तो अतिशयोक्ति नहीं होगी। यहाँ वर्ष के तीन सौ पैंसठ दिन में कम से कम पाँच सौ पर्व–महोत्सव तो आयोजित होते ही हैं। आधुनिक सन्दर्भ में देखें तो वर्ष का प्रारम्भ ही धूमधड़ाके और उत्साह से भरे उत्सवों से होता है और यह प्रक्रिया वर्ष भर चलती रहती है। परन्तु ये समस्त उत्सव पर्यटन–प्रवाह के प्रेरणास्रोत हों, ऐसा नहीं है। यथा भारत के सबसे बड़े और सार्वजनिक पर्व दीपावली, होली तथा ईद के प्रति पर्यटकों का आकर्षण विरले ही होता है, परन्तु पुष्कर में आयोजित होने वाले वार्षिक कार्तिक–मेले में धार्मिक–सांस्कृतिक अभिरुचि के पर्यटक लाखों की संख्या में सम्मिलित होते हैं। इसी प्रकार रक्षाबंधन जहाँ वैयक्तिक और पारिवारिक स्तर पर मनाया जाता है, वहीं जन्माष्टमी पर आयोजित कृष्ण लीलाएँ पर्यटकों की भारी भीड़ आकर्षित करने में सफल होती हैं। इसी प्रकार सदियों से बिहार की सांस्कृतिक परम्परा का अभिन्न अंग रहा छठ का त्योहार अब पर्यटकों में अपनी पैठ बना चुका है।

सांस्कृतिक के साथ–साथ कुछ व्यापारिक प्रकृति के मेले लाखों की संख्या में देशी–विदेशी आगन्तुकों को आकर्षित करते हैं। यथा सूरजकुण्ड हस्तशिल्प मेला, नई दिल्ली में नियमित अंतराल से आयोजित होने वाला अन्तर्राष्ट्रीय पुस्तक मेला तथा अन्तर्राष्ट्रीय व्यापार मेला।

वर्तमान में विशेष रूप से पर्यटन को दृष्टिगत रखते हुए कृत्रिम उत्सवों का भी आयोजन किए जाने लगा है। भिन्न–भिन्न स्थलों पर आयोजित किए जाने वाले ये उत्सव स्थलों की विशिष्टता को उद्‌घाटित करने के लिए होते हैं। यथा मंदिर नगर खजुराहो का वार्षिक नृत्य समारोह तथा आगरा में प्रतिवर्ष आयोजित किया जाने वाला ताज महोत्सव। इन कार्यक्रमों के द्वारा पहले से ही लोकप्रिय इन स्थलों की लोकप्रियता और बढ़ती है तथा संचार माध्यमों और आगन्तुक पर्यटकों के माध्यम से इसमें वृद्धि होती रहती है। भारतवर्ष में अभी भी इस क्षेत्र

में दोहन की प्रचुर संभावना है क्योंकि भारत के चप्पे–चप्पे पर विभिन्न किलों, खंडहरों और स्मारकों की भरमार है।

इस प्रकार के संस्कृति आधारित पर्यटन के कुछ संशयात्मक पहलू भी हैं। इन उत्सवों–मेलों में पर्यटकों की सहभागिता जहाँ एक ओर स्थानीय व्यापारियों, हस्तशिल्पियों तथा रोजगारादि के माध्यम से स्थानीय निवासियों के लिए प्रगति के नए क्षेत्र उपलब्ध कराती है और भिन्न–भिन्न संस्कृतियों के लोगों को आपस में घुलने–मिलने का अवसर प्रदान करती है, वहीं दूसरी ओर पारम्परिक सांस्कृतिक अवमूल्यन का खतरा भी बना रहता हे। संक्रमण के कारण रीति–रिवाजों की मौलिकता भी बरकरार नहीं रह पाती तथा पर्यावरण से लेकर संस्कृति तक प्रदूषण के शिकार हो जाते हैं।

अतएव इस प्रकार के उत्सव–केन्द्रित पर्यटन को प्रोत्साहित किए जाते समय विभिन्न प्रकार के दुष्प्रभावों का पहले से ही आकलन किया जाकर उनसे सम्बन्धित सावधानियाँ बरतना संस्कृति तथा पर्यटन दोनों के ही हित में होगा।

भारत के पर्यटन–केन्द्रित उत्सव

यथा उपर्युद्धत है, भारत में पूरे वर्ष उत्सवों का सिलसिला चलता रहता है। पर्यटन की दृष्टि से महत्त्वपूर्ण भारत के प्रमुख उत्सवों का क्रमवार वर्णन इस प्रकार किया जा सकता है –

मकर संक्रान्ति

सूर्योपासना और प्राकृतिक अर्चना का पर्व 'मकर संक्रान्ति' सम्पूर्ण भारतवर्ष में एक साथ मनाया जाने वाला त्योहार है। वस्तुतः मात्र एक त्योहार के स्थान पर यह जीवन–पद्धति का प्रतिबिम्बन अधिक है। हाँ, देश के विभिन्न हिस्सों में स्थानीय रीते–रिवाजों के अनुसार इसके मनाए जाने के तरीके अवश्य भिन्न–भिन्न हैं। प्रतिवर्ष 14 जनवरी को मनाया जाने वाला यह पर्व सूर्य के उत्तरायण होने (मकर राशि में प्रवेश) के उपलक्ष्य में होता है। प्रकारान्तर से कड़ाके की शीत के विदा लेने और वसन्त के दस्तक देने का भी उत्साह इसमें सम्मिलित होता है। नई फसल के आगमन का उत्साह इसे दुगुना कर देता है। भारत के अलग–अलग प्रदेश इसे निम्न रूप से मनाते हैं–

उत्तर प्रदेश में यह पर्व पवित्र नदियों में स्नान करने तथा सूर्य को जल अर्पण करने के रूप में मनाया जाता है। इलाहाबाद में त्रिवेणी संगम पर इस अवसर पर प्रसिद्ध माघ मेला आयोजित किया जाता है, जिसमें बड़ी संख्या में

श्रद्धालुओं के साथ जिज्ञासु पर्यटक भी सम्मिलित होते हैं। इस अवसर पर तिल–सेवन तथा तिल के दान का विशेष माहात्म्य है।

गुजरात तथा महाराष्ट्र में मकर संक्राति का पर्व पतंगबाजी दिवस के रूप में मनाया जाता है। विशेषकर अहमदाबाद जैसे शहर में इस दिन सारा आकाश रंग–बिरंगी पतंगों से भर जाता है। लोग पतंगें उड़ाकर मस्ती करते हैं, सांस्कृतिक कार्यक्रम आयोजित करते हैं और घर–घर में बनाई गई गुड़ और तिल की मिठाई मधुर संबंधों की कामना करते हुए एक दूसरे को खिलाते हैं। नव विवाहिताएँ गुड़, तिल और खिचड़ी का दान करती हैं और अपने तथा परिजनों के सुख की आकांक्षा करती हैं।

तमिलनाडु में संक्रान्ति को 'पोंगल' के नाम से जाना जाता है, जिसका शब्दार्थ दूध के मटके में चावल को उबालने से होता है। वहाँ के सबसे बड़े त्योहार के रूप में प्रसिद्ध इस पर्व में दूध में चावल और दाल डालकर बनाया गया प्रसाद कुलदेवता को अर्पित किया जाता है। यह तीन दिनों तक भोगी पोंगल, सूर्य पोंगल तशा मट्टु पोंगल के नाम से क्रमशः मनाया जाता है तथा पशुओं की दौड़ आदि का भी आयोजन किया जाता है।

कर्नाटक में इस दिन सभी लोग नए वस्त्र धारण कर मित्रों–सम्बन्धियों से मिलने जाते हैं तथा एक–दूसरे को गन्ना, तिल, नारियल और भुने चने प्रदान कर रिश्तों में मधुरता का आह्वान करते हैं। गाय–बैलों को नहलाकर तथा सजा–धजाकर जुलूस में सम्मिलित किया जाता है।

आंध्रप्रदेश में भी खास महत्त्व रखने वाले इस पर्व को 'पेडा पांडुगा' अर्थात् बड़ा उत्सव के नाम से जाता है। चार दिनों तक चलने वाला यह उत्सव प्रथम दिन **भोगी**, द्वितीय दिन **संक्रान्ति**, तृतीय दिन **कानूमा** तथा चतुर्थ दिन **मुक्कानुमा** के नाम से संबोधित होता है। स्वच्छ किए हुए घर, रंगोली तथा फूलों से सजाए जाते हैं और चावल, चने की दाल तथा काली मिर्च से निर्मित **'पुलागम'** नामक भोजन का आनन्द सभी लोग मिलकर उठाते हैं।

राजस्थान के रेगिस्तानी प्रदेश में पवित्र सरोवरों में स्नान तथा सूर्य को अर्घ्य देकर दान देने की मान्यता है। स्त्रियाँ सास–ससुर, ननद तथा पति आदि को उपहार प्रदान कर आशीष प्राप्त करती हैं। यहाँ मकर संक्रान्ति से जुड़ी अनेक परम्पराएँ पारस्परिक सौहार्द को मजबूती प्रदान करती हैं।

केरल ग्राम मेला, कोवलम (केरल)

मध्य जनवरी में प्रतिवर्ष केरल में कोवलम के आस–पास के गाँवों में दस

दिवसीय सांस्कृतिक समारोह का आयोजन किया जाता है, जिसमें नृत्य, संगीत तथा अन्य उत्सवों का आयोजन किया जाता है। विशेष रूप से केरल के ग्राम्य जीवन की झाँकी देने वाले 'ग्रामम्' का निर्माण किया जाता है, जिनमें परम्परागत नालुकेट्टु गृह तथा 'चायक्कड' रूपी चाय की दुकानें सम्मिलित हैं। छप्पर से निर्मित इन्हीं गृहों में उत्सवों का आयोजन किया जाता है। इस मेले में एक भारतीय ग्राम की सादगी में नृजातीय सौन्दर्य का सम्मिश्रण परिलक्षित होता है।

केरल के समृद्ध अतीत की झलक प्रदान करने वाले इस मेले में अमूल्य फर्नीचरों, पुरातन आभूषणों, आभूषण–बॉक्सों, मसालदानियों तथा घरेलू उपकरणों का प्रदर्शन किया जाता है। सायंकाल कथकली, मोहिनीअट्टम जैसे शास्त्रीय नृत्यों के साथ–साथ ओप्पाना जैसे परम्परागत लोकनृत्य तथा थेय्यम, पुलीकली विल्लुपट्टु, पावक्कुत्थु आदि लोककलाओं का प्रदर्शन किया जाता है। इसी प्रकार चायक्कड में नारियल, चाय अथवा नींबू–शरबत का आनन्द लिया जा सकता है। हस्तशिल्पियों के केन्द्र कमलग्रामम् से हस्तशिल्पों का क्रय किया जा सकता है।

बीकानेर महोत्सव

रेगिस्तानी जहाज अर्थात् ऊँट को समर्पित यह महोत्सव राजस्थान के रेगिस्तानी जिले बीकानेर में जनवरी–फरवरी माह में मनाया जाता है। इसका प्रारम्भ लाल बलुए पत्थर से बने जूनागढ़ किले पर सजे–धजे ऊँटों की परेड से होता है, जिससे दर्शक सम्मोहन के जाल में बँध से जाते हैं। शेर, बेल–बूटे, फूल–पत्तियाँ, सूरज व चन्द्रमा उकेर कर सजाये गए ऊँटों द्वारा अतिथियों का माल्यार्पण उन्हें रोमांच से भर देता है। इसके बाद ऊँट दौड़, ऊँट दुहन, ऊँट के बालों की मोहक कटिंग, ऊँट नृत्य जैसी अनेक प्रतियोगिताएँ सम्पन्न होती हैं। ऊँटनियों की कैटवॉक तथा आँखों में काजल, पड़ले, घुँघरू सहित अनेक ताम झाम से सजे ऊँटों के बुल वॉक इसके नए आकर्षण हैं।

राजस्थानी रंग में रंगे गीत–संगीत सहित विभिन्न सांस्कृतिक प्रतियोगिताएँ यहाँ आयोजित होती हैं। सारा शहर जैसे आतिशबाजी से भर उठता है। ख्यातनाम कलाकारों द्वारा कालबेलिया और गरबा नृत्यों तथा गीतों के प्रदर्शन से महोत्सव में चार चाँद लग जाते हैं। मिस्टर बीकाणा प्रतियोगिता इसका एक अन्य आकर्षण है। निस्संदेह ऊँटों के अनोखे अन्दाज के साथ केसरिया साफा पहने, मूँछों पर ताव देते बी.एस.एफ. के बाँके जाँबाज जवानों के करतब देखने के लिए दर्शक साँझ ढलने तक जमे रहते हैं।

इस प्रकार रेतीले टीलों, जूनागढ़ किले, सफेद चूहों के लिए प्रख्यात करणी

माता मंदिर के द्वारा पहले से ही पर्यटकों के अकर्षण के केन्द्र बीकानेर में अब इस महोत्सव के द्वारा भी पर्यटकों को आकर्षित करने का प्रयास किया जा रहा है।

गंगा सागर तथा गंगा दशहरा मेला

पश्चिम बंगाल में गंगा के मुहाने पर, जहाँ गंगा समुद्र में प्रवेश करती है, प्रतिवर्ष **गंगासागर** नामक विशालकाय मेला लगता है। इसमें लाखों की संख्या में दूर–दूर के श्रद्धालु स्नान कर पुण्यलाभ करते हैं। स्नान के पश्चात् गंगा माँ की उपासना की जाती है। पौराणिक मान्यता है कि राजा सगर के उन 60,000 पुत्रों की अस्थियों को पवित्र करने हेतु गंगा इस स्थल से समुद्र में प्रविष्ट हुई थी, जो कपिल मुनि के शाप के कारण भस्म हो गए थे। यह मेला जनवरी के अन्त तथा फरवरी के प्रारम्भ में लगा करता है।

इसी प्रकार पवित्र नदी गंगा से ही सम्बद्ध एक अन्य त्योहार उत्तर प्रदेश तथा बंगाल राज्यों में (जहाँ गंगा नदी बहती है) धूमधाम से मनाया जाता है। वह है, गंगा दशहरा जो प्रमुखतः स्नान पर्व है। साक्षात् गंगा में स्नान तथा अर्चना करने में असमर्थ होने पर भक्तजन गंगाजल का उपयोग पवित्रीकरण में करते हैं। गंगा दशहरा स्वर्गीय गंगा के पृथ्वी पर अवतरण की स्मृति में प्रतिवर्ष ज्येष्ठ दशमी के दिन मनाया जाता है और इस दिन का एक स्नान व्यक्ति के समस्त पापों को धोने में सक्षम माना जाता है।

सूरजकुण्ड क्राफ्ट मेला

प्रतिवर्ष फरवरी में हरियाणा के सूरजकुण्ड में भारत के अनोखे हैण्डलूम तथा हस्तशिल्प मेले का आयोजन किया जाता है, जिसमें देश के कोने–कोने से आए हुए शिल्पी भारत के पारम्परिक शिल्प को प्रस्तुत करते हैं। मेले का पूरा परिवेश ग्रामीण हाटों की स्मृतियाँ ताजा कर देता है। सांस्कृतिक कार्यक्रम तथा ग्राम्य छटा भी इस रंग बिरंगे मेले के अभिन्न अंग हैं। ग्रामीण भारत की झलक दिखाते इस मेले में इसी से सम्बद्ध सांस्कृतिक कार्यक्रम आयोजित किए जाते हैं तथा विभिन्न प्रकार के खाद्य पदार्थों की दुकानें लगाई जाती हैं।

एलीफैन्टा महोत्सव, मुम्बई

यह उत्सव मुम्बई से 10 किलोमीटर दूर एलीफैन्टा द्वीप पर विश्व विख्यात एलीफैण्टा गुफाओं (विश्व विरासत स्थल) के समीप मनाया जाता है। रात्रि के समय तारों की रोशनी में गीत तथा नृत्य का यह महोत्सव प्रतिवर्ष फरवरी में

आयोजित किया जाता है। उस समय इस छोटे से द्वीप की जीवन्तता देखने लायक होती है।

मूलतः छठी शती ई. में निर्मित शैव तीर्थस्थल के रूप में ख्यात इस गुफा का असली नाम धारापुरी था जो पुर्तगालियों द्वारा विशालकाय हाथियों की मूर्ति के कारण बदल कर एलीफैन्टा कर दिया गया। यहाँ स्थित शिवमंदिर अपनी भव्यता तथा विविध भंगिमाओं वाली शैव–प्रतिमाओं के लिए प्रसिद्ध हैं।

महाराष्ट्र पर्यटन विकास निगम (MTDC) द्वारा आयोजित इस संगीत नृत्य महोत्सव में स्थानीय मछुआरों के नृत्य तथा स्थानीय भोजन इत्यादि भी प्रदर्शित होते हैं। पिछले कुछ वर्षों में यह महोत्सव मुम्बईवासियों के साथ–साथ घरेलू तथा बाह्य पर्यटकों के आकर्षण का प्रमुख केन्द्र बन गया है।

ताज महोत्सव, आगरा

प्रतिवर्ष 18 फरवरी से ताजमहल के निकट शिल्पग्राम में प्रारम्भ होने वाला दस दिवसीय ताज महोत्सव एक बहुप्रतीक्षित सांस्कृतिक अवसर बन चुका है। एक प्रकार से यह उत्तर प्रदेश तथा भारत का उत्सवी परिचय है। भारत के सर्वोत्तम कला–शिल्प तथा संस्कृति को यहाँ प्रदर्शित किया जाता है। लोक संगीत, शायरी तथा शास्त्रीय–नृत्यों की प्रस्तुतियाँ, हाथी और ऊँट सवारी, विविध खेल और खाद्य–समारोह महोत्सव को और भव्यता प्रदान करते हैं।

समारोह में हाथियों, ऊँटों, बैंड वादकों, लोक कलाकारों से युक्त भव्य जुलूस मानो मुगल शानो–शौकत की ही याद दिलाता है।

स्थानीय कारीगरों को उत्कृष्ट संगमरमरी कार्य के अतिरिक्त यहाँ सहारनपुर की लकड़ी की कृतियों, मुरादाबाद की पीतल की कृतियों, भदोही के हाथ के बने कालीनों, खुर्जा की चीनी मिट्टी की पॉटरी, फिरोजाबाद के काँच के सामानों, लखनऊ की चिकनकारी, बनारस के सिल्क–कार्य इत्यादि का प्रदर्शन किया जाता है।

इसी प्रकार पूरे ताज–मोहत्सव के दौरान बुन्देलखण्ड के लोकगीत तथा लोकनृत्य, राजस्थान के कालबेलिया नृत्य, महाराष्ट्र के लावणी नृत्य अपने शताब्दियों पूर्व के परिवेश में ही प्रस्तुत होते हैं, जिनकी मुग्ध करने वाली थिरकनों पर पर्यटक थिरकते हैं।

अन्य भारतीय उत्सवों की ही भाँति सुस्वादु व्यंजनों का सानिध्य इस उत्सव को भी समृद्ध बनाता है।

इस प्रकार भारत की पारम्परिक कलाओं को प्रकटन एवं प्रदर्शन का अवसर प्रदान करने वाले ताज महोत्सव को यदि कला एवं संस्कृति का मानवीकृत रूप कहा जाए तो कोई अतिशयोक्ति नहीं होगी।

गुलाब महोत्सव (रोज फैस्टिवल), चंडीगढ़

भारत का सबसे बड़ा गुलाब महोत्सव चंडीगढ़ के रोज गार्डन में मनाया जाता है, जब भाँति–भाँति के पुष्प–गुच्छों से लदे उद्यान अपने शबाब पर होते हैं।

प्रारम्भ में रोज फैस्टिवल के नाम से प्रसिद्ध इस उत्सव का उद्देश्य वहाँ के रोज गार्डन की ओर आगन्तुकों का ध्यान आकृष्ट करना था। 1997 से इसे 'उद्यान महोत्सव' के नाम से जाना जाता है, जिसका उद्देश्य भी उद्यान–संस्कृति को बढ़ावा देना है और इसमें प्राचीन भारत के वसन्तोत्सव की झलक भी मिलती है। भारतीय उत्सवों के राष्ट्रीय कैलेण्डर में भी इसे स्थान दिया गया है।

प्रतिवर्ष महोत्सव में नई–नई गतिविधियों का समावेश होता रहता है। वर्तमान में इसमें शास्त्रीय तथा लोक–संगीत प्रस्तुतियाँ, बच्चों के लिए खेल–गतिविधियाँ, छायाकारों तथा शिल्पकारों की कलाकृतियों का प्रदर्शन तथा अन्य अनेकविध मनोरंजन सम्मिलित किए जाते हैं।

मरु महोत्सव, जैसलमेर

जैसलमेर के विरासतीय वैभव, रंग–बिरंगी संस्कृति तथा निकटवर्ती सम और खुहड़ी के विशाल रेगिस्तान से पर्यटक यहाँ स्वाभाविक रूप से खिंचे चले आते हैं। किन्तु फरवरी माह के सर्द गुलाबी मौसम में यहाँ की आभा देखते ही बनती है। इसी मौसम में यहाँ पर्यटन विभाग की ओर से रंगों और गीतों से सराबोर तीन दिवसीय महोत्सव का आयोजन किया जाता है, जिसमें देशी–विदेशी पर्यटक अकूत संख्या में पहुँचते हैं।

पारम्परिक गेर तथा अग्नि–नृत्य में आगन्तुक दाँतों तले उँगली दबाने को विवश हो जाते हैं। आधुनिक बयार की झलक यहाँ आयोजित मि. डेजर्ट प्रतियोगिता से प्रस्तुत की जाती है। इसी प्रकार सम के रेतीले धोरों का सफर, ऊँट की सवारी तथा लोक गीतकारों और संगीतकारों की सुरीली प्रस्तुतियाँ महोत्सव में चार चाँद लगा देती हैं। तात्पर्य यह है कि महोत्सव के इन दिनों

में राजस्थान की समृद्ध और रंग–बिरंगी संस्कृति अपने उत्कर्ष के चरम पर होती है।

समारोह के प्रमुख आकर्षणों में सँपेरे, कठपुतली–संचालक, कलाबाज तथा लोक प्रस्तुतियाँ देने वाले सम्मिलित होते हैं। स्वाभाविक रूप से रेगिस्तानी जहाज अथवा मरुभूमि की जीवन रेखा कहा जाने वाला ऊँट इस सबके केन्द्र में होता है। बड़ी–बड़ी मूँछों और सुन्दर रंगीन पगड़ियों से सुसज्जित ग्रामवासी भी इसमें ऊँट दौड़, ऊँट पोलो, ऊँट सज्जा तथा ऊँट कलाबाजी जैसी प्रतियोगिताओं में भाग लेते हैं।

विदेशी भी नृत्य, रस्सी दौड़, पगड़ी बाँधने की प्रतियोगिताओं में बढ़ चढ़कर हिस्सा लेते हैं।

गणगौर

राजस्थान में सामाजिक–धार्मिक पर्वों में अत्यन्त महत्त्वपूर्ण गणगौर सुहागिनों तथा कुमारी कन्याओं द्वारा अत्यन्त श्रद्धा और निष्ठा से मनाया जाता है। 'गणगौर' शब्द में 'गण' महादेव शिव और 'गौर' पार्वती का प्रतीक है। इस प्रकार शिव–पार्वती के रूप में ईसरजी और ईसरीजी की प्रतिमाओं के पूजन द्वारा मनाये जाने वाले गणगौर के मूल में वर प्राप्ति तथा वर की अमरता की कामना होती है। इस पर्व में पन्द्रह दिवसीय व्रत भी अभिन्न रूप से जुड़ा होता है। यह व्रत होलिका–दहन से प्रारम्भ होकर चैत्र शुक्ला एकादशी तथा कहीं–कहीं तृतीया तक समाप्त होता है। होली की राख के पिण्ड बनाकर यव के अंकुरों के साथ पूजन इस पर्व को होली तथा रबी की फसल के साथ भी जोड़ता है।

इस उपलक्ष्य में विविध नृत्यों का आयोजन तथा गीतों का गायन होता है। इसके पीछे मान्यता पार्वती के गौने तथा बाद में पिता के घर लौटने पर सखियों द्वारा स्वागत गान और नर्तन की स्मृति को बनाए रखना है। आज भी स्त्रियाँ गणगौर की काष्ठ प्रतिमाओं को सजाकर, मिट्टी की प्रतिमाओं के साथ जल–स्रोत पर जाती हैं और लोक गीतों और नृत्यों की ध्वनियों के साथ मिट्टी की प्रतिमाओं का विसर्जन कर काष्ठ–प्रतिमाओं को पुनः लाकर स्थानापन्न करती हैं।

मध्यकालीन राजस्थान में जोधपुर, जयपुर, उदयपुर, कोटा आदि राज्यों में धूमधाम से मनाए जाने तथा राजाओं, सामन्तों और कर्मचारियों द्वारा गणगौर की सवारी में सम्मिलित होने के प्रमाण प्राप्त होते हैं। कर्नल टॉड तथा कविराज श्यामलदास ने उदयपुर इत्यादि में गणगौर की सवारी का रोचक वर्णन किया

हैं जहाँ अट्टालिकाओं में बैठकर सभी जातियों की स्त्रियाँ, बच्चे और पुरुष रंग–रंगीले वस्त्रों एवं आभूषणों से सुसज्जित होकर गणगौर की सवारी को देखते हैं।

आज भी जयपुर की गणगौर की सवारी तथा नृत्य–गान पर्यटकों को भारी संख्या में आकर्षित करने में सक्षम है। जयपुर के गुलाबी मार्गों पर गणगौर की सवारी देखते ही बनती है। उदयपुर में भी तालाब के बीच नावों में होने वाले नृत्य व गायन के आयोजन अत्यन्त प्रभावी लगते हैं।

हाथी महोत्सव, जयपुर

प्रतिवर्ष होली के अवसर पर जयपुर में हाथी महोत्सव आयोजित किया जाता है। स्पष्टतया हाथी इस समारोह के आकर्षण के केन्द्र होते हैं। इस उत्सव के दौरान पूरा जयपुर हाथियों, नर्तकों और गायकों से जीवन्त हो उठता है और इसे दुनिया के कोने–कोने से आए पर्यटक और जीवन्त बना देते हैं। सुसज्जित हाथी इस महोत्सव में चार चाँद लगा देते हैं।

समारोह का प्रारम्भ चित्रित तथा आभूषणों से चमकते हाथियों, घोड़ों और ऊँटों के जुलूस से होता है। हाथी आगन्तुकों का अभिवादन करते हैं, अतिथियों को मालाएँ पहनाते हैं और सुधी निर्णायक मंडल तथा पर्यटकों के समक्ष रैम्प पर चलकर दिखाते हैं ताकि सर्वश्रेष्ठ सज्जित हाथी का चयन किया जा सके।

हाथी दौड़ तथा हाथी पोलो समारोह के विशेष आकर्षण हैं। हाथियों और मनुष्यों के मध्य भिड़न्त रोंगटे खड़े कर देने वाला होता है। इसी प्रकार 'गज–शृंगार' की अद्‌भुत प्रदर्शनी में हाथियों से सम्बन्धित समस्त आभूषण, वस्त्र, हौद, भोजन, चित्र तथा औषधि इत्यादि प्रदर्शित किए जाते हैं।

पर्यटकों को इस महोत्सव में हाथियों पर चढ़कर होली खेलने का अवसर प्रदान किया जाता है। इस अवसर पर अतिथि तथा आतिथेय मिलजुल कर गाते बजाते हुए आनन्द मनाते हैं।

अन्तर्राष्ट्रीय योग सप्ताह, ऋषिकेश

समागम शब्दार्थ वाले 'योग' में श्वास तथा शरीर का समागम अथवा जुड़ाव होता है। फिर माँसपेशियों और मस्तिष्क का समागम और सबसे बढ़कर आत्म तत्त्व और परमात्म तत्त्व का समागम महत्त्वपूर्ण है, और इस समागम के लिए योग–गुरु भारत से बढ़कर तथा भारत में भी सदियों से मनुष्यों को भव सागर पार कराती आ रही पतितपावनी गंगा के तट से बढ़कर उपयुक्त स्थान कहाँ होगा?

भारत के प्राचीन योग–गौरव को ध्यान में रखते हुए तथा भौतिकवाद से त्रस्त वर्तमान पश्चिमी विश्व की योग के प्रति आसक्ति को देखते हुए उत्तराखंड राज्य के पर्यटन विभाग की ओर से प्रतिवर्ष हिमालय की तलहटी में स्थित ऋषिकेश में फरवरी का प्रथम सप्ताह योग सप्ताह के रूप में मनाया जाता है।

विस्तृत व्याख्यान, विभिन्न आसनों की प्रस्तुतियाँ तथा योग के प्रमुख व्याख्यान इस सप्ताह के प्रमुख आकर्षण हैं। गंगा के किनारे आयोजित किए जाने वाले योग–सत्रों का आकर्षण आध्यात्मिक पर्यटकों को स्वतः इस आयोजन तक खींच लाता है।

खजुराहो नृत्य महोत्सव, खजुराहो

प्रतिवर्ष मार्च में 6 से 12 तारीख तक मंदिर नगर खजुराहो में सात दिन चलने वाला नृत्य समारोह आयोजित किया जाता है, जहाँ देश भर के शास्त्रीय नृत्य प्रदर्शित किए जाते हैं।

मध्य भारत के एक शक्तिशाली राजपूत वंश चन्देल वंश की राजधानी के रूप में चन्देलों के गौरव का साक्षी रहा खजुराहो वर्तमान में अपने मोहक मंदिरों तथा नृत्य महोत्सव हेतु विख्यात है।

इस सांस्कृतिक समारोह में भारत के शास्त्रीय नृत्यों—कथक, भरतनाट्यम, ओडिसी, कुचीपुड़ी, मणिपुरी और कथकली की समृद्धि के प्रदर्शन हेतु उनके ख्यातनाम कलाकारों की प्रस्तुतियाँ सम्मिलित होती हैं। आगे चलकर आधुनिक नृत्य शैलियों को भी इसमें स्थान दिया गया। नृत्यों का आयोजन प्रायः चित्रगुप्त मंदिर अथवा विश्वनाथ मंदिर के सामने खुले में किया जाता है।

नृत्य–प्रस्तुतियों के साथ–साथ भिन्न–भिन्न प्रकार के शिल्पी वर्कशॉप तथा सेमिनार इत्यादि में भाग लेते हैं और आगन्तुकों–पर्यटकों के समक्ष अपनी कला का प्रदर्शन करते हैं। ये कलात्मक वस्तुएँ तथा खजुराहो की स्थानीय वस्तुएँ बिक्री के लिए भी होती हैं।

संक्षेप में इस उत्सव का उद्देश्य शास्त्रीय नृत्य तथा मंदिर के गहरे संबंध को प्रदर्शित करना है, क्योंकि मान्यता है कि शास्त्रीय नृत्य का उद्भव तथा परिपक्वीकरण हिन्दू मंदिरों में ही हुआ। वस्तुतः इसके माध्यम से खजुराहो मंदिरों की समृद्ध विरासत को वर्तमान पीढ़ी के लिए प्रासंगिक बनाने तथा भावी पीढ़ी के लिए सँजोकर रखने की प्रेरणा भी दी जाती है। वर्तमान में यह उत्सव न केवल देश भर में अपितु विदेशों भी विख्यात हो गया है।

बिहू, असम

बिहू अथवा बोहाग बिहू असम के लोगों का सबसे बड़ा त्योहार है और जातिगत तथा वर्गगत विभेदों से परे सभी को एक करने में महती भूमिका का निर्वहन करता है। वस्तुतः असम के लोग एक नहीं वरन् तीन–तीन बिहू मनाते हैं। **बोहाग बिहू** अथवा रंगोली बिहू जो मध्य अप्रैल में चैत्र संक्रान्ति पर मनाया जाता है, **माघ बिहू** जो मध्य जनवरी में मनाया जाता है तथा **कटि बिहू** जो मध्य अक्टूबर में मनाया जाता है। तीनों का सम्बन्ध क्रमशः बसन्त, शीत तथा पतझड़ के मौसम और सम्बन्धित फसलों तथा पशुओं से है।

तीनों बिहू में बोहाग बिहू अथवा रंगोली बिहू नववर्ष, बसन्त तथा कृषीय सरोकारों से जुड़ा होने के कारण सर्वाधिक लोकप्रिय है।

सही अर्थों में असम क्षेत्र के लोगों की एकता तथा अस्मिता के उद्देश्य से मनाया जाने वाला एक समय का क्षेत्रीय पर्व बिहू अब क्रमशः राष्ट्रीय तथा वैश्विक रूप ग्रहण करता जा रहा है और पर्यटक भी इसकी ओर तेजी से आकृष्ट हो रहे हैं। भाँति–भाँति के खेल, विशिष्ट बिहू नृत्य, गीत तथा मेले इस पर्व को और लोकप्रिय बना देते हैं। बिहू गीत लोक काव्य के उत्कृष्ट उदाहरण हैं जो अपनी लय एवं ताल से श्रोताओं को झूमने पर मजबूर करते हैं। इसी प्रकार बिहू नृत्य युवा मन, ऊर्जा तथा जीवन्तता को अभिव्यक्त करते हैं।

बैसाखी

बैसाखी एक विशिष्ट मौसमी त्योहार है, जो पूरे पंजाब, उत्तरी भारत तथा भारतवर्ष के कोने–कोने में बसे पंजाबी वर्ग में जोशो–खरोश के साथ प्रतिवर्ष 13 अप्रैल को मनाया जाता है। कड़ी मेहनत के कई महीनों के बाद नई फसलों का आगमन नए वर्ष के उत्साह को द्विगुणित कर देता है और मिठाइयाँ बाँटकर तथा नाच–गाकर समृद्धि और उत्साह के इस पर्व को मनाया जाता है। भांगड़ा और गिद्दा इस पर्व से जुड़े प्रमुख नृत्य हैं।

सिखों के दसवें गुरु गोविन्द सिंह जी द्वारा बैसाखी के इस पर्व को नवीन आयाम प्रदान किया गया। सन् 1669 में इसी दिन उन्होंने खालसा पंथ की स्थापना कर प्रथम नौ गुरुओं के कार्य को पूर्णता के अंजाम तक पहुँचाया। इसी की स्मृति में प्रतिवर्ष बैसाखी के जुलूस में पंच प्यारों से युक्त गुरु ग्रन्थ साहिब को प्रमुखता से स्थान दिया जाता है। इसी दिन पवित्र नदियों में स्नान किया जाता है तथा नदियों के जल को अमृतसर के स्वर्णमंदिर के निकट स्थित पवित्र सरोवर में डाला जाता है।

त्रिसूर पूरम महोत्सव, केरल

त्रिसूर पूरम महोत्सव केरल के सबसे बड़े पर्व के रूप में प्रसिद्ध है और हाल के वर्षों में इसने देशी तथा विदेशी पर्यटकों के एक बड़े वर्ग को अपनी ओर आकृष्ट किया है। समारोह का प्रमुख आकर्षण स्वर्णिम 'थालपट्टम' (सिर से सूँड तक हाथियों द्वारा पहना जाने वाला केरल का विशिष्ट आभूषण) से सज्जित हाथियों का मंदिर में इकट्ठा होना है। प्राचीनकाल में धनी जमींदार मन्दिरों को हाथी दान में देते थे। केरल के साथ हाथी का तादात्म्य पर्याप्त पुराना है। केरल संभवतः अकेला ऐसा प्रान्त है, जहाँ एक हाथी की स्मृति में प्रतिमा का निर्माण किया गया है क्योंकि मान्यता के अनुसार गुरुवयूर केसवन नामक उस हाथी ने दीर्घकाल तक गुरुवयूर के अधिष्ठाता ईश्वर की सेवा की थी। उस स्मृति को और चिरस्थायी रखने के लिए गुरुवयूर में प्रतिवर्ष हाथी दौड़ का आयोजन किया जाता है।

केरल में मंदिर भी बड़ी संख्या में हैं और मंदिरों में होने वाला कोई उत्सव हाथियों के बिना सम्पन्न नहीं होता है। सुसज्जित तथा सधे खड़े हुए हाथी तथा उन पर छतरियाँ धारण किए हुए और हाथियों को साधे हुए धैर्यशाली पुरुषों को देखना सचमुच आह्लादक है।

इस प्रकार केरल के मंदिर–महोत्सवों में सर्वाधिक आनन्ददायक तथा 'समस्त पूरमों का पूरम' की संज्ञा से प्रसिद्ध यह पर्व अप्रैल मास में वडक्कुम नाथन के शिव मंदिर में मनाया जाता है, जिसमें हजारों की संख्या में धर्म–प्रेमी एकत्र होते हैं। केरल प्रान्त के सभी मंदिरों से उत्कृष्ट हाथी इस पूरम महोत्सव में भाग लेने के लिए भेजे जाते हैं।

समस्त अर्थों में आमजन का उत्सव कहा जा सकने वाला यह महोत्सव आतिशबाजी, छतरी–प्रदर्शन के साथ–साथ हाथियों के शानदार जुलूस के लिए जाना जाता है। जनता द्वारा आयोजित इस उत्सव में जाति तथा धर्म के किसी बन्धन के बिना सम्पूर्ण जनता की सहभागिता होती है और इस अर्थ में यह उत्तर प्रदेश के कुम्भ मेला, उड़ीसा के रथ यात्रा महोत्सव तथा मैसूर के विजयदशमी उत्सव से भिन्न है।

उत्सव के समय में 'मंदिर–नगर' के नाम से जाना जाने वाला त्रिसूर नगर रंग, संगीत तथा मस्ती के नगर में परिवर्तित हो जाता है। 36 घंटे का यह उत्सव प्रातःकाल धार्मिक कर्मकाण्डों के साथ प्रारम्भ होता है। इसके 'पंचवाद्यम' नामक महत्त्वपूर्ण कार्यक्रम में थिमिला, मदालम, तुरही तथा एदक्का इत्यादि वाद्यों

के लगभग 200 कलाकार भाग लेते हैं। इसी प्रकार 'पांडेमेलम' कार्यक्रम में भी 200 के लगभग वाद्य कलाकार अपनी प्रतिभा का प्रदर्शन करते हैं। अन्ततः हाथियों के जुलूस, संगीत और आतिशबाजी के भव्य आयोजन के साथ कार्यक्रम समाप्ति की ओर बढ़ता है।

इस प्रकार इस महोत्सव का सर्वाधिक विशिष्ट पक्ष इसका प्रकृति से एकदम धर्मनिरपेक्ष होना है। केरल के मुस्लिम तथा ईसाई समुदाय की इसमें सक्रिय भागीदारी देखने योग्य होती है। एक ऐसे समय में जबकि भारतीय समाज में धार्मिक संवेदनशीलता अपने चरम पर है, इस प्रकार के आयोजन निस्संदेह राहत प्रदान करते हैं और देश के दूसरे भागों में इस प्रकार के आयोजनों की प्रेरणा देते हैं।

ग्रीष्म महोत्सव, माउंट आबू

गर्मियों में भारत के अनेक प्रसिद्ध पर्वतीय नगरों में पर्यटकों को आकर्षित करने के लिए ग्रीष्म–महोत्सवों का आयोजन किया जाता है। तमिलनाडु के प्रसिद्ध हिल स्टेशनों–ऊटी तथा कोडइ कनाल में इस प्रकार के शानदार आयोजन होते हैं, परन्तु प्रतिवर्ष जून मास में राजस्थान के पर्वतीय नगर माउंट आबू में मनाया जाने वाला ग्रीष्म महोसव विशिष्टता लिए हुए होता है। खड़ी चट्टानें, शान्त झील, सुरम्य वातावरण तथा आनन्ददायक मौसम माउंट आबू को इस महोत्सव के लिए आदर्श आयोजन–स्थल बनाते हैं। तीन दिवसीय इस उत्सव में लोक और शास्त्रीय संगीत की शानदार प्रस्तुतियों के साथ–साथ राजस्थान की समृद्ध सांस्कृतिक विरासत के दर्शन होते हैं, जिसमें जनजातीय संस्कृति भी महत्त्वपूर्ण है। बैले गायन से उत्सव का प्रारम्भ होता है तथा गेर, घूमर और डफ लोक नृत्य उत्सव को दर्शनीय बना देते हैं।

नक्की झील में नौका–दौड़ जैसे आयोजन समारोह को चार चाँद लगा देते हैं। इसी प्रकार शाम–ए–कव्वाली जैसे बहुप्रतीक्षित कार्यक्रम अपने में विशिष्ट हैं, जिसमें देश के नामी कव्वाल भाग लेते हैं। अन्ततः भव्य आतिशबाजी के साथ कार्यक्रम का समापन होता है, जिसमें पर्यटक भी बढ़–चढ़कर भाग लेते हैं।

हेमीज महोत्सव, लद्दाख

लद्दाख के सबसे बड़े बौद्ध मठ हेमीज गोम्पा के परिसर में मनाया जाने

वाला यह दो दिवसीय महोत्सव अब देश–विदेश के पर्यटकों के आकर्षण का केन्द्र बन चुका है। यह गुरु पद्मसंभव के जन्म–दिवस के सम्मान में आयोजित किया जाता है और तिब्बती चन्द्र मास के 10वें दिन मनाया जाता है। स्थानीय लोग इस अवसर के लिए सुन्दर पारम्परिक वस्त्रों में तैयार होते हैं। 'चाम' कहे जाने वाले लामा मुखौटे लगाकर विभिन्न नृत्यों तथा नाटकों का प्रदर्शन करते हैं। मुख्य लामा सम्पूर्ण समारोह का नेतृत्व करते हैं। प्रति 12वें वर्ष महोत्सव में उल्लेखनीय मोड़ आता है जब बन्दर के तिब्बती वर्ष में पद्मसंभव के चित्रण से युक्त दुमंजिले थंका का सार्वजनिक प्रदर्शन किया जाता है। मोतियों तथा अर्द्ध–मूल्यवान पत्थरों से सज्जित इस थंका का अन्तिम प्रदर्शन 2004 के उत्सव के दौरान किया गया था।

सन् 1930 ई. में लद्दाख के प्रमुख शासक सेंगे नाम्याल के शासनकाल में निर्मित किया गया यह बौद्ध मठ वास्तुकला का अद्भुत नमूना है। हेमीज उत्सव के कारण पर्यटकों का ध्यान इस तरफ भी आकृष्ट होता है। इस समारोह में यहाँ के विशिष्ट हस्तशिल्प से युक्त रंग–बिरंगे मेले का भी प्रमुख स्थान है।

अन्तर्राष्ट्रीय पुष्प महोत्सव, सिक्किम

भारत के उत्तरी–पूर्वी राज्य सिक्किम में प्रतिवर्ष ग्रीष्म में फूलों के चरम मौसम में दुर्लभ फूलों, आर्किड तथा अन्य स्थानीय पौधों का प्रदर्शन किया जाता है। निस्संदेह अनेक वर्षों से भारत के कोने–कोने से आने वाले पर्यटकों के लिए यह एक चिरप्रतीक्षित दर्शनीय नजारा होता है।

अपनी वानस्पतीय सम्पत्ति के लिए प्रसिद्ध सिक्किम के छोटे से प्रदेश में मार्च से मई के दौरान आर्किड की लगभग 600 किस्में, वृक्षों की 240 किस्में, फर्न की 240 किस्में, ग्लेडियोली की 150 किस्में तथा मैग्नोलिया और अन्य अनेक बेलों के साथ–साथ रोडोडेन्ड्रोन की 46 किस्में अपने शबाब पर होती हैं। पुष्प प्रदर्शनी में मुख्यतः आर्किड, ग्लेडियोली, गुलाब, कैक्टस, चीड़ प्रजाति के पौधे, लताएँ, फर्न तथा झाड़ियाँ इत्यादि सम्मिलित की जाती हैं।

प्रदर्शन के दौरान सिक्किम के विशिष्ट लजीज व्यंजनों का भी स्वाद लिया जा सकता है। सिक्किम की वेगवती पहाड़ी नदियों में रिवर राफ्टिंग तथा पर्यटकों में लोकप्रिय याक सफारी इस समारोह के अतिरिक्त आकर्षण हैं। मई में यहाँ की वानस्पतीय सुषमा अपने चरम पर होती है जब इस प्रकार की प्रदर्शनियों के साथ–साथ वनस्पति विशेषज्ञ विभिन्न प्रकार के व्याख्यानों तथा सेमिनारों के लिए यहाँ एकत्र होते हैं। इन क्रियाकलापों में से अधिकांश गंगटोक के राज्यपाल निवास **व्हाइट हॉल** के आसपास सम्पन्न होते हैं।

सिन्धु दर्शन महोत्सव, लद्दाख

नाम से ही स्पष्ट है, सिन्धु महोत्सव सिन्धु नदी से जुड़ा उत्सव है और प्रतिवर्ष जून में लेह, लद्दाख में मनाया जाता है। यह उत्सव भारत की बहुधर्मी संस्कृति के प्रतीक के रूप में तेजी से उभरा है। भारत के विभिन्न भागों से आने वाले समूह अपने साथ मृत्पात्रों में लाए वहाँ की नदियों के जल को सिन्धु जल में प्रवाहित कर मानों भिन्न संस्कृतियों के सम्मिलन पर अपनी मुहर लगाते हैं।

महोत्सव का ऊपरी अथवा सतही उद्देश्य तिब्बत के मानसरोवर से निकलकर आने वाली नदी सिन्धु का दर्शन तथा अर्चन है किन्तु इसका वास्तविक उद्देश्य सिन्धु नदी को भारत की बहुधर्मी, बहुसांस्कृतिक प्रकृति, साम्प्रदायिक सद्भाव तथा शान्तिपूर्ण सहअस्तित्व के प्रतीक के रूप में प्रस्तुत करना है। सियाचिन, कारगिल तथा अन्य दुर्गम स्थलों पर तैनात सैनिकों के लिए भी यह महोत्सव एक श्रद्धा नमन है जो देश की रक्षा में तत्पर और युद्धरत हो, यहाँ के नागरिकों को शान्तिपूर्ण तथा कलात्मक वातावरण में समय व्यतीत करने का अवसर देते हैं। प्रकारान्तर से यह अन्य भारतीय तथा विदेशी पर्यटकों को लेह और लद्दाख क्षेत्र की अद्भुत प्राकृतिक दृश्यावली तथा संस्कृति से रूबरू होने का मौका भी देती है।

भारतीय एकता के प्रतीक के रूप में इस महोत्सव को लद्दाख बुद्धिस्ट एसोसिएशन, शिया मजलिस, सुन्नी अंजुमन, क्रिश्चियन मोरावियन चर्च, हिन्दू ट्रस्ट तथा सिख गुरुद्वारा प्रबन्धक कमेटी का वरदहस्त प्राप्त है। जम्मू–कश्मीर सरकार द्वारा भारत सरकार के पर्यटन तथा संस्कृति मंत्रालय के सहयोग से आयोजित किए जाने वाले इस कार्यक्रम में 'सिन्धु संस्कृति केन्द्र' तथा 'लद्दाख स्वायत्त पर्वत विकास परिषद्' की भी विशिष्ट भूमिका है। विशेष रूप से 'लद्दाख स्वायत्त पर्वत विकास परिषद्' (Ladakh Autonomous Hill Development Council) के नवीन परिसर में ओपन एअर थियेटर, प्रदर्शनी गैलरी, संगीत कक्ष, एक छोटे पुस्तकालय तथा स्थानीय हस्तशिल्पों के प्रदर्शन एवं विक्रय हेतु दुकान की व्यवस्था की गई है। इससे पर्यटकों को पर्याप्त सहूलियत हो जाती है। इंडियन एअरलाइन्स भी समारोह के लिए विशेष उड़ानों की व्यवस्था करता है।

अंतर्राष्ट्रीय आम महोत्सव, नई दिल्ली

भारत में आम को अपने अनूठेपन के कारण फलों के राजा के नाम से सम्बोधित किया जाता है। आम के इसी अनूठेपन को अभिव्यक्त करने के लिए

प्रतिवर्ष गर्मियों में दिल्ली में 'आम महोत्सव' का आयोजन किया जाता है, जिसमें आम की सैकड़ों प्रजातियों को प्रदर्शित किया जाता है।

दिल्ली के तालकटोरा स्टेडियम में आयोजित यह महोत्सव राजधानी के सबसे स्वादिष्ट और फलतः लोकप्रिय आयोजनों में से एक है। आम की एक से बढ़कर एक लगभग पाँच सौ प्रजातियाँ और आम चूसते तथा आमरस से सराबोर हाथों वाले लोगों की कल्पना ही मुँह में पानी ले आती है। आगन्तुक पर्यटकों को मुफ्त में आम चखने के साथ–साथ विभिन्न प्रकार के सांस्कृतिक कार्यक्रमों का आनन्द भी प्राप्त होता है।

रथयात्रा महोत्सव, पुरी (उड़ीसा)

उड़ीसा में पुरी के प्रसिद्ध जगन्नाथ मंदिर में प्रतिवर्ष आषाढ़ मास (जून–जुलाई) में आठ दिवसीय दर्शनीय समारोह आयोजित किया जाता है, जिसमें भारतवर्ष के कोने–कोने से लाखों श्रद्धालु भाग लेते हैं। मान्यता है कि इस अवसर पर अपने रथ में भगवान जगन्नाथ का दर्शन मोक्षदायक होता है।

समारोह में प्रारम्भ में तीन बड़े रथों में भगवान जगन्नाथ, बहन सुभद्रा तथा भाई बलभद्र की प्रतिमाएँ सुशोभित होती हैं तथा रथ को हजारों भक्तों द्वारा खींचकर तीन किलोमीटर दूर गुंडीचा मंदिर ले जाया जाता है। एक सप्ताह बाद गुंडीचा मंदिर से उसी प्रकार भव्य जुलूस (रथयात्रा) में तीनों देव मुख्य मंदिर (जगन्नाथ मंदिर) की ओर ले आए जाते हैं। दो आषाढ़ मास एक साथ आने वाले वर्ष में 'रथ यात्रा', 'नवकलेवर' उत्सव में परिवर्तित हो जाती है, जिसमें पुरानी ईश्वर प्रतिमाओं का मंदिर–परिसर में दाह कर मारगोसा लकड़ी से नई प्रतिमाओं का निर्माण किया जाता है।

वस्तुतः इस रथ यात्रा का आयोजन भगवान जगन्नाथ की वार्षिक गृह यात्रा को मनाने के लिए होता है। मान्यता है कि भगवान जगन्नाथ अर्थात् श्रीकृष्ण ने प्रतिवर्ष एक सप्ताह के लिए अपनी जन्मस्थली की यात्रा करने की इच्छा जाहिर की थी। एक अन्य मान्यता के अनुसार सुभद्रा अपने पितृ गृह द्वारका की यात्रा करना चाहती थी और इसके भाई जगन्नाथ और बलभद्र उसे इस दिन घर लेकर आए थे।

इन्हीं मान्यताओं से गुंडीचा मंदिर तथा वापसी की यात्रा धूमधाम से आयोजित की जाती है। अत्यन्त भक्तिपूर्ण तथा एक प्रकार का उन्मादी वातावरण रथयात्रा के दौरान दिखाई पड़ता है। कभी–कभी तो भक्तों ने मोक्ष की तीव्र तथा शीघ्र आकांक्षा के चलते स्वयं को रथ के पहियों के नीच झोंक दिया।

रथयात्रा दिवस के कर्मकांडों में श्रद्धालु प्रातःकाल उठकर भगवान जगन्नाथ की प्रार्थना करते हैं। तीनों रथ पुरी मंदिर के समक्ष पंक्तिबद्ध खड़े किए जाते हैं। 45 फीट ऊँचा 16 पहियों से युक्त भगवान जगन्नाथ का पीतवर्णी रथ **नन्दिघोष** सबसे बड़ा है। बलभद्र का नीलवर्णी 14 पहियों का रथ **तालध्वज** उससे छोटा तथा सुभद्रा का 12 पहियों वाला **देवीरथ** सबसे छोटा है। तब पुरी के महाराजा सज–धज के साथ प्रतिमाओं को क्रमशः उनके रथ में स्थापित करते हैं। (स्मरणीय हैं मात्र पुरी के राजा तथा नेपाल के राजा को ही देव–प्रतिमाओं को स्पर्श करने का अधिकार है क्योंकि वे कृष्ण के समान चन्द्रवंशी क्षत्रिय माने जाते हैं।) जनता देवों को प्रणाम करती है। सुसज्जित हाथियों पर चढ़े राजपुरुष रथ की सतह को स्वर्ण हत्थी वाली बुहारी से स्वच्छ कर पवित्र सुगन्धित जल का छिड़काव करते हैं।

जनता देवों को बुरा–भला कहती हैं, जिसके पीछे मान्यता है कि जगन्नाथ तथा उनकी बहन सुभद्रा के मध्य संबंध के कारण प्रतिमाओं के बाहर लाए जाने पर वे जन–आक्रोश का निशाना बनती हैं। कुछ भी हो, सामान्य रूप से यह देवों का मानवीकरण और सरलीकरण ही है। तब रथयात्रा प्रारम्भ होती है। गुंडीचा गृह पहुँचने पर प्रतिमाएँ स्थापित कर दी जाती हैं।

एक सप्ताह बाद वापसी की यात्रा **फेरा रथ यात्रा** के नाम से जानी जाती है। प्रतिवर्ष रथ तोड़ दिए जाते हैं तथा लकड़ियों को स्मृतिचिह्न के रूप में बेच दिया जाता है तथा एक प्रतिकृति का निर्माण किया जाता है। बहरहाल, देव–प्रतिमाओं को सुरक्षित रखा जाता है तथा दो आषाढ़ एक साथ आने वाले वर्ष में (जो 12 अथवा 24 वर्ष में एक बार घटित होता है) ही प्रतिमाओं को परिवर्तित किया जाता है। उस वर्ष **नवकलेवर** नामक कर्मकांड का आयोजन होता है, जिसमें पुरानी प्रतिमाओं का मन्दिर परिसर में दाह कर नवीन प्रतिमाओं का निर्माण किया जाता है। इस प्रकार के वर्ष में ब्रह्मांड में प्रत्येक वस्तु के परिवर्तित होने का विश्वास ही इस क्रिया का आधार है।

इस दिन पुरी का नजारा देखते ही बनता है। राज्य सरकार द्वारा अवकाश घोषित किया जाता है। सड़कों पर बच्चे छोटी–छोटी प्रतिमाओं से युक्त छोटे रथ लिए हुए घूमते हैं। घरों तथा बाजारों को प्रकाश, पुष्प तथा रंगोली से सजाया जाता है तथा विशेष पकवान और मिठाइयों का निर्माण किया जाता है। वर्षा के माध्यम से होने वाली ईश्वरीय सहभागिता (क्योंकि पर्व मानसून के दिनों में ही होता है) को धन्यवाद अर्पित किया जाता है। एकमात्र पुरी में ही एक बार प्रतिष्ठापित होने के बाद प्रतिमाएँ मंदिर के बाहर निकाली जाती हैं। वस्तुतः

रथयात्रा के दौरान रथ ही चल–मंदिर में परिवर्तित हो जाते हैं। धार्मिक श्रद्धालुओं के साथ–साथ सामान्य पर्यटकों के लिए भी ये क्षण विस्मयकारक और आह्लादक होते हैं।

तीज महोत्सव, जयपुर

पावस ऋतु के स्वागत के पर्व का नाम है तीज। पेड़ों पर फूलों से सजे झूलों पर गीतों के साथ झूलती, सुन्दर वस्त्रों में सजी स्त्रियाँ इस पर्व का प्रमुख आकर्षण हैं। प्रकृति भी अपने उल्लास से इसमें रंग भरती है। आसमान से टपकती बारिश की प्रत्येक बूँद के साथ ताल से ताल मिलाते मयूर किसके मन को आह्लादित नहीं करते?

सम्पूर्ण उत्तरी भारत, विशेष रूप से राजस्थान में तीज प्रमुखतम पर्वों में है, क्योंकि प्यासी मरुधरा के लिए वर्षा–ऋतु मानो अमृत लेकर आती है। यहाँ कुल तीन प्रकार की तीज के सामाजिक–धार्मिक पर्व के रूप में मनाए जाने की परम्परा है–

- **हरियाली तीज**, जिसमें चन्द्रोपासना का महत्त्व है
- **कजरी तीज**, जिसमें एकत्रित स्त्रियाँ गीत गाती और नीम वृक्ष की पूजा करती हैं, तथा
- **हरतालिका तीज**, जिसमें तीन दिन का व्रत (दूसरे दिन तो निर्जल) सम्पन्न होता है।

श्रावण शुक्ला, तृतीया को छोटी तीज तथा भाद्रपद, शुक्ला तृतीया को बड़ी तीज कहा जाता है। इनमें छोटी तीज अधिक प्रसिद्ध तथा महत्त्वपूर्ण है। लम्बे ग्रीष्म के बाद दीर्घ पर्व–परम्परा की प्रथम कड़ी होने के कारण श्रावणी तीज बहुप्रतीक्षित पर्व है, जिसके विषय में कहा जाता है–

तीज त्योहाराँ बावड़ी, ले डूबी गणगौर।

अर्थात् तीज त्योहारों को लेकर आती है, जिनको गणगौर अपने साथ वापिस ले जाती है।

मूलतः बालिकाओं और नवविवाहित स्त्रियों का यह पर्व पार्वती को समर्पित है और अनेक जन्मों की दीर्घ–तपस्या के बाद शिव के साथ उनके विवाह और आदर्श दाम्पत्य की स्मृति में मनाया जाता है। मान्यता है कि इस दिन पार्वती का आशीर्वाद दीर्घकालिक और सुखद वैवाहिक जीवन हेतु विशेषतः फलदायक है।

राजस्थान की राजधानी जयपुर तथा उसके आसपास श्रावणी तीज का स्मरणीय आयोजन होता है। एक दिन पूर्व स्त्रियों का सिंझारा (शृंगार) किया जाता है, जिसमें मेंहदी माँडने का प्रमुख स्थान है। विवाहित लड़कियों के ससुराल में माता–पिता द्वारा तथा विवाह नजदीक होने पर मायके में सास–ससुर द्वारा सिंझारा, वस्त्र इत्यादि भेजा जाता है। तीज के दिन विवाहित स्त्रियाँ पति के सुख तथा दीर्घायु की कामना से निर्जल व्रत रखती हैं। तीजमाता अथवा पार्वती की सुसज्जित मूर्तियों की उपासना की जाती है और लोकगीतों और लोकनृत्यों का आयोजन किया जाता है।

घरों में उपासना के बाद तीज माता की सवारी निकाली जाती है, जो पार्वती की विदाई का प्रतीक है। जुलूस में हाथी, घोड़े तथा ऊँट भी सम्मिलित होते हैं। जयपुर की तीज माता की सवारी अत्यन्त प्रसिद्ध है, जहाँ कोने–कोने से आए राजस्थानी गायक एक से बढ़कर एक लोकगीत प्रस्तुत करते हैं जिनका लुत्फ देशी–विदेशी पर्यटक उठाते हैं। वैसे छोटे बड़े सभी शहरों में सरोवर इत्यादि के समीप मेले आयोजित होते हैं, जिनमें सभी सोत्साह झूले इत्यादि का आनन्द उठाते हैं।

तीज में त्योहार से पूर्व बाजारों की भी रौनक देखने योग्य होती है और रंग–बिरंगी बँधेज चुनरियों, अन्य वस्त्रों तथा आभूषणों से बाजार पट जाते हैं। उपहारों के आदान–प्रदान और कई दिनों की मस्ती के बाद ही इस पर्व का उत्साह ठंडा पड़ता है।

चम्पाक्कुलम नौका दौड़, केरल

लहराते तटीय विस्तार वाला प्रदेश केरल अपने विभिन्न भागों में आयोजित नौका दौड़ों के लिए प्रसिद्ध है। इनमें शताब्दियों से नौका दौड़ की आयोजन स्थली **चम्पाकुलम** का प्रमुख स्थान है। वहाँ जुलाई में केरल की वार्षिक नौका दौड़ का आयोजन किया जाता है।

सम्पूर्ण समारोह में अनेक गतिविधियाँ सम्मिलित होती हैं। यथा दर्शनीय जल–प्लवन, सुसज्जित नौकाएँ, वंचिपट्टु अर्थात् नाविकों के गीत और सबसे महत्त्वपूर्ण तथा रोमांचक चुंडनवल्लम दौड़। चुंडन श्रेणी की नौकाएँ 100 फीट से भी लम्बी तथा उठी गर्दन वाली होती हैं। विदेशी शासकों द्वारा इन्हें सर्प नौकाओं की संज्ञा दी गई।

इस प्राचीनतम तथा प्रसिद्धतम सर्प नौका दौड़, जो अम्बालपुज्जा के श्रीकृष्ण मंदिर से सम्बद्ध है, का आयोजन चम्पाकुलम झील पर मलयाली माह 'मिथुनम'

में मूलम् दिवस पर होता है। इसीलिए इस समारोह को 'मूलम् वलंक्कली' के नाम से भी जाना जाता है।

पर्व के पीछे एक पौराणिक आख्यान है। चम्पाकेसरी के महाराजा देवनारायण ने शाही पुजारी की प्रेरणा से अम्बालपुज्जा में एक मंदिर का निर्माण कराया। परन्तु प्रतिमा–प्रतिष्ठापना से एकदम पहले उन्हें प्रतिमा के मांगलिक न होने की सूचना प्राप्त हुई। तब बुद्धिमान मंत्री ने परेशान राजा को कुरुचि के करिकुलम मंदिर से श्रीकृष्ण की सुन्दर प्रतिमा, जो स्वयं भगवान द्वारा अर्जुन को भेंट की गई थी, लाने की सलाह दी। मंत्री स्वयं वहाँ जाकर प्रतिमा लेकर आए। वापसी में मार्ग में उन्होंने चम्पाकुलम में विश्राम किया तथा पूजा–अर्चना की। अगली सुबह सम्पर्ण क्षेत्र की नौकाएँ रंगीन जुलूस की शक्ल में प्रतिमा को झील से मंदिर तक पहुँचाने में सहायता के लिए प्रस्तुत थीं, जिनकी स्मृति में यह नौका दौड़ आयोजत की जाती है। भिन्न–भिन्न प्रकार की नौकाओं के लिए अलग–अलग श्रेणियों की नौका दौड़ के अतिरिक्त अन्य कलाओं की प्रस्तुतियों को भी स्थान मिलता है।

नेहरू ट्रॉफी नौका दौड़, अलपुज्जा (केरल)

यह नौका दौड़ प्रतिवर्ष अगस्त के दूसरे शनिवार को आयोजित की जाती है, जिसमें प्रतिष्ठित नेहरू ट्रॉफी को प्राप्त करने के लिए सैकड़ों नाविकों से युक्त सर्प नौकाएँ एक–दूसरे को पछाड़ने में तत्पर रहती हैं।

केरल में कई स्थलों पर इस प्रकार की नौका दौड़ें आयोजित की जाती हैं, जिनमें केरल की पुरातन युद्ध–स्मृतियाँ प्रतिध्वनित होती हैं। मध्यकालीन केरल के त्रावनकोर क्षेत्र में चम्पाकेसरी, (अम्बालपुज्जा), कायमकुलम्, थेक्कुकूर (चंगन चेरि) तथा वडक्कंकूर (कोट्टायम) के छोटे–छोटे राज्य थे जो समय–समय पर जलीय युद्ध में टकराते रहते थे। ऐसे ही एक युद्ध में पराजित होने के बाद चम्पाकेसरी राजा ने पुरानी युद्ध–नौकाओं को उत्तरदायी पाया तथा अपने नौका–कारीगरों को सामयिक युद्ध–नौकाओं के निर्माण के लिए कहा। चम्पाकेसरी के सर्वश्रेष्ठ नौका कारीगर कोडुप्पुन्ना वेंकटनारायण असारी द्वारा राजा की समस्त अपेक्षाओं पर खरी उतरती नौका का निर्माण किया गया, जिसमें गति थी, युक्ति चालकता थी, एक साथ 100 योद्धाओं को ढोने की सामर्थ्य थी तथा इसकी सर्पमीन जैसी आकृति इसे किनारे की झाड़ियों में छिपाने के लिए पर्याप्त थी। कहना न होगा आगे के युद्धों में यह नौका चम्पाकेसरी राजा के लिए विजय के प्रमुख कारण के रूप में उभरी।

आज भी इस प्रकार की नौका 'अंजिलि' वृक्ष की लकड़ी से पर्याप्त श्रम और मूल्य में दीर्घकाल में तैयार की जाती है, जिसमें समय के साथ–साथ और

सुधार किए जाते रहते हैं। इसी प्रकार की नेदुंभागम् नौका अपनी लम्बाई के कारण इस प्रकार की श्रेणी में गिनीज बुक ऑफ रिकाड्र्स में स्थान दिया गया है।

नेहरू ट्रॉफी नौका दौड़ को पंडित जवाहर लाल नेहरू के नाम पर समर्पित किया गया है। 1952 में पंडित जी ने अलपुज्जा जिले (तत्कालीन त्रावनकोर–कोचीन) की यात्रा के समय सर्पनौका दौड़ की विजेता टीम के लिए यह चल–ट्राफी प्रदान की थी, जो बाद में उनके नाम से ही प्रसिद्ध हो गयी। तभी से साल दर साल यह नौका दौड़ अलपुज्जा के सबसे महत्त्वपूर्ण घटनाक्रम के रूप में स्थापित होती गयी।

इस नौका दौड़ के सम्पूर्ण समारोह में लोकनृत्य तथा नाविकों के गीत भी समाहित होते हैं। ढोल–नगाड़ों की तीव्र ध्वनियों के मध्य जब नाविक तेजी से चप्पू चलाते हुए विजय की होड करते हैं तो वातावरण उत्तेजना और रोमांच से भर जाता है और पर्यटक उल्लसित होकर इस रोमांच में स्वयं को डूबा हुआ पाते हैं। निस्संदेह 100–100 नाविकों से भरी अनगिनत नौकाओं की इस साहसिक जल–क्रीड़ा को सम्मिलित किए बिना केरल का यात्रा–कार्यक्रम अधूरा ही रहता है।

अमरनाथ यात्रा, जम्मू–काश्मीर

जुलाई, अगस्त के महीनों में अमरनाथ धाम की पवित्र तीर्थयात्रा भारत के धार्मिक घटनाक्रमों में अत्यन्त महत्त्वपूर्ण है। इस वार्षिक यात्रा में भारत के कोने–कोने से आए हजारों हिन्दू श्रद्धालु पवित्र अमरनाथ गुफा की यात्रा का सौभाग्य प्राप्त करते हैं।

पौराणिक आख्यानों के अनुसार अमरनाथ की गुफा में शिव ने पार्वती के समक्ष सृष्टि के रहस्य का वर्णन किया। उनकी अनभिज्ञता में फाख्ता के एक युगल ने सृष्टि के इस रहस्य को सीख लिया और जन्म–जन्मांतर लेकर इस गुफा को अपना स्थायी निवास बना लिया। आज भी गुफा में स्थित प्राकृतिक बर्फीले शिवलिंग तक की दुर्गम यात्रा में कुछ श्रद्धालुओं द्वारा यह पक्षी–युगल देखा जाता है।

अमरनाथ की बर्फ से ढकी यह गुफा भारत के प्राकृतिक सुषमा से भरपूर राज्य जम्मू और काश्मीर में स्थित है। समुद्र से 3880 मीटर ऊँचा यह हिमालयी शिव–तीर्थ भारत के पवित्रतम स्थानों में है। आषाढ़ पूर्णिमा से लेकर सावन की पूर्णिमा (रक्षा बंधन) तक प्रायः यह गुफा दर्शन के लिए खुली होती है। गत

10–15 वर्षों में यहाँ दर्शनार्थियों की संख्या में तेजी से वृद्धि हुई है और वर्तमान में प्रतिवर्ष ढाई से तीन लाख श्रद्धालु यहाँ की यात्रा करते हैं। शिवलिंग को कृत्रिम रूप से बनाए जाने के विवाद और समय–समय पर आतंकवादियों के निशाने पर होने वाली खबरों से इस यात्रा के प्रति श्रद्धालुओं की दृढ़ता और बलवती होती है तथा उनकी संख्या में वृद्धि होती जाती है।

जन्माष्टमी

भगवान विष्णु के कृष्णावतार रूप में अवतरण का दिन कृष्ण जन्माष्टमी के नाम से पूरे भारतवर्ष, विशेष रूप से कृष्ण की कर्मस्थली मथुरा, वृन्दावन में धूमधाम से मनाया जाता है। यह भाद्रपद में कृष्ण पक्ष की अष्टमी को मनाया जाता है। घरों और मंदिरों को रोशनी से सजाया जाता है तथा दिनभर उपवास के साथ धार्मिक भजन और पूजा–पाठ का सिलसिला चलता है। सड़कों, गलियों और मंदिरों में कृष्ण–जीवन से संबंधित झाँकियाँ सजायी जाती हैं, जिनमें बालकृष्ण की झाँकी सर्वप्रमुख है। भक्तगण बालकृष्ण के लिए सुन्दर झूलों का निर्माण करते हैं तथा बालकृष्ण को झुलाते हुए मनोकामना–पूर्ति की इच्छा करते हैं। कालिया–मर्दन, कंस–वध तथा गोवर्धन धारण करने वाले कृष्ण की झाँकियाँ भी प्रमुख हैं। मध्यरात्रि (कृष्ण–जन्म के मान्य समय) शंखनाद तथा प्रसाद–वितरण के साथ व्रत–पारायण का संकेत होता है और समारोह समाप्ति की ओर अग्रसर होता है।

कृष्ण का सम्पूर्ण जीवन अभूतपूर्व घटनाओं से भरा रहा। कंस की कैद में वसुदेव–देवकी के यहाँ मथुरा में जन्म, गोकुल में नन्द–यशोदा के यहाँ बाल्यकाल, पूतना सहित अनेक राक्षसों का वध और अन्ततः कंस के वध द्वारा माता–पिता की मुक्ति। जन्माष्टमी का उत्सव कृष्ण के जीवन की इन घटनाओं की स्मृति में ही मनाया जाता है। देश के भिन्न–भिन्न हिस्सों में यह पर्व स्थानीय विशिष्टता के साथ मनाया जाता है। कृष्ण की जन्मस्थली मथुरा तथा बाल्यस्थली वृन्दावन में यह समारोह अत्यन्त भव्यता से मनाया जाता है।

मथुरा में द्वारकाधीश मंदिर में प्रमुख रूप से मनाया जाने वाला समारोह **झूलनोत्सव** तथा घटा के रूप में होता है। घटा के अन्तर्गत पूरे माह मंदिर, उसकी सजावट, यहाँ तक कि भगवान के वस्त्र तक एक विशिष्ट रंग में होते हैं। मथुरा में कृष्ण के छोटे–बड़े लगभग 400 मंदिर हैं, जिनमें बाँके बिहारी, रंगजी, श्रीकृष्ण बलराम मंदिर तथा गोपीनाथ मंदिर प्रमुख रूप से समारोह के केन्द्र होते हैं। यमुना के ही किनारे मथुरा से सटे वृन्दावन शहर के मंदिरों में भी जन्माष्टमी के अवसर पर रंगारंग भव्य कार्यक्रम आयोजित किये जाते हैं।

यहाँ कृष्ण के जीवन–क्रम तथा राधा के प्रति उनके प्रेम को प्रदर्शित करने वाली रासलीलाओं का आयोजन किया जाता है। ब्रज की इन रासलीलाओं को विभिन्न मंचीय कलाओं के प्रेरणा स्रोत के रूप में देखा जाता है।

महाराष्ट्र में इस दिन दही और मक्खन से भरी ऊँचे लटकायी गयी मटकी को बच्चे और युवा एक–दूसरे के ऊपर चढ़कर तोड़ने का उपक्रम करते हैं, जो माखनचोर कृष्ण की बाल–लीलाओं की स्मृति रूप में होता है।

दक्षिण भारत में जन्माष्टमी अथवा गोकुलाष्टमी पर प्रार्थनाओं तथा भक्तिगीतों का आयोजन किया जाता है। भगवान कृष्ण को फल तथा विशेष रूप से तैयार किए गए 'प्रसादम्' अर्पित किए जाते हैं। कुछ घरों में 'गोकुलम्' बनाए जाते हैं, जिनमें मिट्टी–निर्मित देवकी, नन्हे कृष्ण को टोकरी में सिर पर बिठाए वसुदेव, गाय तथा कृष्ण के आख्यान से सम्बन्धित अन्य वस्तुएँ रखी जाती हैं।

गणेश महोत्सव, महाराष्ट्र

गणेश अथवा विनायक महोत्सव विघ्नहर्ता हस्तिमुख गणाधिपति देव गणेश को समर्पित है, जो शिव–पार्वती के पुत्र कहे जाते हैं। गणेश के जन्मोत्सव के उपलक्ष्य में आयोजित यह दस दिवसीय समारोह दक्षिण भारत के अनेक हिस्सों और विशेष रूप से महाराष्ट्र में प्रतिवर्ष अति उत्साह के साथ मनाया जाता है।

गणेश अथवा गणपति भारतवर्ष के अत्यन्त लोकप्रिय देवताओं में हैं, जिनकी पूजा शैव तथा वैष्णव दोनों सम्प्रदायों के लोग करते हैं। बौद्ध और जैन धर्मावलम्बी भी गणपति के प्रति हार्दिक सम्मान रखते हैं। गणेश चतुर्थी समारोह का सबसे उत्साही रूप महाराष्ट्र की राजधानी तथा भारत की आर्थिक राजधानी मुम्बई में देखने को मिलता है, जहाँ महीनों पहले तैयारियाँ प्रारम्भ हो जाती हैं। गणेश की छोटी–बड़ी असंख्य मूर्तियाँ बनाई जाती हैं। लोग उन्हें खरीदकर भाद्रपद, शुक्ल चतुर्थी, जो गणेश चतुर्थी के नाम से प्रख्यात है, के दिन घरों में तथा सार्वजनिक स्थलों में स्थापित करते हैं।

रोशनी तथा सजावट से जगमगाते पंडालों में 10 दिनों तक गणपति की आराधना की जाती है। समारोह के दवसें दिन, यानी अनन्त चतुर्दशी के दिन हजारों लोग जुलूस की शक्ल में समुद्र किनारे प्रतिमाओं के विसर्जन के लिए जाते हैं तथा अन्ततः ढोल–नगाड़े की ध्वनियों, भक्ति संगीत तथा नृत्य आदि के साथ प्रतिमाओं को अरब सागर में विसर्जित कर दिया जाता है। समुद्र तटों पर तिल रखने की भी जगह नहीं होती। एक अनुमान के अनुसार इस दिन मुम्बई में 6000 से भी अधिक गणेश–प्रतिमाओं का विसर्जन किया जाता है।

श्रद्धालुओं के अतिरिक्त दूर–दूर से पर्यटक भी इस अवसर का आनन्द उठाने के लिए आते हैं और "गणपति बप्पा मोरया, अगले बरस तू जल्दी आ" की गूँज में स्वयं को खो देते हैं। पुणे में भी गणेशोत्सव धार्मिक, सामाजिक तथा सांस्कृतिक जीवन का प्रतीक बन गया है।

गणेशोत्सव का प्रारम्भ महान् मराठा शासक शिवाजी द्वारा मुगलों से लड़ रही प्रजा में राष्ट्रीयता की भावना तथा संस्कृति को बढ़ावा देने के लिए किया गया था। उनकी मृत्यु के बाद भी यह उत्सव पहले पेशवाओं द्वारा बड़े पैमाने पर तथा बाद में घरों में छोटे पैमाने पर मनाया जाता रहा। 1893 ई. में भारत में ब्रिटिश सरकार द्वारा जन–सम्मिलन पर प्रतिबंध लगा दिए जाने पर बाल गंगाधर तिलक ने लोगों में स्वातंत्र्य भावना तथा आत्म सम्मान की भावना जगाने का अच्छा माध्यम समझते हुए गणेशोत्सव को पुनर्जीवित किया। बाद में भारत के स्वतंत्रता–संग्राम में गणेशोत्सव ने महत्त्वपूर्ण भूमिका का निर्वहन किया। स्वतंत्रता के बाद विभिन्न मंडलों ने इस पर्व की उत्सवधर्मिता तथा सामाजिक सोद्देश्यता को सामने रखकर, विशेष रूप से महाराष्ट्र में इसकी परम्परा को सक्रम रखा।

आज के भौतिकवादिता तथा औद्योगीकरण की ओर तेजी से अग्रसर होते धर्मनिरपेक्ष भारत में गणेशोत्सव जैसे धार्मिक उत्सव के प्रति लोगों का उत्साह सचमुच आश्चर्यजनक है।

संभवतः गणेशोत्सव जैसे उत्सव लोगों को एक दूसरे के समीप आने तथा राष्ट्र की प्रगति एवं उन्नति में सहायता करते हैं। अकारण नहीं है कि बुद्धि, समृद्धि तथा सहनशीलता के देव गणेश अच्छी फसल के देव भी माने जाते हैं। इसीलिए गणेश की मृत्प्रतिमाओं के विसर्जन के बाद जलीय स्रोतों (सरोवर, नदी, समुद्र) से मिट्टी लाकर खेतों तथा भंडार ग हों में डालना भाग्योदय का प्रतीक माना जाता है। विस्तृत अर्थों में गणेशोत्सव कर्मकांडीय प्रार्थनाओं के साथ–साथ आतिथ्य सत्कार, प्रसन्नता, सद्विचार का भी उत्सव है। 'मोदक' के प्रसाद के बहाने मिठाइयों और स्वादिष्ट पकवानों का भी उत्सव गणेशोत्सव है।

ओणम्, केरल

केरल का सबसे बड़ा पर्व 'ओणम्' जाति और वर्ग के विभेदों के परे समस्त केरलवासियों द्वारा एकता और उत्साह के प्रतीक के रूप में मनाया जाता है। नहरों, झीलों और तटीय समुद्र की धरती के रूप में प्रसिद्ध केरल में तीन महीने की भारी बरसात के बाद जब धरती का रंग हरा और आसमान का रंग नीला

हो जाता है तथा नदी, झीलें लबालब भर जाती हैं तो प्रकृति की प्रसन्नता कमल और लिली के रूप में खिल उठती है। यही समय कड़े परिश्रम के बाद पकी फसलों को काटने और खुशियाँ मनाने का होता है।

प्रतिवर्ष हजारों पर्यटकों की उत्सुकता के केन्द्र बिन्दु तथा उपासना, संगीत, नृत्य, खेलकूद, नौकादौड़ और स्वादिष्ट खाद्य पदार्थ सभी को समेटे यह मलयाली पर्व मलयाली वर्ष के प्रारम्भिक माह चिंगम में (आमतौर पर सितम्बर में) चार से दस दिन तक मनाया जाता है। विश्व के किसी भी कोने में रहने वाले केरलवासी इस पर्व को नहीं भूलते। वे नए वस्त्र धारण करते हैं, अधिकतम मंदिरों में जाते हैं और थिरुवथीराकली जैसे नृत्यों में भाग लेते हैं। घरों के सामने फूलों की चटाइयाँ बनायी जाती हैं, जिनकी प्रतियोगिताएँ भी आयोजित की जाती हैं। स्त्रियाँ घरों को 'रंगोली' तथा 'पूक्कलम्' से सजाती हैं। चतुर्थ ओनम कहे जाने वाले 'थिरुवोनम' दिन पर 'बृहत् भोज' का आयोजन होता है, जो केरलवासी किसी भी कीमत पर नहीं छोड़ते।

कहावत है केरल के असुर राजा महाबालि को वामन रूपधारी भगवान विष्णु ने तीन पगों में तीन लोक नापकर पाताल लोक भेज दिया था। तभी से विष्णु के वर से वर्ष में एक बार वह अपने राज्य लौटकर प्रिय निवासियों से मिलता है। ओणम् का पर्व राजा बालि के स्वागत का ही उत्सव है।

क्षेत्रीय विभिन्नता के अनुसार चार से दस दिनों तक चलने वाले इस महोत्सव में पारिवारिक स्तर पर तो अनेक प्रकार के आकर्षक कर्मकांड होते ही हैं, सर्प नौका दौड़ जैसी प्रतियोगिताओं से स्थानीय और बाह्य जनता के बड़े वर्ग को भी जोड़ने का प्रयास किया जाता है। इस प्रकार की सबसे आकर्षक प्रतियोगिता पम्बा नदी के किनारे अर्णमुल्ला में आयोजित होती है। बल खाती लहरों पर झण्डों, छतरियों तथा किनारियों से सजी नौकाएँ मछलियों की भाँति एक दूसरे से होड़ लेती हैं और उन्हें दौड़ाते हैं सफेद कुर्ता–धोती पहने, पारम्परिक गीत गाते नाविक। नौका दौड़ से सम्बन्धित नौकाएँ भी देव–प्रतिमाओं की तरह व्यवहृत की जाती हैं।

तारनेतर मेला, गुजरात

भाद्रपद (अगस्त–सितम्बर) के प्रारम्भिक दिनों में सौराष्ट्र, गुजरात में तीन दिवसीय रंगारंग वार्षिक मेले का आयोजन किया जाता है। मूलतः त्रिनेत्रेश्वर मंदिर से सम्बद्ध और अर्जुन–द्रौपदी विवाह की स्मृति में आयोजित यह मेला सामान्यजन में तारनेतर मेला के नाम से प्रसिद्ध है और गुजरात के सबसे लोकप्रिय और घटनापूर्ण आयोजनों में से एक है।

मान्यता है कि इसी मंदिर में द्रौपदी स्वयंवर हुआ था जिसमें मत्स्यवेध में सफल अर्जुन ने द्रौपदी से विवाह किया था। यहाँ स्थित पापांशु नामक कुंड के विषय में भी लोक–मान्यता है कि इसमें स्नान करने से गंगा में स्नान के समान ही पुण्य प्राप्त होता है।

मेले में सम्पूर्ण सौराष्ट्र क्षेत्र के जनजातीय नागरिक पारम्परिक वस्त्रों और आभूषणों में सजकर सम्मिलित होते हैं। इनमें कोली, भरवाड़, राबड़ी, खाँट, कोबी, काठी और चारण प्रमुख हैं। सभी ग्रामीण नृत्य, गान और अन्य अनेकानेक खेलकूद प्रतियोगिताओं में भाग लेकर स्वयं का और बाहरी आगन्तुकों का मनोरंजन करते हैं। जनजातीय युवा इसी मेले में अपने लिए जीवन साथी की तलाश करते हैं। पशुओं का प्रदर्शन, हस्तशिल्प तथा सुस्वादु भोजन भी इस मेले के अन्य आकर्षण हैं।

आदिवासी युवक–युवतियाँ जब ढोल की थाप और बाँसुरी की धुन पर थिरकते हैं अथवा पारम्परिक गीतों का प्रदर्शन करते हैं तो उपस्थित जन–समूह भी उनकी इन स्वर–लहरियों में डूब जाता है। 'रास गरबा' तथा 'हुडो' नृत्य बरबस ही ध्यान अपनी ओर खींच लेते हैं।

इसी प्रकार चार नगाड़ों तथा जोड़िया पावा (बाँसुरी–युग्म) की जुगलबन्दी के साथ सौ नर्तकियों द्वारा एक साथ गोल घेरे में किये जाने वाले 'रासद' नृत्य की तो बात ही क्या! शीशे के काम और कढ़ाई वाली तारनेतर छतरियाँ पर्यटकों के प्रमुख आकर्षण हैं।

संक्षेप में मूलतः पशु क्रय–विक्रय, मेल–मिलाप तथा विवाहादि के सामाजिक उद्देश्य से प्रारम्भ हुआ तारनेतर मेला आज भी अपने मूल उद्देश्य से विचलित नहीं हुआ है।

दुर्गा पूजा (नवरात्र)

भारतवर्ष के सबसे महत्त्वपूर्ण पर्वों में शुमार दुर्गा पूजा मात्र एक रूढ़ पर्व न होकर जीवन जीने का ढंग, लोकप्रिय सांस्कृतिक परम्पराओं और रीति–रिवाजों को उत्साह से मनाने का पर्व है। यह लोगों को सहअस्तित्व, सहकार, सामंजस्य और सौमनस्य की सीख देने वाला पर्व है।

आश्विन शुक्ल पक्ष के प्रारम्भिक नौ दिनों (सितम्बर–अक्टूबर में) तक मनाया जाने वाला यह पर्व नवरात्र के नाम से भी प्रसिद्ध है। समस्त बुराइयों के विरुद्ध ईश्वरीय शक्ति की प्रतीक देवी दुर्गा तथा उनके नौ रूपों को समर्पित और सम्पूर्ण भारत में अत्यन्त उत्साह और आस्था के साथ मनाए जाने वाले इस सार्वभौमिक

पर्व की जहाँ आत्मा एक है, वहीं देश के अलग–अलग हिस्सों में स्थानीयता के अनुसार कर्मकांड तथा रीति–रिवाज, भिन्न–भिन्न हैं। वस्तुतः मूल भावना आद्या शक्ति की उपासना ही है।

पूर्वी भारत, विशेष रूप से बंगाल में इष्ट देवी दुर्गा की सिंहारूढ़ सुन्दर प्रतिमाएँ स्थापित कर अत्यन्त उत्साह से पूजी जाती हैं। इसके पीछे पौराणिक मान्यता है कि साल में इन्हीं दिनों में दुर्गा अपनी माता से मिलने जाती हैं। एक अन्य मान्यता के अनुसार रावण के चंगुल से अपनी अपहृत पत्नी सीता को छुड़ाने की कामना से युद्ध से पूर्व राम ने दुर्गा की उपासना कर उन्हें प्रसन्न किया था। उसी की स्मृति में यह पूजा–पर्व आयोजित होता हैं। चूँकि यह पूजा बसन्त के उत्सवी मौसम से इतर मौसम में होती है अतः इसे 'अकाल–बोधन' के नाम से भी इंगित किया जाता है। यह दुर्गा–पूजा, क्रमबद्ध चरणों में आयोजित होती है। सर्वप्रथम प्रतिमा–निर्माण की आयोजना होती है, जिसमें मध्य में सिंहारूढ़ दुर्गा और चारों ओर लक्ष्मी, सरस्वती, कार्तिक और गणेश विराजमान होते हैं। सम्पूर्ण समूह 'चलचित्र' के नाम से उद्‌बोधित किया जाता है। दुर्गा का सबसे लोकप्रिय प्रतिरूप महिशासुर मदिनी का होता है, जिसमें वह शक्ति के वास्तविक प्रतीक के रूप में हमारे समक्ष आती है। यद्यपि पाम्परिक पूजा–पर्व **नवरात्र** तथा **विजयादशमी** को लेकर दस दिनों तक चलता है परन्तु व्यावहारिक रूप में भाष्ठी से लेकर चार दिनों तक होता है। नवमी को महाआरती होती है तथा दशमी को प्रतिमा नदी में विसर्जित कर दी जाती है। लोग मिठाइयाँ खिलाकर और गले मिलकर एक–दूसरे को बधाईयाँ देते हैं। घरों के अतिरिक्त सामुदायिक रूप से भी प्रतिमाएँ स्थापित की जाती हैं तथा जुलूस की शक्ल में विसर्जित की जाती हैं।

उत्तरी भारत में दस दिनों तक उत्सवी माहौल रहता है, जिसमें प्रारम्भिक नौ दिन पूजा–उपासना में व्यतीत किए जाते हैं। इसमें दुर्गा के नौ रूप–शैलपुत्री, ब्रह्मचारिणी, चन्द्रघंटा, कूश्माण्डा, स्कन्दमाता, कात्यायनी, कालरात्रि, महागौरी तथा दुर्गा की उपासना की जाती है। नवमी को नौ कन्याओं को भोजन तथा उपहार प्रदान किए जाते हैं।

नवरात्र समारोहों के सबसे भव्य और आकर्षक आयोजन भारत के पश्चिमी राज्यों **गुजरात** और **महाराष्ट्र** में गरबा और डांडिया के रूप में किए जाते हैं। पंडालों में प्रतिष्ठापित दुर्गा–प्रतिमा की पूजा और आरती के बाद उसके चारों ओर रंग–बिरंगी डांडियों अथवा तालियों की थाप पर भक्तिपूर्ण गीतों के साथ स्त्री–पुरुष नृत्य करते हैं। अब गरबों का आयोजन भी राजस्थान, उत्तर

प्रदेश, दिल्ली जैसे अन्य स्थानों पर बड़े पैमाने कर किया जाने लगा है।

महाराष्ट्र में इस पूजा–पर्व में अन्य स्थलों के विपरीत कुछ भिन्न आयोजन होते हैं। यहाँ, जहाँ नवरात्र दुर्गा को समर्पित होते हैं, वहीं विजयादशमी वाग्देवी सरस्वती देवी को समर्पित है। यह दिन शिक्षा प्रारम्भ करने, नए गृहों को खरीदने, नव उद्यमों के प्रारम्भ तथा विवाहादि के प्रारम्भ हेतु अत्यन्त शुभ माना जाता है।

तमिलनाडु में नवरात्र के प्रथम तीन दिन लक्ष्मी, दूसरे तीन दिन सरस्वती तथा बाद में तीन दिन शक्ति (दुर्गा) को समर्पित किए जाते हैं। इसी प्रकार कर्नाटक और आन्ध्रप्रदेश में स्त्रियाँ 'बोम्मई कोलू' का आयोजन करती हैं, जिनमें नौ भिन्न प्रकार के वस्त्रों–आभूषणों और पुष्पों से कन्याएँ स्थापित की जाती हैं। नौ कन्याओं को वस्त्र तथा मिठाइयाँ भेंट की जाती हैं।

दशहरा

भारत का अत्यन्त लोकप्रिय पर्व दशहरा नवरात्र, दुर्गा–पूजा तथा रामलीला आयोजनों का उपसंहारात्मक पर्व तो है ही, स्वतंत्र रूप से भी यह प्रमुख पर्व के रूप में विकसित हो गया है। रावण पर राम की विजय के स्मृति स्वरूप मनाया जाने वाला यह पर्व बुराई पर अच्छाई की विजय के प्रतीक के रूप में स्थापित हो गया है। इसी प्रकार महिशासुर पर भगवती–दुर्गा की विजय भी याद की जाती है। संभवतः विजय–परम्परा के कारण ही यह दशमी विजयादशमी के रूप में प्रसिद्ध हो गयी है। यह पर्व भी भारत देश के भिन्न–भिन्न स्थानीय रीति–रिवाजों तथा पूर्व में नवरात्र आयोजनों के अनुसार भिन्न–भिन्न प्रकार से मनाया जाता है।

बंगाल में दुर्गा–पूजा के इस समापन दिवस पर प्रतिमाएँ जुलूस में विसर्जन–स्थल तक ले जाई जाती हैं और पूजा–अर्चना के नौ दिन के बाद नृत्य, गान तथा उल्लास की भव्य अभिव्यक्ति होती है।

उत्तर भारत में इस दिन रामलीला का उपसंहारात्मक भाग आयोजित होता है। बड़े खुले मैदानों में रावण, उसके भाई कुंभकर्ण तथा पुत्र मेघनाद के विशालकाय पुतले स्थापित किए जाते हैं। राम–रावण युद्ध में रावण, कुम्भकर्ण तथा मेघनाद के वध के प्रतीक के रूप में इन प्रतिमाओं में आग लगायी जाती है तथा धू–धू करती ये प्रतिमाएँ आमजन को उसके अन्तस् की बुराइयों को जलाने के लिए प्रेरित करती हैं। इससे ज्ञात होता है कि अपने समस्त वैभव और विद्वत्ता के बावजूद अहं के कारण रावण विनाश से बच नहीं पाया।

दशहरे के पर्व पर सम्पूर्ण भारतवर्ष में अनेक मेले आयोजित किए जाते हैं, जिनमें स्थानीय जनता के अतिरिक्त बड़ी संख्या में आगन्तुक लोग भी सम्मिलित होते हैं। हिमाचल प्रदेश में 'कुल्लू का दशहरा' अत्यन्त लोकप्रिय है। सप्ताह भर आयोजित होने वाले मेले में स्थानीय देवता जुलूस की शक्ल में कुल्लू के मैदान में रघुनाथ जी को श्रद्धा अर्पित करने के लिए ले जाए जाते हैं। मैसूर (कर्नाटक) में इस दिन हाथियों का जुलूस नगर की शोभा बढ़ाता है। विश्व के सर्वाधिक रंगारंग दशहरे के रूप में प्रसिद्ध इस उत्सव में पर्यटक सोत्साह भाग लेते हैं।

तमिलनाडु, आन्ध्र तथा कर्नाटक में विजय दशमी अर्थात् दशहरा मिठाइयों, वस्त्रों तथा अन्य उपहारों के आदान–प्रदान से मनाया जाता है। यह दिन शास्त्रीय संगीत तथा नृत्य के श्रीगणेश तथा गुरुओं को श्रद्धा अर्पित करने के लिए महत्त्वपूर्ण होता है। राजस्थान में कोटा का दशहरा भी पर्यटन की दृष्टि से अत्यन्त प्रसिद्ध है।

पुष्कर मेला, राजस्थान

अजमेर से 11 किमी दूर ब्रह्मानगरी पुष्कर में आयोजित होने वाला यह वार्षिक मेला सामाजिक, धार्मिक तथा आर्थिक; प्रत्येक दृष्टि से राष्ट्रीय ही नहीं, अन्तर्राष्ट्रीय पटल पर अपनी छाप छोड़ चुका है। राजस्थानी संस्कृति की चरम अभिव्यक्ति पुष्कर मेले में होती है। क्रय–विक्रय हेतु सजे–धजे बैल, गाय, भेड़–बकरी, घोड़े, ऊँट जैसे पशुओं के साथ रंग–बिरंगे परिधानों से सुसज्जित स्थानीय जनों और कार्तिक स्नान के अभिलाषी श्रद्धालुओं के अतिरिक्त विदेशी पर्यटक बड़ी संख्या में इसमें सम्मिलित होते हैं।

मूलतः पशुओं के क्रय–विक्रय से जुड़े इस मेले में किसान, पशु–व्यापारी तथा प्रजनक (Breeders) पशु तथा उनसे सम्बद्ध वस्तुएँ खरीदते–बेचते हैं। शनैः–शनैः आगन्तुकों के लिए पशुओं से सम्बद्ध सामानों–चमड़े के चाबुक, काठी आदि के साथ–साथ पीतल के सामान, वस्त्र, श्रृंगार–प्रसाधन इत्यादि का क्रय–विक्रय भी प्रचुरता से होने लगा। वर्तमान में यहाँ नागौर के काँच के मनकों की मालाएँ, जोधपुर और अजमेर के बर्तन तथा छपाई के रंगीन वस्त्र आदि विक्रय के लिए उपलब्ध होते हैं।

आर्थिक और व्यापारिक गतिविधियों के साथ–साथ देशी–विदेशी सैलानी बड़ी संख्या में सांस्कृतिक और खेलकूद सम्बन्धी गतिविधियों में भाग लेते हैं। रस्साकसी, क्रिकेट, मेंहदी, विदेशी दुल्हनों का श्रृंगार इत्यादि प्रतियोगिताओं में देशी–विदेशी बढ़–चढ़कर हिस्सा लेते हैं। पर्यटकों के दिन–प्रतिदिन बढ़ते

उत्साह से अभिभूत प्रशासन भी मूलभूत सुविधाओं के साथ–साथ कैमल सफारी, रेतीले धोरों में सूर्यास्त दर्शन जैसी सुविधाएँ उपलब्ध कराकर उन्हें आकर्षित करने के प्रयास करता है। प्रतिवर्ष 4–5 लाख सैलानी मेले का लुत्फ उठाते हैं। रोप–वे जैसी सुविधाओं से इस संख्या में और वृद्धि होने की आशा है।

मेले का यह पूरा आयोजन धार्मिक समारोह के अंग के रूप में है। हिन्दू धर्मग्रन्थों में पुष्कर की महिमा पाँच प्रमुख तीर्थस्थलों के रूप में है। बड़ी संख्या में अन्य मंदिरों के साथ–साथ सम्पूर्ण भारत में ब्रह्मा का एकमात्र मंदिर पुष्कर में ही अवस्थित है। पौराणिक कथाओं में पुष्कर का नाम सृष्टि के प्रारम्भ से भी जोड़ा जाता है। कार्तिक पूर्णिमा के दिन यहाँ स्थित पवित्र सरोवर में डुबकी लगाना श्रद्धालु परम सौभाग्य समझते हैं। मान्यता है कि इस दिन समस्त 33 करोड़ देवी–देवता पुष्कर–सरोवर में उपस्थित रहते हैं।

ख्वाजा मोइनुद्दीन चिश्ती का उर्स, अजमेर

गरीब नवाज के रूप में ख्यात प्रसिद्ध सूफी सन्त ख्वाजा मोइनुद्दीन चिश्ती की पवित्र स्मृति में प्रतिवर्ष अजमेर स्थित उनकी मजार पर उर्स मनाया जाता है, जो भारत के सबसे बड़े मुस्लिम मेले के रूप में जाना जाता है। मुस्लिमों के लिए मक्के–मदीने की हज के बराबर महत्त्व के इस पर्व में सभी धर्मों और जातियों के लाखों देशी–विदेशी लोग अपनी–अपनी मुरादों के साथ ख्वाजा के दरबार में हाजिरी देकर आशीर्वाद पाते हैं, क्योंकि मान्यता है कि यहाँ आने वाले हर व्यक्ति के मन की मुराद पूरी होती है, और जब किसी को कहीं से कुछ न मिले, तो वह अजमेर आकर हाजिरी दे। उर्स के समय उत्तरी भारत का यह छोटा सा शहर आगन्तुक जायरीनों की चहल–पहल से जीवन्त हो उठता है।

प्रतिवर्ष पहली रजब से 9 रजब तक उर्स का समारोह होता है। 6 रजब को पहला कुल और 9 रजब को दूसरा कुल होने के बाद उर्स सम्पन्न होता है। उर्स के प्रारम्भ में दरगाह में एक झण्डा फहराया जाता है। जन्नती दरवाजा विशेष रूप से उर्स के दौरान ही खोला जाता है और श्रद्धालु सात बार इस दरवाजे को इस उम्मीद से पार करते हैं कि उन्होंने स्वर्ग में स्थान आरक्षित कर लिया है। उर्स के दौरान मजार शरीफ के गुस्ल की रस्म अदा होती है। मजार को गुलाबजल से धोया जाता है और उस पर इत्र छिड़का जाता है। मानवता की शाश्वत शान्ति के लिए इन दिनों विशेष फातिहा पढ़ी जाती है।

उर्स के दौरान ख्वाजा साहब की मजार पर अनगिनत चादरें चढ़ायी जाती हैं तथा मनोकामनाएँ पूरी होने पर देगें पकाने की रस्म अदा की जाती है। देगों में पका हुआ तबर्रुक (प्रसाद) श्रद्धालुओं तथा गरीबों में बाँटा जाता है।

उर्स के दौरान पड़ने वाले शुक्रवार को जुम्मे की नमाज का सर्वाधिक महत्त्व है, और प्रत्येक जायरीन की इच्छा होती है कि इस दिन दोपहर को जुम्मे की नमाज दरगाह में ही पढ़ी जाए। परिणामस्वरूप सारा क्षेत्र कतारबद्ध लोगों से भर जाता है और दरगाह के बाहर भी दूर–दूर बाजारों तक लोगों को नमाज पढ़ते हुए देखा जा सकता है। उर्स के दौरान 9 दिनों तक महफिलखाने में रात्रि 10 बजे से प्रातः 4 बजे तक ख्वाजा की शान में कव्वालियों के आयोजन होते हैं, जिनमें देश के श्रेष्ठ कव्वाल अपनी भावमय प्रस्तुतियों से सारे वातावरण को पवित्र कर देते हैं।

आगन्तुक जायरीन दरगाह में स्थित मजार–ए–शरीफ, नक्कारखाना शाहजहानी, नक्कारखाना उस्मानी, महफिलखाना, अकबरी मस्जिद, सहन चिराग, छोटी देग, बड़ी देग, लंगरखाना, मस्जिद सुल्तान खिलजी तथा बुलन्द दरवाजा खिलजी जैसे वास्तु के नायाब प्रतीकों को भी देखते और सराहते हैं। दरगाह बाजार में स्थित दुकानों से वस्त्रों तथा कलात्मक वस्तुओं की खरीददारी करते हैं और फिर आने की आशाओं के साथ लौट जाते हैं।

उर्स के समय अजमेर हिन्दू–मुस्लिम एकता और मानवता की जीती–जागती तस्वीर बन जाता है और सभी क्षेत्रों, धर्मों तथा सांस्कृतियों के व्यक्ति आपसी मेलजोल और सन्निकटता से सामासिक भारत को जीवन्त करते हैं।

तिमिथि महोत्सव, तमिलनाडु

'तिमिथि' हिन्दुओं के आग पर चलने के वार्षिक आयोजन का नाम है, जो 'महाभारत' काव्य की नायिका द्रौपदी के सम्मान में धन्यवाद के रूप में मनाया जाता हे। पौराणिक मान्यता है कि दुर्योधन के साथ जुए में युधिष्ठिर द्रौपदी को दाँव पर लगा कर हार गए थे। कृष्ण द्वारा द्रौपदी के शील की रक्षा की गई। तथापि पति द्वारा अपनी पवित्रता पर शंका किए जाने पर द्रौपदी को गर्म कोयलों पर नंगे पैर चलकर अपनी निर्दोषिता एवं निष्ठा सिद्ध करनी पड़ी थी। द्रौपदी के उसी साहस की स्मृति में अक्टूबर माह में तमिलनाडु के श्री मरियम्मा मंदिर में प्रतिवर्ष यहं आयोजन किया जाता है।

हिन्दू श्रद्धालु 4 मीटर लंबे गर्म अग्निकुंड को बिना किसी दर्द की अभिव्यक्ति के चलकर पार करते हैं। गहन एकाग्रता के कारण ही यह चमत्कारिक कार्य

पूर्ण हो पाता है। वस्तुतः यह द्रौपदी के भक्तों की भी पवित्रता की परीक्षा होती है, जिसमें वे खरे उतरते हैं। गर्म कोयलों पर चलने के पश्चात् भक्त बकरी के दूध से भरे कुंड में उतरते हैं और तत्पश्चात् अपने पैरों पर हल्दी पाउडर रगड़ते हैं जिससे मंदिर के आसपास की भूमि पीली हो जाती है।

तिमिथि उत्सव के आयोजन श्रीनिवास पेरूमल मंदिर में प्रातः 2 बजे से प्रारम्भ हो जाते हैं। एक पुजारी के नेतृत्व में भव्य जुलूस वर्षा की देवी श्री मरियम्मा के मंदिर में पहुँचता है जहाँ तिमिथि की आयोजना होती है। यह प्रातः 4 बजे के आसपास प्रारम्भ होती है और सर्वप्रथम पुजारी ही अग्निकुंड को पार करने का कार्य करता है, जिसका अनुकरण हजारों भक्तगण करते हैं। अपने किस्म के इस अनूठे आयोजन को देखने के लिए देशी–विदेशी आगन्तुकों की भीड़ टूट पड़ती है, जो घंटों इसके लिए इन्तजार करते हैं। आगन्तुकों को भी इस दर्शन के लिए नंगे पैर तथा उचित वस्त्रों में आना होता है।

राजगिर नृत्य महोत्सव, बिहार

कभी प्राचीन मगध साम्राज्य की राजधानी रहा राजगिर (राजगृह) बुद्ध और महावीर दोनों से सम्बद्ध होने के कारण बौद्ध और जैन दोनों धर्मों के अनुयायियों के लिए पवित्र एवं महत्त्वपूर्ण रहा है। संभवतः इसी महत्त्व की अक्षुण्णता और विस्तार हेतु बिहार का पर्यटन विभाग यहाँ प्रतिवर्ष अक्टूबर के अन्तिम सप्ताह में (24–26 अक्टूबर) नृत्य और संगीत का रंगारंग समारोह आयोजित करता है। इस महोत्सव में विभिन्न शास्त्रीय गीतों और नृत्यों के साथ–साथ भक्ति संगीत, लोक नृत्य और संगीत, वाद्य संगीत, ऑपेरा और बैले इत्यादि आयोजित किए जाते हैं। बड़ी संख्या में पर्यटक इस आयोजना में शिरकत करते हैं।

भारतीय सांस्कृतिक पटल पर महत्त्वपूर्ण स्थान रखने वाले राजगिर महोत्सव में भारतीय संस्कृति अपनी पूर्णता में अभिव्यक्त होती है। भारतीय नृत्य–संगीत के सभी बड़े कलाकार यहाँ आनन्द से परिपूर्ण प्रस्तुतियाँ दे चुके हैं। इनमें सोनल मानसिंह, हेमामालिनी, संयुक्ता पाणिग्रही, नलिनी–कमलिनी, स्वप्न सुंदरी, शोभना नारायण, मधुमिता रॉय, अमिता दत्ता, माधवी मुद्गल, लीला सैमसन तथा आनन्द शंकर प्रमुख हैं।

ज्वालामुखी मंदिर मेला, हिमाचल प्रदेश

हिमाचल में धर्मशाला से 70 किमी दूर ज्वालामुखी कस्बे में जहाँ भारत के 51 शक्तिपीठों में से एक है, वर्ष में दो बार (चैत्र नवरात्र तथा आश्विन नवरात्र) मेले का आयोजन होता है। मेला पृथ्वी से आने वाली शाश्वत ज्योति को समर्पित

है, जिसमें श्रद्धालु ज्वालामाता के दर्शन को लाल रेशमी ध्वजा के साथ आते हैं। यहाँ देवी नौ भिन्न–भिन्न ज्योतियों के रूप में प्रकट होती है, जिनके नाम महाकाली, अन्नपूर्णा, चण्डी, हिंगलाज, विन्ध्यवासिनी, महालक्ष्मी, महासरस्वती, अम्बिका तथा अन्जना हैं।

पौराणिक आख्यानों के अनुसार सती के पिता प्रजापति दक्ष ने वृहत् यज्ञ का आयोजन किया, जिसमें सतीपति शिव के अतिरिक्त सभी देवताओं को आमंत्रित किया। सती के हठ पर शिव ने सती को पिता के घर जाने की अनुमुति दे दी। वहाँ पहुँचने पर अपमानित सती ने हवनकुंड में गिर कर प्राण दे दिए। सती के शव को लेकर शिव एक स्थान से दूसरे स्थान पर भटकने लगे। अन्ततः विष्णु ने सुदर्शन चक्र से सती के शरीर के अनेक टुकड़े किये। कुल 51 स्थानों पर ये अंश गिरे जो शक्तिपीठ में परिवर्तित हो गए। ज्वालामुखी स्थल पर सती की जिह्वा गिरी। ज्वालामुखी मंदिर से सम्बन्धित आख्यान के अनुसार एक चरवाहे की गायों में से एक गाय के थनों में से सदैव दूध निकला रहता था। पता करने पर एक छोटी कन्या द्वारा जंगल में दूध पी लिए जाने का वृत्तान्त ज्ञात हुआ। क्षेत्र में सती की जिह्वा गिरने से आख्यान से परिचित होते हुए भी राजा शक्तिस्थल को सही–सही ढूँढने में समर्थ नहीं हो सका। अन्ततः पर्वतों में एक अग्नि–पुंज को प्रज्वलित देखे जाने पर राजा ने मंदिर का निर्माण कर नियमित उपासना की व्यवस्था की। मान्यता है कि पाण्डवों ने भी इस स्थल पर आकर मंदिर का पुनर्निर्माण कराया था।

धीरे–धीरे अन्य राजाओं के समय में निर्मित और विस्तृत किया जाता हुआ यह मंदिर महान तीर्थस्थल के रूप में विकसित हो गया। मुगल बादशाह अकबर ने एक बार लोहे की चादरों तथा पानी आदि से अग्नि ज्वालाओं को बुझाने का प्रयास किया किन्तु असफल ही रहा, जिससे उसके साथ–साथ श्रद्धालुओं की श्रद्धा भी बलवती हो गयी। हजारों श्रद्धालु प्रतिवर्ष आध्यात्मिक पिपासा की तृप्ति के लिए यहाँ पहुँचते हैं।

मंदिर में रबड़ी, मिश्री और फलों का भोग देवी को लगाया जाता है। विभिन्न चरणों में सारे दिन पूजा होती रहती है। प्रतिदिन पाँच बार आरती और एक बार हवन का आयोजन होता है तथा दुर्गा सप्तशती के अंशों का पाठ किया जाता है।

स्थानीय लोगों की मान्यता के अनुसार चैत्र तथा शारदीय दोनों नवरात्रों में पवित्र ज्वालाएँ देवी–मुख से ही अवतरित होती हैं तथा इसी कारण इस अवसर पर देवी–कृपा के लिए भक्तगणों का इस स्थल पर ताँता लगा रहता है।

का पोंब्लांग नोंगक्रेम, शिलाँग (मेघालय)

का पोंब्लांग नोंगक्रेम अथवा शाद नोंगक्रेम खासी जनजाति का सबसे महत्त्वपूर्ण तथा उत्साहजनक पर्व है। पाँच दिनों तक चलने वाला यह पर्व ख्येरेम श्येमशिप की राजधानी स्मिट में का ब्लेई शिनशेर देवी को अच्छी फसल तथा लोक–समृद्धि के लिए धन्यवाद ज्ञापन के रूप में मनाया जाता है।

पर्व में एक महत्त्वपूर्ण आयोजन 'पोंब्लांग' होता है, जिसमें शिलाँग के देवी–देवताओं तथा राजघराने के पूर्वजों के लिए बकरियों की बलि दी जाती है। वाद्ययंत्रों की रानी के रूप तंगमूरि का पवित्रीकरण समारोह भी आयोजन का एक भाग है।

धार्मिक कर्मकांडों के पश्चात् चौथे दिन पारम्परिक सुन्दर वस्त्रों से सुसज्जित खासी स्त्री–पुरुष सुप्रसिद्ध नोंगक्रेम नृत्य में भाग लेते हैं। पाँचवें दिन रचयिता को धन्यवाद (श्येम) के साथ समारोह का समापन हो जाता है।

सोनपुर पशु मेला, बिहार

उत्तरी बिहार में गंगा के किनारे सोनपुर में प्रतिवर्ष लगने वाला पशु–मेला एशिया के सबसे बड़े मेलों में से एक है। हिन्दुओं के अत्यन्त पवित्र दिन कार्तिक पूर्णिमा से प्रारम्भ होकर पन्द्रह दिनों तक यह मेला चलता है। सोनपुर मेले की अपनी ऐतिहासिक पृष्ठभूमि है। प्राचीनकाल में राजा तथा नवाब इत्यादि यहाँ अपने शिविर लगाते थे।

कार्तिक पूर्णिमा के दिन आए हुए असंख्य श्रद्धालु गंगा तथा गंडक के संगम में स्नान कर हरिहरनाथ मंदिर के दर्शन करते हैं। व्यापारिक गतिविधियों में प्रतिदिन हजारों पशुओं के साथ–साथ दिन–प्रतिदिन के उपभोग की वस्तुएँ तथा अन्य सामग्रियाँ खरीदी–बेची जाती हैं। सोनपुर मेले की प्रमुख खासियत यह है कि यह एकमात्र ऐसा मेला है, जहाँ बड़ी संख्या में हाथियों की खरीद–फरोख्त होती है। ये प्रमुखतया वन–विभाग द्वारा खरीदे जाते हैं।

अन्य मेलों की भाँति यहाँ भी जन–प्रदर्शनियाँ, खेल तथा करतब आदि आयोजित किए जाते हैं। विगत कुछ वर्षों में यह मेला पर्यटकों के आकर्षण का भी प्रमुख केन्द्र बन गया है।

लखनऊ महोत्सव, उत्तर प्रदेश

प्रतिवर्ष 25 नवम्बर से 5 दिसम्बर के मध्य उत्तर प्रदेश की राजधानी लखनऊ में अवध की पारम्परिक शान को जीवन्त रखने की दृष्टि से लखनऊ महोत्सव का आयोजन किया जाता है। इस महोत्सव से लखनऊ के गौरवशाली अतीत

के साथ–वर्तमान सांस्कृतिक मूल्यों की झलक भी प्राप्त होती है। वहाँ की तहजीब, नवाबी परम्परा इसके द्वारा अनुभूत की जा सकती है।

25 नवम्बर को लखनऊ के दुख–सुख, उत्थान–पतन की साथी गोमती नदी के किनारे यह महोत्सव प्रारम्भ होता है जो उत्तर प्रदेश पर्यटन विभाग तथा लखनऊ जिला प्रशासन के सम्मिलित योगदान से संभव हो पाता है। समारोह में रंग–बिरंगे जुलूस, परम्परागत नाटक, सुप्रसिद्ध लखनऊ घराने की शैली में कथक नृत्य, सारंगी और सितार वादन तथा गजल, कव्वालियाँ और ठुमरी–गायन सर्वत्र उत्सवी माहौल बना देते हैं। स्थानीय प्रतिभाओं को मंच उपलब्ध करवाने के साथ–साथ जानी मानी राष्ट्रीय प्रतिभाओं को भी कार्यक्रम–प्रस्तुति के अवसर यह महोत्सव प्रदान करता है। इनमें शोभना नारायण, वडाली बन्धु, शुभा मुद्गल, हंसराज हंस, पंडित जसराज, हेमा सरदेसाई तथा सपना अवस्थी प्रमुख हैं।

इन प्रस्तुतियों के साथ–साथ इक्का दौड़, पतंगबाजी, मुर्गों की लड़ाई सहित अन्य उत्तेजक ग्राम्य खेलों से पुराने नवाबी दिनों की याद ताजा हो जाती है। इन सबसे बढ़कर पारम्परिक शाकाहारी–माँसाहारी लजीज भोजन आगन्तुकों के आनन्द को दुगुना कर देते हैं।

एलोरा उत्सव, महाराष्ट्र

महाराष्ट्र के औरंगाबाद जिले से 30 किमी. दूर स्थित एलोरा की विश्व प्रसिद्ध गुफा–मंदिर के साक्षित्व में प्रतिवर्ष दिसम्बर में नृत्य–संगीत का महोत्सव मनाया जाता है। 600 ई. से 1000 ई. के मध्य निर्मित इन 34 गुफाओं में बौद्ध, जैन तथा हिन्दू धर्म से सम्बन्धित मूर्तियाँ एलोरा की बहुधर्मी संस्कृति को प्रतिबिम्बित करती हैं। यहाँ का सबसे प्रसिद्ध कैलाश मंदिर, जो 150 सालों में 7000 श्रमिकों के सहयोग से तैयार हुआ, विश्व का सबसे बड़ा एक–पाषाणीय मंदिर है, जिसके कारण एलोरा विश्व धरोहर की श्रेणी में स्थान प्राप्त है।

एलोरा महोत्सव, महाराष्ट्र पर्यटन विकास निगम (MTDC) द्वारा आयोजित किया जाता है, तथा एलोरा की गौरवशाली पृष्ठभूमि में संगीत तथा नृत्य की श्रेष्ठ प्रतिभाओं को सुनना–देखना आगन्तुकों के लिए स्वयं में अलौकिक अनुभव है। सहस्त्राब्दियों का ऐतिहासिक और सांस्कृतिक अनुभव इस आयोजन में सिमट आता है।

चेन्नई नृत्य एवं संगीत महोत्सव, तमिलनाडु

तमिलनाडु की राजधानी चेन्नई में मध्य दिसम्बर से प्रारम्भ होकर मध्य जनवरी तक दक्षिण भारतीय नृत्य और शास्त्रीय संगीत (कर्नाटक संगीत) का

आयोजन किया जाता है। भिन्न–भिन्न सभाओं और संस्थाओं द्वारा शहर के भिन्न–भिन्न स्थलों पर ये आयोजन सम्पन्न होते हैं। सभागारों के अतिरिक्त मंदिर प्रांगणों तथा विरासतीय भवनों में ये कार्यक्रम आयोजित होते हैं। कुल मिलाकर 2000 कलाकारों द्वारा 300 कार्यक्रमों में भाग लिया जाता है।

नृत्य तथा संगीत का 'मार्गजी' महोत्सव 1927 से मद्रास संगीत अकादमी की वर्षगाँठ पर प्रतिवर्ष दिसम्बर में आयोजित होता था, जो बाद में भिन्न–भिन्न संस्थाओं द्वारा अपनाया जाकर नगर के भिन्न–भिन्न भागों में आयोजित होने लगा। हिन्दुओं के पवित्र मार्गजी माह में नृत्य तथा संगीत द्वारा देवों की आराधना का प्रचलन भारत में पर्याप्त समय से है।

चेन्नई में होने वाली इन प्रस्तुतियों में गायन, वादन, एकल तथा सामूहिक नृत्य होते हैं, जिनमें स्थापित कलाकारों के साथ उभरती प्रतिभाओं को भी अवसर दिए जाते हैं। गायन में तमिल, तेलगु तथा कन्नड़ जैसी दक्षिण भारतीय भाषाएँ होती हैं, तो वादन में बाँसुरी, वीणा, गुट्टवाद्यम्, नागस्वरम्, थावी, मृदंगम् तथा घाटम् जैसे वाद्य होते हैं।

यह सम्पूर्ण उत्सव मध्य जनवरी तक उत्साहपूर्वक चलता है जिसके बाद यह तिरुवयूर में स्थानान्तरित हो जाता है, जहाँ महान संगीतज्ञ त्यागराजा के जन्मोत्सव सम्बन्धी आयोजन प्रारम्भ हो जाते हैं।

चेन्नई से कुछ दूर स्थित मामल्लपुरम् में भी तमिलनाडु के पर्यटन विभाग द्वारा प्रतिवर्ष नृत्य महोत्सव का अयोजन किया जाता है। कभी पल्लव साम्राज्य के गौरव का केन्द्र रहे मामल्लपुरम् के पाषाण–मंदिरों की पृष्ठभूमि में विभिन्न शास्त्रीय नृत्य ख्यात तथा अल्पज्ञात कलाकारों द्वारा प्रस्तुत किए जाते हैं। खुले आकाश के नीचे स्थित मंच पर आयोजित नृत्यों का दर्शन पर्यटक ईश्वर के साक्षित्व में करते हैं और सम्पूर्णता में सौन्दर्य की अनुभूति करने में सक्षम होते हैं।

हम्पी महोत्सव, कर्नाटक

कभी भारत के महानतम हिन्दू साम्राज्यों में से एक विजयनगर साम्राज्य की गौरवशाली राजधानी रही हम्पी नगरी प्रतिवर्ष नवम्बर के प्रथम सप्ताह में जीवन्त हो उठती है, जब इस नृत्य तथा संगीत सम्बन्धी उत्सव का आयोजन किया जाता है।

आज भी हम्पी के खंडहरों में अतीत प्रतिध्वनित और प्रतिबिम्बित होता है। यहाँ पाषाण–मंदिरों, प्रतिमाओं तथा महलों–छावनियों के असंख्य अवशेष

हमें उन स्वर्ण दिनों की याद दिलाते हैं। राजा की तुला, जिस पर राजा को धन अथवा स्वर्ण से तोलकर निर्धनों में वितरित कर दिया जाता था, पर्यटकों के आकर्षण का केन्द्र है, तो रानी का स्नानागर अपने मेहराबों, झरोखों, कमलाकृति फव्वारों से आगन्तुकों को आकर्षित करता है। दुमंजिला कमल महल, विट्ठल मंदिर, विरुपाक्ष मंदिर; सभी हम्पी के शानदार अतीत की कहानी कहते हैं। इनमें से अधिकांश वास्तु का निर्माण विजयनगर के महानतम राजा कृष्णदेव राय के शासनकाल में हुआ।

कर्नाटक सरकार द्वारा आयोजित हम्पी महोत्सव में नृत्य, संगीत, नाटक, आतिशबाजी, कठपुतली शो तथा दर्शनीय जुलूसों सहित उन सब गतिविधियों का आयोजन किया जाता है, जिनसे स्वर्णिम विगत का दर्शन सुलभ हो।

कुरुक्षेत्र महोत्सव, हरियाणा

भगवद्गीता के अवतरण की स्मृति में प्रतिवर्ष महाभारत की युद्धस्थली कुरुक्षेत्र में गीता जयन्ती पर हरियाणा सरकार द्वारा कुरुक्षेत्र महोत्सव मनाया जाता है। कुरुक्षेत्र ही वह भूमि है, जहाँ गीता के रूप में हिन्दुत्व के सार तथा जीवन–सरणि की उद्भावना हुई थी। निस्पृह भाव से कर्म करते जाने तथा अपने धर्म और अपने कर्म में अगाध विश्वास की प्रेरणा हमें गीता से प्राप्त होती है।

कुरुक्षेत्र का एक और महत्त्व है कि यहीं मनु द्वारा मनुस्मृति की रचना की गई। भगवान कृष्ण, बुद्ध, सिख गुरुओं तथा अनेकों महापुरुषों से पवित्र की गई यह स्थली हिन्दुओं के लिए अत्यन्त पवित्र हो गई है।

आध्यात्मिकता तथा धार्मिकता से परिपूर्ण इस महोत्सव में श्रद्धालु पवित्र सरोवरों– ब्रह्म सरोवर तथा सन्निहित सरोवर में डुबकी लगाते हैं तथा सप्ताह भर चलने वाले भागवत् कथा का पारायण सुनते हैं। श्लोकोच्चारण, नृत्य, नाटक के साथ–साथ ब्रह्म सरोवर में 'दीपदान' सहित अनेक धार्मिक आयोजन इस दौरान होते हैं। निःशुल्क चिकित्सा–शिविर, पुस्तक प्रदर्शनियों तथा भजनों आदि के द्वारा वातावरण में शुद्धता और पवित्रता का समावेश किया जाता है।

आइलैण्ड पर्यटन उत्सव, पोर्ट ब्लेयर

अंडमान तथा निकोबार द्वीप समूह अपनी अनोखी संस्कृति के लिए प्रसिद्ध है। इसकी बहुधर्मी, बहुभाषिक तथा सामासिक संस्कृति के कारण इसे 'मिनी भारत' की संज्ञा दी जाती है। पोर्टब्लेयर में भी सभी धर्मों तथा संस्कृतियों के लोग शान्ति तथा सौहार्द के साथ रहते हुए सभी पर्वों–त्योहारों को समान उत्साह के साथ मनाते हैं।

पोर्टब्लेयर की इसी सौहार्दपूर्ण संस्कृति को ध्यान में रखते हुए अंडमान–निकोबार प्रशासन द्वारा प्रतिवर्ष दिसम्बर–जनवरी में आइलैण्ड पर्यटन उत्सव का आयोजन किया जाता है, जिसमें द्वीप के कलाकारों के साथ–साथ मुख्यभूमि के कलाकार भी प्रस्तुतियाँ देते हैं। इन द्वीपों के विकास से जुड़ी विभिन्न प्रदर्शनियों का आयोजन किया जाता है, तो निकोबारी होडी जैसी जलीय खेल–प्रतियोगिताएँ भी आयोजित होती हैं। महोत्सव के अन्य आकर्षणों में मैजिक शो, कठपुतली शो, तैरता भोजनालय, बेबी शो, डॉग शो, स्कूबा डाइविंग आदि हैं। कुल मिलाकर आइलैण्ड पर्यटन उत्सव इन द्वीपों की पर्यावरण केन्द्रित–पर्यटन केन्द्र के रूप में पहचान बनाने में सफल हुआ है।

अध्याय–10
धार्मिक पर्यटन तथा भारत
(Religious Tourism and India)

धार्मिक उद्देश्य से की गई यात्रा धार्मिक पर्यटन है। यह पर्यटन उद्योग का एक महत्त्वपूर्ण अंग है।

अति प्राचीनकाल से ही मनुष्य उन स्थानों की यात्रा करता आ रहा है, जहाँ पर उन्हें ईश्वर की उपस्थिति का पवित्र आभास हुआ है। ये यात्राएँ धर्म यात्राएँ कहलाती थीं तथा स्थानीय परम्पराओं के अनुसार भिन्न–भिन्न विशेषताओं से युक्त होती थीं।

भारतीय धार्मिक मान्यता के अनुसार देवता किसी विशेष स्थल पर ही निवास करते हैं अथवा वहाँ से अपनी शक्ति का प्रदर्शन करते हैं। मिस्र, यूनान तथा यहूदी सभ्यताओं में भी **धर्म–यात्राओं** की व्यापक धारणा रही है। **इस्लाम** के अन्तर्गत तो धर्म–यात्रा अपनी पराकाष्ठा पर है, जिसके नियमानुसार प्रत्येक मुसलमान हेतु अपने जीवन में एक बार मुहम्मद साहब के जन्मस्थान मक्का की यात्रा करना अत्यन्त आवश्यक माना गया है। **ईसाइयत** के अन्तर्गत धर्मयात्रा का उद्भव ईसा की भक्ति के फलस्वरूप हुआ है। ईसाई धर्म के समस्त अनुयायी ईसा के जीवन से जुड़े स्थलों को पवित्र मानते हुए उनकी यात्रा करके ईसा की स्मृतियों से स्वयं को जोड़ने का प्रयास करते हैं। इन स्थलों में **बेथलहम** तथा **येरुशलम** प्रमुख हैं।

तीर्थयात्रियों की संख्या में वृद्धि होने के साथ–साथ उनके लक्ष्यस्थलों अर्थात् तीर्थस्थलों की संख्या में भी वृद्धि होती रही है। ईश्वर तथा देवताओं से जुड़े

स्थलों के साथ–साथ साधु–सन्तों तथा ऋषि–मुनियों से जुड़े स्थल–विशेष रूप से समाधिस्थल भी पवित्र होकर तीर्थयात्राओं में जुड़ते चले गए। यथा रोम प्रसिद्ध सन्तों– सेन्ट पॉल तथा सेन्ट पीटर के मकबरे होने के कारण विश्व का प्रमुख धर्मयात्रा गंतव्य स्थल है। चमत्कारिक शक्तियों का प्रदर्शन करने वाले व्यक्तियों की ओर भी श्रद्धालुजनों का आकर्षण है जो उन्हें दूर–दूर से खींच लाता है।

धार्मिक पर्यटन के उद्देश्य

धर्म–यात्राएँ अथवा तीर्थयात्राएँ प्रमुखतः निम्न उद्देश्यों से की जाती हैं–

1. पवित्र स्थानों से धार्मिक अवशेषों की प्राप्ति हेतु

पवित्र स्थानों से धार्मिक अवशेषों की प्राप्ति अनेक धार्मिकों को धर्मस्थलों तक खींच लाती है। कहीं–कहीं वे मृतात्माओं से सम्बन्धित वस्तुएँ प्राप्त करना चाहते हैं। यथा धर्मप्रेमी पवित्र कागज से गिरी हुई मोम को लेते हैं। कैथोलिक भक्त गोवा में एक सन्त की ममी युक्त शरीर की उँगली को मोड़ते हैं। कुछ अनुयायी सन्यासियों–सन्तों के स्मारकों (मकबरों आदि) से धूल ले जाते हैं। मंदिरों, गुरुद्वारों से प्रसाद ले जाने की परम्परा भी इसी श्रेणी की है।

2. पापशुद्धि एवं प्रायश्चित हेतु

अनेक लोग अपने पापों की शुद्धि के लिए धर्मयात्रा पर निकलते हैं। इसे पाप–शोधन यात्रा की संज्ञा दी जा सकती है।

3. मनोकामनाओं की याचना तथा मनोकामना पूर्ति पर धन्यवाद ज्ञापन हेतु

अनेक धर्मानुयायी मन्नत माँगने के लिए धर्मस्थलों की यात्रा करते हैं। इसी प्रकार मनोकामना पूरी होने पर भी अनेक भक्त देवी–देवताओं को धन्यवाद देने के लिए उन स्थलों की यात्रा करते हैं।

यदि हम भारत की बात करें, तो वह अति प्राचीनकाल से ही धर्मयात्राओं, जिन्हें 'तीर्थाटन' की संज्ञा दी जाती थी, के लिए प्रसिद्ध रहा है। धर्मज्ञान की खोज तथा आध्यात्मिक शान्ति को इन यात्राओं के पीछे उद्देश्य के रूप में देखा जा सकता है। यात्री अत्यन्त जीवट का प्रदर्शन करते हुए इन सुदूरस्थ तीर्थस्थलों की यात्राएँ करते थे और अनेक बार अपने जीवन का भी मोह नहीं करते थे।

वर्तमान भारत में धार्मिक पर्यटन

धर्म में आकंठ डूबे भारतवर्ष में प्रायः प्रत्येक स्थान किसी न किसी कारण

पवित्र माना जाता है। यहाँ के विभिन्न नगर, नदियाँ, ताल, पर्वत, समुद्रतट अपने–अपने अन्तस्थल में आध्यात्मिकता का प्रवाह समेटे हैं। उत्तर–दक्षिण के विभेद से परे आज भी धर्मप्रेमी भारतीय स्नान के समय सात पवित्र नदियों का नामोच्चारण नहीं भूलते–

गंगे चैव यमुने चैव गोदावरि सरस्वति।
कावेरी नर्मदे सिन्धो जलेऽस्मिन्सन्निधिं कुरु।।

यथा कहा जा चुका है, धार्मिक पर्यटन, पर्यटन उद्योग का एक बड़ा अंश है और वर्तमान काल में पर्यटक अपनी व्यापारिक तथा आरामदायक यात्राओं में भी पवित्र स्थानों की यात्राएँ सम्मिलित करता है।

भारत की समृद्ध धार्मिक परम्परा के आलोक में यहाँ धार्मिक पर्यटन की अपार सम्भावनाएँ हैं। यहाँ के नगर अपने मंदिरों, नदियों आदि के साथ देशी–विदेशी पर्यटकों के आकर्षण के केन्द्र हैं। भारत को हिन्दू, बौद्ध, जैन तथा सिख धर्मों की जन्मस्थली होने का गौरव प्राप्त रहा है। इन धर्मों के अनुयायियों के अतिरिक्त मुस्लिम, ईसाई, पारसी तथा यहूदी आदि धर्मों के अनुयायी भी एक साथ रहकर शान्तिपूर्वक अपने–अपने धर्मों का पालन करते रहे हैं। यही कारण है कि 'धर्म निरपेक्ष' भारत विश्व के अनेक भागों से धार्मिक पर्यटकों को सदैव आकर्षित करता रहा है।

हिन्दू, जैन, बौद्ध, सिख, मुस्लिम तथा ईसाई आदि धर्मों से सम्बन्धित अनेक क्षेत्रीय केन्द्रों के अतिरिक्त शिरडी के साँई बाबा, झूलेलाल, आनन्दमार्गी तथा राधास्वामी जैसे सम्प्रदायों से सम्बन्धित धार्मिक केन्द्र भी धर्मरुचि वाले पर्यटकों की आस्था के केन्द्र होते हैं। भारत में धार्मिक पर्यटकों को अग्रनुसार वर्गीकृत किया जा सकता है–

1. विश्व के अनेक भागों में रहने वाले भारतवंशी पर्यटक जो अपनी जड़ों की तलाश में भारत की यात्रा करते हैं। ये लोग अपनी प्राचीन पीढ़ियों के धर्मस्थलों और सांस्कृतिक स्थलों की खोज की जिज्ञासा रखते हैं।
2. जापान, थाइलैंड, श्रीलंका तथा अन्य दक्षिण–पूर्व एशियाई देशों के पर्यटक, जो कि बुद्ध की जन्मस्थली होने के कारण भारत के प्रति अगाध श्रद्धा रखते हैं। ऐसे पर्यटक बौद्ध धर्म से सम्बन्धित विभिन्न केन्द्रों जैसे लुम्बिनी (जहाँ बुद्ध का जन्म हुआ), बौद्ध गया (जहाँ भगवान बुद्ध को परमज्ञान प्राप्त हुआ), सारनाथ (जहाँ मृगदाव वन–Deer Park–में भगवान बुद्ध ने पंचवर्गीय भिक्षुओं को प्रथम ज्ञानोपदेश अर्थात् धर्मचक्रप्रवर्तन दिया), कुशीनगर (जहाँ उन्हें मोक्ष–प्राप्ति हुई), साँची (जहाँ बुद्ध–अवशेषों

पर निर्मित विशाल स्तूप है) तथा अजन्ता–एलोरा (जहाँ बुद्ध के जीवन तथा दर्शन से सम्बन्धित अत्यन्त सुन्दर चित्र हैं) की यात्रा करके अपने जीवन को धन्य बनाते हैं।

3. अमेरिका तथा यूरोप से सम्बन्धित वे पर्यटक जो अपनी अति भौतिकवादी संस्कृति से ऊबकर भारत की सरल आध्यात्मिकता को निकट से अनुभूत करना चाहते हैं। तीर्थगुरु 'पुष्कर' जैसे स्थलों पर इन पर्यटकों का बार–बार आगमन इसी तथ्य को रेखांकित करता है।
4. भारत के स्थानीय निवासी भी धार्मिक पर्यटन में पीछे नहीं हैं। यहाँ के हिन्दू, मुस्लिम, सिख, ईसाई तथा बौद्ध–जैन सहित अन्य मतानुयायी भी स्वस्व धर्मों से सम्बन्धित पवित्र स्थलों की यात्रा जीवन में एकाध बार तो अवश्य करना चाहते हैं।

इस प्रकार संक्षेप में अयोध्या, मथुरा, काशी, काँची, रामेश्वरम् आदि के भव्य अलंकृत मंदिर, अमृतसर का स्वर्णमंदिर, गोवा के गिरजाघर, दिल्ली व आगरा की महान मस्जिदें अपने सम्पूर्ण वैभव के साथ भारत में आगन्तुकों का स्वागत करने के लिए आतुर हैं। निस्संदेह इस प्रकार की यात्राओं में पर्यटकों को विविध धार्मिक स्थलों के ज्ञान से युक्त कुशल पर्यटक गाइड का चयन करना चाहिए जो पर्यटकों के प्रश्नों का उत्तर बुद्धिमत्ता से दे सके और उनकी धार्मिक जिज्ञासाओं का समाधान कर सके।

धर्म के व्यापक आलोक में भारतीय धर्म

'धर्म' शब्द अति व्यापक है। 'धारणाद् धर्ममित्याहुः' के अनुसार धर्म जीवन का मूलाधार है। इसी से मनुष्य को प्रेरणा और प्रकाश उपलब्ध होता है। जब हम 'धर्म' शब्द का उच्चारण करते हैं तो हमारे समक्ष सम्बन्धित समाज की सभ्यता, संस्कृति, आचार–विचार, रीति–रिवाज तथा जीवन–प्रणाली समुपस्थित हो जाती है। तात्पर्य यह कि धर्म संकुचित नहीं अपितु व्यापक अर्थ का सूचक है। सामान्य रूप से 'रिलीजन' (Religion) शब्द धर्म के पर्यायवाची के रूप में व्यक्त किया जाता है परन्तु 'रिलीजन' शब्द भारतीय 'धर्म' की पूर्ण अभिव्यक्ति नहीं कर पाता, अतः उसे पंथ अथवा मत के अर्थ में ग्रहण किया जाना कहीं उचित होगा।

सम्पूर्ण संस्कृत साहित्य में 'धर्म' शब्द अपनी सम्पूर्ण व्यापकता के साथ ही प्रयुक्त किया गया है। वैशेषिक सूत्र में कहा गया है कि धर्म वह है जिससे (इस जीवन में) अभ्युदय और (भावी जीवन में) निःश्रेयस् की सिद्धि हो –

यतोऽभ्युदय निःश्रेयस् सिद्धिः स धर्मः।

तो पूर्व मीमांसा के अनुसार धर्म एक वांछनीय वस्तु है, जिसकी विशेषता है प्रेरणा देना –

चोदनालक्षणार्थो धर्मः।

अति प्राचीनकाल से ही भारत धर्म–प्रधान देश रहा है। अपनी व्यापक व्याख्या के साथ धर्म भारतीय जीवन में इतना घुलमिल गया था कि धर्म और जीवन दोनों में कोई विभाजक–रेखा ही नहीं रह गयी थी। सामान्य रूप से जीवन–पद्धति अथवा सरणि के रूप में व्यवहृत किए जाते 'धर्म' को अपनी सुरक्षा हेतु किसी स्थल, संगठन अथवा राज्याश्रय की आवश्यकता नहीं अपितु जन–मानस में वह चिर–संरक्षा प्राप्त है।

यदि हम सामान्य रूप से जनता में प्रचलित धार्मिक मतों अथवा समुदायों के रूप में धर्म को स्वीकारें तो भारत को शाश्वत बहुधर्मी राष्ट्र के रूप में स्वीकारा जा सकता है। प्राचीन भारत में वैदिक धर्म, पौराणिक हिन्दू धर्म, वैष्णव, शाक्त, जैन तथा बौद्ध धर्म के रूप में महती धार्मिक परम्परा थी और यहाँ के राजाओं में धार्मिक आधार पर विभेद की भावना ने घर नहीं किया। तात्पर्य यह कि वे धार्मिक थे परन्तु धर्मान्ध नहीं। राज्य भी 'धर्म–निरपेक्ष' या धर्म–विलग नहीं थे तथापि स्वधर्मेतर अनुयायियों के उत्पीड़न के उदाहरण नगण्य हैं।

वर्तमान भारत भी अपनी बहुवादी चारित्रिक परम्परा का पालन करते हुए अपने गौरवशाली अतीत का अनुसरण करने में पीछे नहीं है। आज भी यहाँ विविध धर्म, मत तथा पंथ प्रश्रय पाकर अपनी–अपनी आस्थाओं की अनुपालना करते हैं। इनमें हिन्दू धर्म, इस्लाम धर्म, बौद्ध धर्म, जैन धर्म, सिख धर्म, ईसाई धर्म और पारसी धर्म प्रमुख हैं। इनमें से इस्लाम, पारसी तथा ईसाई धर्म को छोड़कर बाकी सभी का जन्म भारत में हुआ है। यह आश्चर्य नहीं कि कुछ दशक पूर्व तक भारत में पल्लवित–पुष्पित सभी धर्म सामूहिक रूप से 'हिन्दू धर्म' की संज्ञा से विभूषित किए जाते थे क्योंकि बाह्य कर्मकाण्डों में विभिन्नता होते हुए भी इनमें आचारिक अन्तस्तत्त्व समान थे। वैदिक ऋषियों ने तो बहुत पूर्व ही इस तथ्य का साक्षात्कार कर लिया था जब उन्होंने घोषणा की –

एकं सद्विप्राः बहुधा वदन्ति।

अग्निं यमं मातरिश्वानमाहुः।। (ऋृग्वेद, 1.168.46)

वर्ष 2001 की जनगणना के आँकड़ों के अनुसार वर्तमान भारत की कुल जनसंख्या (102.8 करोड़) में से 82.7 करोड़ (80.5 प्रतिशत) हिन्दू, 13.8 करोड़

(13.4 प्रतिशत) मुस्लिम, 2.4 करोड़ ईसाई, 1.9 करोड़ सिक्ख, 79 लाख बौद्ध तथा 42 लाख जैन धर्मानुयायी हैं। इन प्रमुख धर्मों के अतिरिक्त धर्म के कुछ स्थानीय रूप भी हैं। उदाहरणार्थ पोनी पोलो (अरुणाचल प्रदेश में सूर्य और चन्द्र का धर्म), शरण धर्म या जहेरा (मुंडा और संथाल जनजाति का धर्म), सानामाती (मणिपुर के मेइतियों का धर्म) आदि।

भारत में लगभग सभी प्रचलित धर्म पर्याप्त संगठित और सुपरिभाषित हैं तथा दार्शनिक दृष्टि से भी समृद्ध हैं। भारत की सामासिक संस्कृति की पृष्ठभूमि में इन सभी धर्मों ने एक–दूसरे को व्यापक रूप से प्रभावित किया है, यहाँ तक कि भारत से बाहर उत्पन्न होने वाले धर्म भी इससे अछूते नहीं हैं। कुल मिलाकर, इतने विभिन्न प्रकार के धर्मों की उपस्थिति तथा उनके पारस्परिक सम्पर्कों के कारण उनके बीच सामान्य सामाजिक संस्थाओं और प्रथाओं का उदय हुआ है। जैसे–जन्म, विवाह तथा मृत्यु से सम्बन्धित अनेक अनुष्ठान इन धर्मों में समान हैं। अधिकांश क्षेत्रों के पहनावे, जीवनशैली तथा त्योहारों आदि में धार्मिक आधार पर कोई विशेष विभेद नहीं है।

भारतीय समाज द्वारा प्रदान किए धर्म–परिवर्तन संबंधी छूट का लाभ भी अनेक समुदाय उठाते हैं। अनेक बार धर्म परिवर्तन के बाद भी उस समुदाय में पूर्व–प्रचलित प्रथाएँ चलती रहती हैं। उदाहरणार्थ राजस्थान के अनेक भागों में फैली चीता–मेहरात जाति में आज भी हिन्दू–मुस्लिम परम्पराओं का पालन साथ–साथ होता है तथा विवाह और मृतक–संस्कार जैसे मामलों में भी धर्म का दखल नहीं होता। इससे भी भारतीय समाज में व्यापकता और विविधता आती है।

इसके बावजूद भारत में प्रत्येक धर्म की अपनी अन्तर्निहित विशिष्टताएँ भी हैं, जो इनकी धार्मिक प्रथाओं, पूजा–पद्धतियों तथा रीति–रिवाजों में परिलक्षित होती हैं।

अब हम पर्यटन के आलोक में भारत के कतिपय प्रमुख धर्मों को उनके स्रोत, नैतिक नियमों, धार्मिक संगठनों के साथ–साथ धार्मिक प्रथाओं, पूजा–पद्धतियों तथा सामान्य रीति–रिवाजों के माध्यम से व्याख्यायित करने का प्रयास करेंगे।

हिन्दू धर्म

भारतवर्ष में बसने वाली प्राचीन जातियों का सामूहिक नाम 'हिन्दू' तथा उनके समष्टिवादी धर्म का भाव 'हिन्दुत्व' है। (हिन्दू धर्म कोश, डॉ. राजबली पाण्डेय)

प्रारम्भ में 'हिन्दू' शब्द किसी विशिष्ट धार्मिक उद्बोधन के स्थान पर भौगोलिक उद्बोधन था, जो ईरान–निवासी पारसी लोग सिन्धु नदी के निकटवर्ती इलाकों में रहने वाले निवासियों तथा आगे चलकर सम्पूर्ण भारतवासियों के लिए करते थे। इस प्रकार व्यापक रूप में भारत में रहने वाला व्यक्ति हिन्दू तथा उसका धर्म हिन्दुत्व (हिन्दू धर्म) कहलाया। लोकमान्य तिलक 'हिन्दू' शब्द को परिभाषित करते हुए कहते हैं –

आसिन्धोः सिन्धुपर्यन्तां यस्य भारतभूमिका।

पितृ भूः पुण्यभूश्चैव स वै हिन्दुरिति स्मृतः।।

{सिन्धु नदी के उद्गम–स्थल से लेकर सिन्धु (हिन्द महासागर) तक सम्पूर्ण भारतभूमि जिसकी पितृ भू (अथवा मातृभूमि) है तथा पुण्यभू पवित्रभूमि) है, वह हिन्दू कहलाता है।}

यहाँ का प्राचीनतम सुव्यवस्थित धर्म **वैदिक धर्म** था, जो अन्य आर्येतर धर्मों को प्रभावित करते हुए तथा उनसे प्रभावित होते हुए आगे बढ़ा। बाहर से आने वाली समस्त जातियाँ, भारत के परम्परावादी तथा परम्परा–विरोधी धार्मिक–दार्शनिक आन्दोलन, सब उसी में विलीन हो गए और इस 'मिलन' से जो धर्म बना वही 'हिन्दू धर्म' है। इसमें पौराणिक और तांत्रिक तत्त्व भी जुटते चले गए और परवर्ती धार्मिक सम्प्रदायों, संतों–महात्माओं और आचार्यों ने अपने–अपने समय में इसके विस्तार और परिष्कार में योग दिया।

इस प्रकार क्योंकि हिन्दू धर्म में अनेक प्रकार के मतों और विश्वासों का संग्रह है, अतः इसे किसी एक मत अथवा विश्वास के रूप में व्याख्यायित करना अत्यंत कठिन कार्य है। साथ ही यह कहना भी उचित होगा कि एक ईश्वर, एक धर्म ग्रंथ, एक धर्म स्थल तथा किसी एक धार्मिक प्रथा को प्रश्रय हिन्दू धर्म में प्राप्त नहीं है, तथापि समस्त हिन्दू मतावलम्बी, जो भारत के अतिरिक्त नेपाल, भूटान, श्रीलंका, मॉरीशस, फिजी, गुयाना तथा बर्मा सहित अनेक यूरोपीय तथा अमेरिकी देशों में भी फैले हुए हैं, एकत्व के अदृश्य सूत्र में बँधे हैं।

हिन्दू धर्म के स्रोत

हिन्दू धर्म के स्रोत के रूप में धार्मिक ब्राह्मण साहित्य को उद्धृत किया जा सकता है। इसके प्रमुख अंग हैं–

1. वेद – विद् (जानना) धातु से निर्मित 'वेद' शब्द का अर्थ है–ज्ञान। पृथ्वी के सर्वप्राचीन ग्रन्थों के रूप में ख्यात वेद चार हैं– ॠग्वेद (स्तुति–संग्रह), यजुर्वेद (यज्ञादि, विधान–संग्रह), सामवेद (मंगलगान–संग्रह) तथा अथर्ववेद

(लौकिक कृत्य तथा अभिचारादि–संग्रह)। चारों वेदों का सम्यक् विभाजन और सम्पादन वेद व्यास द्वारा किया गया। इनमें देवों की स्तुतियाँ संगृहीत हैं।

2. ब्राह्मण – ब्राह्मण, धर्मशास्त्रीय वाङ्मय हैं, जिनमें वैदिक मंत्रों की व्याख्या तथा उनके समर्थन में प्रवचन दिए गए हैं। इनमें याज्ञिक अनुष्ठानों के महत्त्व का वर्णन है। प्रमुख ब्राह्मण–ग्रन्थ हैं–ऐतरेय, शतपथ, तांड्य, गोपथ आदि।

3. आरण्यक – शान्त वनों में सन्यासी जीवन व्यतीत कर रहे तपस्वियों द्वारा रचित आरण्यक ग्रन्थों में साधना संबंधी ज्ञान का समावेश है। इन्हें वानप्रस्थियों के उपयोग के लिए अरण्यगान और विधि–विधान कहा जा सकता है।

4. उपनिषद् – मूलतः आरण्यकों से विकसित उपनिषदों में दार्शनिक व्याख्याओं का गहन और विशद विवेचन है। कुल 108 उपनिषदों में प्रमुख हैं–ईश, केन, कठ, प्रश्न, मुंडक, ऐतरेय, तैत्तिरीय, छान्दोग्य आदि। उपनिषदों को भारतीय दर्शन की आधारशिला कहा जाता है।

5. वेदांग – वेद के अध्ययन में सहयोगी विद्या के रूप में वेदांगों का विकास हुआ। इन छः वेदांगों– (1) शिक्षा, (2) छन्द, (3) व्याकरण, (4) निरुक्त, (5) ज्योतिष तथा (6) कल्प में क्रमशः ध्वनिशास्त्र, छन्दःशास्त्र, व्याकरण, शब्द–व्युत्पत्ति, ज्योतिष तथा याज्ञिक, गार्हस्थ्य और सामाजिक नियम विषयक ग्रंथों की रचना की गई।

6. स्मृति साहित्य – वेदांग–साहित्य के पश्चात् भारत में स्मृति–शास्त्र का उदय हुआ। स्मृतियाँ मनुष्य के सम्पूर्ण जीवन के विविध कार्यकलापों के विषय में अगणित विधि–निषेधों का प्रतिपादन करती हैं। प्रारम्भिक स्मृतियों में मनुस्मृति और याज्ञवल्क्य स्मृति प्रमुख हैं।

7. पुराण – 'प्राचीन' शब्दार्थ वाले पुराण–साहित्य के अन्तर्गत वह समस्त प्राचीन साहित्य आ जाता है, जिसमें प्राचीन भारत के धर्म, इतिहास, आख्यान, विज्ञान आदि का वर्णन हो। पुराणों में जन्म, मृत्यु, पुनर्जन्म, दैवी शक्ति आदि का उल्लेख किया गया है। कुल 18 पुराणों में विष्णु पुराण, वायु पुराण, भविष्य पुराण आदि प्रमुख हैं।

8. महाकाव्य – भारत वर्ष के दो प्राचीन महाकाव्य हैं, **रामायण** और **महाभारत** जो क्रमशः राम और कृष्ण के चरित्रों के आधार पर रचे गए।

वाल्मीकिकृत **रामायण** जिसे आदिकाव्य भी कहा जाता है, ने भारतीय

जनजीवन के सामाजिक–धार्मिक पक्ष को राम के आदर्श–चरित्र के माध्यम से जितना प्रभावित किया है, उतना किसी और काव्य ने नहीं। कालान्तर में भारत के विभिन्न भागों में क्षेत्रीय भाषाओं में इसके अनेक रूपान्तर हुए।

वेदव्यास कृत **महाभारत** पुराणों की शैली में लिखित सांस्कृतिक–धार्मिक इतिहास ग्रन्थ है जिसमें भरतवंशी कौरवों–पाण्डवों की कथा के बहाने धर्म, दर्शन व राजनीति, विधि आदि का विशद विवरण प्राप्त होता है और इसी कारण इसे '**ज्ञान का विश्वकोश**' उपाधि प्रदान की गई।

महाभारत के ही छठे अध्याय में 'भगवद्गीता' सम्मिलित है। महाभारत युद्ध के पूर्व अर्जुन का व्यामोह दूर करने के लिए कृष्ण ने इसका उपदेश किया था। इसमें ज्ञान, कर्म और भक्ति के समन्वय मार्ग की प्रतिष्ठापना प्राप्त होती है। फल की इच्छा किए बिना निरन्तर कर्म की प्रेरणा इस ग्रन्थ से प्राप्त होती है।

हिन्दू धर्म की विशेषताएँ

यदि हमें वर्तमान भारत में हिन्दू धर्म का विश्लेषण करना हो, तो सर्वप्रथम भारत के आद्य इतिहास से बाद में अस्तित्व में आए इसके विभिन्न रूपों पर क्रमशः दृष्टिपात करना होगा।

1. सैन्धवधर्म

आज यदि हमें हिन्दुत्व धार्मिक के स्थान पर वैचारिक–सांस्कृतिक आन्दोलन का प्रतिनिधित्व करता प्रतीत होता है तो यह भारत की प्रथम नगरीय सभ्यता में प्राप्त धार्मिक जीवन से पूर्णतया मेल खाता है। उस काल में भी धार्मिक और लौकिक जीवन दोनों मिले हुए थे और उनमें स्पष्ट भेद–रेखा नहीं खींची जा सकती थी।

सैन्धव सभ्यता के विभिन्न धार्मिक पहलुओं–वृक्षोपासना, नद्योपासना, पशु–पक्षियों की उपासना, शिव तथा आद्या शक्ति मातृदेवी की उपासना आदि में आगामी धार्मिक विश्वासों के बीज रूप के दर्शन किए जा सकते हैं।

2. वैदिक धर्म

भारतीय धार्मिक इतिहास का अगला प्रतिबिम्ब हमें ऋृग्वेदादि वैदिक ग्रन्थों में प्राप्त होता है। शताब्दियों तक चले वैदिक काल में यह धर्म, जो **वैदिक धर्म** के नाम से जाना जाता है, विकास प्राप्त करता रहा और इस विकास में वैदिक के साथ–साथ अवैदिक सांस्कृतिक अन्तर्धाराएँ भी क्रियाशील रहीं। वैदिक

धर्म की कुछ विशेषताओं पर सूत्र रूप में दृष्टिपात हम इस प्रकार कर सकते हैं –

I. प्रकृति के विभिन्न पक्षों के अधिष्ठातृ देवों की उपासना

(i) द्युस्थानीय (आकाश वासी) (ii) अंतरिक्षस्थानीय तथा (iii) पृथिवीस्थानीय के रूप में बँटे इन देवताओं में सूर्य, सविता, विष्णु, वरुण, मित्र, ऊषा, इन्द्र, पर्जन्य, रुद्र, अग्नि, बृहस्पति और सोम इत्यादि प्रमुख हैं। इन्द्र, अग्नि, वरुण, सोम सर्वाधिक पराक्रमी और शक्तिशाली देवता माने गए हैं।

II. बहुदेववाद और एकदेववाद का समन्वय

वैदिक बहुदेववाद के विकास–क्रम में देवताओं की संख्या बढ़ने पर प्रथमतया सर्वश्रेष्ठ देवता की कल्पना की गई। फिर देवताओं के वर्ग बने और तदुपरान्त एकेश्वरवाद (Monotheism) की परिकल्पना की गई इसके साथ ही 'सत् तत्त्व' की प्रतिष्ठा ने आर्यों के विशिष्ट दर्शन का प्रतिपादन किया।

III. स्तुतियाँ तथा यज्ञ

स्वभाव से इहलोकवादी आर्यजन देवताओं को प्रसन्न करने हेतु स्तुतियों का गायन करते थे, जिनमें लौकिक सुखों यथा–धन, सम्पत्ति, सुरक्षा, दीर्घायु, सन्तानप्राप्ति आदि की कामना की जाती थी।

आर्य अग्नि के उपासक थे और यज्ञ का अग्नि से आधारभूत सम्बन्ध था, अतः आर्य यज्ञ द्वारा भी मनोकामनाओं की प्राप्ति में विश्वास करते थे। आर्य यज्ञ को श्रेष्ठतम कार्य कहते थे–यज्ञो वै श्रेष्ठतमं कर्मः। (शतपथब्राह्मण 1.7.3.5) यज्ञों का सम्पादन मंत्रों द्वारा होता था, साथ ही घी, दूध, धान्य अथवा मांसादि की आहुतियाँ दी जाती थीं। कालान्तर में यज्ञों की जटिलता में वृद्धि होने के कारण कर्मकांडीय तथा क्रियायुक्त विधानों का विरोध होने लगा, जिसके परिणामस्वरूप उपनिषदों में ज्ञानतत्त्व की महत्ता प्रतिपादित की गई।

IV. नैतिक अवधारणा

वैदिक धर्म में परम तत्त्व की प्राप्ति के निमित्त, पवित्र भोजन, शुद्ध पान और निष्कपट विचार की अपेक्षा की जाती थी। आर्य 'ऋत' को ज्योति पतिः कहकर उच्चस्थ स्थान प्रदान करते थे। इस नैतिक अवधारणा में आचार तत्त्व के साथ–साथ कर्म तत्त्व की भी प्रधानता थी। यह विश्वास था कि अच्छे कर्मों से पुण्य और सुख की प्राप्ति होती है तथा बुरे कर्मों से पाप और दुःख की, अतः सत्कर्म का पालन करना श्रेयस्कर था।

3. पौराणिक धर्म

वैदिक कर्मकाण्डों की दुरूहता और जटिलता के समाधान स्वरूप औपनिषदिक ऋषियों ने ज्ञान को प्रमुखता दी, परन्तु यह धारा भी जन–साधारण की धर्म सम्बन्धी भावनाओं से जुड़ नहीं पाई। इन परिस्थितियों में एक ऐसी भक्तिवादी धारा का प्रवाह हुआ जिसमें वैदिक, अवैदिक तथा सामान्यजन के धार्मिक विश्वासों का समन्वय था। इसमें ग्राह्यता, सरलता तथा आकर्षण था। इस धारा का साहित्य पुराणों में पनपा। वस्तुतः वेद की जटिल और दुरूह पद्धति तथा उपनिषदों की ज्ञान–सरणि पुराणों में सरल–सुबोध रूप में उभरी। जहाँ वेदों में ज्ञान और कर्म के साथ–साथ भक्ति और रहस्य भी वर्णित हैं, वहीं पुराणों में ईश्वर के प्रति अगाध आस्था, अनुपम अनुरक्ति और गहन भक्ति का समावेश है।

विशेषताएँ

I. समन्वयवादी दृष्टिकोण

पौराणिक धर्म में समन्वयवादी दृष्टिकोण के दर्शन होते हैं। इसमें वैदिक धर्म के शिव, विष्णु आदि के साथ–साथ अनेक अवैदिक देवी–देवताओं को तो स्थान दिया ही गया है, साथ ही अनेक नवीन देवताओं की भी कल्पना की गई।

II. सरल दृष्टिकोण

पुराणों में एकेश्वरवाद के साथ ही स्रष्टा, रक्षक तथा विनाशक के रूप में त्रिदेव को भी महत्त्व प्रदान करके प्रकृति की तीनों प्रवृत्तियों के मध्य समन्वय स्थापित किया गया। वैदिक अनुष्ठानों को भी मंत्र, जप, ध्यान आदि के द्वारा सरलीकृत किया गया तथा यज्ञ न कर सकने की स्थिति में पुष्प, धूप, दीपादि के द्वारा भी पूजा का विधान बताया गया। मूर्ति पूजा, तीर्थ यात्रा आदि से भी यह धर्म लोकप्रिय बना।

III. धर्म की व्यापकता

पौराणिक धर्म सर्वव्यापक और सर्वग्राह्य था। स्त्रियाँ, शूद्र यहाँ तक कि विदेशी भी इसका आसानी से पालन कर सकते थे।

पौराणिक धर्म के विभिन्न सम्प्रदाय

अपने सरल और व्यापक स्वरूप के कारण पौराणिक धर्म की तीव्र प्रगति हुई और समय के प्रवाह के साथ उसका स्वरूप भी विस्तृत हुआ। पौराणिक धर्म में अनेक सम्प्रदायों का विकास हुआ, जिसमें प्रमुख थे–वैष्णव सम्प्रदाय, शैव

सम्प्रदाय तथा शाक्त सम्प्रदाय। विष्णु को अपना इष्टदेव मानने वालों से **वैष्णव धर्म** उद्‌भूत हुआ तो शिव के अनुयायियों से **शैव धर्म**। इसी प्रकार शक्ति की उपासना का सम्प्रदाय **शाक्त धर्म** के नाम से प्रसिद्ध हुआ।

वैष्णव धर्म में विष्णु के अवतारों का आख्यान किया गया तथा ज्ञान, भक्ति और कर्म को मुक्ति के मार्ग के रूप में प्रचारित किया गया। इनमें भी भक्ति पर अधिक बल दिया गया।

वैष्णव धर्म का प्रसार तीव्र गति से हुआ। गुप्तकाल में यह अपनी पराकाष्ठा पर था। उत्तर भारत की भाँति यह दक्षिण भारत में भी फैला और वहाँ इसके उपासक संत आलवार कहे जाते थे।

शैवमत 'आस्तिकवादी' (ईश्वरवादी) है और वैज्ञानिक तथा दार्शनिक आधार पर टिका है। इसकी आधारभूत संकल्पना यह है कि एक परिवर्तनशील ब्रह्मांडीय शक्ति विश्व का सृजन भी करती है और विनाश भी। शैवधर्म में सिद्धान्ततः तो अवतारवाद की परिकल्पना नहीं की गई परन्तु वायुपुराण और लिंग पुराण में ऐसे संकेत अवश्य प्राप्त होते हैं। कालान्तर में विभिन्न सम्प्रदायों का विकास इसमें हुआ जो पाशुपत, कापालिक, कालामुख और लिंगायत आदि नामों से जाने जाते हैं।

हड़प्पा काल से ही मातृदेवोपासना के रूप में प्रचलित **शाक्त धर्म** पौराणिक युग में विशेषण पुष्ट हुआ। अंबा, दुर्गा, गौरी, पार्वती आदि नामों से उद्‌बोधित ये शक्तियाँ भिन्न–भिन्न देवताओं की भावनाओं या शक्तियों की प्रतीक हैं। जिनका सामान्य नाम 'शक्ति' है।

शाक्त सिद्धान्तों में प्रमुख रूप से शिव तथा शक्ति को आद्य मूल तत्त्व के रूप में मानना है। कालान्तर में शाक्त विचारधारा हिन्दू धर्म के प्रभावकारी और चमत्कारी सम्प्रदाय के रूप में उभरी। शक्ति के साथ अनेक नाम जुड़ गए जो उनके विकसित होने वाले क्रमिक रूपों के परिचायक हैं। मध्य काल तक आते–आते शक्ति की उपासना, बहुत बढ़ गई तथा स्रष्टा, पालक और संहारक रूपों में उसकी आराधना की जाने लगी।

कालान्तर में शाक्तों के भी दो वर्ग बन गए– कौलमार्गी तथा समयाचारी, पूर्ण रूप से अद्वैतवादी साधक 'कौल' कहे जाते हैं, जबकि 'समयाचारी' शाक्त आन्तरिक विधि से साधना करने में अधिक समय व्यतीत करते हैं।

हिन्दू धर्म के सामान्य सिद्धान्त

विकास की भिन्न–भिन्न अवस्थाओं से गुजरते हुए हिन्दू धर्म वर्तमान में जिस

अवस्था को प्राप्त है, वहाँ हम इसकी कतिपय विशेषताओं को निम्न रूप में रेखांकित कर सकते हैं –

1. आगम–निगम और ईश्वर में विश्वास—सामान्य धारणा है कि हिन्दू को निगम (वेद) और आगम (तर्कमूलक दर्शन) दोनों अथवा दोनों में से कम से कम किसी एक को अवश्य मानना चाहिए इसी प्रकार आम तौर पर एक हिन्दू ईश्वर के अस्तित्व में विश्वास रखता है, परन्तु ईश्वर में विश्वास रखना उसके लिए वांछनीय है, अनिवार्य नहीं। यदि वह कोई धर्म, परमार्थ अथवा दार्शनिक दृष्टिकोण मानता है तो हिन्दू होने के लिए यह पर्याप्त है। वस्तुतः हिन्दुत्व के विशाल कलेवर में आस्तिक अथवा नास्तिक, मूर्ति पूजक अथवा मूर्ति विरोधी, सामूहिक उपासक अथवा व्यक्तिगत उपासक सभी समा जाते हैं।

2. अवतारवाद तथा मूर्ति पूजा—ईश्वर में विश्वास की धारणा का विकास अवतारवाद में हुआ। हिन्दुओं के इस विश्वास में यह तथ्य समाहित है कि यद्यपि ईश्वर सार्वकालिक तथा सर्वव्यापी है, तथापि समय–समय पर आवश्यकतानुसार पृथ्वी पर विशिष्ट रूपों में स्वयं अपनी योगमाया से उत्पन्न होता है। प्रमुखतः विष्णु के दस अवतारों की कल्पना की गई। ये हैं– मत्स्य, कूर्म, वराह, नृसिंह, वामन, परशुराम, राम, कृष्ण, बुद्ध तथा कल्कि।

ध्यातव्य है कि अवतारवाद का भारतीय सिद्धान्त तथा उसका क्रमिक विकास आधुनिक विकासवाद के सिद्धान्त से बहुत साम्य रखता है। कुछ विद्वान डार्विन के मत से इसका एकत्व दिखाकर वर्तमान युग के प्रतिनिधि सिद्धान्त की ही भाँति अवतारवाद को सार्थक तथा शास्त्रीय सिद्ध करते हैं।

अवतारवाद के विकास के साथ ही मूर्तिपूजा का भी विकास हुआ और ज्ञान, भक्ति तथा कर्म की त्रिवेणी में से भक्ति को मोक्ष के साधन के रूप में वरीयता मिली।

3. आत्म तथा परमात्म तत्त्व—हिन्दू एक शाश्वत, अनन्त और चरमसत्ता में विश्वास रखते हैं, जिसे ब्रह्म (परमात्मा) कहा जाता है। ईश्वर की सत्ता के अविश्वासी (नास्तिकवादी) भी ब्रह्म की चरम सत्ता को स्वीकार करते हैं। औपनिषदिक तत्त्वचिंतन की आधार शिला चरम सत्ता की कल्पना है, जिसे 'ब्रह्म' कहा गया। किंतु उसके स्वरूप का ज्ञान और कथन सामान्य विषय नहीं। यह सब कुछ ब्रह्म है– सर्वं खल्विदं ब्रह्म (छान्दोग्य उपनिषद)। यहाँ कोई विविधता नहीं– नेह नास्ति किंचन (कठोपनिषद)।

इसी प्रकार आत्मा के सम्बन्ध में यह माना जाता है कि आत्मा अजर–अमर है और एक जन्म से दूसरे जन्म तक इसकी अनंत यात्रा चलती रहती है। गीता में कहा गया है –

अछेद्यो ऽयमदाह्योऽयमक्लेद्योऽशो य एव च ।

नित्यः सर्वगतः स्थाणुरचलोऽयं सनातनः।। (गीता 2.24)

कहीं–कहीं इस आत्मा को ही ब्रह्म रूप में स्वीकारा गया है– अयम् आत्मा ब्रह्म (बृहदारण्यक उपनिषद)।

4. पुनर्जन्मवाद—ऐसी मान्यता है कि मृत्यु के बाद शरीर का विनाश हो जाता है, परन्तु आत्मा की यात्रा चलती रहती है। आत्मा अपनी इस अनंत यात्रा में कभी मनुष्य, कभी पशु तो कभी महामानव का रूप धारण करती है। इसका निर्धारण मनुष्य के पूर्व जन्मों के कर्मफलानुसार होता है। कर्म अच्छे हैं तो उत्कृष्ट जीवन प्राप्त होता है, अन्यथा निम्न जीवन प्राप्त होता है।

5. कर्मवाद—पुनर्जन्मवाद की अवधारणा से ही जुड़ा है कर्मवाद। चूँकि कर्म की उच्चता–निम्नता के आधार पर ही पुनर्जन्म की योनि का निर्धारण होता है, अतः कर्म का विशेष महत्त्व हिन्दू–जीवन में है। यहाँ मनुष्य से सत्कर्म की अपेक्षा की जाती है।

धर्म द्वारा स्थापित जीवन मूल्यों के अनुसार कार्य करना ही कर्म है। यहाँ तक कि भारतीय जीवन में कर्म को ही धर्म माना गया है। फल की इच्छा न करते हुए निरन्तर कर्म करते जाने पर बल देते हुए भगवान श्रीकृष्ण गीता में कहते हैं –

कर्मण्ये वाधिकारस्ते मा फलेषु कदाचन।

मा कर्मफल हेतुर्भूर्मा ते संगोऽस्त्वकर्मणि।।

इस कर्मपरायणता की भावना से प्रेरित हो, परिणाम की चिन्ता अथवा अपेक्षा न करते हुए कर्म करते चले जाना हिन्दू धर्म की अद्वितीय विशेषता है।

6. पुरुषार्थ—मानव जीवन की पूर्ण सफलता और सार्थकता के लिए हिन्दू धर्म के मनीषियों ने चार पुरुषार्थों की स्थापना की थी। इनका लक्ष्य मानव का इहलौकिक और पारलौकिक कल्याण था। ये पुरुषार्थ चतुर्वर्गीय थे– धर्म, अर्थ, काम और मोक्ष। इनमें प्रथम पुरुषार्थ धर्म सर्वाधिक महत्त्वपूर्ण है। व्यापक अर्थों में धर्म का प्रयोग सम्पूर्ण ब्रह्मांड से सम्बन्धित नैतिक, सामाजिक और वैधानिक सिद्धान्तों के लिए किया जाता है। सामान्य रूप से व्यक्ति–हितकारी और

समाज–हितकारी कर्त्तव्य ही धर्म कहलाते हैं। समस्त व्यक्तियों के लिए अत्यन्त महत्त्वपूर्ण धर्म के विषय में कहा गया है –

धर्म एव हतो हन्ति धर्मो रक्षति रक्षितः।

इसी प्रकार धर्मानुकूल अर्थ का संचय द्वितीय पुरुषार्थ तथा धर्मानुकूल ही सुखोपभोग तृतीय पुरुषार्थ है। आसक्ति और दुख से मुक्ति ही मोक्ष है, जीवन के सर्वोत्कृष्ट लक्ष्य मोक्ष में जन्म, मृत्यु और पुनर्जन्म से मुक्ति प्राप्त हो जाती है। एक हिन्दू के लिए जीवन की पूर्ण सफलता तथा सार्थकता पुरुषार्थ–चतुष्टय के संतुलन में निहित है।

7. आचार–प्रधानता—नैतिक दृष्टि से प्रत्येक हिन्दू से यह अपेक्षा की जाती है कि वह जनकल्याण के लिए प्रतिबद्ध हो। इष्ट (यज्ञ) पूर्त (लोककल्याणकारी कार्य) स्वेच्छा से वह सम्पन्न कर सकता है। सदाचार को तो धर्म का वास्तविक मूल माना गया है– आचार प्रभवो धर्मः। इसके बिना तो वेद भी व्यर्थ होते हैं–

आचारहीनं न पुनन्ति वेदाः यदप्यधीताः सह भाड्भिरंगैः।
छन्दास्येन मृत्युकाले त्यजन्ति, नीडं शकुन्ता इव जातपक्षाः।।

परोपकार की इसी भावना से प्रत्येक गृहस्थ हिन्दू के लिए प्राचीन काल में पंचमहायज्ञों की परिकल्पना की गई थी जो देवयज्ञ, ऋषियज्ञ, पितृयज्ञ, भूतयज्ञ और नृयज्ञ के रूप में देवताओं, साधु–महात्माओं–गुरुओं, पूर्वजों, चराचर प्राणियों और मानवों के प्रति कर्त्तव्यों की पूर्ति में सहायक होते थे।

हिन्दूधर्म से सम्बन्धित पर्यटन–स्थल

हिन्दू धर्म से सम्बन्धित कतिपय स्थल प्राचीन समय से ही प्रमुख तीर्थस्थल रहे हैं। जैसे भारत के चारों क़ोनों पर स्थापित चारों धाम–बदरीनाथ, पुरी, द्वारका तथा रामेश्वरम् आदि। इसी प्रकार रामजन्मभूमि अयोध्या, कृष्ण जन्म भूमि मथुरा, कुंभ से जुड़ी चार नगरियाँ– हरिद्वार, प्रयाग, नासिक, उज्जयिनी आदि हिन्दुओं की आस्था के केन्द्र थे। काशी, काँची आदि भी पवित्र नगर माने जाते थे। धीरे–धीरे सामाजिक, राजनैतिक तथा आर्थिक कारणों से कतिपय स्थलों का महत्त्व बढ़ा। कुछ तीर्थस्थल, जो पहले अल्प महत्त्व के होते थे अब धार्मिक महत्ता तथा अन्य कारणों से अत्यन्त प्रसिद्ध हो गए हैं और खान–पान, आवास तथा खरीदारी के एक बड़े केन्द्र के रूप में विकसित हो गए हैं। इनमें जम्मू स्थित कटरा (वैष्णो देवी मंदिर), शिरडी (साँईबाबा मंदिर), तिरुपति (बालाजी मंदिर) इत्यादि ऐसे ही स्थल हैं।

हिन्दू धर्म से सम्बन्धित तीर्थ स्थलों को निम्नतया वर्गीकृत किया जा सकता है।

उत्तरी क्षेत्र – बदरीनाथ, केदारनाथ, अमरनाथ, वैष्णोदेवी, रुद्र प्रयाग, देव प्रयाग, हरिद्वार, वाराणसी, इलाहाबाद (प्रयाग), कुरुक्षेत्र, अयोध्या, मथुरा, विन्ध्यवासिनी, चित्रकूट इत्यादि।

दक्षिण क्षेत्र – मदुरै, रामेश्वरम्, तिरुपति, पांडिचेरी (अरविंद आश्रम), कन्याकुमारी, महाबलिपुरम्, नासिक आदि।

पूर्वी क्षेत्र – कामाख्या देवी मंदिर (गुवाहाटी), जगन्नाथपुरी, कोणार्क, बेल्लूर मठ, दक्षिणेश्वर, कालीघाट मंदिर (कोलकाता) आदि।

पश्चिमी क्षेत्र – सोमनाथ, द्वारका, शिरडी, नाथद्वारा, पुष्कर, उज्जैन, माहेश्वर आदि।

बौद्ध धर्म

ई.पू. छठी शताब्दी में भारत सहित विश्व के अनेक देशों में सामाजिक–धार्मिक क्रान्तियों का आवहान हुआ। वस्तुतः वेदवादी याज्ञिक कर्मकांडों की जटिलता और हिंसा की प्रतिक्रियास्वरूप भारत में भी दो अग्रदूतों के तार्किक नेतृत्व में एक क्रांति का उद्घोष इस युग में हो रहा था, और ये अग्रदूत थे महात्मा बुद्ध और महावीर स्वामी। सुधारात्मक नवीन धर्म थे बौद्ध धर्म और जैन धर्म।

ध्यातव्य है कि लगभग समान वैचारिक मूल्यों और आदर्शों वाले इन धर्मों का केन्द्र पूर्वी भारत में था जो संभवतः अभी तक प्रवृत्ति प्रधान वैदिक धर्म के प्रभाव से मुक्त था। यही कारण था कि इस क्षेत्र ने वैराग्य तथा निवृत्ति प्रधान इन दोनों धर्मों का हृदय से स्वागत किया।

बौद्ध धर्म के प्रवर्तक गौतम बुद्ध कपिल वस्तु के शाक्य गणराज्य के राजकुमार थे, जिनका जन्म 563 ई. पू. में हुआ। जीवन की समस्त सुख–सुविधाओं का परित्याग करके अनेक चरणों की सुदीर्घ तपस्या के बाद बोध गया में इन्हें ज्ञान की प्राप्ति हुई। पीड़ित मानवता के उद्धार हेतु इन्होंने ऋषिपत्तन (सारनाथ) से धर्मोपदेश का प्रारम्भ किया और 45 वर्ष के अनवरत धर्मोपदेश के बाद 80 वर्ष की अवस्था में कुशीनारा में उन्हें मोक्ष की प्राप्ति हुई। तत्पश्चात् उनके पुनीत अवशेष आठ भागों में विभक्त किए गए और उन पर भिन्न–भिन्न स्थलों पर आठ स्तूप तत्कालीन शासकों द्वारा निर्मित किए गए।

बौद्ध धर्म के स्रोत

1. **त्रिपिटक**—बौद्ध धर्म के सिद्धान्त प्रमुख रूप से विनय पिटक, सुत्तपिटक और अभिधम्म पिटक नामक पिटकत्रयी में संगृहीत हैं, जिनका संकलन विभिन्न बौद्ध संगीतियों में किया गया। विनय पिटक में भिक्षु–भिक्षुणी–संघ तथा दैनिक जीवन संबंधी आचार–विचार, विधि–निषेध और यम–नियमों इत्यादि का संग्रह है। सुत्त पिटक में धर्मोपदेश का संग्रह है तो अभिधम्म पिटक में धर्म का दार्शनिक और उच्चतर विवेचन प्रस्तुत है।

2. **जातक**—जातकों में महात्मा बुद्ध के पूर्व जन्मों की कहानियाँ गद्यात्मक तथा पद्यात्मक दोनों शैलियों में कही गयी हैं।

3. **मिलिन्दपञ्ह**—यूनानी नरेश मिनेण्डर तथा बौद्ध भिक्षु नागसेन के वार्तालाप के माध्यम से दार्शनिक प्रश्नोत्तर युक्त यह ग्रन्थ बौद्ध–दर्शन को जानने के लिए उत्तम है।

4. **दीपवंश तथा महावंश**—विलुप्त अट्ठकथाओं के आधार पर रचित इन सिंहली ग्रंथों से हमें चन्द्रगुप्त मौर्य के इतिहास का ज्ञान भी प्राप्त होता है।

5. **ललितविस्तर**—बुद्ध के लालित्य का सविस्तार वर्णन करने वाला यह ग्रन्थ महायान– सम्प्रदाय से सम्बन्धित है, जिसमें बुद्ध को दैवी–शक्ति के रूप में ग्रहण कर अद्भुत कर्मों से समन्वित उनके जीवन–वृत्त को अंकित किया गया है।

6. **बुद्धचरित और सौन्दरानन्द**—कनिष्क के समकालीन कवि अश्वघोष द्वारा रचित ये दोनों काव्य साहित्य के साथ–साथ इतिहास की दृष्टि से भी महत्त्वपूर्ण हैं। इनमें बुद्ध के जीवन तथा बौद्ध–सिद्धान्तों का चित्रण किया गया है।

बौद्ध धर्म के सिद्धान्त

बौद्ध धर्म अत्यन्त व्यावहारिक तथा बुद्धिवादी धर्म था। उसमें कहीं भी अन्धविश्वासों के लिए स्थान नहीं था। मनुष्य को देव से भी ऊँचा मानने वाला यह जनवादी धर्म लोक के सुख के लिए था। विराग, असंग्रह, सन्तोष और अध्यवसाय जैसे इसके उदात्त सिद्धान्त सामान्य जन के लिए भी सुबोध थे। इसके सिद्धान्तों का वर्णन निम्न रूप से किया जा सकता हैं –

1. **चार आर्य सत्य**—चार आर्य सत्य (चत्वारि आर्यसत्यानि) बौद्ध धर्म की

आधार शिला हैं और बौद्धधर्म के मौलिक अथवा विकसित सभी सिद्धान्त इन आर्य सत्यों से ही निःसृत और उन पर ही निर्भर हैं। ये चार आर्य सत्य हैं –

(i) **दुःख**– संसार के चतुर्दिक दुःख ही दुःख है। जरा, मरण, रोग, प्रिय–वियोग, अप्रिय–संयोग इस दुःख के ही लक्षण हैं।

(ii) **दुःख समुदय**– प्रत्येक दुःख का कारण है। बुद्ध की दृष्टि में दुःख का मूल कारण तृभणा (मोह, इच्छा) है।

(iii) **दुःख निरोध**– दुःख है, दुःख समुदय है, उसी प्रकार दुःख–निरोध अर्थात् दुःख से छुटकारा भी सम्भव है। इस हेतु तृभणा का शमन आवश्यक है।

(iv) **दुःख निरोधगामिनी प्रतिपदा**– अष्टांगिक मार्ग– तृभणा के शमन के लिए बुद्ध ने अष्टांगिक मार्ग का अनुवर्तन किया। ये हैं –

• सम्यक् दृष्टि • सम्यक् संकल्प • सम्यक् वाणी • सम्यक् कर्मान्त
• सम्यक् आजीव • सम्यक् व्यायाम • सम्यक् स्मृति • सम्यक् समाधि।

2. मध्यम मार्ग—विशुद्ध आचार तत्त्वों से निर्मित बौद्ध धर्म में न तो आत्यन्तिक शारीरिक सुख के लिए अवकाश था और न आत्यन्तिक शारीरिक दुःख के लिए। दोनों अतियों के बीच का मार्ग होने के कारण उसे मध्यमा प्रतिपदा (मध्यम मार्ग) भी कहा गया है।

इसी प्रकार बौद्ध धर्म में न तो एकमात्र अन्ध श्रद्धा को स्थान था और न ही एकमात्र जड़–विवादिता को।

3. कारणवाद—बौद्ध धर्म नितान्त कारणवादी है और जरा, मरण सहित विश्व की समस्त गतिविधियाँ सकारण हैं, ऐसा बौद्ध धर्म का मानना था।

इसी कारणवाद को लेकर बौद्ध धर्म के सुप्रसिद्ध प्रतीत्य समुत्पाद के सिद्धान्त का प्रतिपादन किया गया था, जो प्रत्येक वस्तु की उत्पत्ति और अनुत्पत्ति का दर्शन है।

4. कर्मवाद—बौद्ध धर्म कर्म प्रधान है तथा प्राणियों की हीनता–उत्तमता के पीछे बौद्ध धर्म कर्म को ही प्रधान कारण घोषित करता है। अर्थात् मनुष्य अपने कर्मों के फल से ही अच्छा–बुरा जन्म पाता है। अतः ये कर्म सम्यक् होने चाहिए।

5. अनीश्वरवाद तथा अनात्मवाद—बौद्ध धर्म में ईश्वर को सृष्टिकर्त्ता के रूप में स्वीकार नहीं किया गया है। हाँ, अनिर्वचनीय परम तत्त्व के अस्तित्व

की ओर परोक्ष संकेत अवश्य किया गया है। इसी प्रकार बुद्ध ने आत्मा के प्रश्न को सामान्यजन के लिए अनावश्यक मानकर उस पर विचार करने से मना किया है इसी कारण उनका धर्म अनात्मवादी कहा जाता है।

6. बाह्याडम्बरों का विरोध—बौद्ध धर्म में कर्मकांडों और बाह्याडम्बरों का विरोध कर एकमात्र अन्तःशुद्धि पर बल दिया गया और नैतिक आदर्शवाद स्थापित करने की चेष्टा की गई।

7. वर्णाश्रम व्यवस्था का विरोध—बौद्ध धर्म ने पूर्ववर्ती ब्राह्मण व्यवस्थाकारों द्वारा निर्मित वर्ण व्यवस्था का विरोध किया। बुद्ध के अनुसार वर्ण के स्थान पर व्यक्ति कर्म से ही छोटा–बड़ा होता है अर्थात् जन्म के आधार पर उच्चता–निम्नता का निर्धारण भेदभावपूर्ण है।

8. लोकतांत्रिक संघ व्यवस्था—समस्त बौद्ध धर्मानुयायी चतुर्विध संघ में संगठित थे –

- भिक्षु
- भिक्षुणी
- उपासक
- उपासिका।

सभी को बौद्ध धर्म के त्रिरत्न–बुद्ध, धर्म तथा संघ में विश्वास रखना होता था। बौद्ध भिक्षुओं के लिए कठोर नियमों का प्रावधान था, जबकि उपासकों अर्थात् गृहस्थ अनुयायियों के लिए नियमों को थोड़ा सरल कर दिया गया था।

बौद्ध धर्म का व्यापक प्रचार–प्रसार

बौद्ध धर्म अपने उपर्युक्त सरल और ग्राह्य सिद्धान्तों के साथ सामान्य जनता में अत्यन्त लोकप्रिय हुआ। महात्मा बुद्ध के ही जीवनकाल में सुसंरोपित हो चुका बौद्ध धर्म अशोक के समय तक भारत की सीमाओं को पारकर मिस्र, सीरिया तथा यूनान तक पहुँच गया था। बौद्ध धर्म के इस प्रसार में निम्न कारणों का परिगणन किया जा सकता है–

1. महात्मा बुद्ध की रोमांचकारी जीवनी तथा चिन्तक, सुधारक, उपदेशक, आदर्शवादी नीति प्रचारक से समन्वित प्रभावोत्पादक व्यक्तित्व ने बौद्ध धर्म की सफलता को सुनिश्चित कर दिया था।
2. बुद्ध द्वारा उपदिष्ट धर्म सरल, सुबोध तथा जनकल्याणकारी था। कर्मकांड तथा दर्शनशास्त्र की दुर्बोधता से परे इस धर्म ने विशुद्ध नैतिकता और मानववादिता के माध्यम से प्रसार प्राप्त किया।

3. बौद्ध संघ की कार्यप्रणाली अत्यन्त जनतंत्रात्मक थी, जिसने सदाचारिता, त्यागपरता तथा अध्यवसाय का दृष्टान्त उपस्थित कर जनता को प्रेरित किया।

4. बौद्ध धर्म के अनुयायियों और प्रचारकों ने अपनी धर्मपरता तथा निस्वार्थ साधना से धर्म की महनीय सेवा की।

5. बौद्ध धर्म को भिन्न–भिन्न कारणों से चारों वर्णों का सहयोग प्राप्त हुआ। ब्राह्मण वर्ण का एक चिन्तनशील वर्ग हिंसात्मक यज्ञवाद इत्यादि का विरोध पहले से ही कर रहा था। क्षत्रिय होने के कारण बुद्ध को क्षत्रियों का सहयोग मिलना स्वाभाविक ही था। वैश्य वर्ग तो शान्तिप्रिय होता ही है अतः शान्तिमूलक और अहिंसा प्रधान धर्म का आदर इस वर्ग ने किया। जहाँ तक शूद्रों का प्रश्न है, तो ब्राह्मण व्यवस्था के अन्तर्गत अधिकारविहीन जीवन बिता रहे इस वर्ग को भी बौद्ध धर्म की जातिविहीन मानववादिता ने आकृष्ट किया।

6. बौद्ध धर्म को तत्कालीन लगभग सभी गणतन्त्रों तथा राजतंत्रों से राजकीय प्रश्रय प्राप्त हुआ। शाक्य, लिच्छिवि, कोलिय, मोरिय आदि गणराज्यों तथा मगध, कौशल, कोशाम्बी आदि राज्यों ने बौद्ध धर्म को यथासम्भव सहायता आदि के द्वारा पल्लवित–पुष्पित होने में सहायता की।

7. अनेक भाषाओं के ज्ञाता होते हुए भी महात्मा बुद्ध ने लोकभाषा को अपने प्रचार का माध्यम बनाया। मागधी पाली भाषा में प्रचार कर बुद्ध ने अपने श्रोताओं से प्रत्यक्ष तादात्म्य स्थापित कर धर्म प्रचार का कार्य किया।

8. बुद्ध की प्रचारशैली अत्यन्त सरल और प्रभावोत्पादक थी। प्रश्नोत्तर शैली तथा चुटीली उपमाओं और लोकोक्तियों के सहारे बुद्ध सीधे अपने श्रोताओं के हृदय में उतर जाते थे।

बौद्ध धर्म का विकास तथा सम्बन्धित सम्प्रदाय

महात्मा बुद्ध के निर्वाण (483 ई. पू.) के तुरन्त बाद से ही बौद्ध धर्म में वैचारिक विभेद प्रारम्भ हो गए। इस कारण अजातशत्रु की देखरेख में राजगृह में प्रथम बौद्ध संगीति हुई जिसमें बुद्ध–वचनों का संकलन करके क्रमशः विनय पिटक और सुत्त पिटक का निर्माण किया गया।

किन्तु बुद्ध के निर्वाण के मात्र 100 वर्ष बाद ही राजा कोशलक अथवा

काकवर्णि के संरक्षण में वैशाली में द्वितीय बौद्ध संगीति का आयोजन करना पड़ा, जिसमें पुनः वैभिन्य उभरने पर बौद्ध धर्म दो सम्प्रदायों में विभक्त हो गया।

1. स्थविरवादी (परम्परागत नियमों के अनुयायी भिक्षु) तथा
2. महासंघिक (नए नियम बनाकर बुद्ध के नियमों में कुछ ढील देने वाले भिक्षु)।

धीरे–धीरे बौद्ध धर्म में निकाय नामक 18 विभिन्न मत खड़े हो गए। 251 ई.पू. में अशोक के काल में पाटलिपुत्र में तृतीय बौद्ध संगीति की आयोजना की गई, जिसमें बौद्ध साहित्य का नया वर्गीकरण करके 'अभिधम्म' नामक तीसरे पिटक की रचना की गई और संघ भेद के विरुद्ध कठोर नियमों का प्रतिपादन किया गया। धर्म को स्थायित्व प्रदान करने का प्रयत्न किया गया।

पुनः काश्मीर तथा गान्धार के बौद्ध भिक्षुओं के मध्य उत्पन्न मतभेदों के निराकरण हेतु कनिष्क के राज्यकाल में काश्मीर में चतुर्थ बौद्ध संगीति का आयोजन किया गया परन्तु इस संगीति के कार्यकलापों के फलस्वरूप बौद्ध धर्म दो सम्प्रदायों–हीनयान तथा महायान में विभक्त हो गया। दोनों सम्प्रदायों के मध्य अन्तर को इस प्रकार से रेखांकित किया जा सकता है–

1. हीनयान केवल महात्मा बुद्ध की शिक्षाओं पर अवलम्बित है जबकि महायान धर्म में बुद्ध की शिक्षाओं के अतिरिक्त प्रत्येक बुद्ध और बोधिसत्त्व की शिक्षाओं का भी समावेश कर लिया गया है।
2. हीनयान में महात्मा बुद्ध एक महापुरुष हैं जबकि महायान में वे सर्वशक्तिमान देव का रूप धारण कर लेते हैं।
3. हीनयान में व्यक्ति मोक्ष–प्राप्ति के लिए स्वयं के प्रयत्नों पर ही निर्भर रहता है जबकि सुगम होने के कारण महायान बुद्ध के प्रति श्रद्धा तथा भक्ति को भी मोक्ष का साधन बताता है।
4. हीनयान की इकाई व्यक्ति है, जबकि महायान की इकाई समस्त विश्व है और उसका लक्ष्य समस्त विश्व की मुक्ति है।
5. हीनयान में सन्यास को अधिक महत्त्व दिया गया है, जबकि महायान में गृहस्थ जीवन को भी महत्त्व प्रदान किया गया है।
6. हीनयान मूर्तिपूजा का विरोध करता है जबकि महायान ने भागवत धर्म के प्रभाव में मूर्तिपूजा को स्वीकार्य बताया।
7. हीनयान के सिद्धान्त कठिन तथा दुस्सह हैं जबकि महायान के सिद्धान्त सरल, स्पष्ट, आकर्षक, उदार और व्यावहारिक हैं।

8. महायान सम्प्रदाय के प्रयासों के फलस्वरूप बौद्ध धर्म समयानुकूल बन गया और शीघ्र ही जनसाधारण का प्रिय धर्म बन गया।

बौद्ध धर्म और पर्यटन

तथागत बुद्ध स्वयं एक पर्यटक उपदेशक थे तथा 80 वर्ष की अवस्था तक घूम–घूम कर धर्म–प्रसार करते रहे। उनके शिष्य भी उन्हीं के समान भिन्न–भिन्न टुकड़ियों में बँटकर यत्र–तत्र घूमकर धर्म–प्रचार करते थे जिसमें 300 से 500 तक भिक्षु होते थे। ऐसी ही एक टुकड़ी महात्मा बुद्ध के साथ भी रहती थी।

महायान बौद्ध धर्म का उदय होने पर बुद्ध एक साधारण मानव से ऊपर उठकर ईश्वरत्व को प्राप्त हो गए तथा उनके भक्त अनुयायियों ने बुद्ध से सम्बन्धित प्रत्येक स्थल को पवित्रस्थल में परिवर्तित कर दिया। बुद्ध की जन्मस्थली लुम्बिनी, ज्ञानप्राप्तिस्थली बोध गया, प्रथम ज्ञानोपदेशस्थली सारनाथ की हिरन वाटिका तथा निर्वाणस्थली कुशीनारा अथवा कुशीनगर बौद्ध धर्म के चार प्रारम्भिक पवित्र स्थल हैं, जिनके दर्शन की कामना प्रत्येक बौद्ध की होती है क्योंकि स्वयं बुद्ध द्वारा अपने निर्वाण से पूर्व इनका निर्देश किया गया था।

प्राचीनकाल से बौद्धधर्मानुयायी इन पवित्र स्थलों की यात्रा इस भावना से करते हैं कि यहाँ भगवान बुद्ध स्वयं उपस्थित हैं। सम्राट अशोक ने स्वयं अपने राज्यकाल में बौद्ध स्थलों की तीर्थयात्रा की जिसे उसने 'धर्मयात्रा' का नाम दिया।

बौद्ध संगीति के आयोजन स्थलों– राजगृह, वैशाली, पाटलिपुत्र तथा कुण्डलग्राम (काश्मीर) का भी बौद्ध धर्म से सम्बन्धित पर्यटन में महत्त्वपूर्ण स्थान है।

बौद्ध धर्म और कला भी परस्पर अन्योन्याश्रित हैं तथा प्राचीन काल से स्थापत्यकारों, वास्तुकारों, चित्रकारों आदि ने बुद्ध के जीवन तथा दर्शन को अपनी कला में उकेरा, जिनसे सम्बद्ध स्थल भी बौद्ध धर्म के पर्यटकों को अपनी ओर खींचते हैं। इन स्थलों में साँची, भरहुत, अमरावती, नागार्जुन कोन्डा, कार्ले, भाजा, श्रावस्ती, अजन्ता तथा एलोरा इत्यादि हैं। इन स्थलों और इनसे सम्बद्ध कृतियों के वैभवपूर्ण सौन्दर्य ने अपनी रचनात्मकता के माध्यम से भी देशी–विदेशी पर्यटकों को आकर्षित करने में महत्त्वपूर्ण भूमिका निभायी है।

जैन धर्म

यद्यपि जैन धर्म का उद्भव अत्यन्त प्राचीन माना जाता है तथापि जैन धर्म की परिपक्वता तथा स्थिरता का श्रेय बहुत हद तक महावीर स्वामी को जाता है, जो महात्मा बुद्ध के वरिष्ठ समकालीन थे। उन्होंने अपने उपदेशों के माध्यम

से पूर्वी भारत में जैन धर्म के रूप में श्रमण–दर्शन को प्रतिष्ठापित करने में सफलता हासिल की। यद्यपि जैन धर्म का प्रभाव देश के बाहर व्यापक नहीं हुआ किन्तु उद्गम–स्थल भारतवर्ष में वह बौद्ध धर्म की अपेक्षा चिरस्थायी हुआ। आज भी जैन धर्म अपने धार्मिक त्योहारों, पर्व–उत्सवों की परम्पराओं एवं मंदिर–तीर्थ आदि धर्म केन्द्रों के देशव्यापी साधनों के कारण भारत के सांस्कृतिक जीवन का अत्यन्त सक्रिय अंग है।

जैन धर्म के चौबीसवें तीर्थंकर के रूप में ख्यात महावीर स्वामी का जन्म 599 ई.पू. में वज्जिसंघ के कुण्डग्राम राज्य में ज्ञातृक क्षत्रिय कुल में हुआ था, जिन्होंने बड़े भाई की आज्ञा से जैन भिक्षुत्व स्वीकार कर ज्ञान–प्राप्ति हेतु घोर तपस्या की। 12 वर्ष के कठोर तप के बाद जृम्भिका ग्राम में भृजुपालिका नदी तट पर महावीर को कैवल्य (ज्ञान) की प्राप्ति हुई। तत्पश्चात् निरन्तर धर्म–प्रचार करते हुए 527 ई.पू. में 72 वर्ष की आयु में पावापुरी में महावीर स्वामी निर्वाण को प्राप्त हुए।

जैन धर्म के स्रोत

जैन धर्म से सम्बन्धित स्रोत को निम्न रूप में प्रस्तुत किया जा सकता है–

द्वादश अंग– जैन आगम में प्रमुख स्थान 12 अंगों का है। **आचारांग सुत्त** के दोनों स्कन्धों में जैन भिक्षु के आचार–नियमों का उल्लेख है। इसी प्रकार सूयगदंग सुत्त में विरोधी मतों का खंडन तथा जैन भिक्षुओं की जीवन–प्रणाली का मण्डन है। इसी प्रकार अन्य सुत्तों में महावीर स्वामी के जीवन, क्रियाकलापों, उपदेशों तथा विधि–निषेधों और आचार–विचारों का संग्रह है।

द्वादश अंगों के अतिरिक्त द्वादश उपांग (प्रत्येक अंग का एक–एक उपांग है), दस प्रकीर्ण, भाट् छेदिसूत्र, चार मूल सूत्र, एक नन्दिसूत्र तथा एक अनुयोगद्वार भी परिगणित होते हैं, जिनमें विविध विषयों का वर्णन है।

कालान्तर में प्राचीन जैन धर्म–ग्रन्थों के ऊपर समय–समय पर अनेक व्याख्या–ग्रंथ लिखे गए जो निम्न प्रकार के हैं –

- निर्युक्ति
- भाषा
- चूर्ण
- टीका।

इसके अतिरिक्त समय–समय पर दिगम्बर सम्प्रदाय के विद्वानों द्वारा अनेक ग्रन्थ लिखे जाते रहे, जिनमें अलंकदेव रचित अष्टशती, राजवर्त्तिक तथा न्यायविनिश्चय, माणिक्यनंदिन रचित परीक्षामुखसूत्र तथा प्रभाचन्द्र कृत प्रमेय कमलमार्तण्ड। इसी प्रकार लब्धप्रतिष्ठ विद्वान भद्रबाहु ने कल्पसूत्र नामक अत्यन्त महत्त्वपूर्ण ग्रन्थ की रचना की।

जैन धर्म के सिद्धान्त

जैन धर्म के सिद्धान्तों पर अग्र रूप में दृष्टिपात किया जा सकता है–

1. निवृत्ति मार्ग—बौद्ध धर्म की भाँति जैन धर्म भी दुःखवाद को लेकर चला और भौतिक सुखों को निरर्थक और निराधार मानते हुए दुःखों से भरे संसार के त्याग में वास्तविक सुख को माना।

2. कर्म तथा पुनर्जन्म—जैन धर्म के अनुसार मनुष्य अपने सांसारिक एवं आध्यात्मिक जीवन में अपने प्रत्येक कर्म हेतु उत्तरदायी है तथा उसके समस्त सुख–दुख कर्म के कारण ही हैं। मनुष्य का जीवन आठ कर्मों में बँधा हुआ है। यथा– 1. ज्ञानावरणीय कर्म 2. दर्शनावरणीय कर्म 3. वेदनीय कर्म 4. मोहनीय 5. आयु कर्म 6. नाम कर्म 7. गोत्र कर्म 8. अन्तराय कर्म।

जैन मतानुसार कर्म द्वारा ही पुनर्जन्म होता है तथा निर्माण अथवा मोक्ष–प्राप्ति के लिए कर्म विमुख होना आवश्यक है।

3. स्यादवाद—जैन धर्म के अनुसार भिन्न–भिन्न दृष्टिकोणों से देखे जाने के कारण ज्ञान भी भिन्न–भिन्न प्रकार का हो सकता है। ज्ञान की यह विभिन्नता सात प्रकार की हो सकती है –

- है
- नहीं है
- है और नहीं है
- कहा नहीं जा सकता
- है किन्तु कहा नहीं जा सकता
- नहीं है और कहा नहीं जा सकता
- है, नहीं है और कहा नहीं जा सकता।

इसे ही स्यादवाद, अनेकान्तवाद अथवा सप्तभंगी का सिद्धान्त कहते हैं।

4. अनेकात्मवाद—जैन धर्म आत्मा के अस्तित्व को तो स्वीकार करता है,

परन्तु उसके एकत्व में विश्वास नहीं रखता है अर्थात् जिस प्रकार जीव भिन्न–भिन्न होते हैं, उसी प्रकार उनमें आत्माएँ भी भिन्न–भिन्न होती हैं।

5. **अनीश्वरवाद**—जैन धर्म ईश्वर को सृष्टि का निर्माता नहीं मानता। उसके अनुसार ईश्वर आत्मा के श्रेष्ठतम गुणों एवं ज्ञान का व्यक्तिकरण मात्र है। संसार को शाश्वत, अनादि तथा अनन्त मानते हुए जैन अनुयायी मानते हैं कि प्रकृति और आत्मा दो तत्त्व हैं और मनुष्य का निर्माण इन दोनों के मिश्रण से ही हुआ है।

6. **अहिंसा**—जैन धर्म में अहिंसा पर अतिशय जोर दिया गया है। जैन मतानुसार छः प्रकार के जीवों के प्रति संयमपूर्ण व्यवहार अहिंसा है। ये जीव हैं—(1) पृथ्वीकाय, (2) जलकाय, (3) वायुकाय, (4) अग्निकाय, (5) वनस्पतिकाय, (6) त्रसजीव। उनके अनुसार प्राणिमात्र के प्रति मन, वचन और कर्म से किया गया कोई भी असंयत आचरण हिंसा है। परन्तु अपनी उदात्तता के बावजूद जैन धर्म का अहिंसा–विषयक यह आत्यन्तिक सिद्धान्त अव्यावहारिक बन गया।

7. **पंच महाव्रत तथा पंच अणुव्रत**—जैन धर्म ने भिक्षु वर्ग के लिए निम्नलिखित पाँच महाव्रतों की व्यवस्था की—

- अहिंसा महाव्रत
- सत्य महाव्रत
- अस्तेय महाव्रत
- ब्रह्मचर्य महाव्रत तथा
- अपरिग्रह महाव्रत।

इन पंचमहाव्रतों का पालन इनकी कठोरता के कारण गृहस्थों के लिए संभव नहीं तथा अतः गृहस्थ अनुयायियों के लिए इन्हीं व्रतों को कुछ सरल करके पाँच अणुव्रतों के पालन का नियम बनाया गया। इनके नाम हैं–

- अहिंसाणु व्रत
- सत्याणु व्रत
- अस्तेयाणु व्रत
- ब्रह्मचर्याणु व्रत
- अपरिग्रहाणु व्रत।

8. **आचार तत्त्व**—महावीर स्वामी द्वारा प्रतिपादित जैन धर्म विशुद्ध आचार

तत्त्व से समन्वित है। व्रतबद्ध, संयमित तथा सदाचारी जीवन को निर्वाण–प्राप्ति का साधन मानते हुए जैन धर्म ने बाह्य शुद्धि की अपेक्षा अन्तःकरण की शुद्धि पर विशेष बल दिया। इसी कारण जैन धर्म ने जन्मगत आधार पर मान्य वर्ण–व्यवस्था का घोर विरोध किया तथा आचार तत्त्व को प्रमुख माना।

जैन संघ

जैन धर्म के प्रारम्भिक संगठन तथा प्रचार कार्य में महावीर के प्रारम्भिक ग्यारह ब्राह्मण शिष्यों ने अपूर्व योगदान दिया और इन्हें **गणधर** कहा गया। धीरे–धीरे अनेक गृहस्थों द्वारा जैन धर्म स्वीकार करने पर जैन धर्म के संगठन की आवश्यकता अनुभव की गई तथा महावीर स्वामी ने पावा में चतुर्विध संघ की स्थापना की। संघ के समस्त सदस्य चार कोटियों में विभक्त थे।

- भिक्षु
- भिक्षुणी
- श्रावक
- श्राविका।

प्रथम दो कोटियाँ संसार–त्यागी व्यक्तियों की थीं और बाद की दो गृहस्थ व्यक्तियों की।

जैन धर्म का प्रचार–प्रसार

महावीर स्वामी ने अपने सतत् प्रयासों द्वारा जैन धर्म के अनेक केन्द्र बनाए तथा अनेक तत्कालीन नरेशों का संरक्षण एवं सहयोग प्राप्त किया, जिससे शनैः–शनैः इसने दक्षिण भारत तक अपना विस्तार किया। ह्वेनसांग के वर्णन से विदित होता है कि उसके आगमन तक जैन धर्म का प्रसार तमिलनाडु से लेकर बंगाल तक हो चुका था। 12वीं शताब्दी तक जैन धर्म ने अपने प्रसार क्षेत्र में पर्याप्त वृद्धि कर ली। परन्तु इतना सब होते हुए भी जैन धर्म कभी भी अखिल भारतीय धर्म की ख्याति अर्जित नहीं कर पाया। जैन धर्म के सीमित प्रसार तथा उसके सर्वव्यापी न बन पाने के अनेक कारण हो सकते हैं–

1. **कठोर और अनाकर्षक नियम** – सामान्य लोगों हेतु बनाए गए जैन धर्म के नियम अत्यन्त कठोर और अनाकर्षक हैं। उदाहरणार्थ अहिंसा, नग्नता, केशलुंचन, आमरण अनशन तथा काया–क्लेश आदि के सिद्धान्त इतने आत्यन्तिक थे कि यह व्यापक आधार पर कभी लोक धर्म न बन सका।

2. राज्याश्रय का अभाव – महावीर स्वामी के राजकुल से सम्बद्ध होने के कारण उनके जीवनकाल में तो अनेक राजाओं ने जैन धर्म को संरक्षण तथा आश्रय प्रदान किया परन्तु बाद में उसे राजधर्म की मान्यता देने वाले राजा प्राप्त नहीं हुए। कई राजाओं ने सहिष्णुता दिखाते हुए भी उसके प्रचार–प्रसार में कोई सहभागिता नहीं दिखाई।

3. उत्साही प्रचारकों का अभाव – व्यापक प्रचार हेतु किसी भी धर्म को बड़ी संख्या में उत्साही प्रचारकों की आवश्यकता होती है परन्तु जैन धर्म के पास बौद्ध धर्म के अश्वघोष, नागार्जुन, असंग, धर्मकीर्ति तथा कुमारजीव जैसे प्रचारकों का नितान्त अभाव था जिससे उसका विस्तार सीमित होना स्वाभाविक था।

4. जैन संघ का अप्रजातांत्रिक रूप – सभी जैन मतानुयायी समान स्वतंत्रता नहीं प्राप्त कर पाते थे। उच्चपदस्थ भिक्षुओं ने प्रायः निरंकुश दृष्टिकोण भी अपनाया था, जिससे साधारण अनुयायी तथा भिक्षु इस धर्म से विमुख होने लगे थे। उच्च वर्ग को प्रमुखता दिए जाने से भी साधारण वर्ग के अनुयायी उपेक्षित महसूस करते थे।

5. जैन सिद्धान्तों पर ब्राह्मण सिद्धान्तों का प्रभाव – प्रारम्भ में तो जैन धर्म ने ब्राह्मण धर्म का घोर विरोध किया परन्तु अधिक समय तक यह अपनी पृथक् सत्ता कायम नहीं रख सका। ब्राह्मण धर्म के अनेकानेक सिद्धान्त जैसे जाति–व्यवस्था, भक्तिवाद, देवी–देवता, संस्कार इत्यादि जैन धर्म में प्रवेश पा गए। अपनी प्राचीन विलक्षणता और पृथक् सत्ता को उत्तरोत्तर खोकर जैन धर्म व्यापक न बन सका।

तथापि विदेशों में अधिक प्रचार न पाने के बावजूद देश में आज भी जैन धर्म फल–फूल रहा है। उनके मंदिर, धार्मिक पर्व और त्योहार इस धर्म के स्थायित्व के साक्षी हैं। संभवतः कम अनुयायियों के कारण जैन धर्म अपनी एकता, संगठन तथा अस्तित्व बचाए रखने के प्रति अधिक सजग रहा। ब्राह्मण धर्म से अभिन्न दिखाई पड़ने के कारण भी अतिवादी ब्राह्मण धर्मावलम्बी इसका मूलोच्छेदन न कर सके।

जैन धर्म और पर्यटन

जैन धर्मानुयायियों के साथ–साथ केन्द्रीय और राज्य सरकारों के दीर्घकालीन प्रयास के फलस्वरूप जैन धर्म से सम्बन्धित पर्यटन को पर्याप्त प्रोत्साहन प्राप्त हो रहा है। इससे सम्बद्ध स्थलों में आदिनाथ, पार्श्वनाथ तथा महावीर स्वामी के

साथ–साथ अन्य तीर्थंकरों से जुड़े हुए स्थल तो हैं ही, बाद में विकसित स्थल भी हैं।

बिहार प्रान्त में सम्मेद शिखर, कुलुआ पहाड़, गुणावा, पावापुरी, राजगृह, कुण्डलपुर, चम्पापुर तथा पटना प्रमुख जैन तीर्थस्थल हैं, तो उत्तरप्रदेश में वाराणसी, चन्द्रपुरी, सिंहपुरी, रत्नपुरी, अयोध्या, अहिच्छत्र और हस्तिनापुर का नाम लिया जा सकता है। उड़ीसा में खण्डगिरि विख्यात जैन तीर्थ है, तो मध्य प्रदेश में बुन्देलखण्ड इलाका, सोनागिरि, पपौरा, चन्देरी, खजुहारो, द्रोणगिरि, नैनागिरि, कुण्डलपुर, मुक्तागिरि जैन श्रद्धालुओं के आगमन के प्रमुख केन्द्र हैं। राजस्थान में श्री महावीर जी, पद्मपुरी, केसरियानाथ और माउंट आबू पर्यटकों को अपनी ओर खींचते हैं। गुजरात में भी तारंगा, गिरिनार, पावागढ़, कुंथलगिरि और श्रवण बेलगोला जैन धर्म से जुड़े पर्यटन–स्थल हैं। निस्संदेह और प्रयास किए जाने पर इस क्षेत्र में विकास की पर्याप्त संभावना है।

इस्लाम धर्म

एक नवीन धर्म के रुप में इस्लाम का आगमन भारत के मध्यकालीन इतिहास की अत्यन्त महत्त्वपूर्ण घटना है। प्रारम्भ में सीमित प्रसार होने पर भी स्वतंत्र सम्प्रदाय के रूप में भारत में इसका प्रभाव क्रमशः अत्यन्त व्यापक हो गया।

इस्लाम धर्म के अनुयायी अपने मत का प्रारम्भ संसार के अस्तित्व में आने के साथ मानते हैं। उनका मानना है कि समय–समय पर अल्लाह के पैगम्बरों ने धर्म का प्रचार–प्रसार किया।

वर्तमान इस्लाम का प्रारम्भ लगभग 1400 वर्ष पूर्व सऊदी अरब में हुआ। हजरत मुहम्मद (570 ई.–632 ई.), जो इस्लाम के अंतिम पैगम्बर माने जाते हैं, ने अरब में तत्कालीन धार्मिक जड़ता को दूर करने के उद्देश्य से इस नवीन इस्लामी मत की स्थापना की, जिसमें उन्होंने ईश्वर की एकता और सर्वशक्तिमत्ता का प्रतिपादन किया। उन्होंने बताया कि 'अल्लाह' एक है और जो उनकी आज्ञा मानते हैं, वे स्वर्ग (जन्नत) जाते हैं तथा जो उनका उल्लंघन करते है उनका स्थान नरक (दोजख) है। उन्होंने नैतिक दृष्टि से अपने धर्म को यथेष्ट दृढ़ बनाया और मनुष्य की समानता पर बल दिया। अल्लाह के पैगम्बर होने के कारण उन्हें जो दिव्य ज्ञान प्राप्त हुआ था, उसका संग्रह 'कुरान' के नाम से हुआ, जो इस्लाम धर्म की पवित्र पुस्तक बनी।

प्रारम्भ में प्रत्येक धर्मसंस्थापक की भाँति मुहम्मद साहब को भी समकालीन विशेषकर उच्च वर्ग के लोगों के विरोध का सामना करना पड़ा। अपने धर्म का व्यापक प्रचार करने के उद्देश्य से मुहम्मद साहब अपने सीमित अनुयायियों

के साथ मक्का से मदीना चले गए। इस्लामी इतिहास में अत्यन्त महत्त्वपूर्ण समझी जाने वाली इस घटना (24 दिसम्बर 622 ई.) से हिजरी संवत् की शुरुआत मानी जाती है। मदीना में उनका प्रभाव स्थापित हुआ तथा शीघ्र ही उनका संप्रदाय स्वतंत्र रूप से अस्तित्व में आ गया, जिसका उन्होंने सुचारु संगठन किया।

यद्यपि मुहम्मद साहब ने अनेक बातें यहूदी और ईसाई धर्मों से ग्रहण की तथापि उनका स्वरूप बिल्कुल नए ढंग से और बिल्कुल भिन्न रूप से प्रतिपादित किया। न केवल उनकी शिक्षाएँ सरल थीं, प्रत्युत् उनकी व्यावहारिकता भी स्पष्ट थी। इसके कारण इस्लाम की लोकप्रियता बढ़ी तथा वह शीघ्र ही सारे अरब का धर्म बन गया।

इस्लाम धर्म के स्रोत

इस्लाम धर्म के स्रोत के रूप में इस्लामी विश्वास वचन को उद्धृत कर सकते हैं। इस्लामी विश्वास वचन अर्थात् 1. ईश्वर, 2. स्वर्गदूत तथा आत्माएँ, 3. पवित्र शास्त्र, 4. नबी इत्यादि में विश्वास। इनका विश्लेषण निम्न प्रकार से किया जा सकता है–

1. ईश्वर (अल्लाह)

एक ईश्वर (अल्लाह तआला) को छोड़कर किसी अन्य आराध्य देवता को ईश्वर नहीं कहा जा सकता। यही एकेश्वरवाद है, जिसका सिद्धान्त सम्भवतः यहूदी धर्म से लिया गया है। ईश्वर सर्वशक्तिशाली एवं सर्वव्यापक है। वही समस्त सृष्टि का रचयिता तथा स्वामी है। ईश्वर एकाकी है, अनादि और अनन्त है तथा शाश्वत और नित्य है।

2. स्वर्गदूत तथा अन्य आत्माएँ

यहूदी धर्म की भाँति इस्लाम धर्म में भी स्वर्गदूतों के अस्तित्व को स्वीकार किया गया है। ये सूक्ष्म शरीर माने जाते हैं तथा ईश्वर द्वारा ज्योति से इनकी रचना मानी गई है। इनमें स्त्री–पुरुष का भेद नहीं माना गया है। वे न खाते हैं और न कुछ पीते हैं अतः इन्हें स्वर्गीय जीवन कहा जाता है। इनका परम कर्त्तव्य यही है कि वे ईश्वर की आज्ञाओं का पालन करें और उसकी नित्य स्तुति करें। इनमें चार प्रमुख हैं–

- जबरैल
- माइकेल

- मुनकर तथा
- नकीर।

3. ईश्वर प्रेरित पवित्र शास्त्र

ईश्वर सभी युगों में अपने विषय के सन्दर्भ में नबियों को भेजकर सच्चे सन्देश देता है। मूर्तिपूजा के स्थान पर निराकार एकेश्वर की अभिव्यंजना करने वाले नबी इब्राहिम का अत्यन्त महत्त्वपूर्ण स्थान है, जिन्होंने यह उपासना मुहम्मद साहब को बताई और मुहम्मद साहब ने कुरान के माध्यम से इसे प्रसारित किया। इसी प्रकार नबी मूसा ने 'तैरित' दिया तो दाऊद ने **भजन संहिता** (जबूर) दिया। पवित्र शास्त्रों में निम्न का उल्लेख प्रमुख रूप से किया जा सकता है–

I. कुरान

मुहम्मद साहब ने दिव्यज्ञान से प्राप्त अपनी शिक्षाओं का संग्रह 114 अध्यायों में 'कुरान' के रूप में किया। अरबी भाषा के 'किरन' (पास या समीप) शब्द से उद्भूत कुरान का अर्थ है वह ग्रन्थ जो अल्लाह के समीप ले जाता है।

इसके 90 अध्याय मक्का में तथा 24 अध्याय मदीना में लिखे गए। इसके प्रत्येक अध्याय में छोटी–छोटी इकाइयाँ हैं, जिन्हें आयत कहते हैं। नवें अध्याय को छोड़कर सभी अध्याय का प्रारम्भ **बिस्मिल्ला हिर्रहमा निर्रहीम** (करुणामय दयालु परमेश्वर के नाम से) होता है।

पवित्र कुरान मुसलमानों का सर्वोच्च धार्मिक ग्रन्थ है, जिसमें दर्शाया गया है कि मानव–बुद्धि बिना अल्लाह की मदद से अल्लाह के सम्बन्ध में इल्म (ज्ञान) प्राप्त करने में असमर्थ है। कुरान यह भी बताता है कि आवश्यकता पड़ने पर अल्लाह अपने पैगम्बर विश्व के देशों में भेजता रहता है।

चूँकि पवित्र कुरान की प्रेरणा किसी निश्चित समय में नहीं हुई है, अतः थोड़े अव्यवस्थित इस ग्रन्थ को पूर्ण व्यवस्थित करने का श्रेय उस्मान खलीफा (644–656 ई.) को जाता है।

कुरान उच्च कोटि का साहित्यिक ग्रन्थ भी है। इसकी भाषा तुकान्त गद्य है, जिसमें ध्वनि–माधुर्य के साथ–साथ शैली का पैनापन भी है।

II. हदीस

यद्यपि कुरान मुस्लिमों का सर्वमान्य एवं सम्माननीय ग्रन्थ है तथापि सभी मुस्लिम प्रदेशों में इससे आदेश प्राप्त नहीं होते। यह कमी 'सुन्नाह' की मदद से पूरी की जाती है, जिसे 'हदीस' भी कहा जाता है।

हदीस में पैगम्बर मुहम्मद की कथनी–करनी, उनकी आदतों तथा उनके सन्दर्भ में किंवदन्तियाँ उपलब्ध हैं। इसे परम्परा का विज्ञान भी कहा जा सकता है, जिसमें प्रेरणादायक कथानक तथा विचार आदि का समावेश है परन्तु व्यापक ज्ञान के लिए हदीस को पर्याप्त नहीं समझा गया है।

III. इज्मा

हदीस के उपरान्त इज्मा को भी इस्लाम के स्रोत के रूप में माना जाता है। इसमें अंतर्जातीय देशों के लब्धप्रतिष्ठ विचारकों के मतैक्य पर बल दिया गया है। अन्त में कियास (एक प्रकार का साम्यानुमान) को स्थान दिया जाता है। कुछ ऐसे सिद्धान्त अथवा व्यवहार हैं जिनके सन्दर्भ में सन्देह हो सकता है, तब इस्लामी धर्म–दर्शन के विद्वानों के मत कार्य करते हैं।

4. नबी (पैगम्बर)

सेमेटिक लोगों में ऐसे व्यक्ति होते थे, जो भविष्य–कथन करते थे। देवताओं की इच्छाओं की अभिव्यंजना तथा रहस्यपूर्ण उक्तियाँ भी करते थे। इन्हें **'नबी'** **की संज्ञा दी जाती है।**

नबियों के निम्न कार्य बताए गए हैं –

- अल्लाह (ईश्वर) की इच्छा को जनसाधारण को बताना।
- नैतिक समस्याओं पर अपने विचार व्यक्त करना।
- संवेदमय स्वर में अपने विचार व्यक्त करना।
- मूर्ति–पूजकों को नरक का भय दिखाकर मूर्ति–पूजा से रोकना।

कुरान में 28 नबियों का उल्लेख मिलता है। इनमें 6 नबी तो ऐसे हैं, जिन्होंने धर्म, विधि और समाज के सन्दर्भ में विशेष ज्ञान दिया। इस श्रेणी में आदम, नूह, इब्राहिम, मूसा और मुहम्मद आदि माने जाते हैं। मुहम्मद साहब अन्तिम पैगम्बर माने जाते हैं, जिन्होंने इस्लाम धर्म का प्रसार किया।

इस्लाम धर्म के सिद्धान्त

'इस्लाम' शब्द अरबी भाषा के 'सलम' शब्द से उद्भूत हुआ है, जिसका अर्थ है आज्ञा का पालन करना और 'इस्लाम' का अर्थ है **खुदा के हुक्म पर गर्दन रखने वाला**। इस्लाम के अनुयायी 'मुसलमान' कहलाते हैं, जो **मुसल्लम**

ईमान का विकृत रूप है। मुसल्लम का अर्थ है पूरा और ईमान का दीन या धर्म, अतः मुसलमान वे लोग होते हैं, जो इस्लाम में पूर्ण विश्वास रखते हैं।

इस्लाम धर्म की विशेषताएँ

1. यहूदी व ईसाई धर्मों की भाँति यह एक पैगम्बरी धर्म है।
2. यहूदी, ईसाई, हिन्दू, जैन, बौद्ध आदि धर्मों की भाँति इस्लाम सन्यास तथा निवृत्ति प्रधान नहीं है।
3. इस्लाम एक समतावादी धर्म है, जिसमें प्रत्येक मुसलमान ऐहिक–पारलौकिक सुखों के साथ–साथ स्वर्ग जाने का भी अधिकारी है।
4. इस्लाम धर्म पूर्णतः विश्वास व श्रद्धा पर आधारित है। इसमें तर्क को कोई स्थान नहीं है।
5. इस धर्म के प्रसार का प्रमुख साधन तलवार की ताकत रही है।

इस्लाम की शिक्षाएँ

इस्लाम धर्म की शिक्षाएँ मूलतः 'कुरान' व 'हदीस' पर आधारित हैं। परन्तु कुरान–हदीस के कोरे ज्ञान प्राप्त करने वाले को ही मुसलमान नहीं माना जा सकता। उसे ईमान (धार्मिक विश्वास), इबादत (धार्मिक कर्त्तव्य) तथा इहसान (कर्मकाण्ड–अच्छे कार्यों में प्रवृत्ति तथा बुरे कार्यों से बचना) आदि रूपी कर्त्तव्य का पालन भी करना होता है।

1. ईमान (धार्मिक विश्वास)

इस्लाम की शिक्षा के अनुसार एक मुसलमान को निम्न बातों पर विश्वास करना चाहिए –

- सर्वशक्तिमान और सर्वव्यापी एकेश्वर में विश्वास, जिसका दूसरा कोई रूप नहीं है।
- विभिन्न पैगम्बरों को ईश्वर ने अपने ग्रंथों से परिचित कराया, जिनमें कुरान अंतिम है।
- मोसेस (मूसा) और ईसा को मिलाकर सभी पैगम्बर ईश्वर के भेजे हुए दूत थे और पैगम्बर मोहम्मद पृथ्वी पर ईश्वर के भेजे हुए अंतिम दूत हैं।
- **रोजेशुमार** (निर्णय के दिन) में विश्वास, जब दुनिया समाप्त हो जाएगी

और लोग अपने जीवन में किए गए अपने कर्मों के लिए पुरस्कृत या दंडित किए जाएँगे। इसमें जन्नत (स्वर्ग) और दोजख (नरक) की भी अवधारणा शामिल है।

- ईश्वर के देवदूत (फरिश्ते) हैं, जो ईश्वर के रूप नहीं हैं बल्कि ईश्वर की वंदना करते हैं और ईश्वर प्रदत्त कार्यों को पूरा करते हैं।

2. इबादत (धार्मिक कर्त्तव्य)

प्रत्येक मुसलमान के कुछ धार्मिक कर्त्तव्य होते हैं। यथा –

- **कलमा–ए–तौहीद** : "अल्लाह के अलावा दूसरा ईश्वर नहीं, मुहम्मद अल्लाह का पैगम्बर है" – कुरान की इस आयत का जप प्रत्येक मुसलमान को करना चाहिए। दूसरे शब्दों में मुसलमानों को केवल एक ही अल्लाह की इबादत करनी चाहिए।
- **नमाज (प्रार्थना)** : बनाए गए नियम के अनुसार एक मुसलमान को प्रतिदिन पाँच बार नमाज अवश्य अदा करनी चाहिए (प्रातः, दिन, दोपहर, सूर्यास्त और सूर्यास्त के डेढ़ घंटे बाद)। शुक्रवार के दिन दोपहर में मस्जिदों में विशेष नमाज अदा की जाती है, जहाँ समुदाय के सभी लोगों का इकट्ठा होना जरूरी है।
- **जकात अदा करना** : एक मुसलामन को अपनी आय का बीसवाँ भाग 2½ प्रतिशत धार्मिक–सामाजिक कार्यों के लिए प्रदान करना चाहिए
- **रोजा (उपवास)** : रमजान के माह में एक महीना रोजा रखना प्रत्येक मुसलमान का धार्मिक कर्त्तव्य है।
- **हज (तीर्थ यात्रा)** : हैसियत रखने वाले सभी मुसलमानों को अपने जीवन में कम से कम एक बार हज करने मक्का जाना चाहिए।

3. इहसान (आचार संबंधी कर्त्तव्य)

उपर्युक्त धार्मिक कर्त्तव्यों के अतिरिक्त मुस्लमानों के लिए अपना आचरण सुधारने तथा इस्लाम धर्म का प्रचार करने की दृष्टि से कुछ अन्य कर्त्तव्य भी निर्धारित किए गए हैं–

- **मानव समाज में अच्छा आचरण करना** : इस्लाम के अनुसार विश्व के सभी मनुष्य 'आदम' की सन्तान हैं, परन्तु वे दो श्रेणियों में विभक्त हैं। प्रथम श्रेणी में अल्लाह के आज्ञाकारी (मुसलमान) आते हैं

तथा दूसरी श्रेणी में गैर–मुसलमान (काफिर) आते हैं। कुरान मुसलमानों को आदेश देती है कि परस्पर प्रत्येक को भाई समझकर प्रेमपूर्वक व्यवहार करें।

- **दुष्कर्मों का त्याग** : इस्लाम में चोरी, डकैती, हत्या, आत्महत्या, मद्यपान, जुआ इत्यादि को गम्भीर पाप माना गया है। इस्लाम धर्म के अनुसार इस प्रकार के पाप करने वाले मुसलमानों को दोजख (नरक) प्राप्त होता है, जहाँ उन्हें भयँकर यातनाएँ सहन करनी पड़ती हैं।
- **जिहाद** : 'जिहाद' का अर्थ है 'धर्मयुद्ध'। इस्लाम में प्रत्येक मुसलमान को अपने धर्म प्रसार के लिए जिहाद करना आवश्यक बताया गया है। यद्यपि उदार विचारों के मुसलमान अब इसे इस्लाम का आवश्यक कर्मकांड नहीं मानते तथापि आज भी व्यवहार में यह जीवित है।

मुस्लिम सम्प्रदाय तथा इस्लाम का प्रसार

पैगम्बर मुहम्मद की मृत्यु के उपरान्त मुसलमानों में भी दो सम्प्रदाय बन गए– सुन्नी व शिया –

1. सुन्नी—सुन्नी शब्द अरबी भाषा के 'सुनत' शब्द से निकला है, जिसका अर्थ है मुहम्मद के कार्यों का अनुकरण करना। इनके अनुसार पैगम्बर के बाद खलीफाओं की स्थापना इस्लाम के सिद्धान्तों के अनुरूप है, जिसकी नींव पैगम्बर ने डाली थी। ये प्रथम तीन खलीफाओं (अबू बक्र, उमर और उस्मान) को ही मुहम्मद साहब का वास्तविक उत्तराधिकारी मानते हैं।

सुन्नी मुसलमान कट्टर होते हैं क्योंकि वे कुरान और पैगम्बर के सुन्ना (परम्परा) में ही आस्था रखते हैं। इन दोनों के ऊपर वे किसी की सत्ता नहीं मानते। इनका झंडा सफेद होता है।

2. शिया—शिया का शाब्दिक अर्थ 'गिरोह' होता है। ये लोग प्रथम तीन खलीफाओं के स्थान पर मुहम्मद साहब के दामाद अली को उनका वास्तविक उत्तराधिकारी मानते हैं। शिया अली और उनके उत्तराधिकारी को इमाम (समुदाय का नेता) मानते हैं तथा 12 इमामों को वैधता प्रदान करते हैं। वे यह भी मानते हैं कि इमाम पर ईश्वर की विशेष कृपा होती है। श्याम वर्ण के झण्डे वाले शियाओं का उद्भव ईरान से माना जाता है।

आज भी सुन्नी और शिया सम्प्रदायों के सामंजस्य का अभाव है। पिछले

चौदह सौ सालों में सुन्नी और शिया के बीच अनेकों सम्प्रदायों का जन्म हो गया है।

प्रसार

632 ई. में मुहम्मद साहब की मृत्यु के बाद उनके उत्तराधिकारी 'खलीफा' कहलाए। वह राजनीति व धर्म दोनों में सर्वोच्च होता था, अतः मुस्लिम साम्राज्य का विस्तार तथा इस्लाम का प्रसार दोनों ही अब खलीफाओं के नेतृत्व में होने लगे।

अबू बक्र के उपरान्त उमर, उस्मान, अली व हसन खलीफा बने। उमर के काल (633–644 ई.) में इस्लाम का प्रसार तीव्र गति से हुआ। अबू बक्र ने इस्लाम–प्रसार के साथ अरब का सांस्कृतिक विकास भी किया। आगे आने वाले शासकों के साथ भी क्रमशः इस्लाम का प्रसार होता रहा। नवीं सदी में तुर्कों ने खलीफा पद पर अधिकार कर लिया। उन्होंने ऑटोमन साम्राज्य की स्थापना कर इस्लाम का प्रचार किया। यह साम्राज्य 19वीं सदी के प्रारम्भ तक विश्व में शक्तिशाली बना रहा और विश्व के देशों में इस्लाम का प्रसार होता रहा।

जहाँ तक भारत में इस्लाम के प्रसार का प्रश्न है, सर्वप्रथम दक्षिणी समुद्रतट पर व्यापारियों के साथ मुसलमानों का आगमन सातवीं सदी में हुआ। यद्यपि ये अपना प्रभाव प्रमुख रूप से नहीं जमा सके परन्तु लगभग इसी समय मुस्लिम अरब व्यापारियों ने भारत के दक्षिण–पश्चिमी समुद्रतटीय राज्यों से व्यापारिक सम्बन्ध स्थापित करने में सफलता पा ली थी। 639 ई. में अरब के मुसलमान व्यापारियों के रूप में भारत के पश्चिमी तट पर आने लगे और उन्होंने मालाबार के मोपला लोगों को इस्लाम स्वीकार करने को बाध्य भी किया। नवीं शताब्दी के उत्तरार्द्ध में मालाबार के शासक चेरामन पेरूमल ने स्वयं भी इस्लाम स्वीकार कर लिया।

712 ई. में सेनापति मुहम्मद बिन कासिम के नेतृत्व में अरबों ने सिन्ध पर सफल आक्रमण किया परन्तु यह सफलता दीर्घस्थायी नहीं रही परन्तु इसका सांस्कृतिक प्रभाव बड़ा ही महत्त्वपूर्ण सिद्ध हुआ। महमूद गजनवी के अनेक सफल–असफल अभियानों के बाद 12वीं शताब्दी के अन्त में मुहम्मद गौरी के नेतृत्व में तुर्कों ने भारत में साम्राज्य–स्थापना में सफलता प्राप्त कर ली। तलवार की ताकत से इस्लाम का प्रसार तो हुआ लेकिन यह कटुता का भी उत्स बना। इसी समय भारत में अवतरित पीर औलियों तथा सूफी सन्तों ने इस्लाम का

प्रसार प्यार व अपने अमूल्य दार्शनिक प्रवचनों से किया। इनमें शेख मोइनुद्दीन चिश्ती प्रमुख हैं, जिनकी अजमेर स्थित मजार पर सभी धर्मों के लोग अकीदत के फूल पेश करने आते हैं।

दीर्घकाल तक दोनों वर्गों के साहचर्य से हिन्दू–मुसलामानों के सौहार्द तथा सौमनस्य में वृद्धि हुई और दोनों धर्मों ने एक–दूसरे को पर्याप्त रूप से धार्मिक–दार्शनिक तथा आचारिक रूप से प्रभावित किया। नवीन कला शैलियों का विकास भी भारत में हुआ जिनमें स्थापत्य कला और चित्रकला का महत्त्वपूर्ण स्थान है।

रमजान

यह उपवास का पवित्र माह है। इस्लाम के अनुयायी दिन में अन्न, जल ग्रहण न कर शाम को रोजा खोलते हैं, जिसे इफ्तार कहते हैं। मान्यता है कि रमजान के पवित्र माह में ही अल्लाह ने पैगम्बर मोहम्मद को कुरान का ज्ञान दिया था, जिसे बाद में लिपिबद्ध किया गया।

ईद–उल–फितर

ईद–उल–फितर उपवास के रमजान माह के आखिर में मनाया जाता है। अकीदतमन्द इस दिन नए वस्त्र पहनकर ईदगाहों में नमाज पढ़ते हैं तथा मित्रों और रिश्तेदारों को बधाइयाँ देते हैं। इस अवसर पर सिवइयों तथा विभिन्न पकवानों का सेवन किया जाता है तथा बड़ों द्वारा छोटों का उपहार दिए जाते हैं।

इनके अतिरिक्त ईद–उल–जुहा (बकरा ईद) मुहर्रम (हजरत हुसैन की शहादत का मातम मनाने का दिन) तथा शबे–कद्र (रमजान माह की 25, 27 और 29 तारीख की रातों में से एक पवित्र रात) भी इस्लाम के अनुयायियों द्वारा मनाए जाते हैं।

भारत में इस्लाम धर्म से सम्बन्धित पर्यटन स्थल

भारत में पर्यटन की दृष्टि से महत्त्व रखने वाले इस्लाम धर्म से जुड़े अनेक स्थल हैं। तथापि सूफी सन्तों से सम्बद्ध अनेक स्थल बड़ी संख्या में श्रद्धालुओं को आकर्षित करते हैं। इन श्रद्धालुओं में अन्य धर्मावलम्बी भी बड़ी मात्रा में होते हैं जो अपनी मुरादें पूरी होने की कामना से इन स्थानों पर आते हैं। हजरल बल, श्रीनगर; चरारे शरीफ, गुलमर्ग; सलीम चिश्ती की दरगाह, आगरा; बिहार

शरीफ; हाजी अली; मुम्बई निजामुद्दीन औलिया की दरगाह, दिल्ली तथा ख्वाजा मोइनुद्दीन चिश्ती की दरगाह, अजमेर शरीफ ऐसे ही कुछ स्थल हैं।

सिक्ख धर्म

मुस्लिम शासकों के द्वारा किए गए अत्याचारों और दमन–नीति के विरुद्ध प्रतिक्रिया स्वरूप जिन नए संगठनों और मतों की नींव पड़ी उनमें सिक्ख मत प्रमुख है। वस्तुतः हिन्दू–मुसलमान दोनों के ही संकीर्ण दृष्टिकोण से समन्वित उथल–पुथल के उस युग में भक्ति आन्दोलन नामक एक प्रभावोत्पादक आन्दोलन ने जन्म लिया था, जिसने भगवद्भजन के सामान्य से प्रतीत होने वाले मार्ग द्वारा भारत को एक व्यापक सांस्कृतिक परिवर्तन की ओर उन्मुख किया। मोटे तौर पर उत्तरी भारत में सिक्ख–खालसा सम्प्रदाय का जन्म उसी के अन्तर्गत हुआ। संस्कृत के शिष्य शब्द से निर्मित सिक्ख का तात्पर्य अनुयायी से है।

सिक्ख मत की स्थापना गुरुनानक (1469–1538 ई.) ने तत्कालीन धार्मिक दुरावस्था से उद्धार के लिए अपने दैवी दर्शन की प्रेरणा से की।

मध्ययुगीन धार्मिक–सामाजिक सुधारक गुरुनानक का जन्म नवम्बर 1469 ई. में पंजाब के खत्री परिवार में एक ऐसे समय में हुआ जब तत्कालीन समाज की संकीर्णता तथा धार्मिक असहिष्णुता के कारण सामाजिक जीवन कुंठित हो गया था। मुस्लिम राज्य की धर्म–प्रधानता के कारण विशेष रूप से हिन्दुओं का जीवन कष्टकर हो गया था। आध्यात्मिकता की ओर आकर्षित इनका मन व्यवसायों इत्यादि में नहीं रमा और 30 वर्ष की अवस्था में शान्ति की खोज में आपने गृहत्याग कर दिया और विविध यात्राएँ कीं। कहा जाता है कि इस क्रम में नानक ने चीन, बर्मा, लंका, अरब, मिस्र, तुर्किस्तान एवं अफगानिस्तान इत्यादि देशों की भी यात्राएँ कीं। अपने अंतिम दिन उन्होंने करतारपुर में बिताये। वहीं उन्होंने प्रथम गुरुद्वारा स्थापित किया तथा प्रिय शिष्य लहणा को अंगददेव के नाम से अपना उत्तराधिकारी नियुक्त किया। अंगददेव जी ने ही नानक के उपदेशों को गुरुमुखी में संकलित किया। नानक के मदीना तथा बालबंधु नामक शिष्य सदैव उनके साथ रहे। आम बोलचाल की भाषा में नानक ने पदों तथा भजनों की रचना की और लोगों को उपदेश दिए।

स्रोत

गुरुग्रन्थसाहब

सिक्ख धर्म को जानने का प्रमुखतम स्रोत है गुरुग्रन्थसाहब। यह सिक्ख

धर्म से सम्बन्धित सर्वोत्तम ग्रन्थ है, जिसकी पूजा गुरुमूर्ति के रूप में की जाती है। इस पवित्र ग्रन्थ का अखण्ड पाठ करने की रीति सिक्खों ने ही प्रचलित की। यह ग्रन्थ **गुरुमुखी** लिपि में लिखा गया है। इसमें सिक्खों के दस गुरुओं के साथ ही अन्य प्रमुख सन्तों, भक्तों तथा फकीरों की चुनी गई वाणियाँ भी संकलित हैं। इनमें प्रमुख हैं जयदेव (बंगाल), नामदेव, त्रिलोचन, परमानंद (महाराष्ट्र), कबीरदास, रामानन्द, रविदास, सूरदास (उत्तर प्रदेश), शेख फरीद, मरदाना (पंजाब), धन्ना, पीपा (राजस्थान), भीखन, सधना (सिंध), बेणी, सेन (मध्यप्रदेश) आदि।

सिक्ख धर्म के सिद्धान्त

गुरुनानक देव सिक्ख धर्म के संस्थापक और प्रथम गुरु थे। गुरुनानक के बाद नौ और गुरु इस धर्म में हुए जिनमें अंतिम दसवें गुरु गोविन्द सिंह (1666–1708 ई.) थे। आज का सिक्ख धर्म सामूहिक रूप से इन दसों गुरुओं के उपदेशों पर अवलम्बित है। आज के सिक्ख धर्म की प्रथाओं और मान्यताओं के वर्णन से पूर्व स्थापना के समय के सिक्ख धर्म तथा उसके संस्थापक के वैचारिक दृष्टिकोण पर दृष्टिपात करना हमारे लिए आवश्यक है।

1. धार्मिक सिद्धान्त—डॉ. राधाकृष्णन के मतानुसार "प्रत्येक मौलिक धर्म संस्थापक अपनी व्यक्तिगत, समाजगत तथा ऐतिहासिक परिस्थितियों के अनुरूप ही अपना धार्मिक सन्देश देता है।" तत्कालीन समाज में लोग धर्म का वास्तविक स्वरूप भूल गए थे और धर्म मात्र प्रदर्शन की वस्तु बन गया था। अपने धार्मिक सिद्धान्तों का आधार नानक ने परम्परागत वेदान्तिक दर्शन को बनाया, जिसके प्रचलित तांत्रिक स्वरूप से तत्कालीन सभी संत–सम्प्रदायों ने प्रेरणा ग्रहण की थी। भक्ति आन्दोलन के अन्य संतों की भांति गुरुनानक ने भी ब्रह्म, जगत तथा आत्मा के सन्दर्भ में विचार व्यक्त किए।

संक्षेप में गुरुनानक ने चरम सत्य के रूप में 'इक ओंकार' या 'अकाल पुरुष' को स्वीकार किया, जिसने पुरुष और प्रकृति की सृष्टि करके अपना 'हुकुम' चलाया। वह स्वयं इस प्रकृति में प्रवृभट होकर आनन्द का अनुभव करता है। समस्त प्रकृति और जगत् सत्य है और अहंकार सब क्रियाकलापों का कारण है। किन्तु व्यक्तिगत अहंकार को समष्टिगत अहंकार में एकाकार करना ही मूल उद्‌देश्य है। इसके लिए गुरु की सहायता अनिवार्य है जो मनुष्य का मार्गदर्शन करते हैं। अतः गुरु का स्थान एक तरह से ईश्वर से भी ऊँचा है।

2. भक्ति तथा सेवा मार्ग—भक्ति आन्दोलन के अन्य सन्तों की भाँति गुरुनानक ने भी मोक्ष के सरल एवं सुबोध साधन के रूप में भक्ति को ही स्थान दिया है, किंतु उनकी भक्ति में अंधविश्वास आदि को स्थान नहीं था। भक्ति–भावना के सहायक–तत्त्व के रूप में सेवा–धर्म पर भी नानक ने बल दिया है। भक्ति भाव के प्रेरक तत्त्व के रूप में गुरुनानक ने सत्संग को भी आवश्यक बताया है।

3. धार्मिक समन्वय—गुरुनानक द्वारा नवीन धर्म के प्रवर्तन का मुख्य उद्देश्य हिन्दू–मुस्लिम सम्प्रदायों में समन्वय स्थापित करना ही था। राम, गोविन्द, मुरारी, रब तथा रहीम को वे एक ही परमात्मा के विभिन्न नाम समझते थे। अपनी शिक्षा–मंडली में भी सभी जातियों–सम्प्रदायों के लोगों को स्थान देकर तथा उन्हें एक स्थल पर भोजन करने का प्रावधान करके उन्होंने इस समन्वय को ही प्रश्रय दिया।

4. समाज सुधार तथा मानववाद—गुरुनानक ने जाति प्रथा की कठोरता की कटु आलोचना की। अछूतोद्धार की ओर भी पर्याप्त ध्यान दिया। उन्होंने समस्त प्राणियों में आत्मा के अंश की विद्यमानता घोषित कर तथा व्यक्ति का मूल्यांकन जन्म के आधार पर न करके कर्म के आधार पर करने को कहा।

उनका यह समाज सुधार और व्यापक होकर सेवा धर्म के माध्यम से मानववाद में परिवर्तित हो जाता है।

सिक्ख संगठन का विकास तथा सम्प्रदाय

गुरुनानक ने सभी वर्गों एवं जातियों के लोगों को अपने मत में दीक्षित किया, जिसमें किसानों तथा निम्न वर्ग की संख्या अधिक थी। जाति–प्रथा का घोर विरोध करने के बावजूद सिक्ख मत गृहस्थ धर्म का समर्थक था, जिसमें आजीविका के अपने संसाधनों की उपेक्षा न करते हुए गुरु–मार्ग का पालन करना था।

गुरुनानक के बाद गुरु–परम्परा कायम रही और सिक्ख–संगठन का विकास हुआ। दूसरे गुरु अंगद, तीसरे गुरु अमरदास तथा चौथे गुरु रामदास के समय सिक्ख धर्म का प्रचार बढ़ता रहा, परन्तु व्यापक परिवर्तन नहीं हुए। इस बीच गुरुमुखी लिपि, लंगर में भोजन इत्यादि का प्रचार हुआ, अमृतसर में स्वर्ण मंदिर की स्थापना हुई।

पाँचवें गुरु अर्जुन ने अमृतसर के स्वर्ण मंदिर की स्थापना की, तथा सिक्खों की धर्म–पुस्तक गुरु ग्रन्थ साहिब का संपादन किया, जिससे धर्म को स्थायी रूप

मिला। जहाँगीर के अत्याचारों से गुरु की मृत्यु होने पर छठे गुरु हरगोविन्द ने कण्ठी–माला के स्थान पर दो तलवारें ग्रहण कीं तथा सैनिक शिक्षा देकर सिक्खों की फौज तैयार की। सातवें गुरु हरराय तथा आठवें गुरु हरकिशन थे। नवें गुरु तेग बहादुर ने औरंगजेब के काल में धर्म के लिए अपना बलिदान दिया, जिससे उनके पुत्र दसवें और अंतिम गुरु गोविन्द सिंह ने सिक्ख धर्म को नया जीवन देकर अन्याय और अत्याचार के विरुद्ध लड़ने का बीड़ा उठाया। तभी से सिक्ख–सम्प्रदाय ने 'खालसा दल' के नाम से सैनिक संगठन का रूप ग्रहण किया।

धीरे–धीरे सैनिक तथा धार्मिक उन्नयन होने पर सम्पूर्ण पंजाब में सिक्ख धर्म का प्रसार हो गया।

गुरु ने अपने शिष्यों को सिंह मानते हुए धर्म और गुरु में समर्पण का आदेश उन्हें दिया। वे एक–एक खालसा सिक्ख को सवा लाख आदमियों से लड़ने में समर्थ कहा करते थे। इस प्रकार उनके प्रयत्न से सिक्ख मत एक सैनिक, वीर एवं धर्मव्रती धर्म के रूप में विकसित हुआ। गुरु ने अपने बाद गुरु–परम्परा का उच्छेद करते हुए आज्ञा दी कि अब से 'ग्रन्थ साहिब' ही सिक्खों का गुरु होगा।

वस्तुतः गुरु गोविन्द सिंह समस्त हिन्दू–जागृति और पुनरुत्थान के प्रतीक थे। उन्हें और उनके धर्म को समस्त हिन्दू जाति के जागरण से पृथक् देखना संभव नहीं।

धीरे–धीरे अन्य धर्मों की भाँति सिक्ख धर्म की भी कई शाखाएँ विकसित हुईं जिनमें दो प्रमुख हैं –

1. निरंकारी बाबा दयाल द्वारा स्थापित निरंकारी आंदोलन तथा
2. बाबा बालक सिंह द्वारा स्थापित नामधारी आन्दोलन।

वर्तमान सिक्ख धर्म की विशेषताएँ

1. धार्मिक आचार संहिता—सिक्ख धर्म की धार्मिक प्रथाओं, जिनके पालन की अपेक्षा प्रत्येक सिक्ख से की जाती है, को अग्र रूप में रेखांकित किया जा सकता है—

- एक ईश्वर, दस गुरुओं तथा गुरु ग्रंथ साहिब में आस्था रखना
- गुरु मंत्र 'वाहेगुरु' (ईश्वर तुम महान हो) का जाप करना
- गरीबों के शोषण, द्यूत इत्यादि से परहेज

- मदिरा, तम्बाकू, नशीले पदार्थों का सेवन निषिद्ध
- प्रत्येक सिक्ख का पंथ में सम्मिलन अमृत अनुष्ठान द्वारा
- परिवार में जन्म, विवाह तथा मृत्यु के अवसरों पर सिक्ख अनुष्ठानों का पालन
- मूर्ति, मजार तथा मठों की उपासना का निषेध
- पंच प्रतीकों (पाँच ककारों– केश, कड़ा, कृपाण, कंघा, कच्छा) का पालन प्रत्येक सिक्ख हेतु अनिवार्य
- धार्मिक आचार संहिता की अवहेलना (यथा बाल कटाना, धूम्रपान करना, परस्त्री गमन) आदि की स्थिति में सिक्ख को पुनः **अमृतपान** करना होता है।

2. अमृत–अनुष्ठान—गुरु गोविन्द सिंह द्वारा प्रारम्भ यह अनुष्ठान किंचित् वयस्क बालक–बालिकाओं पर किया जाता है। पानी में चीनी मिलाकर खांडे (दोधारी तलवार) से चलाते समय मंत्रों के जाप द्वारा निर्मित अमृत का पान करते समय व्यक्ति जोर–जोर से गुरुवाणी का जाप करता और इस प्रकार पंथ में अपनी आस्था प्रकट करता है। उसके चेहरे पर अमृत की फुहार दी जाती है। अमृत पान करने के बाद उन्हें पाँच प्रतीकों का पालन करना होता है।

3. पूजा–पद्धति

- सिक्ख अकाल (काल की सीमा से परे ईश्वर) की उपासना में आस्था रखते हैं।
- मूर्ति–पूजा में सिक्खों का विश्वास नहीं होता।
- सिक्ख धर्मस्थल गुरुद्वारा के नाम से जाना जाता है, जो एक धार्मिक स्थल होने के साथ–साथ निर्धनों, जरूरतमंदों के लिए शरणस्थल भी होता है। पैर धोकर तथा सिर ढककर सभी धर्म तथा सम्प्रदाय के लोग इसमें प्रवेश कर सकते हैं।
- गुरुद्वारे में एक उच्च पीठ पर गुरुग्रंथ साहिब की स्थापना की जाती है, जिसका नियमित पाठ किया जाता है।
- भक्तों, आगन्तुकों हेतु प्रसाद तथा भोजन की व्यवस्था हेतु आम रसोई अथवा लंगर की व्यवस्था होती है।

गुरु पर्व

सिक्ख धर्म का प्रमुख पर्व गुरु पर्व है। ज्योतोत्सव के नाम से भी प्रसिद्ध यह पर्व सिक्ख धर्म के संस्थापक तथा पहले गुरु गुरु नानक देव के जन्मोत्सव के रूप में मनाया जाता है। कार्तिक पूर्णिमा को मनाए जाने वाले इस पर्व की सबसे उत्साहजनक झाँकी गुरुनानक देव की जन्मस्थली ननकाना साहिब (वर्तमान पाकिस्तान के लाहौर) में दिखाई पड़ती है, जहाँ लगने वाले मेले में भारत तथा बाहर के अनेकों सिक्ख भाग लेते हैं। अमृतसर के स्वर्णमंदिर में भी यह भव्य तरीके से मनाया जाता है।

सिक्ख गुरुओं के जन्म दिन गुरु पर्व के नाम से जाने जाते हैं तथा भक्ति और उत्साह के साथ सिक्ख समुदाय द्वारा मनाए जाते हैं। गुरुनानक जी का जन्म 1469 ई. में लाहौर से 30 मील दूर तलवंडी में हुआ था। इनकी जयन्ती गुरुनानक जयन्ती भी कही जाती है। गुरुनानक जयन्ती से दो दिन पूर्व से ही देश के विभिन्न गुरुद्वारों में गुरु ग्रन्थ साहिब का अखण्ड पाठ प्रारम्भ हो जाता है। पर्व के दिन इसका समापन होता है तथा भव्य जुलूस के रूप में गुरु ग्रन्थ साहिब बाहर निकाला जाता है। **निशान साहिब** तथा सिख झंडा सबसे ऊपर होता है। जुलूस की अगुवाई पंचप्यारों द्वारा की जाती है। फूलों से सजे जुलूस में स्थानीय बैंडों द्वारा धार्मिक भजन गाए जाते हैं। प्रसाद–वितरण तथा लंगरों का भी आयोजन किया जाता है। विशेष कीर्तन भी किए जाते हैं। इन आयोजनों में धनी–निर्धन सब अपनी–अपनी सेवाएँ देकर पुण्य अर्जित करते हैं। रात में गुरुद्वारे तथा घर रोशनी से जगमग होते हैं। पर्व के कुछ दिन पूर्व से ही गुरुद्वारों से प्रभात फेरियाँ निकलने लगती हैं, जिनमें 'शब्द' अथवा धार्मिक गीत गाए जाते हैं।

गुरुनानक एकमात्र सिक्ख धर्म के संस्थापक ही नहीं थे– कवि, दार्शनिक, मानवतावादी तथा समाज–सुधारक के रूप में भी मानवता को उनका अप्रतिम योगदान है। इसीलिए सभी धर्मों के लोग इस ज्योतोत्सव में उत्साहपूर्वक भाग लेते हैं और इस प्रकार गुरुनानक के प्रति अपनी श्रद्धा तथा आस्था को अभिव्यक्त करते हैं।

सिक्ख धर्म से सम्बन्धित पर्यटन स्थल

सिक्खों के पाँच प्रमुख धार्मिक तख्त हैं, जो सिक्ख धर्मानुयायियों की आस्था के केन्द्र हैं। ये हैं –

1. अकाल तख्त–अमृतसर

2. पटना साहिब
3. केशगढ़ साहिब
4. आनन्दपुर साहिब
5. हुजूर साहिब।

अमृतसर सिक्खों का महान् तीर्थ है, जिसकी नींव चौथे गुरु रामदास द्वारा 1564 ई. में डाली गई। 1589 ई. में गुरु अर्जुनदेव के एक शिष्य शेख मियाँ मीर ने सरोवर के मध्य में स्थित वर्तमान स्वर्ण मंदिर की नींव डाली। यह हरिमंदिर साहिब के नाम से विख्यात है। अद्भुत तथा अलौकिक निर्माण–कला से सज्जित इस मंदिर के अतिरिक्त यहाँ गुरुद्वारा दुखभंजनी बेरी, गुरुद्वारा शहीद बाबा दीप सिंह, गुरुद्वारा लाची बेग, गुरुद्वारा थड़ा साहिब आदि भी हैं। बाबा अटल राय का गुरुद्वारा भी प्रसिद्ध है।

भारत के कई अन्य शहरों में भी भव्य गुरुद्वारे बने हुए हैं, जिनके दर्शन के लिए दूर–दूर से सिक्ख अनुयायी आते हैं। इनमें गुरुद्वारा शीशगंज, दिल्ली प्रमुख है। कभी–कभी अन्य कारणों से प्रसिद्ध स्थलों के नए विकसित होने वाले धर्म केन्द्र पर्यटकों के आकर्षण का केन्द्र बन जाते हैं। उदाहरणार्थ तीर्थनगरी पुष्कर में हाल ही में निर्मित भव्य गुरुद्वारे से यहाँ आने वाले सिक्ख यात्रियों की संख्या में उल्लेखनीय वृद्धि हुई है।

ईसाई धर्म

ईसाई धर्म का प्रवर्तन ईसा मसीह ने किया, जिनका जन्म फिलीस्तीन में एक बढ़ई के घर 4 ई.पू. हुआ था। उस समय ही यहूदी जनता जूडिया के राजा हेरोद महान के अत्याचारों से पीड़ित थी और लोगों में यह विश्वास घर कर गया था कि उन्हें मुक्ति दिलाने के लिए ईश्वर के पुत्र ईसा मसीह का अवतार होने ही वाला है। लोगों की मान्यता थी कि मसीहा यहूदियों का राजा होगा और येरुशलम का शासक बनेगा।

बाल्यकाल में ईसा सामान्य बालक थे, जिन्हें पिता की निर्धनता के कारण अनेक कष्ट उठाने पड़े तथा समुचित शिक्षा–दीक्षा से भी वंचित रहना पड़ा, किन्तु माता से उन्हें धर्म के उपदेशों में गहरी आस्था प्राप्त हुई। 12 वर्ष की आयु में धर्म–दीक्षा लेने हेतु वे माता–पिता के साथ प्रथम बार येरुशलम गए। वहाँ तत्कालीन सामाजिक समस्याओं तथा धार्मिक कर्मकांडों और अंध विश्वासों से उनका परिचय हुआ, जिससे उत्पन्न क्षोभ की प्रतिक्रिया आगे चल कर विकसित हुई।

कालान्तर में आन्तरिक प्रेरणा से ईसा ने अपने विचारों का प्रचार प्रारम्भ किया। ईसा के विचार तथा व्याख्याएँ अपनी सरलता तथा चमत्कारिक दृष्टान्तों और कथा–कहानियों से संयुक्त होने के कारण शीघ्र ही जनता में लोकप्रिय हो गयीं और बहुसंख्यक जनता उन्हें मान्यता देने लगी। यहूदी धर्माचार्यों तथा शासकों के आतंक से बचकर भागे ईसा जूडिया के रेगिस्तान में 40 दिन तक प्रार्थना एवं चिंतन में लीन रहे और तत्पश्चात् उनका अन्तस्थल भ्रातृ–भावना, नैतिक नियम, सदाचरण आदि के विचारों से आपूरित हो गया।

यात्राओं–व्याख्यानों के इसी क्रम में पीटर आदि शिष्यों ने उन्हें मसीहा घोषित कर दिया। धार्मिक उपदेशों के क्रम में एक दिन ईसा ने विशाल जनसमुदाय को अपना प्रसिद्ध उपदेश दिया, जो पर्वत पर उपदेश (Sermon on the Mount) के नाम से प्रसिद्ध है। अपने जीवन–क्रम में ईसा ने अनेक चमत्कार किए, बीमारों को स्वस्थ बनाया, यहाँ तक कि मृतकों को भी जीवन प्रदान किया। अन्ततः नास्तिकता का आरोप लगाकर रोमन कानून के अन्तर्गत उन्हें मात्र 33 वर्ष की आयु में सूली पर चढ़ा दिया गया। आगे चलकर इसी सूली (अर्थात् क्रूस) के चिह्न को ईसाइयत का प्रतीक स्वीकार किया गया और ईसा के बलिदान से उनके धर्म प्रचार ने शीघ्र ही व्यापक रूप धारण कर लिया।

स्रोत

ईसाई धर्म का प्रमुख स्रोत बाइबिल है।

बाइबिल

बाइबिल ईसाइयों का धर्म ग्रंथ है। इसमें दो पुस्तकें संगृहीत हैं –

- ओल्ड टेस्टामेन्ट तथा
- न्यू टेस्टामेन्ट

ओल्ड टेस्टामेन्ट में यहूदियों के पवित्र लेख और ईसाई धर्म के आरंभिक लेख सम्मिलित हैं। यह मूल रूप से हिब्रू में लिखा गया था।

न्यू टेस्टामेन्ट प्रथम सदी के उत्तरार्द्ध में लिखा गया। दूसरी सदी के अंत तक न्यू टेस्टामेन्ट के अधिकांश भाग को सर्वसम्मति से स्वीकार कर लिया गया। इसमें 27 पुस्तकें सम्मिलित हैं और मूलतः इन्हें यूनानी भाषा में लिखा गया था। इसमें ईसा मसीह के जीवन और कार्यों, उनके सहयोगियों और अन्य सन्तों के कार्यों तथा अन्य बहुत सी बातों का उल्लेख है।

ईसाई धर्म के सिद्धान्त

इस्लाम और यहूदी धर्म के समान ईसाई धर्म भी दैवीय शक्ति या पवित्रता

से परिपूर्ण धर्म माना जाता है। इसके सिद्धान्तों का वर्णन निम्नतया किया जा सकता है –

1. ईश्वर की अवधारणा—ईसाई धर्म की मान्यता के अनुसार ईश्वर स्वयं को तीन रूपों में प्रकट करता है—पिता, पुत्र और पवित्र आत्मा। ईश्वर की इस अवधारणा को तीनों की एकता के रूप में व्याख्यायित किया जाता है। परमेश्वर पिता है, ईसा मसीह पुत्र हैं और माता मैरी पवित्र आत्मा हैं। ईसाई धर्म की मान्यता के अनुसार मनुष्य के रूप में ईसा मसीह का जन्म लेना ईश्वर की एक योजना थी ताकि मनुष्य के कष्टों का निवारण किया जा सके।

2. शरीर, आत्मा और मोक्ष—ईसाई धर्मानुसार प्रत्येक मनुष्य में एक आत्मा और शरीर होता है। शरीर नश्वर है और आत्मा शाश्वत है। मोक्ष प्राप्त कर व्यक्ति मृत्यु के बाद भी स्वर्ग में मौजूद रहता है। ईसाई धर्म आत्मा के संचरण पर विश्वास नहीं करता। ईसा मसीह को संरक्षक मानने पर ही व्यक्ति को मोक्ष संभव है।

3. पाप और दुष्कर्म—बाइबिल के अनुसार ईश्वर ने स्वर्ग और नरक तथा मानव जाति के प्रथम पुरुष एडम (Adam) और स्त्री ईव (Eve) का निर्माण किया। एडम और ईव अपने सर्जक के प्रति निष्ठावान नहीं रहे और उनके कारण पृथ्वी पर पाप और दुष्कर्म का आगमन हुआ। मनुष्य जाति ने इस पाप और दुष्कर्म को विरासत के रूप में प्राप्त किया और वे ईश्वर की संतान बनने से वंचित हो गए। पापमुक्त मानव ईसा मसीह के कष्टों और मृत्यु से मनुष्य जाति को अपने कुकर्मों का प्रायश्चित करने का मौका मिला। ईश्वर ने अपनी एकमात्र संतान मसीह को मनुष्य को पतन के गर्त में जाने से बचाने के लिए पृथ्वी पर भेजा। अतः ईसा मसीह को मनुष्य जाति का संरक्षक माना जाता है।

ईश्वर सत्कर्मों के लिए पुरस्कृत करता है तथा दुष्कर्मों के लिए दंड देता है। जो दूसरों के लिए बुरा सोचता और करता है, उसे क्षमा कर देना ही सबसे बड़ा सत्कर्म है।

4. प्रेम, भ्रातृत्व, सेवा भाव और क्षमा—ईसा मसीह के उपदेशों की सारभूत शिक्षा एक परमेश्वर को सबका पिता तथा मानव–मात्र में भाईचारे का संबंध स्वीकार करना है। उन्होंने दलित–शोषित वर्ग को विशेष महत्त्व दिया और उन लोगों में आशा और उत्साह का दीप जलाने का प्रयत्न किया। ईश्वर–प्राप्ति का सच्चा मार्ग उन्होंने दीन–दुखियों की सेवा और भलाई को बताया। उन्होंने अपने पर्वत पर उपदेश में पीड़ित या दीन–दुर्बल लोगों को ईश्वर के राज्य

का सदस्य और पुरस्कारों का सच्चा पात्र कहा है, जबकि धनी और सत्ताधारी लोगों को चेतावनी दी है।

ईसा मसीह ने प्रेम, सहिष्णुता और परोपकार का संदेश स्पष्ट शब्दों में दिया है–

"अपने शत्रुओं से प्रेम करो, जो तुमसे घृणा करें उनसे अच्छा व्यवहार करो . . . .। ऐसे कृपालु बनो, जैसा तुम्हारा पिता (ईश्वर) है।"

स्पष्टतः ईसाई धर्म प्रेम, दया, क्षमा, सहानुभूति और सेवा के नियमों से परिपूर्ण है।

5. धार्मिक संगठन तथा सम्मिलन—चर्च ईसाइयों का धार्मिक संगठन है और ईश्वर का दिन माने जाने के कारण रविवार को चर्च में पूजा–अर्चना किए जाने का प्रावधान है। इसमें ईश्वर से प्रार्थना की जाती है और लोगों को 'रोटी' तथा 'दाखरस' प्रदान किया जाता है। ईसा मसीह ने अपनी मृत्यु से पूर्व रात्रि में भोजन के समय ऐसा किया था।

6. ईसाई धार्मिक संस्कार—ईसाई धर्म के अनुसार कोई भी व्यक्ति जन्मजात ईसाई नहीं होता। उसे बपतिस्मा नामक एक धार्मिक अनुष्ठान के द्वारा ईसाई बनाया जाता है। यह ईसाई के घर में जन्म लेने वाले बच्चे तथा दूसरे धर्म में जन्म लेने वाले बच्चे पर समान रूप से लागू होता है। ईसा मसीह के संदेश को प्रसारित करना और अधिक से अधिक लोगों को इस धर्म के घेरे में लाना धार्मिक कार्य माना जाता है। ईसाई धर्म के शुभ संदेश को प्रसारित करने को सुधर्मवाद या इंजिलवाद (Evangelisation) के नाम से जाना जाता है।

ईसाई धर्म का विकास तथा सम्प्रदाय

ईसा के बाद उनके अनुयायियों ने एक संगठन कायम किया, जो छिपे तौर पर विकसित होता रहा। उनके दमन के लिए येरुशलम के धर्माचार्यों ने पॉल नामक व्यक्ति को नियुक्त किया, किन्तु वह स्वयं आगे चलकर ईसाई बन गया और ईसा की शिक्षाओं का पच्चीस वर्षों तक उसने प्रचार किया। उसने विभिन्न स्थानों में गिरजाघरों की नींव डाली जो ईसाइयत के केन्द्र बने। वस्तुतः संत पॉल ने ही ईसाइयत को स्थायी स्वरूप दिया, जिससे राजद्रोह के आरोप में उसे फाँसी दे दी गई।

ईसा की मृत्यु के 100 वर्षों में ही उनका धर्म इतना विकसित हो गया कि वह विश्व–धर्म की श्रेणी में परिगणित किया जाने लगा। 312 ई. में रोमन

अत्याचारों से भी ईसाइयत को मुक्ति मिली तथा महान रोमन सम्राट कान्स्टेनटाइन ने ईसा के धर्म को राजकीय धर्म के रूप में स्वीकार किया।

जहाँ तक ईसाई धर्म के संप्रदायों का प्रश्न है, तो प्रमुख रूप से दो सम्प्रदाय वहाँ अस्तित्वमान् हैं– कैथोलिक और प्रोटेस्टेन्ट। प्रोटेस्टेन्ट मत का उदय 16वीं शताब्दी के दौरान हुआ। चर्च की लालसाओं तथा शोषण के विरुद्ध उसमें सुधार की माँग करने वालों को प्रोटेस्टेन्ट के रूप में जाना गया। दूसरी ओर कैथोलिकों ने इसे कुछ जटिल और प्रभावी शक्तियों का खेल बताते हुए इसका विरोध किया। प्रोटेस्टेन्ट पोप की सत्ता को अस्वीकार करते हैं, जबकि कैथोलिक उनमें अगाध श्रद्धा रखते हैं। कालान्तर में इनका भी कैल्विनिस्ट, एँग्लिकन, लैटिन, ग्रीक आर्थोडेक्स इत्यादि के रूप में विभाजन हो गया।

भारत में ईसाई धर्म का प्रवेश तथा विकास

परम्परागत अनुश्रुति के अनुसार भारत का ईसाइयत से सम्पर्क प्रथम शती में ही हो गया था। जिस समय संत पॉल यूनान, रोम इत्यादि के गैर–यहूदियों में ईसा का संदेश पहुँचा रहे थे, उसी समय सन्त टॉमस भारत में ईसाइयत का प्रवेश सुगम बना रहे थे। उन्होंने उत्तरी और दक्षिणी भारत में अपने अनुयायी बनाए। अनुश्रुति के अनुसार उन्होंने दक्षिणी भारत में सात चर्चों की स्थापना की। तदुपरान्त पश्चिमी भारत में संत बार्थोलोम्यो ने मुम्बई के पास कल्याण में गिरजाघर स्थापित किया। पुनः चौथी शती ई. में मध्य एशिया और ईरान से ईसाइयों का भारत में आगमन हुआ, जिन्हें केरल में धर्मप्रचार में विशेष सफलता मिली।

किन्तु ईसाइयत का भारत से महत्त्वपूर्ण सम्पर्क मुगल काल के अवनति के दिनों में हुआ जब बड़ी संख्या में पुतर्गाली, फ्रैंच, डच, अंग्रेज आदि यूरोपीय व्यापार के लिए भारत आने लगे। उनके साथ आए धर्म–प्रचारकों के प्रयत्नों से भारत में ईसाई धर्म जड़ें जमाने लगा। भारत में अंग्रेजी–शासन की स्थापना के बाद ईसाई धर्म के प्रभाव में स्वाभाविक वृद्धि हुई तथा यह भारत का लोकप्रिय धर्म बन गया। कालान्तर में व्यवस्थित धर्म प्रचार 1813 ई. में प्रारम्भ हुआ जब कलकत्ते में एक पादरी–संस्था की स्थापना हुई, जिसने शिक्षा, समाज सेवा और आर्थिक सुविधा द्वारा ईसाइयत का प्रचार किया। उसके विस्तृत क्रिया–कलापों ने भारतीय संस्कृति और जन–जीवन पर व्यापक रूप से प्रभाव डाला। ईसाइयत तथा अंग्रेजी तौर–तरीके के प्रभाव से भारतीय समाज में प्रत्यक्ष तथा अप्रत्यक्ष परिवर्तन या प्रतिक्रियाएँ हुईं और नव जागरण का पथ प्रशस्त हुआ।

क्रिसमस पर्व

ईसाई धर्म में क्रिसमस, गुड फ्राइडे तथा ईस्टर प्रमुख पर्व हैं। इनमें ईसा मसीह के जन्म दिवस 25 दिसम्बर को प्रतिवर्ष मनाया जाने वाला क्रिसमस पर्व ईसाइयों का सबसे महत्त्वपूर्ण तथा आनन्ददायक पर्व है। ईसाइयों के साथ–साथ अन्य धर्मावलम्बी भी अमन, सद्भाव तथा मेल–जोल के प्रतीक के रूप में यह पर्व मनाते हैं।

इस दिन ईसाई धर्मावलम्बी तारों तथा उपहारों आदि से युक्त क्रिसमस ट्री को सजाते हैं, केक खाते हैं तथा मित्रों–रिश्तेदारों से मिलकर उनसे बधाइयाँ और उपहारों का आदान–प्रदान करते हैं। सब ओर नृत्य–गीत की उमंग के मध्य लाल वस्त्रों और सफेद दाढ़ी में सांता क्लॉज बच्चों और बड़ों के आकर्षण का केन्द्र होता है। ईसा मसीह के जीवन से सम्बन्धित झाँकियाँ सजाई जाती हैं। गिरजाघरों तथा सड़कों पर कैरोल का गान होता है और युवा वर्ग नाचते–गाते इस अवसर का आनन्द उठाता है।

जहाँ तक भारत का प्रश्न है, ब्रिटिश शासन के समय यह पर्व अत्यन्त धूमधाम से मनाया जाता था और दस दिनों का सार्वजनिक अवकाश इस अवसर पर होता था। स्वतंत्रता के बाद इस पर्व का आधिकारिक महत्त्व तो समाप्त हो गया, परन्तु इसे उत्साहपूर्वक मनाए जाने की परम्परा समाप्त नहीं हुई।

भारत में सारे ईसाई एकमत से 25 दिसम्बर को ईसामसीह के जन्मदिन के रूप में स्वीकार नहीं करते। यथा केरल में रहने वाले सीरियाई ईसाई 7 जनवरी को हाथियों तथा संगीतज्ञों के जुलूस के साथ इस पर्व को मनाते हैं। बिल्कुल हिन्दू मंदिरों के पर्व–जुलूसों की भाँति इस जुलूस के पीछे मान्यता है कि जहाँ–जहाँ से यह गुजरता है, वहाँ का वातावरण आध्यात्मिक तथा स्वास्थ्यगत शुद्धता धारण कर लेता है। पहले सोने अथवा चाँदी के क्रॉस पवित्र प्रतीक के रूप में जुलूस में ले जाए जाते थे, परन्तु पुर्तगालियों के परिदृश्य में आने के बाद ईसाई सन्तों की प्रतिमाएँ भी इन जुलूसों का हिस्सा बन गईं।

भारत में ईसाई धर्म सम्बन्धी पर्यटन

भारत में प्रविष्ट होने वाली प्रथम यूरोपीय जाति पुर्तगाली थी और दक्षिण से इन्होंने भारत में प्रवेश किया था। यही कारण है कि प्रथम भारतीय चर्च सेंट फ्रांसिस चर्च कोचीन है, जिसे यूरोपियनों द्वारा बनवाया गया प्रथम चर्च होने का गौरव प्राप्त है। 1503 ई. में निर्मित यह चर्च मूल रूप से लकड़ी से बना था, जिसे बाद में पत्थर से पुनर्निर्मित किया गया। 1524 ई. में कोचीन में मृत

वास्कोडिगामा को 14 वर्षों के लिए (लिस्बन ले जाने से पूर्व) यहीं दफनाया गया। ईसाई धर्म के अनुयायी यहाँ की यात्रा कर अभिभूत होते हैं।

इसी प्रकार दीर्घकाल तक पुर्तगालियों के सत्ता का केन्द्र रहे गोवा का सेंट कैथेड्रल (1552–1662) पूरे दक्षिण एशिया में सबसे बड़ा कैथेड्रल है। कोलकाता में पुर्तगालियों द्वारा निर्मित पवित्र रोजरी कैथेड्रल है, तो आर्मीनियन चर्च यहाँ का सबसे पुराना ईसाई उपासना केन्द्र है। सेन्ट पॉल कैथेड्रल (1847–80) भी ईसाई श्रद्धालुओं को कोलकाता की और आकर्षित करता है।

चेन्नई में उपमहाद्वीप में कैथोलिक धर्म का प्रारम्भ करने वाले सेंट थॉमस की स्मृति में सेंट थॉमस चर्च के साथ–साथ सेंट एण्ड्रयूज चर्च (1818–21) प्रसिद्ध है। इसी प्रकार 1680 ई. में बनकर तैयार हुए सेंट मेरीज चर्च को चेन्नई के प्रथम इंग्लिश चर्च होने के साथ–साथ भारत में सबसे पुराने मौजूद ब्रिटिश चर्च होने का सौभाग्य प्राप्त है।

मुम्बई में भी अत्यन्त सुन्दर सेंट थॉमस चर्च (1672–1718), जो कि वाइजेन्टाइन तथा औपनिवेशिक वास्तु का सुन्दर मिश्रण है, मुम्बई की सबसे पुरानी इंग्लिश इमारत कही जाती है। यहाँ, बांद्रा के माउंट मेरी चर्च में बांद्रा फेयर के नाम से एक सप्ताह लम्बा समारोह सितम्बर में मनाया जाता है, जिसमें देश के कोने–कोने से श्रद्धालु सम्मिलित होते हैं।

अध्याय–11

पर्यटक गाइड और तत्सम्बन्धी कौशल

(Tourist Guide & Guiding Skill)

गाइडिंग पर्यटन का एक रोचक और महत्त्वपूर्ण हिस्सा है। वस्तुतः यह यात्रा की 'आत्मा' है। जैसे ही कोई पर्यटक किसी स्थल पर पहुँचता है वैसे ही गाइड अथवा यात्रा मार्ग–निर्देशक की भूमिका प्रारम्भ हो जाती है, जो पर्यटकों के प्रस्थान के बाद ही समाप्त होती है। पर्यटकों के ठहराव की सम्पूर्ण अवधि में एक गाइड कभी भी अपने उत्तरदायित्व से मुक्त नहीं होता। गाइड एक साथ विभिन्न प्रकार की भूमिकाओं का निर्वहन करते हैं। कभी वे शिक्षक की भूमिका निभाते हैं, तो कभी मनोरंजनकर्त्ता की, कभी जनसंपर्क अधिकारी की तो कभी अपने क्षेत्र के सांस्कृतिक प्रतिनिधि की। पर वे किसी भी भूमिका में बँधे नहीं होते हैं। उनका अपना एक स्वतंत्र अस्तित्व होता है। उनकी यह पहचान ही उन्हें जीवंत और सक्रिय व्यक्ति के रूप में प्रस्तुत करती है और पर्यटकों की यात्रा को खुशनुमा बनाती है।

आधुनिक युग के पर्यटन क्षेत्र में गाइडिंग का विकास एक तकनीक के रूप में हुआ है और अपने 'तकनीकी' तथा 'व्यावसायिक' स्वरूप के कारण एक गाइड की सफलता के लिए कुशलता, दक्षता तथा प्रवीणता अनिवार्य हो गई है। दंतकथाओं तथा कतिपय तथ्यों का आश्रय लेकर पर्यटकों को पर्यटन–स्थल की विशेषताएँ बताते गाइड की परम्परागत छवि आज थोड़ी धूमिल हो गई है और आज की पर्यटन–व्यवस्था की आवश्यकताओं के सन्दर्भ में उसके स्वरूप में भी बदलाव आया है। भारत के सन्दर्भ में देखें तो यहाँ पारम्परिक रूप से गाइडों की अवहेलना की जाती रही है। हाँ, आर्थिक खुलेपन के वर्तमान युग में जब

पर्यटन को आर्थिक लाभ कमाने साधन माना जाने लगा है तब गाइडों की महत्ता और स्वीकृति में भी सकारात्मक परिवर्तन आया है।

परिभाषा

वस्तुतः गाइड की सर्वमान्य परिभाषा निश्चित करना मुश्किल है। कारण यह है कि प्रत्येक क्षेत्र में गाइड की अवधारणा बदलती रहती है। ऑक्सफोर्ड शब्दकोश के अनुसार – "एक गाइड वह व्यक्ति है जो पथ प्रदर्शन करता है और पर्यटक द्वारा भाड़े पर लिया गया संवाहक है। विशेष रूप में इन्हें पर्यटकों द्वारा दर्शनीय स्थलों का पूर्ण ज्ञान होना चाहिए तथा साधारण तौर पर राष्ट्र की राजनैतिक, सामाजिक, सांस्कृतिक व ऐतिहासिक भूमिका का ज्ञान होना आवश्यक है।"

कैथलीन लिंगल पांड ने **द प्रोफेशनल गाइड, न्यूयार्क 1993** में पेशेवर गाइड को अत्यन्त सुन्दर शब्दों में इस प्रकार परिभाषित किया है–

"एक पेशेवर गाइड कई मायनों में एक व्यापार–कुशल व्यक्ति होता है जो कभी स्वतंत्र रूप से तो कभी संस्था के कर्मचारी के रूप में कार्य करता हैं। वह ट्रैवल इंडस्ट्री का नुमाइंदा होता है; अपने देश, क्षेत्र, शहर और स्थल का एक जनसंपर्क प्रतिनिधि होता है जो शिक्षा देता है; लोगों का मनोरंजन भी करता है और अच्छा वक्ता भी होता है।"

उल्लेखनीय है कि गाइड को एक ही बार में ये समस्त भूमिकाएँ नहीं निभानी पड़ती हैं। कभी उसे मात्र सूचनाकर्त्ता और मनोरंजनकर्ता की भूमिका अदा करनी पड़ती है तो कभी उसे श्रेष्ठ वक्ता की भूमिका निभानी पड़ सकती है। हाँ, यह तथ्य अवश्य सर्वमान्य है कि वह सदैव अपने स्थल, शहर और क्षेत्र का प्रतिनिधि होता है, अतः उसे अपने 'क्षेत्र' का पूरा ज्ञान होना चाहिए और अपने विषय पर उसकी पकड़ मजबूत होनी चाहिए ताकि वह पर्यटकों को सही सूचना प्रदान कर सके।

इस प्रकार कहा जा सकता है कि एक गाइड वह व्यक्ति है, जिसको व्यावसायिक प्रशिक्षण एवं ज्ञान है तथा जो पर्यटकों द्वारा अपनी यात्रा के दौरान ज्ञान हासिल करने, स्थलों एवं वस्तुओं की प्रशंसा एवं यात्रा के उद्देश्यों की प्राप्ति के लिए भाड़े पर नियुक्त किया जाता है। विश्वकोश की भाँति ज्ञान रखने वाले गाइड का कार्य एक राजदूत की भाँति महत्त्वपूर्ण है, इसीलिए वह अपने देश का 'गैर–सरकारी राजदूत' भी कहा जाता है।

गाइड तथा अन्य संज्ञाएँ

गाइड की भाँति ही पर्यटन क्षेत्र में कतिपय संज्ञाओं का प्रयोग होता है, जिससे

किंचित् स्वभावगत भिन्नता के कारण अन्य अर्थ भी ध्वनित होता है। ये संज्ञाएँ हैं– यात्रा मार्ग निर्देशक तथा पथ प्रदर्शक।

यात्रा मार्ग निर्देशक

सामान्य गाइड के विपरीत यात्रा मार्ग निर्देशक के कार्य–व्यापार के क्षेत्र और विशेषज्ञता में पर्याप्त विविधता है। यात्रा के स्वरूप के अनुरूप उसकी भूमिका भी बदलती रहती है और वह साथ–साथ विषय–विशेषज्ञ की भूमिका निभाता है। वह विभिन्न प्रकार के यात्रा–कार्यक्रमों का मार्ग निर्देशन भी कर सकता है, जैसे– कलात्मक वस्तुएँ, ग्रामीण क्षेत्र, भौगोलिक स्थल, ऐतिहासिक स्थल, क्रय–विक्रय केन्द्र, व्यापार स्थल आदि।

यात्रा मार्ग निर्देशक को स्वागत, सीमा शुल्क, जाँच आदि सभी कार्यों को संभालना पड़ता है। वस्तुतः एक यात्रा मार्ग निर्देशक पर यात्रा के दौरान पूरे समूह की जिम्मेदारी होती है।

पथ प्रदर्शक

एक गाइड प्रत्येक गतिविधि या क्षेत्र में निर्देशन करता है, परन्तु हिमालय क्षेत्र का गाइड प्रायः स्थानीय शेरपा होता था जो दुर्गम स्थानीय मार्गों से अच्छे से परिचित होने के कारण पर्यटकों को सुगमता से ले जाता था। साथ ही कुली, भोजन तथा आवास की व्यवस्था भी वही करता था। तात्पर्य यह कि गाइड के साथ–साथ उसकी भूमिका 'एस्कार्ट' की भी थी। सर्वप्रथम अमेरिकियों ने पथ प्रदर्शक शब्द का प्रयोग किया, जिसका तात्पर्य उस व्यक्ति के लिए था, जो जंगलों अथवा पहाड़ों पर यात्रियों के लिए रास्ता बनाता हुआ उन्हें गंतव्य तक सुरक्षित पहुँचाता था।

एक गाइड तथा पथ–प्रदर्शक में स्वाभावगत भिन्नता यह है कि जहाँ गाइड मुख्यतौर पर अपनी आजीविका के लिए यह काम करके अपनी जानकारी और प्रकृति प्रदत्त योग्यता का उपयोग करता है, वहीं पथ प्रदर्शक अपनी रोमांचकारी प्रकृति के कारण यह भूमिका अदा करता है और बदले में वित्तीय सहायता भी स्वीकार करता है।

पर्यटक गाइड की प्रकृति

प्राचीनकालीन पर्यटक स्वभाव से साहसी होता था और समस्त दर्शनीय तथा रोमांचकारी स्थलों के शोधन तथा भ्रमण का उत्तरदायित्व वहन करता था। परन्तु आज पर्यटन द्वारा उद्योग का रूप ले जाने पर विभिन्न सरकारें पर्यटकों को

क्रेता मानकर विभिन्न लुभावनी योजनाएँ बनाती हैं, तब ज्ञानार्जन और सुविधा से परिपूर्ण भ्रमण से ही पर्यटक को पूर्ण तुष्टि प्राप्त होती है। इस स्थिति में एक गाइड का व्यवसाय अत्यन्त आवश्यक हो गया है।

पर्यटक गाइड पर्यटकों के साथ रहते हुए उन्हें स्थलों और सुविधाओं का निर्देशन देकर पर्यटकों के उद्देश्यों की प्राप्ति में सहायक होते हैं। विभिन्न पर्यटन–केन्द्रों से जुड़े पर्यटक गाइडों की प्रकृति निम्नतया निर्धारित की जा सकती है–

1. नियुक्ति के आधार पर गाइडों की प्रकृति

नियुक्ति के आधार पर गाइड दो प्रकार के होते हैं –

I. राज्य द्वारा नियुक्त गाइड

II. पंजीकृत गाइड।

I. राज्य द्वारा नियुक्ति गाइड वे होते हैं, जिन्हें केन्द्रीय अथवा प्रान्तीय सरकार द्वारा नियुक्त किया जाता है। ऐसी नियुक्तियों हेतु सरकार द्वारा विज्ञापन दिया जाता है तथा नियुक्ति के पश्चात् गाइडों को स्थानीय भाषा, संस्कृति तथा रीति–रिवाज सम्बन्धी बहुविध प्रशिक्षण प्रदान किया जाता है, जिससे वे पर्यटकों की सेवा कर सकें। इस प्रकार के गाइडों हेतु पर्यटन–केन्द्रों के काउंटर पर ही सम्पर्क स्थापित किया जाता है।

II. पंजीकृत गाइड वे होते हैं, जो अपने नियमित कार्य के अतिरिक्त समय के सदुपयोग तथा अर्थार्जन हेतु इस कार्य से जुड़ते हैं। इसके लिए उन्हें निकट के पर्यटन केन्द्र में स्वयं को पंजीकृत कराना होता है और पर्यटकों की आवश्यकतानुसार पंजीयन के आधार पर सूचना देकर उन्हें बुलाया जाता है। इस प्रकार के गाइड प्रायः स्थानीय होते हैं जो स्थानीय संस्कृति से भलीभाँति अवगत होने के साथ–साथ सुविधा से उपलब्ध हो जाते हैं।

इसके अतिरिक्त कुछ ऐसे भी गाइड होते हैं जो न ही सरकार द्वारा नियुक्त होते हैं और न ही पंजीकृत होते हैं। ये लोग व्यक्तिगत आधार पर ही इस कार्य में प्रवृत्त होते हैं क्योंकि पीढ़ियों से कुछ विशिष्ट इमारतों से जुड़े रहने के कारण उनका ज्ञान इस विषय में अच्छा हो जाता है और आजीविका के अन्य साधनों के अभाव में वे इस कार्य को करने लगते हैं।

2. कार्य के स्वरूप के आधार पर गाइडों का प्रकृति

कार्य के स्वरूप के आधार पर पर्यटक गाइड दो प्रकार के होते हैं–

I. स्थल गाइड

II. नगर–भ्रमण गाइड।

I. स्थल गाइड

स्थल गाइड किसी स्थल–विशेष के विशेषज्ञ होते हैं और पर्यटकों को उनकी विशेषताएँ बताते हुए देखे जा सकते हैं। अलग–अलग स्थलों के अनुसार गाइडों की भूमिका भी बदलती रहती है। स्थल–विशेष, पर्यटकों तथा अनके यात्रा–उद्देश्यों के अनुसार ये गाइड पुनः तीन प्रकार के होते हैं –

(i) स्मारक गाइड—स्मारक गाइड भारत की स्मारकीय विरासत का बखान सुन्दर शब्दावली में करते हैं और प्रायः प्रत्येक पर्यटन स्थल पर इनके दर्शन हमें हो सकते हैं। हाँ, यह अवश्य है कि इस प्रकार के अनेक गाइडों को इतिहास, ऐतिहासिक परिपेक्ष्य तथा उस क्षेत्र के स्थापत्यगत कौशल का ज्ञान नहीं होता।

एक स्मारक गाइड को स्मारक से सम्बन्धित सभी जानकारियों, विशिष्टताओं, रहस्यों से अवगत होने का प्रयास करना चाहिए, जिससे पर्यटक को पूर्ण सन्तुष्टि प्राप्त हो सके।

(ii) संग्रहालय गाइड—कुछ गाइड संग्रहालय में विशेष रुचि रखते हैं। संग्रहालय में चूँकि बताने के लिए बहुत कुछ होता है अतः यहाँ प्रवेश करते ही गाइड मुखर हो उठता है। एक संग्रहालय गाइड को यहाँ संगृहीत वस्तुओं की विविधता और व्यापकता की जानकारी होनी चाहिए क्योंकि तभी गाइड पर्यटकों की भिन्न–भिन्न रुचि के साथ सामंजस्य बैठा सकेगा।

(iii) वन्य जीवन गाइड—वन्य जीवन पर्यटन आर्थिक दृष्टि से पर्यटन का एक महत्त्वपूर्ण क्षेत्र है और इसके विकास तथा विस्तार की संभावनाएँ है। अतः वन्य–जीवन से सम्बद्ध गाइड जीवन की सम्पूर्ण जानकारी करने का प्रयास करता है तथा इस जानकारी का पूर्ण सदुपयोग करने का प्रयास करता है। क्योंकि वन्य–जीवन क्षेत्र का भ्रमण करने वाले पर्यटक उस क्षेत्र से अनजान होते हैं अतः इससे सम्बन्धित गाइड पर अधिक से अधिक ज्ञान प्राप्त कर उनकी जिज्ञासाओं का समाधान करने का अतिरिक्त उत्तरदायित्व भी आ जाता है।

II. नगर भ्रमण गाइड

इस प्रकार के गाइड सम्पूर्ण शहर तथा उसके आस–पास के क्षेत्रों का भ्रमण पर्यटकों के समूह को कराते हैं। ये गाइड पर्यटकों के साथ तालमेल बैठाते हुए उन्हें भ्रमण के साथ–साथ जानकारियाँ भी प्रदान करते हैं।

नगर भ्रमण से सम्बन्धित गाइडों को अनेक बातों का ध्यान रखना होता है, यथा—

- स्थानीय सूचना के विभिन्न स्रोतों–पुस्तकों, नक्शों, चित्रात्मक रिकार्डों आदि से स्थल के विषय में विभिन्न सूचनाएँ और जानकारियाँ एकत्र करके रोचक कमेन्ट्री की पूर्व तैयारी करना।
- यात्रा हेतु सुविधाजनक साधनों का उपयोग करना।
- नगर भ्रमण पर जाने वाले पर्यटक–समूह का संक्षिप्त ब्यौरा रखना।
- बहुत से दुर्गम तथा कम साधनों की उपलब्धता वाले क्षेत्रों का विशेष ध्यान रखना।
- समय का विशेष ध्यान रखना। जैसे आस–पास के वन्य क्षेत्रों आदि की यात्रा का आयोजन दिन के समय ही करना।
- भ्रमण के दौरान बीच–बीच में ठहराव, भोजन और आराम की भी व्यवस्था हो।
- खरीददारी के लिए पर्याप्त समय हो।
- आकस्मिकताओं के लिए तैयार रहना। यथा किसी पर्यटक की अस्वस्थता तथा आवश्यक सामान, पासपोर्ट या धन खोने अथवा पर्यटक के छूट जाने जैसी स्थितियों का सामना करने की विशेष योग्यता नगर–भ्रमण गाइड में होनी चाहिए।

पर्यटक गाइड हेतु आवश्यक गुण

जब हमारे नेत्रों में गाइड की तस्वीर उभरती है तो वह पर्यटकों के प्रति पूर्णतः समर्पित, उनके आनन्द के लिए चिन्तित तथा वक्तृत्व कौशल से अपनी आजीविका प्राप्त करने वाले व्यक्ति की होती है। कैथलीन पौंड के शब्दों में—

"अधिकांश लोगों के दिमाग में आदर्श टूर गाइड की तस्वीर होती है, जो नेतृत्व, वक्तृत्व, सूचनात्मक क्षमता और उत्साह के गुणों से परिपूर्ण हो। निश्चित रूप में जिस व्यक्ति में ये गुण मौजूद हों, वह बेहतर गाइड होता है।"

एक पर्यटक गाइड में जिन गुणों का होना आवश्यक है, वे हैं—

1. अधिकतम तथ्यात्मक सामान्य ज्ञान—यद्यपि गाइड के लिए प्रशिक्षण एक मूल आवश्यकता है तथापि विश्व के स्थानों एवं निवासियों के विषय में उसे अधिकतम जानकारी होनी चाहिए। उसे अपना ज्ञान इस हद तक विस्तृत करना चाहिए कि वह पर्यटकों की किसी भी विषय की जिज्ञासा का शमन करने के

लिए प्रस्तुत रहे। चूँकि गाइड ही एक ऐसा व्यक्ति है, जिसके साथ पर्यटक अपना अधिकतम समय व्यतित करते हैं, अतः गाइड को सामाजिक रीति–रिवाज, वस्त्र–विन्यास, इतिहास, धर्म, अध्यात्म, दर्शन, राजनीति, अर्थनीति, वैज्ञानिक विकास, शिक्षा, कला व साहित्य आदि के विषय में सामान्य जानकारियों से स्वयं को समृद्ध रखना चाहिए, जिससे यथावसर वह उनका उपयोग कर राष्ट्र की गरिमा एवं छवि का उन्नयन कर सके।

इस सन्दर्भ में ध्यातव्य है कि तथ्यों की विश्वसनीयता किसी गाइड की सफलता की कुंजी है। जितनी विश्वसनीय सूचना वह देगा, अपने क्षेत्र में उतना ही आगे बढ़ेगा।

2. स्थानीय इतिहास तथा संस्कृति का विशिष्ट ज्ञान—किसी भी गाइड को अपने कार्यक्षेत्र के ऐतिहासिक व सांस्कृतिक वैशिष्ट्य का विशद ज्ञान होना चाहिए। इस हेतु व्यक्तिगत पूर्वाग्रह और व्याख्या से परहेज रखना चाहिए तथा प्रामाणिक ऐतिहासिक ग्रन्थों को पढ़कर अपने ज्ञान को पुष्ट और अद्यतन बनाना चाहिए। इसी प्रकार मिथकों, किंवदन्तियों तथा दंतकथाओं का प्रयोग करे अवश्य, परन्तु इतिहास के रूप में नहीं। इसी प्रकार क्योंकि एक गाइड अपने कार्यक्षेत्र का प्रतिनिधि होता है, अतः उसे अपने क्षेत्र की संस्कृति का पूरा ज्ञान होना चाहिए जिस गाइड को अपने क्षेत्र का सही और संपूर्ण ज्ञान होता है, उस पर पर्यटक ज्यादा भरोसा करते हैं। स्थानीय लोक कलाओं, नृत्य, संगीत तथा उनसे जुड़े लोगों के विषय में ज्ञान होना चाहिए ताकि यथावसर वह पर्यटकों को एतद्विषयक संतुष्टि प्रदान कर सके।

3. विविध भाषाओं का ज्ञान—एक गाइड को स्थानीय भाषा के साथ–साथ विविध विदेशी भाषाओं का ज्ञान भी होना चाहिए। जितनी अधिक भाषाओं का ज्ञान उसे होगा, वह उतने ही प्रकार के पर्यटकों के साथ रहकर उन्हें संतुष्ट कर सकेगा।

4. बहुमुखी प्रतिभा का स्वामी—एक गाइड से बहुमुखी प्रतिभा का स्वामी होने की अपेक्षा की जाती है। उसमें एक साथ ही इतिहासकार, भूगोलज्ञ, कला पारखी, धर्मज्ञ तथा दार्शनिक का स्वरूप उपस्थित होना चाहिए ताकि समय पड़ने पर एक अधिकारी विद्वान् की भाँति व्याख्या प्रस्तुत कर सके।

5. वक्तृत्व गुण—कुशल अभिव्यक्ति और प्रस्तुति के लिए एक गाइड के पास अच्छी भाषा और आवाज होनी चाहिए अतः एक गाइड का कुशल वक्ता होना अति अनिवार्य है। एक गाइड अपनी प्रस्तुति से पर्यटकों को बाँध सकता है। उसकी अभिव्यक्ति सहज और आत्मीय हो, सरल हो, विविधतापूर्ण

हो तथा जीवन्त और खुशनुमा हो। चूँकि गाइड पर्यटकों को व्याख्या नहीं देता अपितु संवाद कायम करता है, अतः उसकी भाषा में विनम्रता, माधुर्य, लोच, आर्कषण और गति होनी चाहिए तथा वह कम से कम समय में अधिक से अधिक बात बिना किसी पक्षपात अथवा आलोचना के संयत और प्रभावक रूप में कर सके।

6. नेतृत्व क्षमता—नेतृत्व क्षमता का तत्त्व गाइड के लिए अत्यन्त आवश्यक है। अपने क्षेत्र में अन्नति करने के लिए उसे अपनी नेतृत्व क्षमता विकसित करनी चाहिए। उत्कृष्ट नेतृत्व हेतु जिन गुणों का होना आवश्यक है, वे है उत्साह, आत्मबल, सक्रियता, संवेदनशीलता, लोच, निर्णय लेने की क्षमता तथा विनोदप्रिय स्वभाव।

7. मृदु एवं दयालुतापूर्ण व्यवहार—एक गाइड पर्यटक का सम्पूर्ण पर्यटन–काल में सखा, सहयोगी एवं शुभेच्छु होता है तथा अपने मृदु एवं नम्र व्यवहार से उसे जीत सकता है। अतः उसके लिए आवश्यक है कि वह सदैव अपने दयालु एवं नम्र व्यवहार के साथ तत्पर रूप में प्रस्तुत रहे। पर्यटन के क्षेत्र में यह प्रवृत्ति अत्यन्त लाभकारी सिद्ध होती है। सौभाग्य से दयालुता एवं विन्रमता भारतीयों के स्वाभाविक गुण हैं और आर्थिक विकास के भौतिक आयाम भी इन गुणों का विलोप अभी नहीं कर सके हैं।

8. पर्यटकों की अपेक्षा का ज्ञान—एक पर्यटक गाइड को पर्यटकों की समस्त आवश्यकताओं–अपेक्षाओं की जानकारी होनी चाहिए। एक अच्छा गाइड पर्यटकों के आते ही उनकी अपेक्षाओं और आकांक्षाओं को गौर से देखना–समझना प्रारम्भ कर देता है और उन पर खरा उतरने के लिए परिश्रम करता है। वह पर्यटकों को खरीदारी के लिए अपनी ओर से सुझाव या जोर नहीं देकर पर्यटकों से सम्मान प्राप्त करता है तथा विदेशों में अपने देश की गरिमामय छवि का निर्माण करता है।

9. जटिलताओं से निपटने की क्षमता—तथ्यात्मक ज्ञान और वाक्पटुता जैसी क्षमताएँ अपना मूल्य खो बैठती हैं यदि गाइड में जटिलताओं तथा आकस्मिकताओं से निपटने की क्षमता का अभाव होता है। पर्यटकों की गंभीर समस्याओं के प्रति सहानुभूतिपूर्ण व्यवहार हो तथा उन समस्याओं के समाधान के लिए वैकल्पिक सुझाव व साधन भी होने चाहिएँ।

इसी के साथ कभी–कभी भ्रमण के दौरान कुछ आकस्मिकताएँ भी उपस्थित हो जाती हैं। जैसे कोई पर्यटक मार्ग में अस्वस्थ हो जाए, किसी का सामान, पासपोर्ट अथवा धन खो जाए या फिर कोई पर्यटक ही छूट जाए। एक अच्छा

गाइड इन सभी आकस्मिकताओं को ध्यान में रखते हुए उनके लिए आवश्यक तैयारी किए रखता है।

गाइड के कार्य एवं उत्तरदायित्व

एक गाइड के पास करने के लिए अत्यन्त विस्तृत क्षेत्र है। उसका कार्य परिस्थितियों के अनुसार परिवर्तित होता रहता है। अपने ग्राहकों अर्थात् पर्यटकों के लिऐ उसे बहुत कार्य करने होते हैं, जो निम्नतया वर्णित किए जा सकते हैं–

1. विशिष्ट कार्य

I. स्मारकों में मार्गदर्शन : किसी भी पर्यटक को स्मारक स्थल ले जाने से पूर्व गाइड को अपने ग्राहक के उद्‌गम स्थल तथा व्यवसाय का ज्ञान होना आवश्यक है। उसे सम्बन्धित देश की प्राचीन सांस्कृतिक विरासत की तुलना करना, साथ ही उससे मिलते–जुलते स्मारकों के स्मरण द्वारा तुलनात्मक विवरण प्रस्तुत करना होता है। साथ ही स्मारक की निर्माण तिथि, निर्माणकर्त्ता, ऊँचाई, आयतन जैसी विशेषताओं से एक गाइड को परिचित होना होता है।

II. संग्रहालय में मार्गदर्शन : पर्यटक अथवा पर्यटकों के समूह को संग्रहालय दर्शन कराने वाले गाइड को संकलित तथा संगृहीत वस्तुओं का ज्ञान समग्रता में होना चाहिए संग्रहालय से संबद्ध सम्पूर्ण सूचना का एकत्रण तथा नवीकरण और प्राप्त ज्ञान का सुनियोजित प्रस्तुतीकरण आवश्यक होता है। पर्यटकों के समय के साथ सही तालमेल बैठा पाना भी उत्कृष्ट संग्रहालय–गाइड के लक्षणों में सम्मिलित होता है।

III. वन्य जीव अभयारण में मार्गदर्शन : वन्य जीव अभयारणों में गाइडिंग हेतु अच्छे ज्ञान व सतर्कता की आवश्यकता होती है। एक गाइड को यात्रियों के साथ निम्न तथ्य बाँटने चाहिएँ–

- रक्षित स्थान का नाम, स्थिति व इतिहास
- विभिन्न नस्लों की पहचान
- जानवर व पक्षी, जिनके मार्ग में मिलने की संभावना है
- जानवरों व पक्षियों का भोजन, निवास, आकाश में फैलाव तथा आगमन–प्रस्थान काल, शिकार–सुविधाओं आदि से संबंधित सूचनाएँ।

2. सामान्य कार्य

- पर्यटकों को स्थान, निवासी जन, वन–सम्पदा तथा प्राणी, उत्सवों आदि से सम्बन्धित सूचनाएँ प्रदान करना।

- पर्यटकों को गन्तव्य स्थल की जलवायु सम्बन्धी वस्त्र आदि की सूचनाएँ प्रदान करना।
- अच्छे भोजन, पेय पदार्थ तथा विशेष आहार आदि के चयन में पर्यटकों की सहायता करना।
- स्मारिकाओं, तस्वीरों, पोस्टकार्ड, पुस्तकों, डाक–टिकट, फिल्म आदि के क्रय के सन्दर्भ में सहायता प्रदान करना।
- यात्रा के समीपस्थ अन्य आकर्षक स्थलों के चयन, जाने के साधनों तथा सहूलियतों की प्राप्ति में सहायता करना।
- सायंकालीन नृत्य–दर्शन, प्रदर्शनी, ध्वनि व प्रकाश कार्यक्रम आदि के सम्बन्ध में पर्यटकों को सूचना प्रदान करना।
- पर्यटकों को उनकी आगे की अन्य यात्राओं हेतु सुदूर के पर्यटन–स्थलों हेतु पूर्व–निर्धारण व अन्य यात्रा–सूचियों के सुझाव देना।
- हवाई उड़ान तथा होटलों की बुकिंग आदि के लिए आवश्यकतानुसार ट्रैवल एजेन्सियों की सहायता सुनिश्चित करना।

पर्यटक गाइड से लाभ

कोई भी पर्यटक अपनी यात्रा के दौरान ज्ञानार्जन और आनन्दोपार्जन दोनों ही सुविधा एक साथ प्राप्त कर अपने समय का पूर्ण सदुपयोग चाहता है, और यह संभव हो पाता है एक कुशल पर्यटक गाइड के माध्यम से। इसके अभाव में वह अज्ञात जगह पर आकर अनेक कठिनाइयों में फँस सकता है तथा वांछित आनन्द नहीं प्राप्त कर सकता। एक गाइड से होने वाले लाभों को हम निम्नतया वार्णित कर सकते हैं–

1. कम समय में अधिक ज्ञान—गाइड के द्वारा किसी भी स्थल की अधिकतम जानकारी कम से कम समय में हो जाती है। समय का अपव्यय किए बिना ही वह सीधे–सीधे स्थान विषयक प्रामाणिक सूचनाएँ प्रदान करता है, जो सामान्यतः पुस्तकों से भी प्राप्त नहीं हो पातीं।

2. भाषा सम्बन्धी बाधाओं का हल—प्रायः पर्यटक पर्यटन स्थल की क्षेत्रीय भाषा से परिचित नहीं होते। साथ ही बोलियों तथा स्थानीय लिपि भी उनके लिए अपरिचित होती है। यहाँ गाइड उनकी सहायता के लिए आगे आता है और समस्त ज्ञातव्य तथ्य उनकी अपनी मातृभाषा में उन तक पहुँचा कर उनकी उत्कंठा का शमन करता है।

3. कुछ पर्यटक अल्पज्ञ अथवा अल्पशिक्षित होते हैं अतः पर्यटन केन्द्रों से प्राप्त लिखित साहित्य का पूरा लाभ नहीं उठा पाते। उन्हें तो प्रत्यक्ष रूप से स्थल पर ही समझाने तथा बताने वाला व्यक्ति चाहिए और यह कार्य एक गाइड द्वारा भली भाँति किया जाता है।

4. **पर्यटन–पुस्तिकाओं की जानकारी सम्पूर्ण करना**—पर्यटन–पुस्तिकाओं में दर्शनीय स्थलों को चिह्नित किया हुआ होता है तथा उनके महत्व के विषय में भी बताया गया होता है। परन्तु अनेकशः वह जानकारी आधी–अधूरी रहती है, और लोगों से बिना बार–बार पूछे वहाँ जाना सम्भव नहीं होता। साथ ही उस स्थान की कम महत्त्व की वस्तुएँ तो मानचित्र में अंकित ही नहीं होतीं। ये सारी बाधाएँ गाइड अत्यन्त आसानी से हल कर देता है।

5. **निकटस्थ स्थलों की भी जानकारी**—पर्यटन–स्थल के निकट स्थित स्थलों में महत्त्वपूर्ण क्या है? वहाँ आनन्द के लिए क्या देखा जा सकता है? ये सब बातें पर्यटन–पुस्तिकाओं में प्रायः उल्लिखित नहीं होतीं। यह कार्य गाइड द्वारा सरलता से किया जाता है क्योंकि वह स्थानीय स्थलों के साथ–साथ पर्यटकों की अभिरुचियों से भी परिचित होता है।

6. **स्थानीय निवासियों द्वारा उत्पन्न असुविधाओं से सुरक्षा**—स्थानीय लोगों द्वारा उत्पन्न असुविधाएँ भी पर्यटकों का साथ नहीं छोडतीं। कहीं दुर्व्यवहार, तो कहीं शारीरिक कष्ट। एक गाइड के साथ रहने से पर्यटक इन सभी दुर्भाग्यपूर्ण अवस्थाओं से बच जाता है। उसे सभी भोजनादि, वाहन तथा अन्य आवश्यक वस्तुओं के लिए न तो भटकना पड़ता है और न ही गलत हाथों में फँसने की आशंका होती है।

7. **प्रत्यक्ष वर्णन की सुविधा**—एक गाइड पर्यटकों को स्थलों, स्मारकों को प्रत्यक्ष दिखाते हुए उनके विषय में जानकारी प्रदान करता है तथा इतिहास आदि बताता है। साथ ही साथ पर्यटक की जिज्ञासाओं, प्रश्नों–प्रतिप्रश्नों का समाधान भी करता चलता है। आशंकाओं के विषय में भी संतुष्ट करता है। पर्यटक के मानस–पटल पर इस प्रकार का विवरण सदैव के लिए अंकित हो जाता है।

8. **पर्यटन–स्थलों की कतिपय विशिष्ट विशिष्टताओं का ज्ञान**—अनेक बार पर्यटक स्मारक आदि की विशिष्टताओं तथा रहस्यों को समझ नहीं सकता, यदि गाइड साथ न हो। यथा, ताजमहल में एक पर्यटक को मुगलकालीन कलात्मक विशेषताओं के दर्शन तो हो जाते हैं परन्तु अन्य वैशिष्ट्यों को प्रत्येक व्यक्ति समझ नहीं सकता। जैसे– कहाँ प्रकाश पड़ता है, कहाँ पर पानी टपकता

है, जैसे प्रश्न स्वयं समझ में नहीं आ सकते। इसी प्रकार लखनऊ की भूलभुलैया में अकेला पर्यटक निश्चित ही फँस जाएगा। एवमेव जयपुर में आमेर के किले में शीशमहल का सौन्दर्य. एक गाइड ही पूर्ण रूप से दर्शा सकता है।

इनमें से कुछ गुण तो व्यक्ति में जन्मजात होते हैं तथा अन्य को परिश्रम और सतत अभ्यास द्वारा प्राप्त किया जा सकता है।

अतः निश्चित रूप से गाइड के साथ भ्रमण करना पर्यटक के लिए सुविधाजनक तथा संतोषजनक अनुभव होता है।

पर्यटक गाइड की नियुक्ति तथा प्रशिक्षण

पर्यटन के क्षेत्र में उचित मार्गदर्शन की कमी एक बहुत बड़ी बाधा रही है। भारत में पर्यटक गाइड को 'अ', 'ब' एवं 'स' तीन श्रेणियों में विभाजित कर प्रशिक्षण व मार्गदर्शन की व्यवस्था की जाती है।

'अ' श्रेणी के गाइडों का चयन पर्यटक विभाग तथा पर्यटक कार्यालय स्वयं अपनी आवश्यकतानुसार करते हैं।

स्नातक स्तर पर इतिहास विषय रखने वाले तथा एक या अधिक विदेशी भाषाओं का ज्ञान रखने वाले को प्राथमिकता दी जाती है।

चयन के बाद उम्मीदवारों को तीन मास का प्रशिक्षण दिया जाता है, जिसमें निम्न विषयों की जानकारी दी जाती है–

- भारतीय स्मारक, उनका उद्‌गम, इतिहास तथा अन्य विशेषताएँ
- होटलों का वर्गीकरण तथा होटल उद्योग की अन्य विशेषताएँ
- यात्रा उद्योग का संचालन व कार्यप्रणाली
- भारतीय भोजन, पेय, पहनावों तथा रीति–रिवाजों का ज्ञान
- भारत का संक्षिप्त इतिहास तथा स्वतन्त्र भारत का आर्थिक उन्नयन
- वन्य प्राणी तथा वन्य जीव अभयारण्य और राष्ट्रीय पार्क
- भारत के आगमन के समय की पर्यटन सम्बन्धी नियमितताएँ
- पासपोर्ट, वीजा, सीमा–शुल्क तथा हवाई, रेल और सामुद्रिक यात्राओं सम्बन्धी नियमावलियाँ।
- पर्यटकों के लिए विशेष रियायतें।

इन उम्मीदवारों को पर्यटक–स्मारकों, स्थानीय दृश्यावलियों तथा समीप के स्थानों में भ्रमण के लिए ले जाया जाता है तथा विभिन्न वृत्तचित्रों, फिल्मों तथा स्लाइड्स के द्वारा सुदूरस्थ पर्यटन–आर्कषणों के विषय में ज्ञान प्रदान किया जाता है।

प्रशिक्षण के पश्चात् होने वाली परीक्षा में उत्तीर्ण उम्मीदवारों को मान्यता प्राप्त गाइड की स्थाई सूची में अंकित कर दिया जाता है तथा प्रमाण–पत्र, पहचान–पत्र व बिल्ले भी प्रदान कर दिए जाते हैं, जो गाइड को कार्य के समय अपने साथ रखने होते हैं। पर्यटन विभाग भी समय–समय पर इन गाइडों के लिए पुनश्चर्या पाठ्यक्रम तथा विदेशी भाषा पाठ्यक्रम आदि की सुविधाएँ प्रदान करता है।

'ब' तथा 'स' श्रेणी के गाइडों को भारत सरकार के पुरातत्त्व विभाग द्वारा मान्यता प्रदान की जाती है। ये किन्हीं सीमित स्थानों या विशेष स्मारकों तक ही अधिकृत होते हैं और इन्हें पर्यटकों के साथ देश के अन्दर इधर–उधर जाने की अनुमति नहीं होती है।

ऐतिहासिक पर्यटन में गाइड की भूमिका

अंतर्राष्ट्रीय पर्यटन में भारत मुख्यतः ऐतिहासिक–सांस्कृतिक गंतव्य स्थल है और भारत अपनी ऐतिहासिक विशेषताओं को पर्यटन उत्पाद बनाकर बेचता है। यही नहीं, घरेलू पर्यटन में भी इतिहास और उसके उत्पाद आकर्षण के प्रमुख केन्द्र हैं। लोग अपनी सांस्कृतिक विरासत को देखने के लिए विशेष उत्साह दिखाते हैं। वस्तुतः आज पर्यटन ही एक ऐसा क्षेत्र है जहाँ इतिहास एक आकर्षण के रूप में पर्यटकों के लिए उत्पाद के रूप में उपस्थित है।

ट्रैवल पैकेज में तो ऐतिहासिक स्थलों और संग्रहालयों को पर्यटन उद्योग दीर्घकाल से समाहित करता आ ही रहा है, वर्तमान में विशेष रुचि पर्यटन के विकास से इतिहास की रुचि रखने वाले अजंता की गुफाओं और भीम बैठका की भी यात्राएँ करेंगे।

इसी प्रकार विभिन्न आभूषण–प्रेमी जयपुर तथा हैदराबाद जैसे नगरों की ऐतिहासिक–विरासत का अवलोकन करना नहीं भूलते।

एक पर्यटक को ऐतिहासिक स्थलों तथा घटनाओं के विषय में प्रमुख रूप से जिन स्रोतों से जानकारी प्राप्त होती है, वे हैं –

1. प्रचारात्मक साहित्य
2. यात्रा और पर्यटन लेखन तथा
3. गाइड और यात्रा मार्ग निर्देशकों द्वारा प्रस्तुत विवरण और व्याख्याएँ।

इस प्रकार ऐतिहासिक उत्पाद को पर्यटकों तक पहुँचाने में गाइड प्रमुख भूमिका निभाता है। ऐतिहासिक उत्पादों में गाइड की भूमिकाओं का मूल्यांकन निम्नवत् किया जा सकता है–

1. यदि गाइड किसी स्मारक का मार्गदर्शन करने जा रहा है तो उसमें निम्न योग्यताओं का होना आवश्यक है–

- सर्वप्रथम उसे उस क्षेत्र के इतिहास का पर्याप्त ज्ञान होना चाहिए, ताकि सही परिप्रेक्ष्य में स्मारक की विशेषताएँ बता सके।
- उसे स्मारक से सम्बन्धित सभी ऐतिहासिक तथ्य जैसे निर्माण की तिथि, निर्माण–अवधि, ऊँचाई व आयतन, स्मारक के उद्देश्य तथा इतिहास आदि की जानकारी होनी चाहिए।
- उसे स्मारक की शैलीगत तथा स्थापत्य विशेषताओं का सम्पूर्ण ज्ञान होना चाहिए।

भवन–निर्माण की समस्त विशेषताओं से वह परिचित होगा, ऐसी आशा की जाती है। उदाहरणार्थ प्राचीन भारत की नागर शैली, द्राविड़ शैली तथा बेसर शैली का ज्ञान, गान्धार और मथुरा शैली का ज्ञान, हिन्दू मन्दिरों के गोपुरम् और मुस्लिम गुम्बदों के विषय में ज्ञान उसे होना आवश्यक है।

स्मारक की समरूपता, अनुरूपता अथवा संतुलन या फिर सजावट के लिए प्रयुक्त स्वास्तिक, गंगा–यमुना, कमल आदि के प्रतीकों तथा पच्चीकारी आदि का ज्ञान उसे होना चाहिए यथा–ऐतमादुद्दौला के मकबरे में जो ताजमहल के पूर्ववर्ती के रूप में प्रख्यात है, पच्चीकारी का अत्यन्त सुन्दर कार्य है।

2. मिथक, दंतकथाएँ और किंवदन्तियाँ भारतीय सांस्कृतिक परम्परा का अभिन्न हिस्सा हैं। किसी एक लेखक अथवा लेखक–समूह के मन की उपज इन मिथकों, दंतकथाओं और किंवदन्तियों की रचना एक विशेष सामाजिक सन्दर्भ में की जाती है। इस अर्थ में अपने तमाम सामाजिक सरोकारों के बावजूद वे तत्कालीन सामाजिक व्यवस्था और यथार्थ के प्रतिबिम्ब होते हैं। पर्यटन एक ऐसा क्षेत्र है, जहाँ मिथकों एवं किंवदन्तियों का जमकर प्रयोग होता है। कभी–कभी इन्हें किसी संस्कृति या क्षेत्र के इतिहास के रूप में भी प्रस्तुत कर दिया जाता है। परन्तु इस प्रकार के इतिहास के परिणाम खतरनाक हो सकते हैं। इतिहासकार मिथकों को आलोचनात्मक विश्लेषण के स्रोत के रूप में ग्रहण नहीं करते और पौराणिक कथाएँ इतिहास नहीं हो सकतीं।

अतः एक गाइड को इतिहास और कथा के बीच अन्तर ज्ञान होना चाहिए और मिथकों, दंतकथाओं तथा किंवदन्तियों को इतिहास के रूप में प्रस्तुत करने से बचना चाहिए। सारांश यह कि दंतकथा को केवल दंतकथा के रूप में प्रस्तुत करना चाहिए, इतिहास के रूप में नहीं।

3. गाइड को अपना इतिहास स्वयं नहीं बनाना चाहिए तथा प्रमाण का सहारा लेना चाहिए यह प्रमाण ऐतिहासिक ग्रन्थों आदि के आधार पर हो सकता है। बिना प्रमाण के किसी स्थिति का वर्णन करने से उसकी स्थिति हास्यास्पद हो सकती है। उदाहरणार्थ उदयपुर के सिटी पैलेस के भ्रमण के दौरान गाइड एक राजपूत राजा की 360 रानियों के विषय में उत्साह से बात करता है। पर्यटकों द्वारा प्रमाण माँगे जाने पर वह गाइड या तो बहाना बनाकर खिसक जाएगा अथवा दूसरी कहानी बनाने का प्रयास करने लगेगा।

4. काल्पनिक तथा मनगढ़ंत बातें पर्यटकों के समक्ष नहीं रखनी चाहिएँ क्योंकि वर्तमान में पर्यटक भी अच्छे साहित्य के अध्ययन द्वारा पर्यटन–स्थल का ज्ञान पहले ही कर चुके होते हैं।

उदाहरणार्थ—एक गाइड पर्यटकों को ताजमहल में एक जगह दिखाकर बोलता है कि यहाँ शाहजहाँ मुमताज महल को रोज एक फूल पेश करता था। पर्यटक गाइड के बहकावे में नहीं आएगा क्योंकि वह जानता है कि ताजमहल का निर्माण मुमताज की मृत्यु के पश्चात् हुआ था।

5. उसे ऐतिहासिक यथार्थ के ऊपर व्यक्तिगत पूर्वाग्रह या दृष्टिकोण नहीं लादना चाहिए अर्थात् एक विषय के रूप में इतिहास को गंभीरता से लेना चाहिए उदाहरण के लिए मध्यकालीन भारतीय इतिहास के कुछ पात्रों के विषय में अतिरिक्त सतर्कता बरतना आवश्यक है।

6. वह आवश्यकतानुसार अन्य स्थलों के साथ तुलना अवश्य करे, परन्तु अतिशयोक्ति का आश्रय उसे नहीं लेना चाहिए।

7. उसे इतिहास की नवीनतम रचनाओं को पढ़कर तथा इतिहासकारों से सम्पर्क रखकर अपनी जानकारी को अद्यतन बनाए रखना चाहिए

8. गाइड को साम्प्रदायिक विद्वेष अथवा मनमुटाव फैलाने वाले वक्तव्यों से परहेज रखना चाहिए क्योंकि सम्प्रदायवाद पर्यटन के विकास में बड़ा अवरोध तो है ही, देश के सौहार्द में कमी लाकर यह देश की प्रगति में भी बाधक है। निश्चित रूप से भारत के मध्यकालीन इतिहास में धर्मान्तरण, लूट और तोड़फोड़ के रूप में बर्बरता के प्रमाण प्राप्त होते हैं परन्तु साथ ही हमारा इतिहास विभिन्न धार्मिक समुदायों के आपसी सौहार्द, सहयोग और तालमेल के उदाहरण भी उपलब्ध कराता है। महत्त्वपूर्ण प्रश्न यह है कि एक गाइड समकालीन सामाजिक यथार्थ के परिप्रेक्ष्य में अतीत के किन–किन बिन्दुओं को ग्रहण करे। निस्संदेह आवश्यकता इस बात की है कि वह उस पक्ष पर बल दे जो विभिन्न समुदायों को साथ चलने के लिए प्रेरित करे।

इस प्रकार इक्कीसवीं सदी में भ्रमण और पर्यटन विश्व का एक प्रमुख उद्योग बन चुका है और समय के साथ–साथ गाइड और यात्रा मार्ग निर्देशक (एस्कार्ट) को भी इसके बदलते स्वरूप को चुनौती के रूप में स्वीकार करना पड़ रहा है। पर्यटन का विकास तेजी से होने के साथ ही इसकी माँग और गुण में भी तेजी से परिवर्तन आ रहा है। इस परिप्रेक्ष्य में पर्यटक गाइड और यात्रा मार्ग निर्देशक अपनी निपुणता तथा कल्पना–शक्ति के बल पर महती भूमिका का निर्वहन कर सकते हैं।

स्ट्रीट गाइड

सामान्य गाइडों से इतर गाइड की एक अन्य कोटि है स्ट्रीट गाइड की। इन्हें सड़क छाप गाइड, टटपुंजिया गाइड अथवा सामान्य भाषा में दलाल भी कहा जाता है। ये पर्यटकों को उपलब्ध आवासीय इकाइयों अथवा अतिथिगृहों की संख्या तथा उनसे सम्बन्धित समस्त सूचनाएँ उपलब्ध करवाता है, वह भी काफी कम दर पर। चूँकि पर्यटकों को स्थानीय भाषा, रीति--रिवाज, वस्तुओं के प्रचलित मूल्य की जानकारी नहीं होती, अतः उन्हें सूचनाएँ प्राप्त करने में पर्याप्त श्रम, समय तथा मूल्य भी चुकाना पड़ता है। यही कार्य स्ट्रीट गाइड आसानी से कर सकते हैं।

वे विभिन्न आवासीय व्यवस्थाओं, उनकी दरों तथा उनकी उपलब्धता की समस्त सूचनाएँ एकत्र करते हैं और अपनी खोज लागत को विभिन्न पर्यटकों में वितरित कर कम से कम मूल्य में अधिकाधिक सूचनाएँ प्रदान करने का कार्य करते हैं। अतः पर्यटक को बेहतर सूचना प्राप्त हो जाती है। पर्यटकों की संख्या में वृद्धि होने से सूचनाओं की बिक्री–दर और भी कम होती जाती है। इस प्रकार स्ट्रीट गाइडों की परम्परा पर्यटकों के लिए लाभदायक होती है।

परन्तु इस व्यवस्था से कतिपय विसंगतियाँ उत्पन्न हो जाती हैं। स्ट्रीट गाइड अथवा दलाल आवासीय व्यवस्थाओं के मालिकों से प्रति पर्यटक अथवा प्रतिदिन के हिसाब से दलाली प्राप्त करते हैं। मकान मालिक दलाली में दिए गए इस हिस्से की भरपाई सेवा में कटौती करके करते हैं और वादे के मुताबिक सुविधाएँ उपलब्ध नहीं कराते हैं। इस खराब सेवा की उन्हें बहुत चिन्ता भी नहीं रहती क्योंकि वे जानते हैं कि पर्यटक एक बार जिस जगह चला जाता है वहाँ दुबारा शीघ्र वापस नहीं आता है, अतः किसी भी प्रकार के दंड इत्यादि की गुंजाइश नहीं रहती। सेवा के स्तर में स्थायित्व न होने का सबसे बड़ा कारण दलालों की संख्या में अनियंत्रित वृद्धि होना है। इसी प्रकार पर्यटन सेवा में नैरन्तर्य का अभाव होने से कार्मिकों को प्रोत्साहन प्राप्त नहीं हो पाता जिसका सीधा असर

गुणवत्ता और विश्वसनीयता पर पड़ता है। उदाहरणार्थ पर्यटकों के आगमन में कमी होने पर कार्मिकों के लागत में वृद्धि और आमदनी में कमी होने से उनका मुनाफा संकुचित हो जाता है, जिससे वे ग्राहकों को उच्चकोटिक सेवा प्रदान करने के स्थान पर निम्न कोटि की सेवा प्रदान करने लगते हैं। इससे साख तथा प्रतिष्ठा दोनों कम होतीं हैं परन्तु अपने अस्तित्व की रक्षा हेतु वे गुणवत्ता से समझौता करते हुए कम अच्छी परन्तु सस्ती सेवाएँ प्रदान करने के लिए विवश हैं।

इस समस्या का निदान सरकार कतिपय नियंत्रणों के द्वारा कर सकती है। लाइसेंस अथवा लाइसेंस शुल्क का प्रावधान करने से विक्रेताओं की संख्या में कमी आएगी जिससे वे सेवा के बदले अधिक मूल्य प्राप्त कर गुणवत्ता में सुधार कर मुनाफा भी प्राप्त कर सकेंगे। लाइसेंसों का प्रतिवर्ष नवीनीकरण हो, जिसमें संतोषदायक सेवाओं के प्रदाता ही पुनः सेवा का अधिकार पा सकेंगे।

संदर्भ ग्रन्थ

1. ऋग्वेद संहिता, सातवलेकर प्रणीत हिन्दी भाष्य सहित (भाग 1–4), चौखम्भा संस्कृत संस्थान, वाराणसी।
2. अथर्ववेद संहिता, सातवलेकर प्रणीत हिन्दी भाष्य सहित (भाग 1–4), चौखम्भा संस्कृत संस्थान, वाराणसी।
3. शतपथ ब्राह्मण, हरिस्वामिन् (सायण भाष्य) (भाग 1–4) लक्ष्मी वेंकटेश्वर प्रेस, मुम्बई।
4. उपनिषत्संग्रह, पं. जगदीश शास्त्री, मोतीलाल बनारसी दास, नई दिल्ली।
5. रामायण (महर्षि वाल्मीकि), (भाग 1–2), गीता प्रेस, गोरखपुर।
6. महाभारत (महर्षि व्यास), (भाग 1–6), गीता प्रेस, गोरखपुर।
7. श्रीमदभगवतगीता, गीता प्रेस, गोरखपुर।
8. जातक माला, चौखम्भा संस्कृत संस्थान, वाराणसी।
9. कालिदास ग्रन्थावली, सं. सीता राम चतुर्वेदी, भारत प्रकाशन मन्दिर, अलीगढ़।
10. प्रतिमानाटकम् (भास), व्या. जगदीश चन्द्र मिश्र, चौखम्भा संस्कृत संस्थान, वाराणसी।
11. हर्षचरित (बाणभट्ट), चौखम्भा संस्कृत संस्थान, वाराणसी।
12. कादम्बरी (बाणभट्ट), चौखम्भा संस्कृत संस्थान, वाराणसी।
13. प्राचीन भारतीय साहित्य की सांस्कृतिक भूमिका, डा. रामजी उपाध्याय, लोक भारती प्रकाशन, इलाहाबाद।
14. प्राचीन भारत का राजनैतिक तथा सामाजिक इतिहास (भाग 1–2), डा. वी. सी. पाण्डेय, केदारनाथ रामनाथ, मेरठ।

15. प्राचीन भारतीय कला एवं संस्कृति, राज किशोर सिंह, विनोद पुस्तक मन्दिर, आगरा।
16. भारतीय संस्कृति, बाबू गुलाब राय, रविन्द्र प्रकाशन, ग्वालियर।
17. भारतीय संस्कृति का इतिहास, कालीशंकर भटनागर, रतन प्रकाशन मन्दिर, आगरा।
18. भारतीय संस्कृति का विकास, राजेन्द्र वर्मा एवं रीता रावत, कॉलेज बुक हाउस, जयपुर।
19. भारतीय कला का इतिहास, भगवत शरण उपाध्याय, पीपुल्स पब्लिशिंग हाउस प्रा. लि., नई दिल्ली।
20. भारतीय कला, वासुदेव शरण अग्रवाल, पृथिवी प्रकाशन, वाराणसी।
21. भारतीय वास्तुकला, डा. परमेश्वरी लाल गुप्त, वि. वि. प्रकाशन, वाराणसी।
22. संग्रहालय विज्ञान, डा. अरविन्द कुमार सिंह, मध्य प्रदेश हिन्दी ग्रन्थ अकादिमी, भोपाल।
23. प्राचीन भारत का सामाजिक इतिहास, डा. जय शंकर मिश्र, बिहार हिन्दी ग्रन्थ अकादिमी, पटना।
24. अलबरूनी का भारत, अनुवादक रजनीकान्त शर्मा, आदर्श हिन्दी पुस्तकालय, इलाहाबाद।
25. ऐतिहासिक स्थानावली, विजयेन्द्र कुमार माथुर, राजस्थान हिन्दी ग्रन्थ अकादिमी, जयपुर।
26. सांस्कृतिक प्रतीक कोश, शोभानाथ पाण्डे, प्रभात प्रकाशन, नई दिल्ली।
27. भारतीय संस्कृति कोश, डा. हरदेव बाहरी, विद्या प्रकाशन मन्दिर, नई दिल्ली।
28. भारतीय इतिहास कोश, सच्चिदानन्द भट्टाचार्य, उ. प्र. हिन्दी ग्रन्थ अकादिमी, लखनऊ।
29. अभिनव सूकित कोश, शरण, पंचशील प्रकाशन, जयपुर।
30. हिन्दु धर्म कोश, डा. राजबली पाण्डेय, उ. प्र. हिन्दी ग्रन्थ अकादिमी, लखनऊ।
31. राजस्थानः संस्कृति के विविध आयामः डॉ. अभिनव कमल रैना, अभिनव प्रकाशन, अजमेर, 2006.
32. पर्यटनः मार्केटिंग एवं विकास, जगमोहन नेगी, तक्षशिला प्रकाशन, दिल्ली।
33. भारत 2008.
34. Tourism: An Introduction, Adrian Franklin, Sage Publications, New Delhi.
35. Tourism: A Community Approach, Peter E. Murphy, Routledge.
36. Tourism: Between Place and Performance, Simon Coleman, Berghahn books.
37. Cultural Tourism in a Changing World: Politics, Participation and (re)Presentation, Melanie K. Smith, Channel View Publication.
38. Tourism and Intercultural Exchange: Why Tourism Matters, Gavin Jack, Channel View Publications.
39. Recreational Tourism: Demand and Impacts, Chris Ryan, Channel View Publications.
40. Tourism: A New Perspective, Peter M. Burns, Pretice Hall.

41. Tourism: Critical Concepts in the Social Sciences, Stephen Williams, Taylor and Francis.

42. Tourism: Principles, Practices, Philosophies, Charles R. Goeldner, John Wiley and Sons.

43. Tourism in India, V. P. Bendre, Parimal.

44. Tourism in India, Ajoy Kumar Sen, Moder Book Agency.

45. Cultural Tourism and Heritage Management, Shaily Singh, Rawat Publications, Jaipur.

46. Tourism and Development in India, Suhita Chopra, Ashish Publications, New Delhi.

47. Guests and Hosts, Walen Smith, Philedelphia.

48. Tourism in India: Trends and Issues, S. Dharmaraja, Har Anand Publications, New Delhi.

49. Tourism and Environment: A Quest for Sustainable Tourism, R. N. Batra, Indus Publishing House, New Delhi.

50. Tourism and Hospitality in 21st Century, Lockwood, Heinemann.

51. A Textbook of Tourism, B. K. Goswami, Har Anand, New Delhi.

52. History and Growth of Tourism, Ed by Dr. Ram Pande, Shodhak, Jaipur, 2006.

53. Cultural Tourism Management, Vishwas Mehta, B.R. World of Book, 2005.

54. Tourism and Tourism Space, Gareth Shaw, Sage Publication, 2004.

55. Tourism Biodiversity and Sustainable Development, O.P. Kandari, Gyav Book Pvt. Ltd, 2004.

56. India, 50 Years of Independence (1947-97) Status, Growth & Development Vol 13. : Toursim : Jagmohan negi & Gaurav N. Manoher, B.R. Publishing Corporation, 1998.

57. The Eseence of Tourism Development (Dynamics, Philosophy and Strategies) by Dr. Abhinav Kamal Raina, 2004.

58. Fundamentals of Tourism System, Dr. Abhinav Kamak Raina.

59. Cultural Toursim & Heritage Management , Shalini Singh, Rawat Publication, 1994.

60. Toursim in India : Trend & Issues, S. Dharmaraja, Rabindra Seth, Har Anand Publication, 1994.

61. Guests & Hosts, Walen Smith, Philadelfia.

62. Tourism Today, Dynamics of Modern Tourism : Ratandeep Singh, Kanishka, New Delhi, 1996.

63. The India Courtyard Houses, T. S. Randhava, Prakash Books.

64. A Concise History of Modern Architecture in India, Jon Lang, Permanent Black.

65. Cultural parts, Romila Thapar, Oxford University Press, New Delhi.

66. Ancient Citics of the Indus Valley Civilization, Jonathan Mark Kenoyer, Oxford University Press, New Delhi.

67. Historical Dictionary of India, Surjit Man Singh, Vision Book, New Delhi.

68. IGNOU Study Matterial TS 1-2.